道德教育的论辩逻辑

The Reasoning Problem in
Moral Education

王占魁　著

图书在版编目（CIP）数据

道德教育的论辩逻辑/王占魁著. — 上海：上海教育出版社，2022.11
ISBN 978-7-5720-1785-8

Ⅰ.①道… Ⅱ.①王… Ⅲ.①品德教育－研究 Ⅳ.①D64

中国版本图书馆CIP数据核字(2022)第220926号

责任编辑　董　洪
封面设计　陆　弦

DAODE JIAOYU DE LUNBIAN LUOJI
道德教育的论辩逻辑
王占魁　著

出版发行	上海教育出版社有限公司	
官　　网	www.seph.com.cn	
地　　址	上海市闵行区号景路159弄C座	
邮　　编	201101	
印　　刷	上海展强印刷有限公司	
开　　本	640×965　1/16　印张 25.5	
字　　数	306千字	
版　　次	2022年11月第1版	
印　　次	2023年10月第1次印刷	
书　　号	ISBN 978-7-5720-1785-8/G·1628	
定　　价	78.00元	

如发现质量问题，读者可向本社调换　电话：021-64373213

目录

序一　学会讲道理　...i

序二　在无思时代直面德育的论辩本性　...iv

绪论　什么是道德教育的论辩逻辑　...1

第一章　道德教育论辩的理论范式　...33

第一节　道义论：普遍主义的道德教育论辩　...38

第二节　结果论：功利主义的道德教育论辩　...50

第三节　阶段论：发展主义的道德教育论辩　...57

第四节　领域论：多元主义的道德教育论辩　...70

第二章　道德教育论辩的文化基础　...87

第一节　传道与儒家理学的现代转化　...90

第二节　说谎与诚实守信的内在张力　...114

第三节　欺凌与社会正义的实践法则　...135

第四节　美善与道德人格的动态结构　… 152

第三章　既往道德教育的反论辩性　… 165

第一节　行为主义结果论的训育传统　… 167
第二节　教条主义知识论的灌输传统　… 182
第三节　庸俗社会进化论的动员传统　… 196

第四章　校园集会中的道德教育论辩　… 209

第一节　集会演讲在近代学堂的兴起　… 211
第二节　小学晨会演讲中的道德教育论辩　… 218
第三节　大学毕业演讲中的道德教育论辩　… 236

第五章　学校教材中的道德教育论辩　… 253

第一节　《道德与法治》中的道德教育论辩　… 255
第二节　小学《语文》中的道德教育论辩　… 279
第三节　初中《语文》中的道德教育论辩　… 296
第四节　高中《语文》中的道德教育论辩　… 312

第六章　课堂教学中的道德教育论辩　...333

第一节　只信不疑与师生对话的论辩假象　...335
第二节　回归观念与意识形态教育的重建　...343
第三节　批判思维与道德教学的论证转向　...358

结论　以讲理的方式培养讲理的人　...370

主要参考文献　...381

后记　...389

Preface

序一
学会讲道理

道德教育诉诸言传身教。口头教导功在动之以情,晓之以理,讲道理是教师的本事。身为人师,不免对学生进行道德规训,使学生明白应该做什么和不应该做什么,也不免当着学生的面作出种种道德评价,努力使学生明白什么是值得和不值得,什么是可取和不可取,什么是光荣和可耻,什么是高尚和卑鄙……但这是不够的。教师不是道德司令员,也不是道德裁判员,而是道德教育者。作为道德教育者,其本事不在于规训和评价学生,而在于对规训中所作的道德义务判断加以说明,对评价中所作的道德价值判断进行解释,这便是道德论证或伦理辩护了。教师在道德议题上给学生讲道理,就是对教育过程中所作的义务判断或价值判断进行合理性论证或辩护,此乃理性德育的题中之义。

理性德育就是讲道理的德育。对学生讲道理,才能使道德教育建立在理性的基础上。诉诸理性的道德教导虽然有的时候不及诉诸非理性手段的道德诱导或强制(本书第三章多有涉及)来得见效快且明显,但久久为功,这种通过讲道理使学生心服的道德教导更具长效。对学生讲道理,同时向学生传递着一种预设和期待,即教师将自己的教育对象视为有理性的人,并且希望他们更具理性。只有把学生当作有理性的人加以关怀和教导,才能将他们培养成为真正富有理性的人。教师事事讲道理本身就是一种身教,或者说,是一种道德示范。学生长期耳濡目染,也会逐渐倾向于讲道理,用理性的方式待人处世。[1] 所以说，对学生进行道德教育不能不讲道理。

在道德议题上讲道理其实是一门古老的学问，第一代教师就开始经营这门学问——伦理学或实践哲学或道德哲学。正是因为要教导学生，对学生讲道理，孔子、老子、普罗塔哥拉、苏格拉底等先贤才开始代表人类系统地思考道德问题，从而催生了道德哲学，乃至催生了整个哲学。[2] 尽管道德哲学(伦理学)后来朝着专门学问的方向发展，但是，正如王占魁博士在本书绪论和第一章所揭示的那样，道德哲学与教育实践一直保持着一种紧密的联系。事实上，执着于教育并且深思教育的教师，都不可避免地会陷入苏格拉底式的思索和追问之中：美德可教吗？美德又是什么？美德之所以是美德的共性是什么？正义究竟是一种美德，抑或就是美德？……当然，今天的教师不一定非得重走先贤之路，而可以走捷径，结合自己的教育实践，直接从现代伦理学中汲取智慧，学会讲道理。

用伦理学的话来说，教师在道德议题上给学生讲道理就是对教育过程中所作的道德价值判断进行合理性论证或辩护，即运用证据(论据)去论证某个义务判断或价值判断(论点)的合理性或正当性。道德论证的过程，即揭示论据与道德判断之间以及论据与论据之间逻辑关系的过程。道德论证遵循普通逻辑。例如，苏格拉底就习惯于用"反讽术"引导人们去检验自己所作的道德判断，其所遵循的就是从特殊到一般的归纳推理逻辑。王博士在绪论中称之为"反证归纳法"，可谓精当。然而，这种归纳逻辑鲜见于今日之中小学道德教导。从中小学教材、课堂教学以及集会演进中可见，教材编写者、校长以及教师们的讲道理更习惯于从特殊到特殊的类比推理逻辑。如此说理确实生动活泼，且富启发性，但逻辑质量堪忧。说理实践中也不乏貌似从一般到特殊的演

---

[1] 黄向阳.德育原理[M].上海：华东师范大学出版社，2000：156-157.
[2] 黄向阳.哲学诞生的教育语境——解读《美诺》[J].基础教育，2010(2).

绎推理，但往往经不住推敲。就像"凡是人都不免一死，苏格拉底有条狗，所以苏格拉底的狗会死"，其结论无疑正确，殊不知它并不能从所述前提中合乎逻辑地推导出来。类似的一本正经地扯淡，在道德论证中随处可见。貌似在讲理，实则不讲理。中国教师乃至全体国民学会合乎逻辑地讲道理的路还很长。

麻烦的是，道德论证还有其特殊性。由于所论证的道德义务判断或道德价值判断属于应然判断，道德论证比检验实然判断（事实判断）的科学论证复杂得多，也困难得多。美国教育哲学家索尔蒂斯（Jones F. Soltis）和斯特赖克（Kenneth A. Strike）曾经向美国教师推荐运用两种经典的伦理思维方式，即基于同等尊重原则的非结果论思维以及基于利益最大化原则的结果论思维，去思考教育中的伦理问题。[1] 英雄所见略同，王博士将这两种伦理思维方式推荐给我国教师，在对学生讲道理时进行"普遍主义"和"功利主义"的道德教育论辩。王博士进而从道德发展阶段论及领域论出发，总结出"发展主义"和"多元主义"的道德教育论辩范式。最后，王博士结合这四个理论范式以及我国中小学道德论辩的实践经验，将澳大利亚学者哈桑（Ruqaiya Hasan）在日常生活中识别出来的"说理类型谱系"，发展成为一个综合性的"道德教育论辩的实践模型"。从中可以体察，对学生进行有效的说理是一项多么复杂和困难的工作。教师若想在道德教育上成为讲道理的专业工作者，不妨研习一下这部道德教育逻辑学专著，并在实践中加以尝试和检验，直至建构起自己的道德教育论辩模型。

黄向阳

---

[1] 斯特赖克，索尔蒂斯. 教学伦理(第五版)[M]. 5版. 黄向阳，余秀兰，王丽佳，译. 上海：华东师范大学出版社，2018.

序二
在无思时代直面德育的论辩本性

人工智能时代的算法治理、数据治理,进一步使大众社会成为无思考、无论辩的社会,人类依赖机器、算法、数据来评价什么是可取的,判断什么是应当选择的,决定什么是有责任去做的。社会在智能化中变成算法社会,人类已经变成数字数据人,人类自身的理性、德性、个性不再需要通过人际、人世间的公共思考、公共论辩、公共行动来检验自身。在数字化、智能化过程中,算法、数据为人的道德发展、精神成长提供导向。事实上,不仅公共论辩、道德论辩正在衰微,而且人类的智性思考能力与价值也在贬值。社会、生活、教育等方面的智能化与人类的愚蠢化这两种景象,正在形成强烈的对比。人类对自身的智慧已不再信任,追求智慧已经变成沉醉智能。思考还是计算?这个生死攸关的见证人性的决断,在今天似乎已经成为透明,那就是计算完胜思考,数据代替论辩。这一现实使得人类的道德未来晦暗不明,因为如果人类还需要作出道德行动,那就需要进行道德论辩,辨明对错。道德论辩不仅意味着真理的存在,也意味着人的理性对道德真理的守护,对道德智慧的追求。

道德落实于行动,既依赖于智慧对行动的判断与抉择,又依赖于品格、情感等德性对行动的激发与保证。道德行动存在于对天道的理解,存在于人对行动善和人性善的判断,存在于人与自然、人群、他者、自我的互动中。不论是践行道德绝对命令,还是构成德性品格,人类总是在生活中进行道德沉思与理解,进行道德原则推理,进行道德慎思与判断，承当一个又一个的道德行动，并在经过理性检验的道德行动中锤炼品格，这不仅是德性品格自我构成的过程，也是追求道德智慧的过程。因此，如何进行道德思考不仅是道德行动的开端，也是道德品格形成的基础。没有道德思考，就没有道德判断；没有普遍性的道德原则的建构，也就没有自主的道德行动。今天的道德教育忽略了道德思考作为道德学习的奠基意义，忽略了道德对话对于人的道德教育的意义，从而造成一代代人无意去分辨道德上的正当与错误，无能去分辨行动的善与恶。归根结底，人分辨是非、美丑的能力依赖于道德思考，依赖于道德论辩，这是阻止人为恶的根本。

康德在《实用人类学》中对智慧进行了规定。智慧是理性合法则的、完善的实践运用。哪怕是在最小的程度上，人也不能让另外一个人给自己灌输智慧，而是必须从自身产生出智慧。要达到这一点，第一，一个人必须自己思维，必须独立判断；第二，一个人必须与他人交流，站在他人的角度思维，判断必须是在主体间可辩护的；第三，一个人在任何时候都与自身一致地思维，一个人的思维或判断不能是自我反驳的。这意味着，智慧是理性统摄思想与实践的能力，蕴涵健全的判断力与实践力。健全的道德判断能够区分好或坏、美或丑、真或假、是或非、善或恶，这是在人群中分享意见和乐于考察不同意见，运用理性的精神，这是一种在意见开放中追问真理的理性心灵。道德思考不是基于个人的偏好，不是一个趣味和利益问题，而是自由意志独立于趣味和利益而作出真正的辨明或论辩。

道德教育展开于思考与论辩的理性精神的实践中，即展开于理性之间的对话中。道德论辩是道德对话，不仅发生在思考者的内心，也发生在人群中。不管是在内心还是在人群中，道德论辩的根本在于理性之间的对话，依据理性，实现理性。一个人的道德判断是否合理，必须能够由其他判断者判断，所以判断是在显性或隐性的公共交流中进行的。在这个意义上，道德判断力和道德行动力只能在与他人的交流和讨论、辩理和对话、互动和共在中发展，只能在追求道德智慧的公共生活中提升。道德想象、道德同感、道德知识、德行践行、品格理想，恰恰形成于公共的道德论辩和相互的道德行动中。

道德论辩超越个人狭隘、偏好视域，在公共的立场，坦率、善意地表达意见，开放性地进行自我检审，在公共生活中展示德行，这是道德的本然方式。道德论辩是一起思与行，它使一个人具有对世界的非单个人的丰富体验，既包含对一起共享道德环境的他人德行智慧的丰富体验，又包含对于共同探讨道德真理的对话方式的丰富体验。这恰恰是教育培养人的理智精神与道德精神的过程。就因为论辩是道德理智、道德信任、道德宽容、道德良知形成的根本方式，论辩也是迄今为止人类所发明的最智慧的发展道德精神和道德品格的教育方式。基于人类智性心灵的实存本质，我认为，不论人类具有怎样的生化改造可能，不论未来的人工智能与人的理性如何协作，不论未来是否出现更多生命类型，只要人类这一生命类型存在，反映人类理性声音的道德论辩能力就是人关怀世界、照料自我、美化社会，与万物、与其他生命类型平等共在的根本方式。

在人工智能造成智性愚蠢化的时代，振兴人类的智性思考与论辩已经成为智能时代紧迫的任务。关怀天地万物的未来，关怀宇宙的未来，事实上与关怀人的道德思考与道德论辩联系在一起。道德思考与论辩是唤醒、激发人追求道德智慧的根本方式，道德品质的养成、恶习的防止、道德信任与宽容，都建立在道德论辩的能力上。因此，进行道德论辩的道德教育是不可或缺的。正是在这个意义上，王占魁博士所撰写的《道德教育的论辩逻辑》，回应了道德、道德教育的本质召唤，回应了智能化、计算化时代道德论辩的式微。在对道德教育中的论辩逻辑的论辩式研究中,王博士合理地论证了论辩作为道德教育的本体论方式,建构了道德教育的论辩逻辑。它不仅为道德教育的理论与实践提出了以"论辩"为根基的本体论思考,而且以"论辩"为概念工具重构了道德教育哲学的知识体系,这是王占魁博士对道德教育哲学研究的独特贡献。与此同时,王博士也根据道德教育的论辩逻辑的哲学思考路线,细致地分析了基础教育和高等教育中所涉及的道德教育内容,敏锐地揭示了相关演讲和教材内容呈现中的"说理"结构及其问题,建设性地提出了道德教育的实践模型。这不仅现实地证明了道德教育论辩的哲学意义,也更现实地显明了以"论辩"形式进行道德教育实践变革的重要价值。《道德教育的论辩逻辑》充分证明了王博士对时代道德教育的建构性响应。这个回应体现了他对时代道德教育问题的敏锐判断,反映了他的道德教育研究与时代共命运的道德勇气,同时也体现了这本著作的独特价值。期望《道德教育的论辩逻辑》能够引起道德教育研究同行者的共鸣,激发道德教育实践者在无思时代直面道德教育论辩本性的勇气,从而在道德教育中践行道德论辩的教育技艺;期望道德教育工作者通过论辩性的道德思考,培育人的理智德性和道德心灵。因为思考的本质就是论辩,而道德思考就是道德论辩,只有通过道德思考和道德论辩,道德教育才能真正切合人性。

金生鈜

Introduction

绪论　什么是道德教育的论辩逻辑

> 自然——也可以说是进化的过程——似乎赋予芸芸众生活着的愿望,不管他认为活着有什么理由,都是从属于生的欲望,都是为了把生的欲望合理化。[1]
>
> ——[美]弗洛姆

回顾我们自身的成长经历,不难发现,自牙牙学语开始,人类就已开始接受来自上一代人的道德训练:儿童不断被成人教导要遵守秩序,不要撒谎,不能言而无信,要学会与人分享,不要抢别人的玩具,等等。由此可见,人类有关"禁忌""规则""规范"等道德问题的思考,从人生童年期就出现了。问题是,成人世界的种种行为示范,在儿童那里则意味着这个世界的实际运行规则。面对这种"应然"与"实然"之间的分歧,儿童难免充满好奇甚至开始怀疑成人之前的教导,于是,自儿童开口说话起,他们便会不断地以询问"为什么"的方式来讨个明白。面对难以做出适当解释的问题,成人一开始或许还可以以"等你长大就明白了"这样的年龄差距和心理优势搪塞过去,但久而久之,这种解释的软弱性既不能让成人自己感到心安理得,也无法赢得儿童的理解和认同。于是,随着年龄的增长,儿童不仅会变得不像幼年时那么"听话",而且还会生发出一种与成人"讲理"的能量。尤其是当发觉自己明显受到"不公正"对待时,他们会对成人习以为常的看法提出"质疑"和"反驳",并

---

[1] 弗洛姆.存在的艺术[M].汪雁,译.北京:人民文学出版社,2018:1.

试图为自己的不同意见展开"辩护"。或许,这原本就是我们教育生活的常态。诚如俄罗斯学者米哈伊尔·巴赫金(Mikhail Bakhtin,1895—1975)所言:"我们的言说,总是针对真实的或想象的、过去或现在乃至将来的某一受话人或言说对象展开,抑或总是在回应着什么,证明着什么,辩驳着什么。"[1]

从人格觉醒的意义上讲,自儿童开始觉察自己的想法与外界看法存在差异起,他们就不满足于只是单纯要求别人给自己一个"说法",而他们的内心也会在宁静自处时要求自己给自己一个"交待"。如果这种"说法"或者"交待"不合理或者不讲道理,那么,它既不会得到别人的认可、接受,也不能让自己认同和满意。如果得不到别人的认可、接受,那么在与他人的交往中就难免形成隔阂,甚至引发争执和冲突;如果不能令自己认同和满意,则会导致自身的认知失调和精神紊乱。由此可见,为自己或者他人的行为寻找一个正当或者可以接受的"理由",是人类交往和自处的一种自然需求,只不过,用以自处的理由比较隐晦,通常不为人所见,而用以交往的理由则常常被逼成"话语",必须表达出来让人了解。但是,从本质上来讲,只要存在道德判断上的分歧,无论是否说出来,人类一直都有为某种道德行为或判断进行"论辩"的需要。

然而,从教育实践的情形看,人类这种与生俱来的"论辩需要",不但没有在教育生活中得到加强,反而常常会随着求学履历的增加而消退。这种情况在幼小衔接阶段的孩子身上表现得尤为明显:从积极的方面看,相比学前班,进入小学阶段的孩子身上所表现出来的"收心"(戒玩)和"规矩"(循规),似乎算得上是一种进步;从消极的方面看,孩

---

[1] Mikhail M. Bakhtin. Speech Genre and Other Late Essays[M]. Austin: University of Press of Texas Press, 1986: 93.

子在放弃了追问"出于自我的为什么"之余，每天却在"不容置辩"（如果不是因为没有时间或者教师觉得"来不及"）地接受着"来自书上的为什么"的教条式解释。对此，笔者不知道"来自书本的为什么"是否能够取代或者满足"出于自我的为什么"。学校教育工作者，一般都会对此做肯定回答，至少也对它抱持着一种肯定假设。然而，倘若对这个问题的回答是否定的，那么，这意味着我们在压制学生本能思考"出于自我的为什么"的同时，也扼杀了他们与生俱来对这个世界一切"既成事实"的好奇心。由此来看，这种做法与"旨在成人"的教育理念背道而驰。事实上，这也是当前教育面临的最大危机。

归根结底，道德教育的核心旨趣在于使人过上一种道德的生活。从道德教育的实践效果看，得当的道德教育可以帮助人实现一种道德的生活理想，而不当的道德教育则可能扭曲乃至摧毁一种道德的社会生态。所以，道德教育是否能够引导人们过上一种道德的生活，关键在于道德教育能否建立在一种"正当的道德哲学假设"的基础之上。问题是，建立在"非正当的道德哲学假设"基础之上的道德教育，不仅不会将人引向一种道德的生活，而且因违背教育自身的道德规定性，还会使道德教育本身沦为一种非道德乃至反道德的行为。因此，严格地讲，道德教育实践本质上就是一个为某种道德主张的正当性论证的过程。它不仅意味着教育者将该道德主张放在何种道德哲学的基础之上，而且，教育者对某种道德主张正当性的论证品质，也昭示着其道德教育的实践逻辑。

一、道德哲学诞生的论辩基因

道德事件是一种公共事务，争议在所难免。从西方思想史上看，道德哲学[1]源于古希腊人对"人应当过什么样的生活"[2]问题的追问,旨在从整体上回应有关"何谓好生活"及"如何过一种好生活"的生存论问题。事实上,自古希腊人开始思考这个问题起,就已经出现了德性论与规范论之间的论辩。面对哲学家所追求的"至善"与城邦"公共生活秩序"之间的分歧,苏格拉底在无法说服城邦成员的情况下,最终选择以坦然赴死的方式实现其对城邦公共秩序的尊重,由此,引发了人们对于秩序和规范本身的反思,以及对规范与德性关系的检讨。

从柏拉图的理念论观点来看,一个正义的城邦,就是那种由"受真理强迫"而"下降到洞穴"的哲学家统治的城邦。在这种正义的城邦中,"城邦成员必须在一个具有伦理性约束的框架内过伦理的生活,在伦理生活中养成'精神的'第二'天性'"。[3]对此,亚里士多德又从经验论出发做了进一步论证:"人是政治的存在者,必定要过共同的生活。幸福的人也是这样。"[4]而"最优良的政体……必须是一个能够使人人……尽其所能而得以过着幸福生活的政治组织"。[5]更为重要的是,"城邦秩序与个人灵魂的同构",[6]即城邦不仅是人们共同生活的生活共同体,也是人们实现自我德性完善的道德共同体。只有在城邦的公共生活中,人才能够过一种有道德的生活。由此,亚里士多德不仅将与城邦公共生活有关的"善""好"嵌入了他的道德目的论,而且将幸福视为道德生活的最高目的。这意味着,在古典道德哲学的语境中,道

---

[1] 在西方哲学中,伦理学(ethics)是对道德(morality)、道德问题(moral problems)和道德判断(moral judgment)的哲学思考,亦即道德哲学(moral philosophy)。(参见: Frankena, W. Ethics[M]. Englewood Cliffs, N. J.: Prentice-Hall Inc., 1963: 3.)因此,在本书中,笔者秉承这一传统,将"道德哲学"与"伦理学"当作同义词交替使用。
[2] 柏拉图. 柏拉图全集(第1卷)[M]. 王晓朝,译. 北京: 商务印书馆,2002: 392.
[3] 黑格尔. 法哲学讲演录(第2卷)[M]. 贺麟,王太庆,译. 北京: 商务印书馆,1997: 250.
[4] 亚里士多德. 尼各马可伦理学[M]. 廖申白,译. 北京: 商务印书馆,2017: 303.
[5] 亚里士多德. 政治学[M]. 吴寿彭,译. 北京: 商务印书馆,1995: 385.
[6] 柏拉图. 理想国[M]. 郭斌和,张竹明,译. 北京: 商务印书馆,2010: 172.

德本质上是一种奠基于目的论的整体性德性规范。之所以说是整体性的,是因为道德既非纯粹的现实规范性,亦非彻底个人主观的价值诉求,它源自人类追求良好生活的内在本性与追求正义的城邦生活的统一,二者最终统一于超越性的至善。之所以说是德性规范,一是说,道德源于人追求卓越的本性,合乎人的存在意义与价值;二是说,道德是缓和个人德性与城邦公共生活规范性的中介,是人过一种好的公共生活的途径。简言之,人之所以要过一种"有道德的生活",是因为这种"有道德的生活"既合乎人的本性也合乎城邦的本性,是一种能够两全其美的"幸福生活"。

从现代道德哲学的视域看,规范论的自我建构表现为基于经验的结果论和基于超验结构的义务论两种进路。结果论者认为,道德的正当性源自其对人的幸福的实现。换言之,道德"是对幸福最有贡献的东西——使快乐最大化并使痛苦最小化的东西"。[1]一种行为如果能增进人的幸福则是善的,反之则是非善的。因为增进个人幸福的道德行为,同样有助于人类道德福祉的实现。"就是在大致遵守这一规则的基础上,建立了人类社会的全部安全与和平。"[2]相反,义务论者则认为,道德的正当性源于先验的动机,"唯有出于义务的行为才具有道德价值,应将义务推向道德动机的至上地位"。[3]一种行为如果是善的,必须出于善的动机,而与道德的行为或结果无必然的联系。"善良意志,并不因为它所促成的事物而善,并不因为它期望的事物而善,也不因为它善于达到预定的目标而善,而仅是由于意愿而善,它是自在的善。"[4]概而言之,现代规范论道德哲学试图以理性取代古典幸福目的论而为道德

---

[1] 江畅.再论德性论与伦理学的关系[J].南京师大学报(社会科学版),2019(5).
[2] 亚当·斯密.道德情操论[M].蒋自强,译.北京:商务印书馆,1974:167.
[3] 刘同舫.康德道德观及其对现实道德教育困境的开解[J].教育研究,2014(4).
[4] 康德.道德形而上学原理[M].苗力田,译.上海:上海人民出版社,2012:7.

生活立法，由此构建了自我辩护的双重路径：一方面，两种进路都试图提供某种客观的、确定性的道德规范，这一道德规范无论是来源于某种价值共识，还是来自某种抽象的理性原则，都不为个人的情感意志所左右；另一方面，这一道德规范具有显著的规定性或约束力，它为人们提供道德行为判定标准的同时，也对个人日常的行为选择提出了约束。

面对现代道德哲学过度强调规范性的影响，20世纪50年代，安斯库姆(G. E. M. Anscombe,1919—2001)、麦金泰尔(Alasdair Chalmers MacIntyre,1929—   )等道德哲学家向规范论发出声讨，并推动了德性论的当代复兴。在他们看来，"德性代表了行为者作为道德主体的根本要素，如果离开了德性，也就无从判断人的道德特性"。[1] 德性论对人的内在道德德性的强调，对人的情感的关注等，为长期受规范论影响的道德哲学带来了新鲜气息。尽管德性论的复兴推动了道德哲学的发展，但德性论在现代语境中面临着不可回避的问题。一方面，核心立场的模糊性使德性论始终面临前提性危机。德性论道德哲学试图以对好生活的追问代替规范论对行为的关注，但并未对"什么是好生活"予以清晰明确的说明。针对另一核心概念"德性"，德性论道德哲学家虽然给出诸多德目，但对它们之间是何种关系，是否有层级的划分等关键问题并未有清晰的回应。这也导致了其主张的德目与其所服务的幸福生活目标相脱离。另一方面，德性的非指导性，使得德性论始终面临着道德实践上的危机。

从道德教育的实践价值来看，现代道德哲学不仅以理性重塑了道德的规范性基础，而且确立了个人的道德主体地位。不过，就其内在逻辑而言，现代道德哲学将道德价值寄托于道德规范，也产生了两个不可

---

[1] 龚群.德性伦理学的基本特征及其与道义论、功利论伦理学的根本区别[J].中国人民大学学报，2019(4).

回避的道德难题。其一,基于理性建构的道德规范具有现实超越性,使它在面对现实道德问题时往往表现出非适切性,基于"后果考虑"的行为容易陷入"道德功利主义",而基于"善良意志"的行为则又可能出现"德福不一致"的情况。其二,建立在"理性人"人性假设基础上的现代道德哲学,忽视了人的内在德性,造成了人的精神人格的不完整。总之,规范论道德哲学对单一化道德规范的倚重,预设了德性与规范、道德原则与道德人格的对立,同时暗含了德性论道德哲学出场的必然。循此逻辑,现代道德教育做出了以下两种价值预设:一种是规范论范式的道德教育,主张以个体"行为"(外在表现)为中心,注重对人的"行为规范"的指导;另一种是德性论范式的道德教育,主张以个体"行为者"(内在德性)为中心,注重人的"道德品质"的培养。诚然,这只是从"狭义"或"比较"的意义上区分和使用德性论与规范论的概念,就其价值实现形式而言,道德品质对人依然具有规范性,因此,我们也完全可以将德性论视为规范论的一部分。然而,在现实的道德教育情境中,这种区分却很容易成为一种看似不可调和的道德论辩,它现实地规定了两种迥然有别的道德教育的实践逻辑:一种是在持守共同体伦理秩序基础上关照道德良心;另一种则将德性与规范统一于现实道德情境中培养道德判断力。

  总之,现代道德哲学的基本图景是由规范论和德性论的思想方案构成的。问题是,作为二者基础的德性与规范对立的前提假设,在道德教育实践上存在着脱离现实社会整体生活的隐忧。一方面,规范论对现实道德生活的理性主义理解,使道德生活要么以超验的"道德律令"(categorical imperative)为人的现实生活立法,要么是从"后果"(consequence)出发算计人的现实生活;另一方面,试图回归古典的德性论,忽视了古典德性目的论无力应对现实生活的复杂性与多元性问题。

因此,超越德性与规范的对立与冲突,重塑道德的生活基础,是现代道德哲学克服自身困境的必然选择。与此相应,在现代道德教育早已放弃"单一"道德哲学的情况下,道德教育应当如何融合德性与规范的内在分歧?这不仅需要做充分的学理论证,而且需要回到西方传统和现代道德哲学的谱系之中,从历史的视角考察和反思规范与德性演变轨迹,以便为现代道德教育中的道德论辩提供坚实的理论基础。与此同时,它还有助于我们真正摆脱先前那种非此即彼的道德论辩,拥有超越德性与规范之争的视野与能力,重新勾画道德教育的未来生态。

二、论辩作为道德教育的本体

在中国,民间素有"有理走遍天下,无理寸步难行"的谚语。它不仅明确表达了"讲理"在中国社会生活中的普遍性和日常性,也意味着"理"在中国文化传统中的价值支撑作用。相比专制政治中人们对说话者"特权身份"或者"威严语气"背后潜藏的暴力威胁的屈从,"讲理"所服从的则是"理所当然"背后的"道"的客观必然性。在中国儒家的话语系统中,"道"与"理"本是一个东西。按段玉裁所说:"小雅,有伦有脊。传曰,伦道,脊理也。论语,言中伦,包注,伦,道也,理也。粗言之曰道,精言之曰理;凡注家训伦为理者,皆与训道者无二。"[1]在西方,现代人所崇奉的"理性"概念,源于古希腊的Logos(逻各斯)和Nous(努斯)这两个词。其中,Logos是一个具有多重含义的普通词汇。在毕达哥拉斯(Pythagoras,前580至前570之间—约前500)那里指称"合理的数的关系",到赫拉克利特(Heraclitus,约前540—约前480与前470之间)那里又表示"一切生亡存灭都要遵循的东西",由此,"逻各斯"就成

---

[1] 段玉裁.说文解字注[M].北京:中华书局,2013:376.

了万物生成的根源;而作为"理性"概念另一个来源的 Nous 的基本意思就是"理智",它的"知"和"判断"能够使人领悟一种处境的全部意义。[1]诚如苏格拉底在《克力同篇》中所说:"我为人不但现在,并且经常,只是服从理智。此外,其他一切都不能牵制我,唯有经过深思熟虑的理智最为可贵。"[2]紧随其后,亚里士多德也表示:"德性与逻各斯一起发挥作用。显然,离开了明智就没有严格意义的善,离开了道德德性也不可能有明智。……与没有德性的情形一样,离开了明智我们的选择就不会正确。因为,德性使我们确定目的,明智使我们选择实现目的的正确的手段。"[3]由此,古希腊哲人业已把理性观念与至善观念结为一体,开始强调理性与德性同一。总之,理性不仅意味着到达真理的哲学方式,而且意味着一种人生方式。

到了中世纪,神学理性认为,与上帝的理性相比,人的理性是不完全的。为区分起见,托马斯·阿奎那(Thomas Aquinas,1225—1274)又进一步区分了神的理性(intellects)与人的理性。进而,在人的理性转向自身的过程中,它一方面促进了经验科学的建立并在此基础上生成了经验主义哲学,另一方面也从相反的方向催生了坚持经验的理性基础和探究主观理性的理性主义哲学。由此,形成了近代哲学中的经验主义和理性主义两大分支。在英国经验主义那里,它是经验理性;在欧洲大陆理性主义那里,它是天赋理性。在基督教信仰消退之后,新的经验科学开始为重新安排人间事物寻求一个具有真理性和确定性的基础。笛卡尔(René Descartes,1596—1650)认为,这个具有真理性和确定性的基础,既不是客观概念,也不是上帝,更不是某种事物或者实体,

---

[1] 张汝伦.历史与实践[M].上海:上海人民出版社,1995:269.
[2] 柏拉图.游叙弗伦·苏格拉底的申辩·克力同[M].严群,译.北京:商务印书馆,1983:101.
[3] 亚里士多德.尼各马可伦理学[M].廖申白,译.北京:商务印书馆,2003:190.

而只能是理性主体根据他的理性活动(思维)来确定他本身的存在,即"我思故我在"。[1] 在笛卡尔看来,人具有一种不可怀疑的抽象理性认识能力。从认识论层面看,这种理性就是"理论理性"或者"认知理性",是人类超越一切动物水平之上的认识和适应环境的能力总和。

后来,康德也将"理性"视为人的最高认识能力,黑格尔则将其具体化为一种"辩证法思维",由此,科学理性的地位得以确立。不过,随着科学技术成为人类改造和征服自然强有力的手段和工具,这种科学理性被降格为一种"技术理性",亦即韦伯(Max Weber,1864—1920)所谓"形式理性"或者法兰克福学派所谓"工具理性"。从价值论的意义上看,所谓理性就是客观的"价值理性"或"实践理性"(亦即韦伯所谓的"实质合理性"),因为它指的是人们从主体需要和意义出发进行价值活动的自控能力和规范原则。比较而言,"工具理性"能为人们提供知识,而"价值理性"则更强调理性的价值理想目标和价值评判标准,因而更加关注人的精神、意识、信念、信仰、目的、意义与人际关系的和谐等问题。从现代生活的广域情境看,崇尚"理性"抑或"合理性",乃是告别了由上帝统治那种自明性的"绝对权威"之后,人类道德生活的一个基本面向。这意味着,随着"造物主"被一个作为实体的"理性"概念取代,现代性宣告了"诸神"的退隐,进而世俗世界显现出各种价值体系之间相互斗争的景象。换言之,原来那个作为实体的单数大写的"理性"(REASON)概念,经由近代那种与"情感冲动"相对的"合理性"(rationality)的中介,逐渐被分解成了作为普通名词的复数小写的"理由"(reasons)。由此,现代社会进入了一个"价值分立"的多元时代,亦即韦伯所谓的"诸神之争"。在现实生活中,它集中表现为现代人面临

---

[1] "严格来说,我只是一个在思维的东西,也就是说,一个精神,一个理智,或者一个理性。"参见:笛卡尔.第一哲学沉思集:反驳与答辩[M].庞景仁,译.北京:商务印书馆,1986:26.

"多种伦理"时的道德判断和行为选择。从道德生活实践的情形看,面对这个复杂的"多",恐怕每个人都需要通过一个"讲理"(reasoning,亦即"推理")的过程,来确认或者重建自己精神世界中那个本有或者新生的"一",以此告别内心的紧张与不安。

整体来看,"讲理"作为现代民主社会生活的永久特征具有两种表现形式:其一是对自己的讲理,即给自己一个合理的解释;其二是对他人的讲理,即给别人一个合理的说法。于前者而言,讲理具有一种内隐的道德言语的性质;于后者而言,讲理则表现为一种外化的道德语言形式。不过,就其本质而言,二者是同一种道德思维的不同表现形式。从道德主体的意义上讲,这种道德思维不仅标志着某种道德意识的形成,而且意味着某种道德需求的激发,乃至某种道德动力系统的启动和某种道德行为的实施。简言之,"道德要求人们善于分辨善恶,进行道德判断和道德推理。现代复杂社会对这种分辨能力、判断能力和推理能力的要求比前现代社会要高得多。缺少这种能力,一个人哪怕再善良,也无法履行现代社会中的种种义务,成不了一个真正'有道德'的人"。[1] 从这个意义上讲,作为讲理形式的论辩在道德教育实践中具有一种本体论的地位和价值。从教育实践的情形看,无论在学校或者课堂教学场景中,还是在家庭或者社会生活情境中,对于受教育者而言,每一个教育者的讲理形式不仅透露出其上下两代人的教育方式或受教育方式,而且展示着教育者当下的世界观、人生观和价值观。事实上,一切道德观念上"是非""对错""善恶"的确立,归根结底都要建立在富有成效的"理性辩护"的基础之上,否则,即便不去从事教育他人的工作,个人在不得不"面对自我的教育"(给自己一个信服的理由)情境中

---

[1] 童世骏.论规则[M].上海:上海人民出版社,2015:176.

也是难以奏效的。由此来看,"论辩"之于"道德教育"的本体论意义在于,作为一种思维方式,它是一切道德教育的基本方式和前提条件。由此看来,学校德育效果不佳,根本症结在于教师没有"说服"学生,或者说,教育者与教材的道德说理还有待进一步改善。

从教育史的视野看,有关"道德是否可教"的命题,苏格拉底曾以著名的"产婆术"论辩模式做出了有力回应:"他靠举例来构成临时性的定义,再经其他例证的检验,加以扩大或缩小,以便使它符合要求,直到取得令人满意的结果为止……其目的总要找出所下定义的主题的本质特征,取得清晰明确的观念或概念。"[1]窥其大意,我们不妨称其为"反证归纳法"。首先,这是一种归纳法,即通过从一个例子到另外一个例子的举证,最终从特殊总结出一般。其次,他所举出的每个例子最终都会得出一般结论。例如,在与欧提德慕斯讨论"正直"概念时,苏格拉底列举了许多与正直无关或者相反的例子,然后通过矛盾一一否定,最后让欧提德慕斯明白了什么是正直。实质上,对与结论相反的事例的否证过程,就是对正确结论的确证过程。从教育效果上看,其最大优点就是通过对特殊事例的否定,不断加深推理者的认识,尤其是最后所达到的正确结论,更让推理者有一种豁然开朗的感觉,不仅加深了推理者的印象,而且确立了信念。如果说苏格拉底的贡献在于确证"道德可教",而且可以以"论辩的方式"来教,那么本书的使命则在于,沿着这一路向,更为深入地澄清"道德教育的论辩逻辑"。

三、道德教育的理由建构模式

1980 年,美国学者理查德·赫什(Richard H. Hersh)、约翰·米勒

---

[1] 梯利.西方哲学史[M].葛力,译.北京:商务印书馆,1999:55.

(John P. Miller)和格伦·菲尔丁(Glen D. Fielding)三人合作出版《道德教育模式：一种评论》(*Models of Moral Education: An Appraisal*)一书。[1] 在该书中，他们介绍了20世纪盛行的六种道德教育模式：理由建构模式、关怀模式、价值澄清模式、价值分析模式、道德认知发展模式和社会行动模式。在他们看来，尽管"没有单独哪一种模式就足以胜任道德教育的工作"，但是，"道德需要人道关怀、客观思维和决断行动三者交融才行"却是基本共识。换言之，道德不仅要求有好动机，有正确推理，有坚决行动，而且要求情感、思想和行动的三位一体。正因为如此，各种道德教育模式，总是直接地或间接地提到关怀、判断、行动中的某个方面。据此，我们可以将这六种道德教育模式分为三种类型：其一是思辨类，包括理由建构模式、价值澄清模式、价值分析模式和道德认知发展模式四种；其二是情感类，指关怀模式；其三是活动类，指社会行动模式。显然，思辨类道德教育模式占主流地位。

就当代中国道德教育改革的动向看，人们似乎更加热衷于情感类和活动类的道德教育模式，相对比较轻视乃至蔑视思辨类道德教育模式(第一章第三节还将论及这个问题)。殊不知，早在一个世纪以前，我国教育学者蒋拙诚对理由建构模式的道德教育就有过一次初步的讨论。在1920年出版的《道德教育论》一书中，蒋拙诚指出，由于儿童"判断之力尚未充足"，其"观察事物每难分别其善恶"，教育者"亦或不能直举其理以示知"，因而有关"道德判断"一直被中外教育学者视作"施道德教育第一之难关"。[2] 为增进读者对这一问题的直观认识，在该书中他讲述了美国学者巴恩斯(Barnes)在马萨诸塞州一所学校做的实验。

---

[1] Richard H. Hersh (et al.). Models of Moral Education: An Appraisal[M]. New York: Longman, 1980.
[2] 蒋拙诚.道德教育论[M].上海：商务印书馆,1920:55.

一名教师屡次告诫学生,在教室中不可放声大笑或高声喧哗,并将此作为一项禁令请学生遵行。一天,教师在讲课时,一个学生忽然大笑,教师对全班学生说:"我已经明确告诉你们不可在课堂上大声喧哗,今天竟有人公然违反这一课堂纪律;哪位同学看到是谁,请即刻将大笑者的名字告诉我。"然而,全班竟无一人向老师举报。之后,教师请全班学生以"发笑学生之名"(即站在当事人的立场)思考"可告"与"不可告"的理由。经统计,全班学生中举手认为"可告"者为多数,其中,女生远多于男生,且随年龄增长人数呈减少的趋势。按照比例来算,女子占比61%,男子占比55%(见表0-1)。

表0-1 巴恩斯道德教育实验中认为"可告"的学生性别及年龄一览表

年龄	7岁	8岁	9岁	10岁	11岁	12岁	13岁	14岁	15岁	16岁
男生	56人	68人	57人	66人	55人	49人	47人	44人	40人	36人
女生	66人	70人	74人	71人	61人	59人	54人	52人	52人	50人

紧接着,老师让同学们分别站在学生、发笑儿童和教师的立场陈述"可告"与"不可告"的理由。为便于整体分析,笔者在这里将其立场、观点和理由汇总整理成表格形式呈现(见表0-2)。

在蒋拙诚看来,所谓"道德判断的标准"不过就是要让人免于"所行之事不至于善"甚或"陷于至恶之地而不自知"的境地。从"可告不可告之理由"看,足见人们"道德判断之困难"和"实施道德教育之匪易",[1]但是,他并没有着意分析这些理由本身的结构层次,而是将这些"理性表现"归诸"性情""决心"和"勇气"。学生之所以会做出各种道德判断乃是"依乎人之性情而分别多端","青年虽有择善而从之心意,苟无其

---

[1] 蒋拙诚.道德教育论[M].上海:商务印书馆,1920:62.

表 0-2 巴恩斯道德教育实验中有关立场和理由一览表

序号	立场 其他学生 可告	其他学生 不可告	教师 可告	教师 不可告	发笑儿童 可告	发笑儿童 不可告
1	告是正直,不告是虚伪。(男24%,女20%)	己所不欲,勿施于人。(男43%,女34.05%)	学生必须服从教师。(男子11%,女子16%)		行为与教师要求相反,是"不从顺之儿童"。(男18%,女20%)	发笑学生宜自白,而其他同学则不宜举告。(男19%,女31%)
2	不告是卑怯。(男22%,女20%)	指摘他人之恶,易招他人攻击。(男23%,女18%)	查询破戒学生之名,是教师的权利。(男1%,女1%)		发笑者应自白,沉默是卑怯,故同学有知告之义务。(男3%,女4%)	谚曰:同声相应,同气相求。同班学友应互相帮助。(男4%,女4%)
3	不告教师会获罪。(男3%,女5.05%)	探知发笑者是教师之职分,而非学生所宜为。(男6%,女2%)	不能老师不同就告,也不能老师同了不说。(男子3%,女子4.05%)	"理由不著见,无足记述。"	只有让破戒者受到惩罚,才能使其改正错误。(男3%,女4.05%)	圣贤言不可扬人之恶。举报同班学友乃是大罪恶。(男10.02%,女8%)
4						扬人之恶者,人必阴嫉之。(男子2%,女子5%)
5						不忍见其因告而受惩罚。(男子7%,女子4%)

决心与勇气则必陷于见义不为之懦夫。故以教师知能,使学生有去恶为善之意志、之决心与勇气者,胜于徒能使学生有去恶为善之意志者"。与此相应,道德教育要"重于实行",就"务宜养成其当仁不让、见义勇为之意志,使其处事也,当行即行,当止即止,无怀畏葸之念,无有犹豫之意。夫而后道德教育之效果庶可期,而施道德教育者之功绩庶可见矣。"[1]"盖不注意于实行,而徒以口舌相夸张,则不过各种道德之说明书而已。后又于各章示道德教育之条件若忠孝、若诚信、若礼让、若清洁、若公德心、若协同心、若爱国心,诸如此类,言之则甚易,行之则特难。其所以难者,盖皆无勇气为之源也。"[2]最终,蒋拙诚不免有些轻率地表示:"(巴恩斯)氏于此渺小问题,尚不能挈其纲领以解决之,而惟断断于可告不可告之间以自缚,何其倾倒至于如此之甚也。"[3]在他看来,有关"告其姓名与不告其姓名"的讨论并非"此问题之所急",真正可贵的是采取"第三处理法":"当此之时,不直告其教师,下室之后,委屈忠告其发笑之同学,使之进而自白于先生甘受破戒之罪,而弗怨是也。"[4]

就道德教育实践的"实用价值"而言,蒋拙诚的"第三处理法"或许能够"暂时摆脱"告与不告的道德两难困境。众所周知,在日常情况下,面对"可告"与"不可告"的理由陈述,教育者通常很容易陷入道德判断上的"左右为难"状态,不免生发"不置可否""不了了之"的"和事佬"心态。相比之下,这的确算得上一种"更高明"的做法,因此,在教育实践情境中,有些教育工作者会直接建议学生采取这种"第三处理法"的行动,以此作为道德教育工作的终点。然而,从道德教育所承担的培养学生"道德判断力"的使命看,这不仅是一种"无效的推诿",也为学生在类

---

[1] 蒋拙诚.道德教育论[M].上海:商务印书馆,1920:63.
[2] 同上:62.
[3][4] 同上:61.

似情境中的反应做出了"糟糕的示范"。这是因为,通常情况下,一方面,同学的"忠告"未必会赢得发笑儿童的"认同",发笑儿童或许认为"看到可笑之事而发笑纯属人的自然生理反应,不合理的是老师的指令而非自己所为",否则,又何须同学的课下忠告呢?另一方面,在与"忠告者"争执不下的情况下,很可能会激发"忠告者"违背自己的"初心"而走向"告发",这样不仅使同学遭受责罚,也使自己陷入不道德的心理困境。结果是,要么两位学生之间失和甚至生发仇怨,要么告发者因长期不能走出心理困境而陷入内耗。很显然,教育者不当的"第三处理法"对此负有不可推卸的责任,远非泛泛陈述"幸而至于善者有之矣,不幸而陷于恶者亦有之矣"所能搪塞。

由此说来,"讲理"不仅预设了"理由"作为名词的重要性,同时也预设了"说理"作为动词的重要性。这是因为,不仅人们内心抱持的"一理"(即某一种理由)往往来自那种由权力操纵的"真理",而且为了让"众理"(即各种不同的理由)服从于该"真理"的统治。当然,在现代文明社会,人们更多的还是期待通过"论辩"的形式来确立或重建"真理";否则,"真理"既无法真正成为一种"道德共识",也无法在实践中真正发挥"行为规范"的指导作用。因此,本书倾向于从"讲理"的意义上定义和使用"论辩"的概念。

四、"论辩"及其相关概念辨正

从概念上讲,"论辩"(argumentation)对应于英文中的"argument"(论证)一词。在日常语言中,"论辩"通常指两个人或多个人之间的争执,因而很难和"冷静""理性"搭上边儿。但是,在哲学中,"论辩"或"论证"则是指用一些主张通过"推理"来支持某一特定的结论。其中,"逻辑"既是这种"论辩"或者"论证"得以形式化的方法,也是确保这种推理有效性的标准,亦即通常所谓"逻辑上有效"(logically valid)。换言之,"论辩"本质上是一个通过逻辑推理得出结论的过程。从教育实践的意义上讲,在以论辩形式进行的教学过程中,无论是论者还是辩者,不仅要通过提供大量论据来支持其观点,而且必须遵循"合理性原则"来论证这一观点。但是,考虑到道德教育实践中的论证总是包含源于复杂互动情境的可错性和可辩驳性,迥异于自然科学中的"演证"(demonstration)所遵循的纯粹理性的必然性,因此,本书在主题上选择使用"论辩"一词。

概而言之,这一选择主要包括以下几个方面的考虑:其一,论证通常是指某一"观点"的推理过程,而道德教育的实践主体和对象都是人,其行为并不具有与人无关的"必然性",它总是依具体实践情境而定的"可行性"的探讨;其二,相比论证对严格意义上的"推理"的强调,道德教育中的论辩不仅要承认每一种明确表达的意见在主体经验中的自然合理性,而且看重主体"尚未明确表达的内隐理由",尤其考虑学习者"不够成熟"的"异见",这一点不仅对于这些作为异见持有者的"非主流"学生的"理智公正"至关重要,而且其与"正见"(结论正确)的辩证讨论本身也极富"理智训练"的教育价值;其三,从表面上看,"论辩"所强调的主体双方围绕某一观点展开交互说理,未必合乎现实学校教育场景中的校长演讲、教材陈述的"单向论证",但从实际教育过程的"可接受性"角度来看,它们包含着未被说出、不便说出或者被省略(如果不是被刻意忽略或者有意遮蔽)的"可能反驳"的论辩过程。从这个意义上看,无论这种"可辩驳性"包含的"不可信赖感"是否在受教育者那里(肢体)表现或者(言语)表达出来,它都昭示了教育与宣传、灌输之间的本质不同,即它是学习者通过"面向自我说理"养成"自主理智生活"的教育机制。因此,本书选用"论辩"的说法,意在强调道德教育乃至一切名副其实的教育过程所暗含的论辩本质。

在日常生活情境中，人们讲理的过程也会使用类似三段论的形式逻辑，但是，人们通常只关注推理的形式，而疏于考察推理的可靠性。从推理结构上看，人们所关注的主要是"主张"(claim)或者"命令"(command)，而疏于思考提出这一"主张"或者命令"的发出者是否为其提供了一种"辩护"(justification)。殊不知，这种"主张"或者"命令"要想成为一种可靠的"断言"(assertion)，就必须有经得起严格检验的"理由"(reason)作支撑才行。更何况，这个"理由"的有效性还要取决于其背后的"主导原则"(leading principle)。[1] 为使人们进一步关注维特根斯坦(Ludwig Wittgenstein，1889—1951)所说的"理由链的终端"(the chain of reasons has an end)[2]，澳大利亚学者鲁凯亚·哈桑(Ruqaiya Hasan)将这个确证原则可靠性的来源称作"(立论)基础"(grounding，毋宁称其为"理论来源")。[3] 由此，我们便可以循着主张—理由—原则—基础的顺序逐步追问"为什么"的深入探究过程。不过，这种溯因推理在展现求真论证的关联性和严密性的同时，还不足以展现教育实践情境中论辩的交互性和开放性。

在这里，我们不妨借助"图尔敏论证模型"来理解"论辩"所具有的论证特征(见图0-1)。

图尔敏(Stephen Edelston Toulmin)发现，一个"好的论证"应该具备以下六个组成部分：[4] (1) 主张(claim)，即要被证明的观点；(2) 数据(data)，即论者用以支持该观点的事实证据或事实判断；(3) 理据

---

[1] Peirce, C. S. Philosophical Writings of Peirce[M]. edited by Justus Buchler. New York: Dover, 1955: 129.
[2] Wittgenstein, L. Philosophical Investigations[M]. Oxford: Basil Blackwell, 1953: 326.
[3] Hasan, R. Rationality in Everyday Talk: From Process to System[A]// In Werner Winter (ed.), Trends in Linguistics: Studies and Monographs 65. Berlin and New York: Mouton de Gruyter, 1992: 272.
[4] 图尔敏. 论证的使用[M]. 谢小庆，王丽，译. 北京：北京语言大学出版社，2016：85-93.

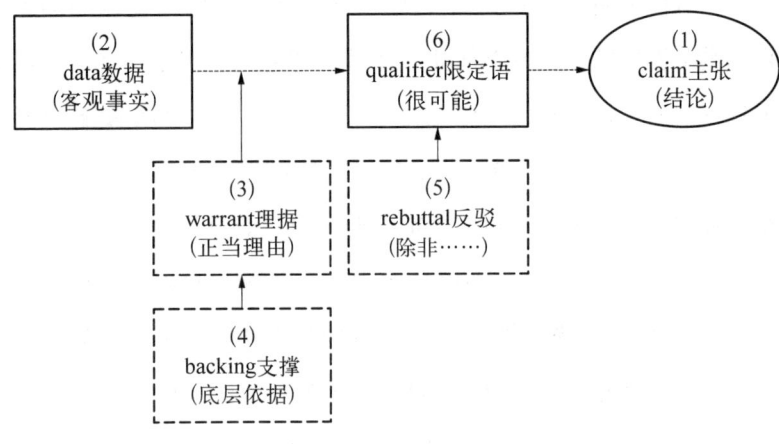

图 0-1 图尔敏论证模型图

(warrant),即论者用来联结证据与结论的正当理由;(4) 支撑(backing),即论者用来支持理据的可靠支撑或底层依据;(5) 反驳(rebuttal),即论者已经知道的例外情况;(6) 限定语(qualifier),即出于对例外情况的考虑,论者对结论的范围和强度做出必要限定的修饰词。

相比亚里士多德的"三段论",图尔敏的"六段论"主要贡献了两个方面的新探索:其一是对于"大前提"的支撑(根据)的关注;其二是对于否证性的"反驳"(辩驳)的关注。简言之,图尔敏是将"辩驳"(反驳)融入了既往的"三段论"之中,从而使得"三段论"不再是一种"分析式的论证",而是一种"实质性的论证"。即它不仅有了获得进一步确证、修正和发展的可能,而且也使得原有的"论证"呈现出显著的交互性、关联性和开放性特征。如图 0-1 所示,它不仅能够将与"正论"(论证)相关的"反论"(辩驳)的情况以结构化的方式同时呈现出来,而且清晰地展现了二者之间的逻辑关联,从而明确了论辩双方各自在论辩结构中的位置,使得论辩双方持论的有效性变得更为直观和明了。生活实践中的论证的基本形态是实质论证。比如,在学校教育中,人们通常会就学校是否应当

"占用学生课间休息时间"产生争议,倘若我们将双方的意见放置于这个论证模型中,就可以借助这一模型结构图加以分析(见图0-2)。

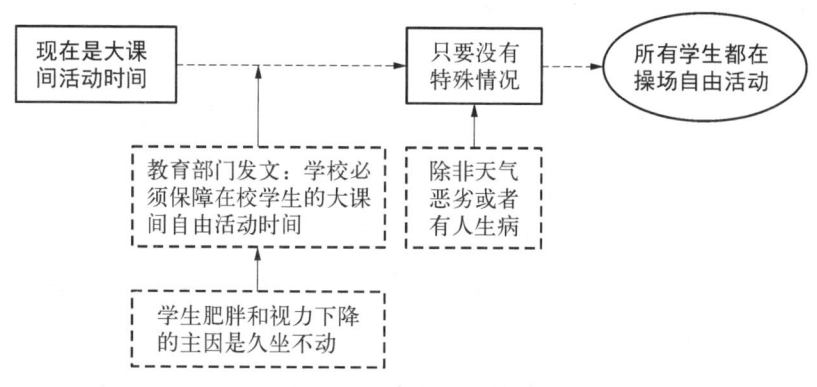

图0-2 图尔敏论证模型案例图

进一步而言,图尔敏的论证模型不仅使亚里士多德的演绎论证更加科学和完整,也使其具有了明确的开放性和发展性特征。在一个封建专制的时代,习惯于服从命令、接受指示的人们,不仅完全感觉不到自己的信念需要有"科学的论证",也害怕将"反驳"的声音纳入自己的思考中。对于担负着培养"自立自主之个人"或者"未来国家/世界之主人"的教育事业而言,"论辩"不仅能使人们通过"兼听则明"来有效规避因"偏执"产生"悖论",而且指示着一种现代科学的方法论——它承认"异见""异议""异己"客观存在的必然性,并将其作为探求"真知",追寻"真理"的思想之源。不过,鉴于种种文化传统上的桎梏,在日常生活中,多数国人对"论辩"没有什么好印象,而且容易陷入实践的误区。为明辨起见,我们有必要澄清几个容易混淆的常见概念。

(一)论辩不是诡辩

在《现代汉语词典》中,"诡辩"一词有两个意思:(1)外表上、形式上好像是运用正确的推理手段,实际上违反逻辑规律,做出似是而非的推论;(2) 无理狡辩。[1] 相比之下,后一种解释在强调"无理"的特征之余,也暗示了其与"狡辩"即"狡猾地强辩"(quibble; give false argument)[2] 具有一致性内涵。与此相似,西方学人也用"诡辩"(sophistry)来指意图将人引入歧途的微妙争论思路:听来似乎有理,但实际上是站不住脚的,并导致不真实的结论或者得出前提(premise)并不支持的结论。[3] 总体上看,二者都强调"诡辩"之所以不同于"论辩",关键就在于其"违反逻辑规律"或者"做出错误论证"。就这个意义上而言,"诡辩"与今天人们口头上通常所谓的"抬杠"几乎完全是同义词,所不同的是,在"违反逻辑规律"的同时,"抬杠"突出表现为一种反驳或者驳论的倾向,而"诡辩"则在"做出错误论证"或"言之不成理"的过程中,给人以"外表上、形式上好像是运用正确推理手段"的假象。具体而言,"诡辩"给人们制造的假象,大致可以区分为两个层面。

其一是重言式的伪说理。就像歌词"因为爱所以爱"这种说理形式一样,这种"因为……所以……"貌似具有因果关系,实则不过是没有陈述任何实质性理由的"循环论证"。对于如此表达的说理者来说,这就是"不言自明""无须解释"的事情。比如类似的问答有:"你为什么爱真理?因为它是真理。"显而易见,这里的"因为"并没有给出任何理由,只是徒具论证的形式,它仅仅给出形式上的论据,却没有通过"有效的论证"将观点转变成结论。这种披着"因为……所以……"形式的外衣,其重言式的表达方式并未给出"有效理由"的说理,充其量不过是一种诡辩罢了。

其二是谬误式的伪说理。谬误式与重言式说理不同的是,它说出

---

[1] 中国社会科学院语言研究所词典编辑室,编. 现代汉语词典(汉英双语)[M]. 北京:外语教学与研究出版社,2002:732.
[2] 同上:975.
[3] 德·朗特里. 西方教育词典[M]. 陈建平,杨立义,等,译. 上海:上海译文出版社,1988:319.

了支撑性理由,但是,它举证的理由无法与其主张形成正当的推理关系,是一种推理谬误。正因为如此,人们在识别和矫正这种假性说理时,往往借助"理由"和"借口"来对其正当性做出判断。例如,在《伊索寓言》中,有一则《狼和小羊》的故事(见表0-3),恰可作为一个有助我们认识诡辩的经典教例。

表0-3 寓言故事《狼和小羊》中英文对照

The wolf and the lamb	狼 和 小 羊
Once upon a time a Wolf was lapping at a spring on a hillside, when, looking up, what should he see but a Lamb just beginning to drink a little lower down. "There's my supper," thought he, "if only I can find some **excuse** to seize it." Then he called out to the Lamb:"How dare you muddle the water from which I am drinking?" "Nay, master, nay," said Lambikin, "if the water be muddy up there, I cannot be the **cause** of it, for it runs down from you to me." "Well, then," said the Wolf, "why did you call me bad names this time last year?" "That cannot be," said the Lamb, "I am only six months old." "I don't care," snarled the Wolf, "if it was not you it was your father." And with that he rushed upon the poor little Lamb and ate her all up. But before she died she gasped out:"Any **excuse** will serve a tyrant."	从前,有一只狼来到小溪边,看见小羊正在那儿喝水。狼很想吃掉小羊,但是转念一想:"我要是就这么把小羊吃了,万一让别的动物看见了,容易说我的闲话,我得找一个**合适的借口**吃掉小羊,这样既能饱餐一顿,又不被别的动物说闲话。"于是狼就故意找碴儿,说:"小东西,你把我喝的水弄脏了!害我喝不到干净的水了,你安的什么心?"小羊以前从来没见过狼,不知道狼要吃它。就对狼说:"狼先生,这条河是大家的,不是你一个人的。况且我怎么可能会把您喝的水弄脏呢?您站在上游,我站在下游。水是从您那儿流到我这儿来的,不是从我这儿流到您那儿去的。" 狼见这个**借口**行不通,又换一个**借口**。说:"就算是这样吧,你总是个坏家伙!我听别的动物说,你去年在背地里说我的坏话,凭这点我就可以吃掉你!" 小羊听了更着急了,它喊起来:"啊!狼先生!那怎么可能呢?我才六个月大,去年还没有出生呢!而且我和你无冤无仇,我为什么要骂你呢?" 狼知道自己难不倒小羊,就对小羊说:"我不管,就算不是你,也是你爸爸,反正都一样!"说着,就往小羊身上扑去。 小羊绝望地喊道:"你这个狡猾的坏家伙!你找那么多荒唐的**借口**,不过是想把我吃掉罢了!"

说明:笔者查阅多个出版物中有关《狼和小羊》的中英文版本,发现皆非对《伊索寓言》原故事的简单抄录或直译,而是各有其文学性质的加工或转述。比较之下,网络上的这个版本(译文略作校正)在陈述上能够较为清楚地展现"狡辩"的要害。

从故事情节上看，中文版和英文版没有太大差异。但是，从措辞上看，二者有着明显的区别。其一，英文版不仅使用了与中文版中的"借口"相对应的"excuse"一词，还使用了中文版没有呈现的"cause"（原因）一词，后者凸显了小羊在与狼进行说理论辩过程中使用的"客观事实"论据；其二，为了便于读者区分论辩与诡辩的差异，中文版不仅精巧地使用了"找碴儿"来帮助读者理解"借口""荒唐的借口"和（狼自以为）"合适的借口"，而且传神地使用了"很能辩解""难不倒"来彰显小羊所展现出来的"论辩"力量；其三，英文版中小羊将狼视为 a tyrant（一个暴君），而中文版则以童话的方式将其柔化为"这个狡猾的坏家伙"，二者都揭示"暴君"和"坏人"一样，喜欢使用看似合理的"借口"作为"理由"为自己充满"恶意"的"私欲"做合理化的辩护。由此来看，"理由"和"借口"之间至少存在以下三个方面的显著差异：其一，就主体价值而言，"理由"指向的行为具有广泛的主体应当性，而"借口"只有个体的自愿性；其二，就举证材料而言，"理由"所举的证据材料具有客观事实性，而"借口"所举的证据材料往往具有主观虚构性；其三，就逻辑品质而言，"理由"具有必然性，而"借口"只有偶然性。但是，二者也容易发生混淆，是因为二者共同建立在"可能性"的基础之上（见表 0-4）。

表 0-4 理由与借口之关系对比表

		理　由	借　口
不同点	主体价值	广泛的应当性	个别的自愿性
	举证材料	客观事实性	主观虚构性
	逻辑品质	必然性	偶然性
共同点		可能性	

绪论
什么是道德教育的论辩逻辑

在社会生活中，常有人告诫我们"做人不能太真太诚""无赖才是最能赢的智慧"。在一些人看来，用这种"无赖的逻辑"来指导实践，总能使自己稳操胜券、无往不胜。比如，假如无赖向朋友借钱，几个月后，朋友催他还钱，他会义愤填膺地抱怨："你怎么这样计较，才几天，就来讨债？"朋友碍于情面，尴尬一笑，按下不提。两年后再催还，无赖依然会振振有词地反问："你怎么这样计较？多久了，你还对这点小事念念不忘？真不够朋友！"无赖不仅终于没有还钱，而且还会逢人就说这位朋友多么吝啬，不够朋友；甚至在他越说越气，不能自已之后，当众宣布你不配做他的朋友，与你绝交。归根结底，诚如通常所谓"光脚的不怕穿鞋的"，其实是"通情达理的"害怕"胡搅蛮缠的"，"胡搅蛮缠的"害怕"没米没盐的"。问题是，倘若你在现代流动社会中与"陌生人"诉诸一种类似《狼和小羊》中的"狼"那样"说一不二"的无赖作风——不仅"理屈词富"，而且"强词夺理"——那么，只怕最终的结果，不是对方与你拳脚相向，就是从此对你"敬而远之"。进一步而言，这种"常有理"的逻辑基础就是总要为自己找到一个"堂堂正正的理由"，才能既能做"坏事"又能"心安理得"地生存下去。问题是，倘若这种"无赖的逻辑"盛行于世，那么，"真正的有理"将变得寸步难行，人类理性和道德在生活实践中的价值指引作用必然日趋枯萎。为此，亚里士多德特别强调区分正确推理和谬误推理："我们的目的是要发现一种能力，即从所存在的被广泛认可的前提出发，对我们所面对的问题进行推理的能力，因为这就是辩论论证本身以及检验论证的功能。"[1]

---

[1] 亚里士多德.辨谬篇[M]//秦典华,译.亚里士多德全集(第一卷).北京：中国人民大学出版社，1990：619.参照学界的观点，这里把原译"辩证论证"改为"辩论论证"，这更符合亚里士多德的原意。(参见：王习胜,张建军.逻辑的社会功能[M].北京：北京大学出版社，2010：14.)

(二) 论辩不是辩论

西方的辩论传统,原为古希腊哲学家之间(有两个或两个以上辩论者参加)争论不同观点的口头论战形式。在中世纪大学,它成为一种学业考评(academic assessment)的方式,亦即学生在提交学位论文之后,学术委员会要求学位申请人就论文的正确性与相关领域有声望的学者进行口头辩论。到现代大学,"论文答辩"和"口试"也都一直保留这种做法。[1] 在社会生活中,无论是以个体的名义,还是以团队的形式,无论是在政治选举中,还是在法庭辩论中,辩论在相当程度上潜藏着赢得对方或让大众理解与接受的愿望。简言之,"辩论"(discussion)的目的是力图胜过对方,让自己的观点在辩论的过程中"取胜"。问题是,虽然赢得辩论的一方会从一场辩论比赛中胜出,但是,他们的观点未必"正确";同样,虽然输掉比赛的一方在一场论辩赛中落败,但是,他们的观点未必"错误"。当然,还有另外一种情况,就是比赛双方的观点都不正确。

对于描述这种推理论证过程的文体,国内通常有"论辩"和"辩论"两种提法。一般而言,学界对两者不做区分,因为二者事实上都是由"说理"(论)和"辩驳"(辩)组成,只不过论辩以说理为主,辩论以辩驳为主。从沟通的视角看,"论"与"辩"是一个统一体,"论"是"辩"的铺垫,而"辩"服务于"论"。也就是说,说理和辩驳乃是一个有机的整体:说理为辩驳提供论点和理论支持,明确"辩"的目标,而辩驳则通过辩证过程更加深入地说明论点,强化"论"的效果。[2] 值得注意的是,尽管二者在形式上十分相似,但是,二者在目的上迥然有别。从源头上看,论辩产生于人们的"求真"需要,而政治辩论和法庭辩论的目的则在于"争胜"。当然,从这个意义上看,政治辩论和法庭辩论,不过是对学术论辩

---

[1] 德·朗特里.西方教育词典[M].陈建平,杨立义,等,译.上海:上海译文出版社,1988:74.
[2] 陈征.论辩语篇言据性研究[M].北京:中央编译出版社,2017:137.

的跨界应用。所不同的是,出于竞选胜出和法庭胜诉的需要,政治辩论和法庭辩论往往容易为了"求胜"的预期,而放弃论辩的"求真"原则。这意味着,虽然人人都在思考,但是,倘若人们缺乏逻辑并在实践中自觉地接受它的指引,那么,在独自思考或交互论辩的过程中,就极有可能迷失方向,误入歧途,陷入逻辑混乱或逻辑错误的悖谬境地。

进一步而言,"论辩"(argument)更像是一种既不需要设定"特定目的"和"日程安排",也无须形成"最后决议",更无须"领袖主持"的"对话"。正如伯姆所言,对话不是去分析解剖事物,也不是去赢得争论,或者是去交换意见。它旨在将个人的主观观念搁置一旁,从而能够对这些观念本身进行认真的审视。与此同时,我们还去认真倾听其他每一个人的观念和想法,并将它们搁置起来,以便弄清所有这些观念的真正意义所在。如果我们能够看清我们所有观念的真正意义,那么即使我们做不到完全同意他人的想法,也至少可以分享一个共同的内容。由此,我们将会发现,观念本身其实并不重要——它们只不过是一些思维假定而已。只要能够把它们识别清楚,我们就会更富创造性地发现下一步该怎么走。通过对所有这些意义的识别和共享,真理就会在不知不觉中诞生。[1]

(三) 论辩不是说教

在西方,古代社会那些专门从事教学工作的教师(pedagogue),或许一开始就是戴着一副"说教"的面孔出场的——pedagogue 源出希腊字,意即专事照顾主人儿子的奴隶,同时还兼有"学究"的意思。[2] 与此紧密相关的另一个专指"学究"的词汇"pedant"却又与中小学"校长"有很深的亲缘关系:"这字原来简单地指校长。当前用来指那些不管听

---

[1] 戴维·伯姆.论对话[M].王松涛,译.北京:教育科学出版社,2004:31-32.
[2] 德·朗特里.西方教育词典[M].陈建平,杨立义,等,译.上海:上海译文出版社,1988:229.

众是否要听,却一味冗长乏味地卖弄或灌输知识的人,或者是墨守一大堆细微末节和繁琐规章的人。"[1]在中国,《现代汉语词典》对"说教"一词的解释是:(1)宗教信徒宣传教义(deliver a sermon; preach [a religious disciple]);(2)(比喻)生硬地、机械地空谈理论(give sb. A sermon; preach ineptly or tediously.)。[2]比较来看,说教首先具有宗教宣传的特性,其"教义"处于毋庸置疑的神圣地位;不过,就其世俗的引申义而言,倘若有人将自己也奉若神明、逼人接受,那就不免让人觉得生硬、机械。由此来看,人们之所以反感"大道理",并不仅仅是因为这个道理太过抽象或者严重脱离了听者"经验可及"的范围,更因为说教者"不容置疑"的姿态让听者感到难耐。

与之不同,论辩更像是一种"沟通"或者"对话":"在对话当中,每个人都不试图把所知道的观点或信息强加于人。相反,可以说是两个人共同去认识,并形成新的共识。要做到这一点,前提是不带任何偏见、无拘无束地相互倾听,而且不试图对对方施加影响。每个人所关心的唯有真理,因此他可以随时抛弃自己的旧思想与观念;而在必要的时候,又随时可以接受异己之见。反之,如果只想把自己的想法灌输给别人,或者戴着有色眼镜来看待别人的观点;不管别人说得是否有道理,都固执己见,那么就根本无法进行沟通。"[3]所以,在探索"真理"的论辩活动中,不仅没有人试图去"赢",而且也不会给"等级和权威"以任何地位,或者说,在这种探寻真理的"对话中不欢迎劝告或说服的存在。'说服'(convince)一词的意思是赢得别人信服自己,'劝告'(persuade)的意思与之相仿。它与'suave'和'sweet'具有相同的字根。人们常会

---

[1] 德·朗特里.西方教育词典[M].陈建平,杨立义,等,译.上海:上海译文出版社,1988:230.
[2] 中国社会科学院语言研究所词典编辑室,编.现代汉语词典(汉英双语)[M].北京:外语教学与研究出版社,2002:1810.
[3] 戴维·伯姆.论对话[M].王松涛,译.北京:教育科学出版社,2004:3.

用温言软语去劝告他人,或者用大道理去说服别人。但二者的目的却都是一样的,都未切中问题的要害。一个人没有理由去被劝告或者说服,其中存在着不一致性,缺乏道理。如果事情是对的话,你根本就不用被说服。如果有人试图来说服你相信什么,那么其中必大有可疑之处"。[1] 由此可见,论辩的目的不在"说服",说服的关键在于"说理"。这意味着,要展开"良性"论辩,就要求论辩者能够识别并反驳论证中的各种"推不出"的谬误,并拒斥自觉地利用这些谬误的"诡辩术",由此,这种服膺"求真"原则的对话,本质上就已经将"说服"化为"说理"。

从教育的意义上讲,论辩式的教学不仅鼓励学生质疑、反驳和讨论,而且通常还会对个别学生的"异想天开"保持开放态度,而不是习惯于给它贴上"瞎想""胡扯""捣乱"的标签。因为就其作为方法论的意义上看,在教学互动探讨和问究真理的过程中,无论个人提出何种主张都无关紧要,真正重要的在于他是否能够为这种主张提供适当的"理由"或做出合理的"论证"。与此相应,作为一种教育方法,论辩本身具有重要的理智训练(智育)作用。与此相反,单向的"说教"则体现出一种强烈的"反智"和"反教育"的倾向,因为它通常一开始就暗示或者明确要求学生放弃出于"本能的好奇心"或者"自我生活经验"去询问"为什么是这样"或者"凭什么要这样"。当然,对于许多习惯"说教"的教育者而言,这种"说教"的方式会使得教学过程看似比较简单、容易操控,实则使得原本属于师生互动的教学过程沦为类似宗教活动的布道、诵经,致使教育者成为受教育者眼中"多余的存在"。所以,无论是为了满足学生"出于自我的为什么"进行自我辩护的需要,还是为了满足教师对"来自书本的为什么"进行知识建构的需要,我们都势必要借助一种"论辩"

---

[1] 戴维·伯姆.论对话[M].王松涛,译.北京:教育科学出版社,2004:32-33.

的方式澄清和回答来自两个方面的"为什么"。

（四）论辩不是启发

在中国，"启发式教学"被认为是与"注入式教学"相对立的一种教学方式。就其理论渊源而言，人们一般会追溯至孔子的名句："不愤不启，不悱不发，举一隅不以三隅反，则不复也。"（《论语·述而》）其中，所谓"愤"是指学生积极思考问题，迫切地想搞明白但一时又搞不明白的情绪状态；而所谓"悱"则是指学生想通了以后迫切想要说清楚却一时又说不清楚的情绪状态。对此，中国教育学界普遍认为，所谓"启发式教学"，就是教师首先要设法让学生处于适度的"愤""悱"状态之中，进而给予学生有针对性的指导，让学生自主达到"举一隅而三隅反"的教学效果。与此同时，《礼记·学记》似乎对此也有阐释："故君子之教，喻也。道而弗牵，强而弗抑，开而弗达。道而弗牵则和，强而弗抑则易，开而弗达则思。和易以思，可谓善喻矣。"强调教师在教学过程中给予学生"引导""激励""启发"的重要性，不能强迫或代替学生学习。值得肯定的是，与"注入式教学"相比，这两种"启发式教学"还是表现出了现代教育所十分强调的人性化和智慧性特征，甚至还具有现代民主社会所注重的文明讲理特征。

在介绍启发式教学时，中国教育学界一般还将西方古希腊哲学家苏格拉底使用的对话法（dialogue method）[1]也视作同类："古希腊苏格拉底倡导的问答法（亦称'产婆术'），就是用问题激发学生的独立思考以探求真理的方法，被认为是欧洲最早的启发式教学。"[2]与此相

---

[1] 据英国学者德·特朗里所述，它原本是苏格拉底的老师芝诺（Zeno）使用的教学方法。参见：德·朗特里.西方教育词典[M].陈建平，杨立义，等，译.上海：上海译文出版社，1988：318.
[2] 顾明远，主编.中国教育大百科全书[M].上海：上海教育出版社，2012：1459.

似,西方学者也认为,"此法是由一个教师向一个学生就讨论中的事情提出一连串的诱导性问题(leading question),目的是使学生逐步达到与教师一致的理解,主要考虑因素是学生是否同意教师的陈述"。[1]的确,从苏格拉底法的提问形式看,他的不断发问在使被问者发现了自己无知之余,也使其拥有了思考和探究的动力,恰恰合乎孔子所谓作为启发前提的"愤""悱"状态。由此来看,"苏格拉底法"实则为孔子的"启发式教学"提供了切实可行的一套实践方案。或者说,孔子只说了启发的时机,而苏格拉底则进一步说明了如何启发、怎样启发。这样说来,将苏格拉底的对话法归入启发式教学倒也大体不谬。但是,仔细想来,二者又迥然有别:孔子在与学生的对话中,既非主动的"提问者",也非不懈的"追问者",而是"待问者"和"答问者"。他往往给人留下一种"真理在握"的"真理拥有者"印象。殊不知,一旦教育者觉得自己掌握了真理,就会诉诸直接教导,甚至采用宣传、灌输、洗脑等反教育的手段。相反,"以无知者自居"的苏格拉底,则容易保持好奇心、与学生一道成为"真理探索者"。

从"苏格拉底法"本身来看,诚如苏格拉底在《美诺篇》所示,在与美诺及其童仆的对话中,他的对话法不仅表现为一种表面上的"不断发问",而且还十分讲究套路。整体上看,他一贯的策略是,先以"反讽术"让自以为知者发现自己的无知,再以"产婆术"使自认无知者发现自己的知识。[2]只不过,后世哲学家更感兴趣的是苏格拉底的"反讽术"。对此,丹麦哲学家克尔凯郭尔(Soren Aabye Kierkegaard,1813—1855)将其视作一种哲学探究范式,[3]而德国哲学家雅斯贝尔斯(Karl

---

[1] 德·朗特里.西方教育词典[M].陈建平,杨立义,等,译.上海:上海译文出版社,1988:318.
[2] 黄向阳.苏格拉底法批判——解读《美诺》[J].全球教育展望,2017(3):5.
[3] 克尔凯郭尔.论反讽概念——以苏格拉底为主线[M].汤晨溪,译.北京:中国社会科学出版社,2005:193.

Theodor Jaspers,1883—1969)则将其当作一套教育程序加以研究:"对话的唯一目标是对真理进行思考。其过程首先是解放被理性紧紧束缚,但有着清晰发展脉络的、无止境的论断,然后是对单纯的理智判断力产生怀疑,最后则是使理智判断力在更高的源泉中臻于完备,接受真理的绝对性,体认其内涵与指引。柏拉图的对话通过描绘论辩双方的成功与失败、成功的条件,亦即适用于任何时代的得体的形式,为那些愿意真诚交流的人们提供了一面镜子和一种教育。接受辩驳的能力是通过教育获得的,这是高尚境界的表征;对于无法接受辩驳的人,哪怕是皇帝,我们也可以对他的心灵嗤之以鼻。"[1]

相比之下,教育界的人士则更加追捧它的"产婆术",譬如柯尔伯格(Lawrence Kohlberg,1927—1987)及其追随者就曾用这种方法引导儿童讨论道德两难问题。[2] 这意味着,苏格拉底的"对话法"实则是一种侧重于通过反驳或者驳论的方式来证明观点的论辩术。换言之,苏格拉底在教知识的同时也在无形中向学生示范了一种论辩的方法。从这一点上看,我们应当将苏格拉底的"产婆术"归于"论辩教学",而非"启发式教学"。现今所谓"启发式""对话式"教学,往往缺乏"自由讨论"的环境,似乎更倾向于表现教师"因势利导""循循善诱""因材施教"的本领,因而教师在这种"强势启发"和"精心诱导"下设计出的一系列看似合情合理的说辞,也常常使学生沦为一种"配合者"的角色,从而使学生在根本上丧失了面对文本进行自由思考、自主对话的能力。这与论辩所强调的开放辩理精神无疑是背道而驰的。

---

[1] 雅斯贝尔斯.什么是教育[M].童可依,译.北京:生活・读书・新知三联书店,2021:19.
[2] Lawrence Kohlberg. Education for Justice:A Modern Statement of Platonic View[M]// In N. F. Sizer and T. R. Sizer, eds. , *Moral Education*. Cambridge:Harvard University Press,1970:57 - 83.

第一章

道德教育论辩的理论范式

道德的培养必须建立在准则上，而不是建立在训诫上。训诫是为了阻止坏习惯，而准则则是要培养思维方式。必须注意的是，要让孩子习惯于按照一定的准则行动，而不是被欲望所驱使。……因此，儿童必须被置于某种必然的法则之下。这种法则必须是一种普遍的法则，在学校里特别要注意这一点。[1]

——［德］康德

---

[1] 康德.康德论教育[M].李其龙,彭正梅,译.北京：人民教育出版社,2017：42.

第一章
道德教育论辩的理论范式

　　道德问题产生于我们的日常生活交往情境,受到诸如文化、地域、历史、年龄、性别等几乎一切与人有关因素的影响,具有极端的复杂性。通常情况下,我们只能隐约感受到有关"道德原则"或"道德标准"的存在,但是,对于它们究竟是什么、从何而来却不甚了解。更为重要的是,这种道德上的原则和标准,是否具有不分时间、地点、人群或者不以人的意志为转移的客观性,抑或像是某种时尚规则一样全凭该领域的一小群领导者的兴之所至? 对此,西方哲学家依据对这些问题的不同回答,一般将道德哲学划分为三个领域:(1)元伦理学(meta-ethics),主要探讨有关价值和伦理规则的本质与来源等"真理"问题;(2)规范伦理学(normative ethics),着重探讨有关人们一般应该依照或者接受哪个道德准则、原则或信条来行动等"标准"问题;(3)应用伦理学(applied ethics),主要探讨借助已有理论对特定的"具体道德问题"展开多视角的审视和分析,看看哪种观点最有说服力。[1] 诚然,有关道德教育的研究,可以同时涉及以上三个学术领域。不过,就实际情形而言,中国教育界往往更加偏爱实用层面的探讨,因而较少触及有关规范伦理学和元伦理学层面。就道德教育的论辩而言,在通常情况下,我们当然可以诉诸通用的形式逻辑的思维方式,亦即将形式逻辑之演绎推理、归纳推理、类比推理应用到道德教育实践领域。只不过,在这种"一般适用"的背后,也常常潜藏着一些"特殊局限"。

　　其一,道德实践中的归纳推理(inductive reasoning),即道德主体将自身"屡试不爽"的直接道德体验或见证他人的间接道德经验,逐渐凝练为一种相对稳定的个人"道德信条"或"行为准则"的思维方式。在日常生活中,"归纳"在道德推理中的显著优点就是能够提供强有力的"证

---
[1] 乔纳森·沃尔夫.道德哲学[M].李鹏程,译.北京:中信出版集团,2019:7-10.

据",不断实现着"道德实然"(个体实际的道德行为及其结果)与"道德应然"(道德原则或道德规范的普遍要求)的相互转化。但是,必须警惕的是,它不仅永远不能被当作"证明",因为只要举出一个反例就足以颠覆由无数正例归纳所得的结论。因此,必须警惕从事实(实然)直接推出价值(应然)的谬误。

其二,道德实践中的演绎推理(deductive reasoning),即道德主体将一般化的道德知识作为自身在具体道德情境中的行为指导的一种思维方式。在日常生活中,演绎和归纳往往是同时并用的,诚如恩格斯所言:"归纳和演绎,正如综合和分析一样,必然是相互联系的。不应当牺牲一个而把另一个片面地捧到天上去,应当设法把每一个都用到该用的地方,但是只有认清它们是相互关联、相辅相成的,才能做到这一点。"[1]具体而言,道德归纳推理的结果,正是道德演绎推理的前提;每一次道德演绎推理,既是一次具体的道德实践过程,同时也为道德归纳推理提供了新的例证。

其三,道德实践中的类比推理(analogical reasoning),即道德主题从我必须遵从的道德原则或规范推出他人必须遵从同样的道德原则或规范的思维范式。在日常道德教育实践中,我们不仅会经常听到教育者自己讲"换位思考""将心比心"或者"人同此心,心同此理"等,而且也经常见其引用诸如孔子所谓"己所不欲,勿施于人""己欲达而达人",孟子所谓"老吾老以及人之老,幼吾幼以及人之幼",西方基督教所谓"爱人如己"的金律。只不过,这种从一个"个体"(群体)到另一个"个体"(群体)抑或从一个"领域"到另一个"领域"的类比推理方式,往往会因为具体情境或者细节层面的不同而无法做出必然性的推论;相反,在不

---

[1] 中共中央马克思恩格斯列宁斯大林著作编译局,编译.马克思恩格斯文集(第九卷)[M].北京:人民出版社,2009:492.

合适的事物之间进行类比,还会给人造成误导。比如,生活中一些"好心办坏事"的情况,往往就是由那种盲目的类推所致。

综上所述,与科学推理为说明"事物是什么"而寻找证据不同,"道德推理"意在对"应该怎样行动"做出规范性解释。尽管人的道德判断和道德决策总要靠实际情境、实践经验或既往案例或数据来检验或支撑,但是,对于身处道德实践情境中的人们而言,重要的不是什么理论"最符合"情境中的事实,而是什么理论能为这些事实提供"最佳解释",因为只有通过这种解释人们才能找到其在该情境中之所以应该诉诸这种行动而非那种行动的"潜在理由"或"理论基础"。因此,无论是出于为自身观点辩护的需要,还是出于驳斥对方观点的需要,人们总免不了要对正反两种道德观点进行论辩,以期在更高一级的认知框架中达成和解。这意味着,道德推理不仅要求形式上的正确性,更要求实践上的可行性。所以,在有关道德实践的论辩中,不能满足于"简单套用"一般形式逻辑的推理方式。就道德教育中的论辩逻辑而言,笔者将其区分为两大领域中的四种理论范式:其一是伦理学领域中的道义论和结果论,[1]其二是教育学领域中的阶段论和领域论。

---

[1] 在伦理学上,最初是由古希腊学者苏格拉底和亚里士多德围绕"美德"或"德性"展开讨论。然而,他们讨论的正义、明智、慷慨诸"德性",最终仍须通过外在的"德行"表现才能把握。正如现代汉语词典对"德性"一词的解释:一个人的"仪容、举止、行为、作风"。(参见:中国社会科学院语言研究所词典编辑室,编. 现代汉语词典(汉英双语)[M]. 北京:外语教学与研究出版社,2002:404.)后来,西方伦理学界围绕人的"德行"的探讨,逐渐形成了道义论(义务伦理学)和结果论(功利主义伦理学)两种范式。从行为与德性的内在同一性上看,亚里士多德的德性论与道义论一致;从亚里士多德德性论追寻的"德行"与"幸福"目标看,它又与结果论相近。

第一节

道义论：普遍主义的道德教育论辩

从西方伦理学史的视野看，伴随着伦理学的关注点从宗教性的"唯意志论"（voluntarism）转向世俗性的"唯理智论"（intellectualism），"道德义务"遂成为现代道德哲学兴起的标志性概念。古代伦理学家坚信，内在于人的美德动机源自上帝制定的"神圣法"（divine law），由此，上帝不仅成了人类义务的根本源泉，而且有权通过其神圣法规定各种事物的恰当运作方式。进而，从个人出发的"我应该做什么样的人"的问题，也就被转换成为一个从上帝出发的（亦即按照上帝赋予我的目的）"我应该如何行动"的问题。[1] 然而，随着现代怀疑论的出场，新教的自然法学者发现：人类理性无须借助上帝就能完全认识到作为"自然法"（natural law）或者合乎"天道"（providence）的道德律，进而开始大胆怀疑：如果上帝并非"自然的"或"无所不在的"，那么自然法的内容就应该由"人性的事实"来决定。换言之，评判一个行为在道德上是否"正确"的标准在于它是否符合"自然法"而非上帝。承此逻辑，霍布斯（Thomas Hobbes, 1588—1679）开始将人的自然欲望的满足视为"善"，将妨碍人自然欲望的满足视为"恶"。按照这一自然法则，人对自身生

---

[1] 徐向东.道德哲学与实践理性[M].北京：商务印书馆，2006：2-3.

命的保护,便成了听从那些限制其"自然的自由"(自然权利)的前提条件。进而,从这种保存自我生命的"自然目的"出发,霍布斯主张人们通过共同认可的"契约"来遏制对无限的权力、荣耀以及其他东西自然产生的那种不可遏制的占有欲。当然,这同时意味着人要将其"自然权利"转让给作为整体的"主权者"来加以平衡。[1]

不过,在卢梭(Jean-Jacques Rousseau,1712—1778)看来,霍布斯所举的这种"政治共同体",实则不过是一种人民为求统治者保护自己的安宁而把自己的自由权"完全让渡"给统治者,甘受统治者奴役的"统治契约论";相反,那种真正名副其实的契约,应该是一种建立在"个人自由"原则基础之上的"社会契约",它"要寻找出一种结合形式,使它能以全部共同的力量来卫护和保障每个结合者的人身和财富,并且由于这一结合而使每一个与全体相联合的个人又只不过是在服从自己本人,并且仍然像以前一样地自由"。[2]在他看来,"一切行动的本源在于一个自由的存在有其意志,除此以外,就再也找不到其他的解释了。……总之,凡是真正的意志便不能不具有自由"。[3]换言之,"自由即是人的一切能力中最崇高的能力,如果为了取媚于一个残暴的或疯狂的主人,竟毫无保留地抛弃他所有天赋中最宝贵的天赋,竟屈从主人的意旨去犯造物主禁止我们去犯的一切罪恶,这是不是使人类的天性堕落,把自己置于完全受本能支配的那些禽兽水平上?"[4]为此,他强调:"一个人抛弃了自由,便贬低了自己的存在,抛弃了生命,便完全消灭了自己的存在。"[5]

---

[1] 详见霍布斯的《利维坦》第十五章(Ⅹ Ⅴ,41)和《论公民》第三章和第四章(Ⅲ,33;Ⅳ,1.)
[2] 卢梭.社会契约论[M].何兆武,译.北京:商务印书馆,1980:23.
[3] 卢梭.爱弥儿:论教育(下卷)[M].李平沤,译.北京:商务印书馆,1978:401.
[4] 卢梭.论人类不平等的起源和基础[M].李常山,译.东林,校.北京:商务印书馆,1962:135-136.
[5] 同上:137.

道德教育的
论辩逻辑

一、康德之作为自由意志的道德观

受卢梭等启蒙思想家的影响,康德(Immanuel Kant,1724—1804)意识到,要获得启蒙就要独立思考,就要在面对意见的时候始终保持一种审慎的态度:既不能不假思索地接受别人的思想,也不能没有理解清楚就否定它。这意味着,对于启蒙而言,重要的不是人们是否已经知道了"问题的答案",而是人们是否拥有了"认真思考问题的工具"。这个工具就是理性,因为只有以理性为工具的启蒙才能使人摆脱亚里士多德所谓的"不成熟状态"。[1] 为此,他将启蒙运动的精神概括为"勇于运用自己的理智",[2]亦即人"在一切事情上都有公开运用自己理性的自由"。[3] 康德坚信,人类是理性、自主的自由行动者。为此,他不仅把人类先天具有的"善良意志"(goodwill)当作"绝对命令"(categorical imperative,又译"定言命令"),而且还把它作为人类道德的最高原则:"你行动时所遵照的准则,应该是你意欲其成为普遍的自然法则。"[4] 也就是说,个人应当根据任何"理性的人"在特定环境下的共同反应,为自己的道德行为标准"立法",这就是所谓的"绝对命令"。正如人们在社会生活中斥责那些有悖公德之行为的常用说法:如果大家都这么做会怎样?这似乎是在假设:从现在开始,你的行为会使所有人在完全相

---

[1] 在亚里士多德看来,青年人不太适合学习道德哲学,因为他们对生活中发生的诸种行为并无经验,而道德哲学却都是从基于经验的讨论开始的;道德哲学的目标并不在于获取知识,而在于指导行为,而青年人通常随心所欲,所以让他们学习道德哲学是徒劳无益的。对此,亚里士多德还做了补充:年轻不年轻并不是用年龄来衡量的——你或许岁数很大,但要是不成熟的话,道德哲学的价值也会与你擦肩而过。(亚里士多德.尼各马可伦理学[M].廖申白,译.北京:商务印书馆,2003:7-8.)这意味着,"年轻"并不等于"不成熟","不年轻"也不等于"成熟"。在笔者看来,亚里士多德在这里所要补充的作为青年人学习道德哲学资格的"成熟"标准,实质上是指向了与"经验丰富"有关却又并不必然一致的"理智能力"或者"思维水平"。
[2] 康德.历史理性批判文集[M].何兆武,译.北京:商务印书馆,1990:22.
[3] 同上:24.
[4] 康德.道德形而上学原理[M].苗力田,译.上海:上海人民出版社,1986:31.

同的情况下都会像你那样做。在他看来，人所拥有的"意志是有生命东西的一种因果性，如若这些东西是有理性的，那么，自由就是这种因果性所固有的性质，它不受外来原因的限制，而独立地起作用"。[1]与无生命或有生命而无理性的物质所遵循的自然必然律相比，有生命且有理性的人的意志所遵循的这种意志的因果性，实则是一种自主选择（自决或自弃）的自由必然律。为了突出这种讲究"内在自律"的道德立法与那种依照"外在强制"的法律立法的不同，康德区分了与义务相关的两种立法：其一是"法律的立法"，它仅仅使某种行为成为义务，但并未同时使该义务成为动机，而是允许有另外一个与义务本身的理念不同的动机；其二是"伦理的立法"，它不仅使一种行动成为义务，而且同时使该义务成为动机。[2]

相比之下，遵循法律立法的义务只是一种外在义务（法权义务），而伦理立法则把行动的内在动机（义务理念）一起包含在内。当然，这并不妨碍主体将法律立法的义务纳入自己的实践法则并使之获得德性。在他看来，人类先天具有一种完全撇开了对行为后果的考虑，不受感性冲动强迫进行自主选择和按照准则行动的能力。换言之，一个人所担负的道德"义务就是出自对法则的敬重的一个行为的必然性"，[3]只有"不是出自偏好，而是出自义务来促进他的幸福，他的所作所为才具有真正的道德价值"。[4]这意味着，"在一切道德评判中最具重要性的就是以极大的精确性注意到一切准则的主观原则，以便把行动的一切道德性建立在其出于义务和出于对法则的敬重的必然性上，而不是建立

---

[1] 康德.道德形而上学原理[M].苗力田，译.上海：上海人民出版社，1986：100.
[2] 康德.道德形而上学[M]//张荣，李秋零，译.康德著作全集（第6卷）.李秋零，主编.北京：中国人民大学出版社，2005：226.
[3] 康德.道德形而上学的奠基[M]//李秋零，译.康德著作全集（第4卷）.李秋零，主编.北京：中国人民大学出版社，2005：407.
[4] 同上：406.

在出于对这些行动会产生的东西的喜爱和好感的那种必然性上。"[1]当且仅当直接指导行动的准则,"仅仅以人们对遵守法则所怀有的兴趣为基础时,它在道德上才是纯正的"。[2]为此,他既反对从行为"后果"或者"利益"(无论是"长远利益"还是"整体利益")入手来考虑行为的合理性,也反对从"工具主义"角度看待理性,而是特别强调道德标准具有纯粹形式的普遍必然性。"凡是带来真实而持久的好处的东西,如果要把这好处扩延到整个一生的话,都总是包藏在难以穿透的黑暗中,并要求有很多聪明来使与之相称的实践规则通过临机应变的例外(哪怕只是勉强地)与人生的目的相适应。"[3]

在康德看来,只有那种"出于义务"的行为才具有"道德性",而那种仅仅"合于义务"的行为则只具有"合法性"。对于那种"出于义务的行为"而言,它不仅是道德法则所要求的,而且这种行为本身就是目的,而非达成其他目的的手段。但是,说到底,这种自我强制的义务最终必须经由个人"自愿履行"才行,"只有对自愿者而言才不会有不义"。[4]从现实情形看,除了按照道德原则来行动之外,人们也的确可以按照其他合理性原则来行动。只不过这种按照"如果……则……"的条件做出的假言判断,并非康德所说的道德律,因为道德律乃是一种不受条件制约的定言判断,因而呈现为一种"绝对命令"的形式。相反,如果行为者"只是考虑到某种被欲求的结果"来规定自己的行动,那么这些假言命令虽然也能成为"实践的规范",却并非"实践的法则","因为它们没有必然性,这种必然性如果要作为实践的必然性,就必须不依赖于那些病

---

[1] 康德.实践理性批判[M].邓晓芒,译.北京:人民出版社,2003:111-112.
[2] 同上:109.
[3] 同上:49.
[4] 康德.道德形而上学[M]//张荣,李秋零,译.康德著作全集(第6卷).李秋零,主编.北京:中国人民大学出版社,2005:324.

理学上的、因而是偶然附着于意志之上的条件"。[1]在这里,所谓"理性"也就是一种对特殊做出一般规范判断的能力。

由此,无论从个体内在自设的行动准则看,还是从普遍的实践法则看,这个"道德立法"的过程实则都是按照具体的人类目的和人类条件建立特定道德规则的"道德协商"过程。在这个过程中,按"相互可辩护性"的标准,通过考虑某个提议的原则是否能够得到我们理性的认同,来决定究竟是应该启用、修改还是放弃它。倘若这个提议的原则能够经得起理性的协商,反思过程的检验赢得充分认同,那么,它就会被确立为一种具有权威性的"立法"。因此,康德特别强调道德的普遍有效性和绝对必然性。

结合教育实践的情形看,"道德性的教育是使人获得教养,以使他能够像一个自由行动者那样生活(我们把所有同自由相关的内容都称为实践性的)。它是使人具有人格的教育,是自由行动者的教育,这样的人能够自立,既是社会中的一员,自身又有一种内在的价值"。[2]为了实现这一教育目标,康德再三强调:"对理性的训练来说,人们必须以苏格拉底的方式进行。苏格拉底称自己是其听众本身所具有的知识的助产士……说明人们如何在年长者帮助下能从自己的理性中引出某些东西来。(尽管)孩子们在许多事情上无须使用理性。他们不必对一切都进行推理。凡对他们教育有利的东西,他们不需要知道原因;但一旦涉及义务,就必须要让他们知道原因。不过,人们一定要注意,不应从外面把理性认识灌输给孩子们,而应从他们内心中引出来。"[3]至此,康德业已将"道德主张的内容"与其"道德辩护的方法"区分开来。

---

[1] 康德.实践理性批判[M].邓晓芒,译.北京:人民出版社,2003:23.
[2] 康德.康德论教育[M].李其龙,彭正梅,译.北京:人民教育出版社,2017:18.
[3] 同上:39.

二、老子之取法自然秩序的道德观

对于中国人而言,无论是就"道德"来说,还是就"论辩"而言,二者都不是什么舶来品,而是自古有之。早在春秋战国时期,儒家、道家、法家、墨家、农家、阴阳家等,就已经在追问真正的"天道"或"天理",并由此形成了百家争鸣的学术景象。可以说,当代中国人的思想、言语和行为方式,都与这种本土哲学保持着无法割舍的文化关联。从词源上看,中文语境中的"道德"一词,来自先秦道家对"道"与"德"的阐释。

"人法地,地法天,天法道,道法自然。"(《老子》二十五章)在老子那里,"道"指的是人的本然价值状态,与当时社会状态下人类社会的"失道"状态相对:"大道废,有仁义;智慧出,有大伪;六亲不和,有孝慈;国家昏乱,有忠臣。"(《老子》十八章)在老子看来,社会历史的演化并非一种人的价值生成过程,而是人的价值逐渐失落的过程:"故失道而后德,失德而后仁,失仁而后义,失义而后礼。夫礼者,忠信之薄,而乱之首。"(《老子》三十八章)简言之,"仁义忠信"的提倡本身,就意味着社会在道德价值上的沦丧和倒退。在老子看来,个体人格与历史王道和现实国家的同一,不仅不能获得人生的意义,而且还将导致生命价值的失落和毁灭。由此,老子提示人们寻找与社会价值相反的真实价值依托。简言之,这种真实存在的人生道路就是:回归自然、返璞归真和人格自主。在老子看来,自然的本真状态就是"道"的状态:"有物混成,先天地生。寂兮寥兮,独立而不改,周行而不殆,可以为天地母。吾不知其名,强字之曰'道',强为之名曰'大'。大曰逝,逝曰远,远曰反(返)。"(《老子》二十五章)与此相应,庄子也对这种理想的自由人格做出了描述:"处乎无响,行乎无方。挈汝适复之挠挠,以游无端,出入无旁,与日无始;颂论形躯,合乎大同,大同而无己。无己,恶乎得有有!睹有者,昔之君子;睹无者,天地之友。"(《庄子·外篇·在宥》)由此可见,在中国道家哲学中,"道"乃是一个兼具自然属性和社会属性的复合概念,它既可以指自然界的本体,也可以指社会和人的本然价值状态。

整体来看,正如《老子》二十五章中"人法地,地法天,天法道,道法自然"一语暗含的生成逻辑所示:"老子的整个哲学系统的发展,可以说是由宇宙论伸展到人生论,再由人生论延伸到政治论。然而,如果我们了解老子思想形成的真正动机,我们当可知道他的形上学只是为了应合人生与政治的要求而建立的。"[1]只不过,后世儒家更侧重从修身和政治方面来把握这种作为本然价值的"道"之精神。这集中体现为儒家对"道义"的价值推崇:"富与贵,是人之所欲也,不以其道得之,不处也。"(《论语·里仁》),"君子谋道不谋食""君子忧道不忧贫"。(《论语·卫灵公》)"君子义以为上""义然后取"。(《论语·阳货》)"义,人之正路也。"(《孟子·离娄下》)朱熹不仅强调人们在日常行事之中"须要天理人欲义利公私分得明白",[2]"学无浅深,并要辨义利"。(《朱子语类》卷十三)而且,他还将"义—利"与"公—私"相对应:"或问义利之别,曰:只是为己为人之分",换言之,"善恶分处,只是天理之公,人欲之私"。"人只有一个公私,天下只有一个邪正。""将天下正大底道理去处置事,便公;以自家私意去处之,便私。"(《朱子语类》卷十三)在朱熹那里,作为古典儒家修养工夫的"义利之辨",已经被转换成了具有现代社会治理意义的"公私之辨"。从《大学》的宗旨来看,这种公私之辨的目的,表面上看起来是在讲求"诚意正心"的个人修身功夫,实则是为了在完成修身功夫之后进一步达成"齐家、治国、平天下"的政治理想。

---

[1] 陈鼓应.《老子》注译及评介[M].北京:中华书局,1984:1.
[2] 朱熹.与延平李先生书[M]//朱杰人,严佐之,刘永翔,主编.朱子全书(第21册).上海:上海古籍出版社,2002:1082.

值得一提的是,在儒家学者离开"老子之道"集中讨论"义—利""公—私"观念的过程中,一度陷入了二元对立的思维状态,致使"重义轻利"发展成为"褒义贬利"的极端思想:"去利,怀仁义以相接"(《孟子·告子下》),"舍生而取义"(《孟子·告子上》),"养心莫善于寡欲。其为人也寡欲,虽有不存者焉,寡矣;其为人也多欲,虽有存者焉,寡矣"(《孟子·尽心下》),"天理存则人欲亡,人欲胜则天理灭"(《朱子语类》卷二十)。显然,这种非此即彼、你死我活的取舍方法,并不合乎老子之道所讲求的"本然价值"原则。毕竟,"利"(自利或者利己等现实利益)不仅是人内在的一种本能需要,而且是生命价值的自然本性。相比之下,墨子的观点最能"疗愈"这种思想偏执。"义,利也"(《墨经上》),义乃"国家百姓之利""人民之大利"(《墨子·天志下》)。从表面上看,墨子似乎是在与孟子论辩,其实墨子不过是回到"道"之本真状态重新审视"义—利"关系。在他看来,"义—利"并非敌对关系,而是互为表里(在后面关于功利主义的讨论中,我们还将论及道义论与功利主义的这种关系)。正如《大学》所云:"国不以利为利,以义为利也。"《中庸》对"义"也持一种比较中性的解释:"义者,宜也。"所谓"义",就是指人们应当遵守的实践法则。

总之,从源头上看,孔子所追寻的"道"与老子是基本一致的,都强调事物或人生的本然价值。后世儒者也基本是用"义"来指代"道德价值",用"利"指代诸如金钱、地位等"功利价值",这或许也是今天中国哲学界一般将其分别称作"道义论"或"功利论"的基本依据。只不过,无论是对于当时身处战乱年代的儒者,还是对于后来身处工业竞争中的劳动者,"逐利自保"都是一种合理的客观需要。对此,汉代学者董仲舒主张以道德教化来抵制人们不可遏制的"从利"追求:"道者:所由适于治之路也。仁、义、礼、乐,皆其具也。故圣王已没,而子孙长久,安宁数百岁,此皆礼乐教化之功也。……夫万民之从利也,如水之走下,不以教化堤防之,不能止也。"[1]

三、理性主义、良知与天道之正义

事实上,自柏拉图以来,西方理性主义者习惯于自然地假设:"理性"通过管理我们的欲望和激情,全面地统治着我们的生活。在康德看来,所谓"人格"(personality),"就是把道德法则本身看作是意志之充分动机的能力"。[2] 不过,人类并不完全是一种"理性存在者"。或许是由于人的欲望、激情和其他类型的感性经验通常都具有较为强烈的"任意性",因此,按照理性所接受的"责任"行事似乎总比按照不可靠的"情感"行事要好些。在罗尔斯(John Bordley Rawls,1921—2002)看来,"个人凭借其两种道德能力(正义感和善观念的能力)和理性能力(判断能力、思想能力以及与这些能力相联系的推论能力)而成为自由的"。[3] 因此,说理使道德要求和道德评价建立在理性的基础上,从"他律"的道德说教过渡到内在理性的道德教育。一言以蔽之,道德教育归根到底乃是一种理性教育。

进一步而言,人们之所以要追求理性,主要是想让它来预防和纠正自己因偏爱或激动而行事。一个最明显的证据是,每当人们思考自己对某个行动是否担负或者在多大程度上担负"道德责任"时,内心总是需要通过陈述"理由"来呈现一个合理化的论证过程。换言之,一切没有经过这种"说明"或"论证"的道德主张,其"道德正确性"都始终处于一种"理智上的缺省状态"。由此,理性主义者通常也认为,所谓"道德

---

[1] 董仲舒. 对贤良策一[M]//孟宪承,编. 中国古代教育文选. 北京:人民教育出版社,1985:136-137.
[2] Kant, Religion within the Limits of Reason Alone[M]. translated by Theodore M. Greene and Holt H. Hudson. New York:Harper Torchbooks, 1960:21.
[3] 罗尔斯. 政治自由主义[M]. 万俊人,译. 南京:译林出版社,2002:19.

生活"也就是在理性与激情之间"寻求平衡"的过程。然而,理性主义者显然并没有充分重视人类由"意志薄弱"所导致的种种实践上的不合理现象。在卢梭看来,理性与良心一致,因为"良心是灵魂的声音,欲念是肉体的声音。……按良心去做,就等于服从自然,就用不着害怕迷失方向"。[1] 毋宁说,良心在包含情感的同时,也包括推理和批判性思维——前者要求我们的行为必须与其相一致,后者则能够为我们提供判断是非的知识。从这种自然法的"良知"版本看,人天生就有健全的"道德感":只要我们多加注意,就会发现在自己的内心深处其实是知道该怎么做的,只不过,在通常情况下,我们会受到诸多"欲望"的诱惑而做出道德上的错误选择。换言之,在追求"合理利己"和"自然欲望"的过程中,人们常常因为"贪恋名利"而遗忘和偏离来自自然状态下"天理"或"良知"的教诲。对此,老子就"人生进退"问题做过多方面的阐述:"功遂身退,天之道也。"(《老子》九章)"知足者富。"(《老子》三十三章)"祸莫大于不知足,咎莫大于欲得。故知足之足,常足矣。"(《老子》四十六章)"知足不辱,知止不殆,可以长久。"(《老子》四十四章)

面对这个问题,儒家很好地继承了道家这种"向内用力""与自己讲理"的思想传统。正如荀子所言:"心者,形之君而神明之主也,出令而无所受令。"(《荀子·解蔽》)也就是说,意志乃是人的神明之主:"无冥冥之意志者,无昭昭之明;无惛惛之事者,无赫赫之功。"(《荀子·劝学》)具体而言,儒家注重通过"内自省"和"内自讼"来反思自身。例如,孔子就讲:"已矣乎!吾未见能见其过而内自讼也。"(《论语·公冶长》)"见贤思齐焉,见不贤而内自省也。"(《论语·里仁》)"内省不疚,夫何忧何惧。"(《论语·颜渊》)孟子也说:"仁者如射,射者正己而后发;发而不

---

[1] 卢梭.爱弥儿:论教育(下卷)[M].李平沤,译.北京:商务印书馆,1978:411.

中,不怨胜己者,反求诸己而已矣。"(《孟子·公孙丑上》)"爱人不亲,反其仁;治人不治,反其智;礼人不敬,反其敬。行有不得者,皆反求诸己,其身正而天下归也。"(《孟子·离娄上》)当然,按照儒家的逻辑,倘若每个人都注重这种克己的修身功夫,天下归仁,则能极大地消解人际冲突,使得人际论辩不甚重要。然而,在现代社会条件下,由人口流动带来的价值多元和生活环境的复杂化,使得这种价值冲突常态化,论辩在所难免。否则,有损个人的内在和谐和精神面貌。为了确保人的意志能够守住天理,朱熹提出要注意"一念之始":"就思虑萌处,察其孰是天理,孰是人欲?取此舍彼。"(《朱文公文集》卷五十一)由此,便可进入"敬以直内,义以方外"的境界:"敬义直内,而喜怒哀乐无所偏倚,所以致夫中也;义以方外,而喜怒哀乐各得其正,所以致夫和也。"(《朱文公文集》卷六十七)

此外,《易传》也曾明确提出"穷理尽性"的命题:"穷理尽性以至于命",要求人追求明了自然人事之理,而知"天人合一"之命。在老子看来,自然之道乃是世间一切事物运行内在依循的根本大道。诚所谓"人法地,地法天,天法道,道法自然"。从现代伦理学的视野看,《老子》七十七章似乎业已揭示了这种来自天道的正义法则:"天之道,损有余而补不足,人之道则不然,损不足以奉有余。孰能有余以奉天下?唯有道者。是以圣人为而不恃,功成而不处,其不欲见贤。"其中,作为人之道的"损不足以奉有余"的竞争之道正是罗尔斯正义论中的"自由原则",而作为天之道的"损有余而补不足"则合于罗尔斯正义论中最具人性关怀的"补偿原则"。

第二节

结果论：功利主义的道德教育论辩

　　英国哲学家安斯康姆在 20 世纪中叶指出，在世俗社会里，当上帝已经不再是能够规定我们以特定方式行事的唯一权威声音时，原来与上帝相联系的"道德责任"和"道德义务"（moral obligation and duty）等概念业已丧失了其意义；继而，当所有人都一致拒绝信仰上帝的时候，他们便集体转向了"后果论"，[1]即除非律令、规则能够促成好的后果，否则它们都毫无意义，换言之，任何行为规则在特定条件下都可以被打破。[2]在日常生活中，人们之所以爱戴或者颂扬一个人"伟大"，往往是因为他对社会乃至人类做出了诸多贡献。社会舆论之所以憎恶或谴责一个人，常常是因为其行为危害到了与他交往的大多数人乃至整个社会公众的利益。据此，休谟（David Hume，1711—1776）表示，即使是那些最原始、最没有实践经验的道德探究者都会认同："个人价值完全在于拥有一些对自己或他人有用的或令自己或他人愉快的心理品

---

[1] 在伦理学上，英国哲学家安斯康姆发明的"后果论"概念主要用以对一个人"可预见后果"（蓄意结果）来判断一种明智行为在道德上的正确性。但是，在本文中，笔者使用"结果论"而不使用"后果论"意在表达：在通常情况下，人们往往忽视这个"结果"对于当事人而言是否具有"可预见性"（计划性和自愿性）这个前提条件，而习惯于将它视为与当事人无关的"客观结果"来对一种行为做出道德评判。由此，功利主义伦理学也就容易将合乎"利益最大化"原则的"偶然结果"也包藏进来。事实上，这也是它被人质疑"可能并非出于道德"的关键所在。
[2] Anscombe, G. E. M. Modern Moral Philsophy[J]. Philosophy, V. 33, No. 124, 1958: 1.

质。"[1]不过,休谟同时强调"个人价值"与"社会价值"的统一:尽管"自爱是人类本性中的一条具有如此广泛效能的原则",但是,"社会的利益甚至就它们而论也不是与我们完全漠不相关的。……如果这种有用性并不总是被关联于自我来考虑,那么结论就是,凡是有助于社会的幸福的东西都使自己直接成为我们的赞许和善意的对象。这是一条在很大程度上说明道德之起源的原则"。[2] 从社会现实情形看,"一切道德区别都起源于教育,是通过政治家们的诡计首先发明出来而后鼓励起来的,为的是使人们驯顺和抑制他们那种使他们不能适应于社会的天然的残暴性和自私性。……这个目的必定或者出于对自我利益的考虑,或者出于更慷慨的动机和考虑而使人快乐"。[3]

一、功利主义的道德推理逻辑

沿着休谟在18世纪中期提出的"愉快(dulce)/效用(utile)"论的思路,在18世纪末,出于为英国整个法律体系进行法哲学辩护的需要,边沁(Jeremy Bentham,1748—1832)将其明确为一种功利主义原则:"功利(utility)是指任何客体的这么一种性质:由此,它倾向于给利益有关者带来实惠、好处、快乐、利益或幸福(所有这些在此含义相同),或者倾向于防止利益有关者遭受损害、痛苦、祸患或不幸(这些也含义相同)。如果利益有关者是一般的共同体,那就是共同体的幸福,如果是一个具体的个人,那就是这个人的幸福。"[4]边沁相信,世界上唯一重要的东西便是有感知力的生物(包括人)所感受到的快乐和痛苦:"自然把人类

---

[1] 休谟.道德原则研究[M].曾晓平,译.北京:商务印书馆,2001:121.
[2] 同上:69-70.
[3] 同上:64.
[4] 边沁.道德与立法原理导论[M].时殷弘,译.北京:商务印书馆,2000:58.

置于两位主公——快乐和痛苦——的主宰之下。只有它们才指示我们应当干什么,决定我们将要干什么。是非标准,因果联系,俱由其定夺。"[1]边沁旗帜鲜明地站在了禁欲主义(通过苦修来赎罪)宗教道德的对立面。在他看来,建立在习俗之上的宗教道德,不仅会导致一部分信徒拒斥"快乐",而且作为一种普遍的价值观,它还会使人间快乐遭受到一种虚伪、邪恶的宗教信条的普遍压制。

为此,边沁确立了道德追求的"幸福"标准:要么增加快乐,要么消除痛苦。后来,学界又将这种以"福利"来衡量道德的推理方式简称为"以福论德"。显然,这里包含两个价值,一个是"好的"(good),一个是"对的"(right),而功利主义认为,所谓"对的"选择,就应该是那种能够给人带来尽可能多的"好的结果"的方案。这意味着,功利主义业已把"结果"直接确立为道德行为合理性的基本评判标准。从时代背景看,这也契合当时欧洲工业革命的价值所需。在边沁之后,密尔(John Stuart Mill,1806—1873)对这一功利原则又做了两项关键性的修订:其一,对快乐的计算,不仅考虑数量因素,还要考虑质量因素;其二,作为功利标准的幸福,不是行为者本人的幸福,而是所有相关人员的幸福,也就是说,行为者个人的幸福,并不优先于其他相关者的幸福,而是处于自己与他人的幸福之间,"更像公正无私的旁观者那样,严格地不偏不倚"。[2]显然,密尔的这两条修订,使得功利主义"以福论德"的道德推理具有一种普遍性的伦理前提:道德需要每个人都被平等对待,其中,没有"特殊人物"要比"其他人"更重要。与之形成鲜明对比的则是在那个时代所充斥的精英主义的价值观,诸如"男人比女人更重要""贵胄比百姓更重要"或者"这个种族比那个种族更重要",等等。

---

[1] 边沁.道德与立法原理导论[M].时殷弘,译.北京:商务印书馆,2000:57.
[2] 约翰·密尔.功利主义[M].徐大建,译.上海:上海人民出版社,2008:17.

至此,古典功利主义不仅旗帜鲜明地将"趋乐避苦"的人性假设作为人类道德的合法性依据,而且还把"以福论德"作为判断行为合理性的道德推理机制。在他们看来,衡量行为正确与否的合适标准,不应该是"动机",而应该是"效用"或者"后果"。在这里,值得一提的是,边沁和密尔提出的所谓"最大幸福原则"(最大多数人的最大幸福),不仅使功利主义与"快乐主义"(个人快乐的最大化)划清了界限,也使功利主义真正成为一种道德原则。在他们看来,一个社会或者国家若不遵循"原则"来进行道德推理,就容易让"个人意见"占据主宰地位:在最好的情况下,人们容易受到"不确定性"和"自相矛盾"的伤害;在最坏的情况下,则会在政府层面出现因"险恶利益"考虑(即当权者不再追求"共同利益"或者"公共善",而是禁不住诱惑去为自己谋取私利)而导致腐败问题。因此,边沁再三强调,要用一种明确而可靠的"道德原则"来防止这种权力的腐败。

二、对功利主义结果论的反驳

功利主义的道德推理,自诞生之日起就不断遭到诘难和反驳。

一是来自语言形式层面的反驳。20世纪初,英国元伦理奠基人摩尔(George E. Moore,1873—1958)在《伦理学原理》(1903)一书中指出,密尔从人们只欲求幸福或快乐,推出幸福或快乐是"唯一值得欲求的",这等于把"欲求的事实"与"值得欲求的价值"混为一谈。[1] 因此,这种所谓"幸福至上"的观点实则是在"自然主义谬误"的基础上建立起来的。它意味着,义务论相信错误的行为就是非正义的,而后果论者总是承认在情势所迫的情况下,即使做出非正义行为也是正确的。此种情

---

[1] 摩尔.伦理学原理[M].长河,译.上海:上海人民出版社,2003:141.

形,恰如我国教育学者陆有铨所指:"不可否认,不同人的不同道德行为,产生的作用各不相同,于是,人们很容易将作用或影响大的行为判断为'更道德'。这其实是一种误解。作用或影响不是判断道德与否的依据。道德行为作用或影响的大小,往往与一个人拥有的资源(社会地位、权力、财富、能力等)有关,甚至由一个人拥有的资源决定。但是,这与道德本身无关。"[1]

二是思想实验层面的反驳。在《理解功利主义》一书中,当代英国学者蒂姆·摩尔根(Tim Mulgan)展示了14个精心设计的经典案例(诸如失控电车的例子,警长杀死无辜者以平息暴动,医生谋杀一个病人为五个濒死病人提供器官移植的例子,等等)。[2] 它们以故事的形式描绘了在每一种具体情境中,人们在进行道德选择和道德判断时的复杂性。倘若依照功利主义"以福论德"的极简主义论证——既不考虑幸福是如何产生的,也不在乎到底谁的幸福岌岌可危的问题,那么,人们就很容易陷入荒谬悖论的选择境地。与此相似,美国哲学家桑德尔(Michael J. Sandel)在哈佛公开课上也曾讲述过两个版本的"失控电车"的故事,帮助人们澄清了功利主义道德推理所存在的"非正义"问题以及对"人的尊严"问题的忽视。对此,桑德尔反问道:"我们是否可能将所有道德上的善都转变成一种单一的价值货币,而在此转变过程中却不丧失某些东西呢?"[3]

从现代政府和现代商业公司的运行方式看,功利主义结果论就是他们普遍推崇的推理形式。因此,对功利主义结果论的驳论本身,就蕴含着一种"矫正时弊"的教育价值。不过,这个辩护本身似乎也在暗示:

---

[1] 陆有铨."道德"是道德教育有效性的依据[J].中国德育,2008(10).
[2] 莫尔根.理解功利主义[M].谭志福,译.济南:山东人民出版社,2012:121-123.
[3] 桑德尔.公正:该如何是好?[M].朱慧玲,译.北京:中信出版社,2012:45.

"人的尊严"乃是一种比"一般幸福"更重要或者更高级的快乐。与此同时,功利主义后果论的得失计算,往往容易表现出一种忽略个体权利的不道德倾向。更为严峻的情况是,"今天,在我们的周围,存在着一种由不断增长的物、服务和物质财富所构成的惊人的消费和丰富现象。它构成了人类自然环境中的一种根本变化。恰当地说,富裕的人们不再像过去那样受到人的包围,而是受到物的包围"。[1] 在此情况下,功利主义容易忽视的一点是,每个人的生活(生命)都是独立的、不可替代的,因此,要求"一个人"为"其他人"或"最大多数人"的幸福做出"自我牺牲"本身就是不合理的道德要求。这种由"总体幸福最大化"造成的"某个无辜者或者少数群体的极大不幸",是功利主义价值立场一个重要的道德缺陷。

三、结果论与道义论的互补性

从工业社会以来的情况看,实利主义业已引领这个时代的人们把"收支金额"普遍看作衡量与决定自身行动的主要准则。在英国哲学家舒马赫(Ernst F. Schumacher,1911—1977)看来,这"与过去三四个世纪中人类对待自然在哲学上(且不说在宗教上)的变化有密切关系。……现代人没有感到自己是自然的一个部分,而感到自己命定是支配和征服自然的一种外在力量,他甚至谈到要向自然开战"。[2] 事实上,功利主义结果论在强调客观事实的过程中,特别容易忽视人类应有的人格尊严和政治权利等价值。不过,退一步而言,身处现实生活中的人们似乎也无法从根本上回避功利主义"以福论德"的道德推理:其一,从人性欲求的现实性上看,功利主义将人类的共同追求的"幸福"作为权衡道德的标准,要比道义论("以德论福")的道德推理更贴近现代人的道德知觉和经验感受;其二,

---

[1] 让·波德里亚.消费社会[M].刘成富,等,译.南京:南京大学出版社,2006:1.
[2] 舒马赫.小的是美好的[M].虞鸿钧,郑关林,译.北京:商务印书馆,1985:1-2.

功利主义诉诸的这种用"非道德因素"权衡道德的论证思路，使它不可能像道义论推理那样提供某种完备的道德理论。这或许可以解释在现代社会生活中，为什么功利主义虽然遭到人们的广泛质疑或批评，却始终占据支配地位。

事实上，从休谟到边沁再到密尔，功利主义展现了一条从（个人）"现实性"到（公共）"开放性"的兼容发展道路。因此，作为一种不断改进的道德理论，功利主义也在不断的道德诘难之中逐渐接受了道义论的理论前提，进而开始吸收"规则"和"人权"等价值要素。但是，"以福论德"的道德推理始终是其遵循的基本法则。问题是，在"个人之福德"遭遇"集体之福德"的时候，它又极容易导致"因私谋公"和"以公谋私"两种腐败困境。这或许可以解释为什么"反腐败永远在路上"，它也从根本上确认了功利主义的人性假设。尤其需要警惕的是，"过于自我"的功利主义，在"以福论德"的道路上往往容易跌入"为福忘德"（在追求个人利益的过程中不惜毁掉别人的人生）的伦理陷阱。

因此，功利主义始终需要"以德论福"的道义论进行平衡。换言之，道义论"以德论福"的推理逻辑与功利主义"以福论德"的推理逻辑，形成了一种相互制衡的思想张力，共同构成了现代伦理的规范性来源。前者诉诸道德理想主义，后者诉诸道德现实主义。二者相辅相成，互为表里。惟其如此，在一个无法避免功利主义的时代，我们才会在坚持道德的现实性的同时不丧失道德的理想性，而在坚持道德的理想性的同时又能够兼顾道德的现实性。例如，近代学人梁启超在《最苦与最乐》中解释"责任"和"良心"等道德义务之必要性的时候，就采取了一种功利主义的解释："有了这责任，那良心便时时刻刻监督在后头。一日应尽的责任没有尽，到夜里头便是过的苦痛日子。一生应尽的责任没有尽，便死也是带着苦痛往坟墓里去。这种苦痛却比不得普通的贫、病、老,可以达观排解得开。……不尽责任,受良心责备,这些苦都是自己找来的。一翻过来,处处尽责任,便处处快乐;时时尽责任,便时时快乐。"不过,按照休谟的观点,在"事实"表述和"应该"表述之间,并不存在任何逻辑关联。[1] 即说,从事实表述"不尽责任会受到良心责备而感到痛苦",并不能推导出道德表述"你应该尽责任",因为它们之间还存在一个并未言明的前提条件:你应该服从良心的指令。

第三节

阶段论:发展主义的道德教育论辩

与功利主义对人的经验的重视相似,法国近代启蒙思想家卢梭在其《爱弥儿:论教育》一书中多次强调儿童经验对于道德发展的重要性:"人的教育在他出生的时候就开始了,在能够说话和听别人说话以前,他就已经受到教育了。经验是先于教育的",[2] 因此,"要尽量用可以感觉得到的事物去影响他,则他所有一切的观念就会停留于感觉;使他从各方面都只看到他周围的物质世界;不这样做,他准是一句话都不听你的,或者对你所讲的精神世界就会产生一些荒谬的概念,使你一生也没有办法替他们消除"。[3] "按照自然的进程来说,他们所需要的教育

---

[1] 休谟. 人性论[M]. 关文运,译. 北京:商务印书馆,2016:505-506.
[2] 卢梭. 爱弥儿:论教育(上卷)[M]. 李平沤,译. 北京:商务印书馆,1978:48.
[3] 同上:89.

同你实行的教育恰恰相反。在他们的心灵还没有具备种种能力以前，不应当让他们运用他们的心灵，因为，当它还处在蒙昧的状态时，你给它一个火炬它也是看不见的。"[1]此外，《爱弥儿：论教育》最别致的设计在于，它通过五卷内容展现了爱弥儿人生成长的五个阶段，而且，他以清晰的笔调向人们揭示，儿童在每一年龄段都有他自己的动力，有他自己独特的观察、思维和情感的方法。可以肯定的是，这种有关儿童成长阶段的描述，引发了皮亚杰的关注和深入研究。在《新方法的心理学基础》(1935)一文中，皮亚杰(Jean Piaget, 1896—1980)透露了自己的研究与卢梭《爱弥儿》中这一观点之间的思想渊源。[2]据此，笔者认为，有理由将《爱弥儿》视为皮亚杰在30年后形成的《一九三五年以来的教育与教学》(1965)中明确提出儿童思维发展阶段论的一个思想来源。

一、皮亚杰有关道德判断发展的阶段论

在行为主义心理学看来，"机械记忆"不仅被看作一种"学习形式"，而且还是儿童学习上的一种"实用技能"。对此，皮亚杰认为，真正意义上的学习应该意味着认知建构和思维发展："认识的获得必须用一个将结构主义和建构主义紧密地连接起来的理论来说明，也就是说，每一个结构都是心理发生的结果，而心理发生就是从一个较初级的结构过渡到一个不那么初级的（或较复杂的）结构。"[3]比如，真实的"树"的概念，只能从儿童"作用于"树的动作中获得，并且只能通过儿童作用于树的动作来使这一概念趋于精确化和复杂化。相反，儿童无法仅凭耳闻或者阅读有关树的故事或者读物建构起有关"树"的完整知识。与此同

---

[1] 卢梭.爱弥儿：论教育(上卷)[M].李平沤,译.北京：商务印书馆,1978：96.
[2] 皮亚杰.教育科学与儿童心理学[M].傅统先,译.北京：文化教育出版社,1981：141.
[3] 皮亚杰.发生认识论原理[M].王宪钿,等,译.北京：商务印书馆,1985：15.

时,儿童有关"社会约定"的知识建构,也不能通过言语或其他符号手段来直接传递,而只能依赖于儿童与他人的相互作用建构起来。所以,最主要的因素是儿童的动作本身,而不是某种特定的客体。与先前行为主义的理论相比,皮亚杰有关儿童从其作用于环境的动作中建构知识的这一发现具有革命性的意义——它意味着,不需要对信息进行理解和同化的"机械记忆"根本就不属于"学习范围"。或许正是这个缘故,在皮亚杰那里,"学习"一词很少出现,"发展"一词反倒被广泛使用。

具体而言,皮亚杰通过研究将儿童认知结构的发展划分为四个阶段。第一是 0—2 岁的感知运动阶段(sensory motor stage)。理智运算以感知运动的行动和思维为特征,"这种纯实践性的智力是以知觉和运动作为其唯一的工具,它既不能进行再现,也不能从事思维,然而它已经提供证据,证明在我们一生的头几年就在努力去领会各种情境。在实践中,它已构成了行动的图式,用以作为以后建立运算结构和概念结构的基础"。[1] 第二是 2—7/8 岁的前运算阶段(preoperational stage)。儿童能够通过"符号"或"分化了的记号"等媒介,来将"当时感知不到的对象或事物"再现出来。相比前一个阶段"只在物质世界中进行这个行动",这种"用思维去再现一个行动的开展及其结果"要困难得多。其间,儿童首先经过一个持续的"去自我中心化"的过程,进而才能把他自己置于"事物整体的关系"以及"他周围人群整体的关系"之中,最后才能将"行动内化为思想"。[2] 第三是 7/8—11/12 岁的具体运算阶段(concrete operations stage)。随着内化、协调和去自我中心化过程的持续,儿童开始拥有将从真实情境中获得的信息进行组织的能力,且大大超过他们在假设性情境中形成概念或者对情境做出选择性假设的能

---

[1] 皮亚杰.教育科学与儿童心理学[M].傅统先,译.北京:文化教育出版社,1981:31.
[2] 同上:32-33.

力。第四是11/12岁以后的形式运算（formal operations）或逻辑运算（logical operations）阶段。作为概念发展的最后阶段，儿童业已具备在情境中进行抽象和逻辑推理的能力，不再受限于处理"具体对象"或"可以直接再现的现实"，而是可以将逻辑推理应用于命题得出结论了。对于初等学校的教育教学而言，皮亚杰的这一发现具有非常重要的指导意义。

皮亚杰还通过观察儿童对游戏规则和诸如偷窃、撒谎等道德问题的反应，分析了儿童道德推理发展的阶段性特征。他特别强调儿童要说出其所做回答"背后的理由"。在他看来，儿童在思考这些道德问题过程中所运用的思维方式，要比他们所给出的答案更能反映他们的道德认识水平。不过，与皮亚杰的认知发展阶段论相比，他的道德推理发展阶段论较少受到学界的关注，[1]直到20世纪50年代末，尘封了近30年的皮亚杰道德判断发展理论才被美国哈佛大学柯尔伯格（Lawrence Kohlberg，1927—1987）等人重新发现，继而在美国掀起了道德与社会推理发展研究的热潮，并直接催生了美国的"价值澄清运动"（values clarification movement）。

皮亚杰参照儿童认知结构的发展阶段，将儿童道德判断的发展划分为四个阶段：第一是动作阶段（motor stage），儿童是按照他的"欲念"和"运动习惯"从事纯粹单个人玩的游戏，因此只能说是一种"运动规则"，而不是真正的"集体规则"；第二是自我中心阶段（egocentic stage），独自游戏，既不寻求玩伴，也不在共同游戏中寻求胜利，因而不顾及任何规则；第三是合作阶段（stage of cooperation），每个游戏者都试图取胜，开始考虑相互控制和统一规则的问题；第四是制定规则阶段

---

[1] 导致这种情况的主要原因可能包括两个方面：一方面，他1932年出版的《儿童的道德判断》（*The Moral Judgment of the Child*）直到1965年才有英译本；另一方面，他所持的认知与道德并行发展且认知发展的阶段性还会制约道德判断发展的观点，与当时盛行的弗洛伊德所持认知和情感彼此独立发展且主要出自早年生活经验的观点背道而驰。

(stage of codification),规则乃是互相同意和自我良知的自由产物,社会成员趋向于合理地和有根据地遵守公共舆论都赞同的规则,但是,如果你能使公共舆论都赞同你的意见,你也可以改变这些规则。(见表1-1)[1]

表1-1　皮亚杰道德判断发展与认知发展阶段关系表

阶段	认知发展阶段	道德判断发展阶段		规则	正义	说谎
一	感觉运动(0—2岁)	无律(0—3/5岁)	动作阶段(0—2岁)	只按自己"欲念"和"习惯"运动。	—	—
二	前运算(2—7/8岁)		自我中心阶段(2—5岁)	既不寻求玩伴,也不在共同游戏中寻求胜利,因而不顾及任何规则。	顺从成人权威。独断的报应性惩罚是公平的。	说谎是该受惩罚的。说谎可能是不礼貌。
三	具体运算(7/8—11/12岁)	他律(6—7/8岁)	合作阶段(7—8岁)	每个游戏者都试图取胜,虽然对规则看法略有出入,但仍倾向于遵守规则。	以恕道为基础的正义。公平比权威重要。	说谎即不是真的。未受惩罚的假话也是谎话。
四	形式运算(11/12岁—)	自律(9—岁)	制定规则阶段(11—12岁)	规则由相互同意而制定,须要让大家熟知和同意。如果大家同意,也可改变。	公平与公道。恕道考虑意向与环境。	动机是判断说谎的标准。诚实作为合作的条件。

---

[1] 皮亚杰.儿童的道德判断[M].傅统先,陆有铨,译.济南:山东教育出版社,1984:18-21.

从研究路线上看，皮亚杰从儿童的具体运算和形式运算问题出发，深入到儿童的道德判断问题，进而涉足儿童的道德教育问题。从现实的道德实践情形看，儿童的道德思维乃是其道德行动的前提，而道德行动则是道德思维的反映。用皮亚杰的话来讲，"逻辑是思想的道德，正像道德是思维的逻辑"。[1]对于教育工作者而言，要想通过教学活动帮助儿童获得知识，在选择教学方法时，教师就势必需要首先考虑和了解"儿童是怎样获取知识的"。许多儿童之所以"不学习"，就是因为他们的确不能理解教师所要求他们学习的东西。诚如他在《儿童的道德判断》一书的前言所说："读者们在本书内将见不到我们直接分析儿童在家庭里、在学校生活中或在他们的社会中的道德行为。我们建议所要研究的是道德判断，而不是道德行为或情操。……首先我们要明确，从儿童的观点看来，所谓遵守规则是什么意思。"这是因为，"在道德问题上特别存在着一个大的危险，那就是人们会使儿童说他们所想要他讲的话"。[2]

二、柯尔伯格有关道德推理发展的阶段论

继皮亚杰儿童判断发展学说之后，美国哈佛大学教育心理学教授柯尔伯格对儿童的道德认知发展做了进一步的深化研究。柯尔伯格发现，儿童的"道德判断主要是理性运算的功能。诸如移情作用和内疚感等情感方面的因素必然会参与其中，但是，对道德情境的理解，在认知上却是由判断者决定的。因而，道德发展是一种不断增长着的认知社会现实或组织和联合社会经验的那种能力的结果"。[3]简言之，逻辑

---

[1] 皮亚杰.儿童的道德判断[M].傅统先,陆有铨,译.济南：山东教育出版社,1984：481.
[2] 同上：1-2.
[3] 柯尔伯格.道德教育的哲学[M].魏贤超,柯森,等,译.杭州：浙江教育出版社,2000：8.

推理能力的发展只是"有原则的道德行为"产生的必要条件而非充分条件,道德难题往往无法仅凭事实得到解决。进而,柯尔伯格假设,如果人们都基于他们的"信念"行事,那么随着他们逐渐成长,信念会不断变化,进而有关何种"价值规则"是"恰当"或"不恰当"的问题,就会成为真正制约"道德判断"的核心问题。最终,通过多项实证研究,柯尔伯格将儿童的道德发展划分为三种水平和六个阶段[1](见表1-2)。

表1-2 柯尔伯格有关道德推理发展阶段对比表

水平	阶段		道德类型	利益观	规则意识
前常规[2]	他律	1	权威主义	不区分个人与别人的利益,为避免惩罚而遵守外部界定的规则。	规则对创造者和执行规则的权威则可能会有例外,习惯于"贴标签"或引用规则。
		2	利己主义	最大限度满足个人需要,并将其消极后果最小化。	规范是满足个人自己需要或利益的心理预期,只遵守符合自己直接利益的规则。
常规	习俗	3	互惠主义	通过互惠保持人际信任,努力做一个利他或亲社会的"好人"。	规范是个体在人际关系中的共同预期,共同规范具有强制性和可逆性,至高无上。
		4	契约主义	只有与整个社会系统的共同价值一致的个人利益才是合理的。	把社会契约与价值观和个人动机相区分,遵守公平运用于所有成员的准则和程序。

---

[1] 科尔伯格.道德发展心理学[M].郭本禹,等,译.上海:华东师范大学出版社,2004:164-167,602-616.
[2] 国内一般都将"convention"译为"习俗",但是,"习俗"的核心含义主要是指"风俗"或"风俗习惯",具有很强的文化意味,这无形中弱化了这个阶段包含的"非习俗文化"性质的法律制度内容。因此,笔者认为,还是按照这一概念在中文语境中与"常识""常情""常理"的相近关系将其译为"常规"更贴切一些。

续表

水平	阶段	道德类型	利 益 观	规则意识
后常规	自律	5 全体主义	少数人的权利不可侵犯,社会制度和法律应保护所有成员福利。	规则应由自由个体通过协议创建,法律的有效性取决于其维护基本人权的程度。
		6 普遍主义	毫无例外地坚持尊重所有人的利益、价值与尊严。	规则的普遍性应接受有效性核查,可以不服从不具有普遍性和可逆性的法律规定。

(1) 前常规推理（preconventional reasoning）阶段。作为儿童规则意识的形成前期，儿童主要遵循"具体个人的观点"，因而充斥着后果论的功利主义的计算和工具性的享乐主义（hedonism）法则，即儿童主要关注某种行为可能带来的有关个人和物质方面的外在结果。因而，这种由"自利行为"驱动的道德判断，在很大程度上取决于惩罚与奖励的内容。简言之，儿童之所以表现得"遵纪守法"，不是因为他们相信法纪对于社会大众而言是好的，而是因为他们害怕如果不这么做就会"受到惩罚"。所以，在前常规的道德认知阶段，儿童往往怀有强烈的"服从动机"，以至于他们不仅习惯于"遵纪守法"，而且热衷于执行命令，而且在执行命令的过程中，往往既不考虑法令的内容是什么，也不注意具体情况的特殊性和命令施加对象的感受如何——他们所考虑的主要是自己实际上会得到何种奖励或惩罚。

(2) 常规推理（conventional reasoning）阶段。作为儿童规则意识的形成期，儿童主要遵循"社会成员的观点"，因而认为规则有利于维持社会秩序，因而倾向于采取合乎社会风尚和法律法规的行为，以免承受来自群体舆论指责的压力。与奉行前常规推理者担心受到惩罚不同，奉行常规性道德推理者认为,身处社会中的个人有义务按照社会规范所指明的合理行为维护公共秩序。

(3)后常规推理(postconventional reasoning)阶段。作为儿童规则意识的形成后期(自律期),儿童主要诉诸"超社会的观点",因而充斥着人们所内化的个人权利和正义等价值原则。奉行后常规推理者认为,法律并非一种发号施令的"单方权威",因而个人不能盲目服从于"法律权威",而应当明确价值原则与其具体规范或具体政策之间的区别,即通过将具体的规范或政策概念化,做出与这些具体规范背后的价值原则(而非规范本身)相一致的价值判断或行为选择。总之,奉行后常规推理的人们,抱有与其终极社会契约的公正原则相一致的价值期待。因而在道德实践中,他们也更倾向于遵循公平契约或者普遍伦理来决定是否承认和服从相关规范或政策的权威地位。

比较而言,柯尔伯格的"六水平论"主要是对皮亚杰"四阶段论"中的后三个阶段的拓展,其拓展的主要领域在于"后常规水平"亦即对超越"社会界限"的人类价值的探讨。不过,值得注意的是,无论是皮亚杰的阶段论,还是柯尔伯格的阶段论,其所描述的特定心理特征出现的年龄,都是"平均年龄"或者"大致年龄",而非"固有年龄"或者"必然年龄"。这意味着,年龄只是划分思维水平的一个参考值,而非决定量。也就是说,这种能力的获得存在个体差异,一些儿童可能会早一点获得这些能力,而另一些儿童可能会晚一点获得这些能力。当然,如果让所有儿童学习同样的课程甚至寄予同样高的期望,那势必会造成一些具有理解障碍的儿童的学业失败。就此而言,这种发展的观念虽与当时心理学界盛行的天赋或者遗传决定论背道而驰,但与教育或者教养的观念十分契合。从教育的情形看,如果一个教师把学生在学业上成功的智力看作是由先天遗传决定或者固定不变的,那么他在课堂上就不会想方设法地去帮助一位"表现得很笨"的学生;相反,如果一位教师把学生取得学业上成功的智力看作是发展的,那么他就有可能产生帮助那些"后进生"的动机。

三、既往中国德育界对"主知主义"的误解

无论是人的道德行为,还是人的道德经验,都非纯粹认知,也非纯粹情绪,而是思想和情感融合形成的整体。因此,在不同的道德教育理论模式之间,实际上呈现的主要是理论进路、理论视角或理论重心上的差别,而不存在水火不容的矛盾关系。基于此种认识,在20世纪90年代中期,我国教育学者袁桂林在梳理20世纪60年代以来西方道德教育理论的过程中,将西方道德教育理论分为"主知"(以道德认知为主)、"主行"(以道德行为为主)和"主情"(以道德情感为主)三种类型。[1]回顾我们近40年来道德教育的变革进程,我们似乎从未真正正视"道德教学"的地位与价值。首先,随着全国教育界在20世纪80年代中期兴起"素质教育"的热潮,朱小蔓于20世纪90年代初先后提出"情感性素质教育""德育的非理性视角"和"道德情感教育"主张,试图以此弥补道德知识教学的缺失。[2]而后,檀传宝以旨在培养"审美人格"的"德育美学观"对该"情感德育模式"表示响应,基本认同以情感德育来弥补道德知识教学的基本定位。[3]与此同时,戚万学在对有关西方道德教育理论的梳理中也先后将"认知主义"[4]或"主知主义"[5]视为20世

---

[1] 袁桂林.六十年代以来西方道德教育理论的主要特征[J].比较教育研究,1995(5).
[2] 朱小蔓情感德育模式的思想演变历程,主要集中在以下5篇文献中:朱小蔓.德育的非理性视角[J].高等师范教育研究,1991(1);朱小蔓.论德育过程是人的情感交往的过程[J].上海教育科研,1994(8);朱小蔓.育德是教育的灵魂,动情是德育的关键[J].教育研究,2000(4);朱小蔓.道德情感教育初论[J].思想·理论·教育,2001(10).朱小蔓.情感·道德·素质教育[J].中国德育,2008(3).
[3] 檀传宝.德育美学观[M].太原:山西教育出版社,1996:34.
[4] 戚万学.活动道德教育论[M].天津:南开大学出版社,1994:146.
[5] 戚万学.冲突与整合——20世纪西方道德教育理论[M].济南:山东教育出版社,1995:29.

纪西方道德教育主流模式,而且,鉴于它"试图借助一切可能的教育手段,使学生无批判地接受某种固定的道德价值,从而达到束缚学生道德思想的目的之教育观念和教育活动",[1]他主张以一种"在活动中通过活动而且为了活动"的"活动德育"模式[2]作为"当代主知主义道德教育的一种补充"。[3] 由此可见,至少在21世纪以前,我国教育学界不仅并不否认"主知主义"在道德教育模式中的主流地位和价值,而且基本都将自己提倡的"情感德育"或者"活动德育"视为"主知主义"的必要补充。

不过,戚万学针对主知主义"试图借助一切可能的教育手段,使学生无批判地接受某种固定的道德价值,从而达到束缚学生道德思想的目的"做出的误判(他批判的不是"主知主义"理论,而是当时我国的道德教学的现实),在相当程度上加剧了教育界对"道德知识教学"的不满和憎恶,继而引发了国内德育工作者对"主知主义"较为广泛的认知偏见。至新世纪,高德胜在将"知识德育"与"思维德育"并称"知性德育"[4]的基础上进一步加大了对它的批判力度:其一,它是"窄化的道德教育,即对个体品德构成和对道德学习方式的约化";其二,它是"本末倒置的道德教育,即将道德行为置于次要地位,而将道德认知当作道德教育的目的";其三,它"只关注道德认知的发展,不着眼于唤醒儿童的内在动机,儿童没有情感、行为体验的机会"。[5] 在他看来,这种道德教育模式的最大缺陷在于:"将受教育者的德性的内容结构与形式结构分裂开来,要么只重内容的灌输,要么只重形式的发展;将受教育者

---

[1] 戚万学.活动道德教育模式的理论构想[J].教育研究,1999(6).
[2] 戚万学.活动道德教育论[M].天津:南开大学出版社,1994:5.
[3] 戚万学.活动道德教育模式的理论构想[J].教育研究,1999(6).
[4] 高德胜.知性德育及其超越——现代德育困境研究[M].北京:教育科学出版社,2003:18.
[5] 同上:12.

当成理性的存在,忽视非理性在其德性生成与发展中的作用;将受教育者与其德性生成和发展的土壤,即社会生活隔离开来,进行一种无根的教育。"[1]继而指出,"生活德育是整体性、社会性、实践性、真实性、有效性德育,是对知性德育的全面超越"。[2]鉴于国内教育实践界久受"升学主义"和"功利主义"之苦,以上几位学者针对道德教学弊病的批判,以及在此基础上所提出的诸如"道德情感教育""活动德育"和"生活德育"的新主张,确实为我国沉闷的德育气氛吹来了一股清风。为此,这种批判和新主张,不仅赢得教育实践界的欢迎,而且受到教育理论界同仁的嘉许。综观近10年国内有关道德教育实践的批判声音,也大致不出"情感德育"和"活动德育"(或"生活德育")的话语藩篱。

然而,就其实质而言,他们所批判的更像是"注入式教学",而非"主知主义"(无论是皮亚杰和柯尔伯格的道德认知发展模式,还是理由建构模式、价值澄清模式、价值分析模式)的特征。首先,就西方德育理论中的"主知主义"而言,它们不仅并不怀揣戚万学所说的"使学生无批判地接受某种固定的道德价值,从而达到束缚学生道德思想的目的",相反,它还特别强调和鼓励学生对自己的价值观和整体社会的价值问题做缜密而综合的思考。按照康德的解释,"知性是对普遍事物的认识。判断力是把普遍运用于特殊上。理性则是认识普遍同特殊之间联系的能力"。[3]就其理性特征而言,学界所批判的"主知主义"或者"知性德育"似乎称为"理性主义"或者"理性德育"更合适;就其教育特征而言,笔者认为将其概括为"发展主义"或者"阶段论"可能要更贴切一些。因为这一理论不仅无意将道德认识与道德情感割裂开来,而且始终认为

---

[1] 高德胜.知性德育及其超越——现代德育困境研究[M].北京:教育科学出版社,2003:104.
[2] 同上:186.
[3] 康德.康德论教育[M].李其龙,彭正梅,译.北京:人民教育出版社,2017:34.

道德认识与道德情感是统一的。它之所以把提高学生的道德判断能力视作学校教育的首要任务,乃是因为这些学人认为道德认识不仅对道德行为具有指导作用,而且对道德情感发挥着潜在的(通常不为人们自觉的)基础作用。因此,一个人的道德判断水平与他的道德行为基本是一致的,道德观念上的成熟也预示着道德行为上的成熟。

其次,"主知"与"主情""主行"之间并非并列关系,而是存在着一种内在的结构秩序。诚如美国道德教育领域理论的倡导者拉瑞·纳希(Larry P. Nucci)所言:"我们所指的道德核心就是有关'是非'的知识。……虽然人类道德经验可以包含很多东西,例如情绪(这可能根植于我们的进化历史中),但道德的决定因素应是道德认识。"[1]与此相似,我国教育学者檀传宝也表示,虽然"从心理结构上看,世界观、人生观、理想等等可以理解为知情意的统一,但它们是以'观'为特色的,认知成分是第一位的,理性色彩较浓"。[2]从道德实践所包含的"知、情、意、行"四要素的内在关联看,"主知主义"则同时包含了知识和意志两个方面的内容(大致对应于高德胜合并"知识德育"和"思维德育"后所称的"知性德育"概念)。此外,作为一种理论维度上的划分,"知(意)""情""行"之间的关系,应该和"德育""智育""体育"的关系一样,是一种彼此缠绕、相互交融、始终伴随、无法分割的一体性关系,而不存在其中一个维度"超越"另一个维度的问题。[3]

最后,诚如鲁洁先生所指,这些理论探讨的目的都旨在"促使为功利所困的'失真'教育回归到'本真'的教育,这是我们思考德育问题的根本,因为只有在本真教育的框架中,德育才能获得其存在与发展的根基"。[4]

---

[1] 拉瑞·纳希.道德领域中的教育[M].刘春琼,解光夫,译.哈尔滨:黑龙江人民出版社,2003:5-6.
[2] 檀传宝.信仰教育与道德教育[M].北京:教育科学出版社,1999:202.
[3] 王占魁.论"全面发展教育"的价值秩序[J].教育学报,2021(4).
[4] 鲁洁.当代德育基本理论探讨[M].南京:江苏教育出版社,2003:159.

而道德教育"失真"的症结在于这种"理解过程是两个主体间双向交流的过程。它与对物性的主体单向认识不同,在理解中,主体之间相互开放,是两个人心灵的实实在在的相遇,在相遇中发生碰撞也发生融合,在碰撞中融合"。[1]

第四节

领域论:多元主义的道德教育论辩

在《尼各马可伦理学》第二卷中,亚里士多德说:"道德德性(moral virtue)是从习俗(ethos)一词演变而来的。"[2]在希腊人那里,ethos 的原义是指生物的长久滞留地,后来引申为城邦社会中由一群人的性格、气质所形成的道德风俗或习俗。它表达了在希腊城邦社会中一群人长期共处和由共同生活所形成的具有共同经验、共同认知和共同约束力的风俗、惯例、礼仪和规范。他们之所以能够组成一个共同体,过一种共同生活,全赖这种道德规范的基础性作用。其中,一些规则是由普遍的道德原则决定的,一些是由社会习俗决定的,还有一些则纯粹是由个人选择的权限决定的。这意味着,人们日常所谓"道德领域"其实是一个包含着诸

---

[1] 鲁洁.当代德育基本理论探讨[M].南京:江苏教育出版社,2003:98.
[2] 在这里,亚里士多德说:"While moral virtue comes about as a result of habit, whence also its name (希腊文 ethike 即英文的 ethics) is one that is formed by a slight variation from the word ethos (habit)."(参见:Aristotle, The Nicomachean Ethics(Book2, 1103a16 - 18)[M]. Translated by Ross. Oxford: Oxford University Press, 2009:23.)

多不同性质的内容体系,而且,其中的每个方面对人们的生活都至关重要。因此,个人的道德决定通常需要同时考虑这些领域的协调发展。

1983年,柯尔伯格的早期弟子特里尔(Elliot Turiel)出版《社会知识的发展:道德与习俗》(*The Development of Social Knowledge: Morality and Convention*),标志着领域理论的诞生。在特里尔看来,分类乃是认识的方法和亚里士多德逻辑的起点。为此,他将这种思考方法应用于社会心理学的探究,对道德领域和习俗领域作了区分。在哲学上,这种区分可以追溯到亚里士多德有关"自然公正"(natural justice)与"习俗公正"(conventional justice)的区分。前者在任何地方都具有相同的效度,后者则只要求达成共识。之后,特里尔的学生拉瑞·纳希(Larry P. Nucci)注意到,当时教育界除了发现"道德认识"与诸如数学、阅读等学术性课程的差异外,并没有认识到道德与其他社会价值观在知识领域上的区别。

一、纳希对道德领域与习俗领域的区分

在纳希发表自己有关重新界定道德领域的研究成果之前,美国学术界和教育界普遍按照日常生活的用法,将道德定义为一种"社会是非的标准"。由此,所谓"道德教育"也就是通过让学生学习分辨是非实现社会化,亦即使学生在行为上达到社会所认可的标准。然而,在纳希看来,这种只是在广义上将道德与其他社会规范知识区别开来的做法,既没有区分社会是非的不同形式,也没有提供区分道德规范与非道德规范的标准,因而无法指引人们将伤害他人与没穿传统服装两种"错误行为"区分开来,进而也就丧失了其在道德判断上应有的指导意义。[1]

---

[1] 纳希.道德领域中的教育[M].刘春琼,解光夫,译.哈尔滨:黑龙江人民出版社,2003:7.

从当时哲学界的理论进展看,哲学家业已为评判道德上的正确建立起了规范性和普遍性两个标准,即它不仅要符合个人的需要,而且要能够在人们中间具有客观和普遍的规范性力量。然而,从社会的情形看,当时的人们对"社会是非"的概念也并没有抱持什么全球一致的观点;相反,他们会在道德事务、风俗和个人选择上诉诸截然不同的推理形式。由此可见,道德行为的是非标准并不像人们通常所认为的那样取决于社会舆论或者某种权威看法。

经过25年的调查研究,纳希发现:德性关乎人的内在感受,有明确的是非标准,比如偷窃之所以是错误的,是因为它会给他人造成伤害。因此,"道德判断是通过人对公正和人类福利的理解而建构起来的"。而"习俗是由社会体系决定并在社会体系中形成和得到认同的一致性行为。与道德规范不同,习俗是武断的,因为其中没有个人对行为的内在调节效果"。因此,"从概念上讲,不能把它们归到对方,而应在不同的概念体系和领域内予以理解"。[1] 在价值观领域,人们应当把道德与社会习俗问题区分开来,而不应当把道德本身看作习惯或者习俗问题,甚或将社会习俗当作一种品格教育的内容灌输给儿童。[2] 与行为主义道德教育的传统相比,皮亚杰和柯尔伯格在对道德发展的说明中,也已经从哲学上对道德和习俗做出了区分。但是,皮亚杰和柯尔伯格都认为,只有到了道德发展的最高阶段,道德才能与习俗区分并代替习俗作为道德判断的基础。

然而,在纳希25年的研究中,有60多篇调查报告表明,儿童在年龄很小的时候就已经出现了区分道德与习俗的概念框架,而且,随着年龄的增长,二者遵循不同的发展模式:"道德问题被认为是不依赖于社

---

[1] 纳希.道德领域中的教育[M].刘春琼,解光夫,译.哈尔滨:黑龙江人民出版社,2003:8.
[2] 同上:9.

会准则的,并且可以推广到不同的情景、社会和文化。而社会习俗却依赖于社会规则,它们的规范性力量只在准则得以建立的社会体系下起作用。人们给予标准判断的理由,也与道德领域和习俗领域的区分一致。道德问题的判断理由是行为是否会引起伤害或有不公平的后果,而习俗问题的判断则是依据规范或权威的期望。"[1]换言之,"对道德而言,规则来源于对行为结果的反思,而对习俗来说,行为的状态取决于是否存在支配性规则。"[2]无疑,纳希对道德领域与习俗领域所做的这种区分,将深刻影响道德教育的价值取向。

从道德实践的情形看,儿童往往会对道德问题和习俗问题做出不同的是非判断和行为反应。针对道德问题(如偷盗、打人或损害别人财物)的评价,儿童多集中于说明或评价行为的内在结果(行为造成的伤害或损失),并且带有高度的情绪性:对于道德侵犯,幼儿的反应只是哭或者把成人牵涉进来,而稍大一些的儿童则会诉诸报复或者采取更极端的行动;反过来,同伴也会继续回以道德侵犯行为。不过,在大多数情况下,儿童试图以下列方式修复社会关系:(1)为自己的行为直接道歉;(2)努力赔偿;(3)简单地停止侵犯行为。而且他们会以下列方式为其行为寻找借口:(1)宣称对先前的伤害进行反击是合理的("他先打的我");(2)宣称不是故意进行伤害的;(3)宣称行为没有引起实质上的伤害或不公平("我不过是踩了你一下,你又没什么事"。)相比之下,儿童对习俗问题(不礼貌、着装不得体、问候方式不当)的反应,则较少带有情绪性,且集中于社会标准和社会期待上的争议。反应者会以"主流规则"指责他人古怪、反叛,并试图通过嘲笑来赢得一致感;而违反习俗者则会通过服从准则来达到一致,或者通过挑战准则来为自己

---

[1] 纳希.道德领域中的教育[M].刘春琼,解光夫,译.哈尔滨:黑龙江人民出版社,2003:12.
[2] 同上:15.

的行为辩护(我们并不一定要这么做,是谁规定了这条死规矩呢)。最后,由于习俗是由社会一致认同的或者是由权威者的地位决定的,所以,违反习俗者有时会通过挑战权威来挑战规则("你又不是我妈"),或者通过忽视别人的反应继续做自己的事。[1]

此外,从社会历史的情形看,为了保有自我感和独特的自我认同,人类从未放弃对一定的个人选择和隐私空间的保护。在纳希看来,人类在个人领域所做的这种努力,构成了个人与社会互动的一个基本条件。对父母和教师而言,这个问题不仅关系到社会权威的局限性,而且关系到父母对儿童的控制与儿童自身发展之间的相互影响。因此,这个有关个人领域的讨论,也引发了不同文化条件下人们对"个人权力"和"自由"的不同定义。[2]纳希认为,尽管儿童在个人领域所做的判断并不排斥道德判断,但其中也的确同时包含着道德与习俗的内容。为此,纳希主张,在道德教育上,应该把自私从个人领域分离出来,将其当作道德教育中的个人问题进行考虑。不过,这既不是说不允许人们有自私的行为,也不意味着恳求人们为他人或社会的利益而放弃自我利益,而是要让个人权限始终保持在一个合理利己的范围内。简言之,个人自由与道德并非对立关系,毕竟认同感和自我动因都有助于人们对社会关系(包括互惠与合作关系)的本质认识。

从历史的情形看,道德、社会习俗与个人的交互作用,的确会使道德规范产生一种些文化和历史的价值观差异,但是,仔细看来,那些表面上看起来并不一致的文化世界观,实际上却分享着共同而普遍的核心道德观。因此,"要想使学生就社会道德世界进行讨论,并在复杂条件下达到有道德的水平,不仅要激励他们的道德推理,也要发展他们有

---

[1] 纳希.道德领域中的教育[M].刘春琼,解光夫,译.哈尔滨:黑龙江人民出版社,2003:18.
[2] 同上:2.

关风俗和个人权力的观念。……道德领域的教育,应该向学生的正义感、公平感提出挑战,并要求他们在日常生活中实践他们的这些理解。从这个意义上说,与其说道德教育是一个诱导或劝导的过程,毋宁说是一个激发儿童潜在动机而去理解和把握他们的社会世界的过程"。[1]显而易见,领域理论的这些发现,允许我们在多元民主的范围内,超越文化和宗教的限制来定义道德领域的含义。尽管人们对整个人类道德的理解始终有一个概念核心,但大多数真实生活的社会判断却十分复杂,其中,包含对多个概念框架的运用。总之,面对道德在应用上极其多元的背景,我们决不能把道德问题简化成一个简单的公式或者某种绝对的标准。

二、儿童在道德与习俗认知发展上的差异

承上所述,道德与习俗是不同性质的两个领域。如果在教育实践中不加区分地使用同一种方法进行这两个方面的教育,比如使用德性培养的方法来进行习俗教育,那么教育效果总是不理想的。为一探究竟,纳希仿照皮亚杰和柯尔伯格有关道德认知发展的阶段性探索,追踪探讨了道德领域与习俗领域随年龄增长所呈现出的阶段性差异特征。具体而言,他结合柯尔伯格道德认知发展的前5个阶段,进一步做了9个阶段的探索。[2]

其一,关于科尔伯格所谓第一阶段(5—7岁)对遵守规定的认知,纳希对比了两个领域的差异:(1)在道德领域,儿童能够认识到表面的义务(如不能打人和伤人),但在此之外,仍将自我利益作为公平秩序的标准;(2)在习俗领域,儿童则把习俗描述为经验上的具体规范(如女人应

---

[1] 纳希.道德领域中的教育[M].刘春琼,解光夫,译.哈尔滨:黑龙江人民出版社,2003:4-5.
[2] 同上:103-105.

该穿裙子,是因为平常女人穿裙子而男人不穿)。

其二,关于科尔伯格所谓第二个阶段(8—10岁)对道德作为有用的交换的认知,纳希对比了两个领域的差异:(1)在道德领域,儿童不仅开始关心平等问题,而且严格按照互惠原则理解公正;(2)在习俗领域,儿童则认为习俗所具有的某种特例(如一些女人穿裤子)并不能作为定义习俗的充分证据,倘若由此就将习俗定义为经验上的规范性,那么这种论证则是武断的。

其三,关于科尔伯格所谓第三阶段(10—14岁),纳希对其做了更为细致的划分。首先,在10—12岁这个阶段,对比柯尔伯格有关"好人就是达到周围人的期望或者自身角色要求"的认知,纳希对比了道德和习俗两个领域的不同:(1)在道德领域,儿童不仅把公平看成"严格的均等",而且开始将自己对公正问题(考虑到特殊的需要、情况或别人的贡献)的思考与道德决策中的互惠问题相联系;(2)在习俗领域,儿童则将习俗规定具体地理解为保持秩序(如禁止在大厅里跑步),并且意识到社会权威自上而下制定的规则会随着环境的改变而改变。其次,在12—14岁这个阶段,对比柯尔伯格有关"道德先于习俗,儿童基于公平和行为有害后果考虑做出的决策,不受主导规则好角色期望影响"的认知,纳希对比了两个领域的差别:(1)在道德领域,儿童主要是通过在社会关系中考虑什么是公平和关怀,巩固对公平与均等关系的理解;(2)在习俗领域,儿童则把习俗看成"不过是社会所期望的东西",认为习俗的武断本性削弱了其作为规则的规范性力量。

其四,关于科尔伯格所谓第四阶段(14—20岁),纳希也做了更为细致的划分。首先,在14—17岁阶段,针对柯尔伯格有关"社会体系是维护道德秩序和人们获得平等保护的基础"的认知,两个领域的主要差别是:(1)在道德领域,继续巩固对公平和均等关系的理解;(2)在习俗领域,开始出现"社会结构体系"的概念,认识到"习俗作为一种标准的有效性,仅仅局限于有固定规则和稳定等级组织的社会体系之内"。其次,在17—20岁阶段,针对柯尔伯格有关"道德与法律及整个社会的规范体系有关,而正义则是个人在特殊情况下做出最正确抉择之基础"的认知,两个领域的主要差别是:(1)在道德领域,儿童的认识开始"过渡到成人道德";(2)在习俗领域,儿童则认识到习俗不过是一些经过持续使用而形成的一种文化习惯,鉴于这种社会规范所具有的武断性,儿童开始拒绝使用一致性准则来维护社会系统。

其五,对比科尔伯格所谓第五阶段(成人)有关"道德价值优先于社会依恋和契约"的认知,纳希对比了两个领域的差异:(1)在道德领域,成人不仅能够将道德理解为独立于特定体系的准则,而且将道德义务扩展到所有人,亦即能够运用公平和福利原则评判社会系统,将道德的普遍性和规定性与所有个人与之不相称的内在价值协调起来;(2)在习俗领域,成人则认为,作为社会团体成员共有的一致性标准,习俗有助于协调社会交往和整个社会系统的运作。

至此,诚如特里尔在给纳希《道德领域中的教育》一书序言中所述:"纳希自己也知道,他使道德教育工作者的生活更难过了一些,但那些被他的观点说服的人们会发现,作为智慧的结晶,它也可以增进你对教育的认识。"[1]在这里,笔者试图通过整合前述相关理论,让纳希的理论变得更为容易理解一些,也让道德教育工作者的生活重新变得"好过"一些。参照皮亚杰和科尔伯格阶段论的思想来看,纳希对道德领域与习俗领域的区分,或许只是"常规的宗教领域"(习俗)与"后常规的社会领域"(正义)之间的区分,而真正反映其领域论精神实质的可能是其

---

[1] 纳希.道德领域中的教育[M].刘春琼,解光夫,译.哈尔滨:黑龙江人民出版社,2003:前言.

具体讨论的个人领域、社会领域和宗教领域三种道德立场。鉴于道法自然的思想在中国教育文化中的地位,笔者在这里以"自然"替代"宗教";从哲学的意义上看,它大体也合乎西方自然法的基本精神。综合前面有关道义论(责任)、结果论(福利)、阶段论(前常规、常规、后常规)与纳希的领域论(个人、社会、自然),笔者构造了这样一个道德教育论辩的理论图式(见图1-1)。在纵向上,阶段论指引了儿童道德发展的总体方向;在横向上,领域论划分了儿童道德生活的不同面向;从动力上看,结果论(福利)构成了道德教育的起点,而道义论(责任)构成了道德教育的归宿,二者之间始终充满了张力。其中,对于"自爱/利己"这个属于个人领域的部分,中西方道德教育传统存在重大分歧(详见第二章第一节),因此笔者使用虚线表示"搁置争议"之意;不过,就现代道德观念而言,"自爱/利己"乃是道德的起源,从而也是道德教育的当然前提。从我国学前教育的实践情形看,这其实已经是一种道德教育上的基本共识。在此基础上,一般的道德教育论辩主要围绕现代社会的

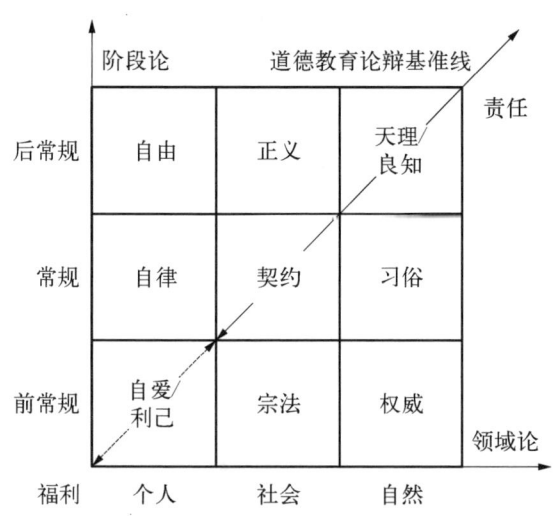

图1-1 道德教育论辩的价值结构图

契约原则展开,并时常表现出超越地域限度回归天理/良知的说理诉求。

此外,从这条充满张力的"道德教育论辩基准线"的中心看,"契约"为核心,"自爱"与"良知"相合,"责任"与"福利"互补。近些年来,围绕正义与习俗、自由与权威、自律与宗法之间的论辩,引发作者进一步的思考:倘若我们将这个理论模型图逆向旋转90度(见图1-2),我们就会发现:居于主线左侧的那些价值(自律、自由、正义)都是到了现代社会才生成的道德原则,而居于主线右侧的那些价值(宗法、权威、习俗)则是传统社会或前现代社会所奉行的道德原则。从学校道德教育的实践需要看,这条道德教育论辩基准线所在的三个阶段,似乎也对应了我

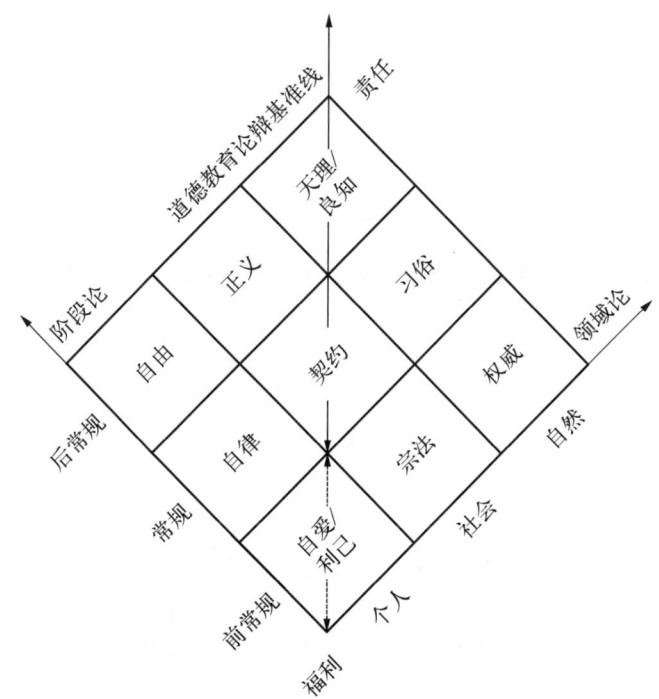

图1-2　道德教育论辩的价值阶段图

们教育系统的三个阶段的道德教育主题：第一阶段是，在初等教育阶段，以自爱（私德）教育为核心主题，关联自律与宗法问题；第二阶段是，在中等教育阶段，以契约（公德）教育为核心主题，关联自由与权威问题；第三阶段是，在高等教育阶段，以良知（常德）教育为核心主题，关联正义与习俗。而在这条道德教育论辩发展主线的两侧，分别培植了自律与宗法、自由与权威、正义与习俗之间的张力结构，它们的存在也使得每个阶段围绕这些主题展开的道德教育充满了论辩的需要与活力。

当然，这既不意味着在现代人的道德教育实践中就不会出现基于传统社会奉行的那些价值展开论辩，也不意味着这些传统社会所奉行的道德原则已经消失、不再支配人们的道德行为了。相反，在相当的程度上，正如我们经常所见，那些传统社会奉行的道德原则与现代社会生成的道德原则之间始终保持着适度的张力，而且还会在不同的历史时期呈现出此消彼长的动态特征。二者之间的对峙，恰似政治运动过程中进步力量与保守力量对于普通民众之道德信念的争夺，这种"不和谐状态"不仅是道德内在的基本面貌，而且构成了道德教育论辩的动力来源。就其教育本质而言，相比结果论，道义论乃是一种更为基本的道德教育的价值原则。这不仅是因为道义论的观点在逻辑上通常是结果论观点的假设前提，而且从教育实践伦理的意义上看，教育者应在优先考虑每个学生自爱与利己需要的前提下再考虑社会或者集体利益的最大化，否则，个人的目的就很容易彻底沦为实现集体利益的工具。

三、相对主义、客观主义与价值澄清

从人类生存的多样性上看，人类有关"善"的认识，在不同的历史时期和文化地域会有不同的表现；不仅同一社会的道德评价标准会随着时间的改变而不同，而且同一时代也存在着完全不同的文化习俗。从前一个方面看,某一个时代在道德上被视为理所当然的事情,到了另一个时代可能就会被认为是匪夷所思的。例如,在古希腊和古罗马时代,奴隶制在道德上被认为是可以接受的,就连大哲学家亚里士多德也说"(有些人)天生就是奴隶";到18世纪,美国社会竟然为了巩固废除奴隶制的成果发动了一场"南北战争";到19世纪,德国哲学家尼采则将当时基督教会宣扬的诸如做好人就要保持圣徒般的谦卑、虔诚和温顺等德性称作"奴隶道德"(slave morality)。直到今天,"奴隶制"似乎依然以某种隐秘的形式存在着,诸如现在年轻人常说的"房奴""车奴""医奴""婚奴""孩奴""证奴""卡奴""礼奴""白奴""屏奴"……尽管与旧时代相比,人们在新时代对之更多抱持一种容忍态度,但其中也流露出人们对这种特权掠夺文化的反感。

从不同的地域上看,受各种文化习俗的影响,人类道德不仅在整体上存在多元性和差异性,而且每个民族对道德也都有其特定的理解和论证方式。从积极的方面看,道德相对主义重视具体的道德问题和道德情境,反对唯我独尊的种族中心主义、道德权威主义和文化霸权主义,进而在抵制道德规范的说教和道德律令的灌输方面都有着重要的实践意义。在道德相对主义看来,不存在超越历史或者超越文化的道德真理:"道德是非问题因风俗、习惯和社会体制的不同而有所差别,因此,道德具有彻底的文化依赖性。"[1]至少"从道德文化的意义上说,每一种特殊文化价值观念系统和道德谱系,都具有其作为人类普遍道德资源的意义,都有资格和权利进入人类普遍伦理的价值标准系统,成为其价值观念的构成性要素"。[2]由此,在道德相对主义的努力下,现代

---

[1] Phillps G. Should Moral Educators Abandon Moral Relativism? [J]. Education, Culture and Values: Volume Ⅳ: Moral education and Pluralism, 2005(4): 10-21.
[2] 万俊人.寻求普世伦理[M].北京:商务印书馆,2001:591.

道德教育的重心发生了积极的变化:"从求同转向求同存异,从规范转向规范和描述兼顾,从对抗转向对话,从德目教学转向道德判断力、敏感性、行动能力的培养。"[1]例如,在一些国家开车要靠右,而在另一些国家开车则要靠左;在一些国家拥有手枪很正常,在另一些国家则是禁忌。对此,大家都基本接受按照入乡随俗的原则行事。但是,在纳希看来,倘若今后的道德教育把更多的时间和精力都放在习惯和习俗的教育上,乃至用"习俗的教育"取代"德性的培养",那么这将损害更为根本的德性学习。

从哲学上看,人们对这些习俗性规范可能抱持两种态度:一种是客观主义(objectivism),即认为只有某种习惯做法才是真正正确的道德观,而其他的习惯做法则都是错误的;另一种是文化相对主义(cultural relativism),即认为任何文化都是相对的,没有哪一种文化比其他文化更优越。后者涉及有关道德价值本质的探讨,是元伦理学中的一个焦点议题。就前一种态度而言,道德客观主义背后潜藏着道德实在论(moral realism)的观点,认为道德价值具有不以人的意志为转移的客观性。比如,柏拉图就曾以几何学中的"圆的理型"来类比推理"善的理型"(form of the good):现实世界画出来的任何圆形在显微镜下都不够完美,真正完美的圆形只存在于"圆的理型"。就后一种态度而言,文化相对主义者一般只承认文化差异,而拒绝承认生活在不同时代或不同地方的人们所持有的道德准则谁比谁更高级。就此而言,文化相对主义的态度要比道德实在论的态度更具本土性的现实意义,这也是文化相对主义之所以能够赢得大众青睐的主要原因。问题是,相对主义坚持认为,道德上的对、错概念只能放在某个特定的文化或社会语境中

---

[1] 黄向阳.道德相对主义与学校德育[J].全球教育展望,2001(6).

来理解,在一个文化或社会语境中是对的,在另一个文化或社会语境中则可能是错的。因此,我们要尊重道德实践中的差异性,就要承认道德价值的相对性,亦即所有有关对、错的观点都具有相对性,在道德行动上人们之间应当各行其是,彼此不相干预。总体上看,这种伦理相对主义彻底放弃对超越时空的普遍伦理法则的寻求,转而强调不同族群和不同文化之间应当相互尊重和彼此宽容,以免陷入偏执的种族优越感或文化的自我中心主义。

问题是,倘若任何社会的实质道德都具有同等价值,不管他们怎么做都是对的或有道德的,那么在一个多元的社会,哪一种价值标准才能代表那个社会的共同价值呢?尽管我们可以承认,不同时代、不同社会甚至不同的个人之间,都存在道德标准或价值系统上的差别,但是,在全球化时代,任何社会都不可能不受外来其他文化习俗的影响,许多问题业已成为全球各个种族和各种文化的共同关切。由此,求同存异(在差异之中寻求一些基本且重要的共同诉求、共同精神和共同规则)不仅是国际交往的一项基本原则,也是人类建构共同道德原理的基础条件。

对此,波伊曼(Louis P. Pojman)提出了一种道德客观主义(moral objectivism)的主张,认为"存在对所有人和所有社会都有效的客观而普遍的道德原则"。[1] 它不仅可以避免伦理相对主义的矛盾,而且能够矫正道德绝对主义(moral absolutism)的弊病:绝对主义者相信存在一些不可推翻或者没有例外的道德原则,一个人永远不应违背它们。尽管客观主义者与绝对主义者都认为道德原则具有普遍而客观的有效性,但是,客观主义者认为,没有任何一种道德义务具有绝对的分量或

---

[1] 波伊曼,菲泽.给善恶一个答案:身边的伦理学[M].王江伟,译.北京:中信出版社,2017:52.

者严格的优先性,每一种道德原则都必须与其他道德原则放在一起进行权衡。在一些具体的情境中,一种道德义务可能会被另一种与之不同的、更具强制性的义务推翻。[1]例如,当一个人处在说真话就会造成严重伤害的情境中,讲真话的义务可能就会被推翻。因此,对于个人的道德实践而言,关键在于首先弄清楚在具体情境中究竟什么才是真正重要(或者最为重要)的价值。

在20世纪60年代,美国学者拉斯思(Louis E. Raths)和西蒙(Sidney B. Simon)等人发现,现代生活的节奏和复杂性,使决定什么是正义的、什么是正确的和什么是可取的等问题变得更为困难,以至于众多儿童发现,要确定什么是值得珍视的、什么是值得他们为之付出时间和精力的等问题,也变得日益令人困惑。[2]为此,面对人们在日常生活中表现出来的困惑、优柔寡断和冷漠,他们鼓励人们"更加审慎和全面地思索自己的价值观以及整个社会的价值问题",以便帮助那些在困惑、冷漠或矛盾中挣扎的人们澄清他们的价值观,使他们以及他们所在的团体能够独自发现有意义的和令人满意的生活方式。[3]拉斯思特别强调,教育者在帮助学生进行价值澄清的时候需要注意以下几个事项:其一,价值澄清不是治疗,因而不能将其应用到存在严重情感问题的学生身上;其二,价值澄清不是一蹴而就的,而是需要付诸坚持不懈的努力;其三,在帮助学生进行价值澄清的过程中,教师要严格避免使用道德说教(moralizing)、训诫(preaching)、灌输(indoctrinating)、谆谆教诲(inculcating)或武断(dogmatizing)的态度;其四,价值澄清不是访谈(interview),因而不可以正式的或机械的方式进行。[4]由此可见,

---

[1] 波伊曼,菲泽. 给善恶一个答案:身边的伦理学[M]. 王江伟,译. 北京:中信出版社,2017:53.
[2] Raths, L. E. (et.) Values and Teaching [M]. Sec. ed. Ohio: Merrill, 1978:9.
[3] 拉思斯. 价值与教学[M]. 谭颂贤,译. 杭州:浙江教育出版社,2003:1.
[4] 同上:88-90.

为了使学生在检查自身生活的过程中获得真挚的帮助,教师不仅要鼓励学生积极思考人生,而且还要设法维持好探究的氛围。简言之,教师不仅不能对当事学生表现出惊奇、怀疑的神情(尤其是当一个学生在全班同学面前暴露思想时),而且必须保护他不受其他学生的取笑。惟其如此,价值澄清才能使个体更好地认识他所支持和信奉的一切,并使他们过上一种更为理性的生活。总之,对于真正意义上的道德教育而言,重要的不是提出了何种道德规范,而是如何对这些规范得以生成或者确立的推理依据或价值前提做出说明与论证。

第二章

道德教育论辩的文化基础

道德的情境是在公然行动之前须要判断和选择的情境。这个情境的实际意义不是自然明白的,而是要寻找的。有互相反对的欲望,也有不能两全的善行。所需要的是找出其中的正路和正善。考究是必须的,考究就是智慧。[1]

——杜威

---

[1] 杜威.哲学的改造[M].许崇清,译.北京:商务印书馆,1958:88.

第二章
道德教育论辩的文化基础

从人类道德意识的萌芽看,原始人类对于道德规范的认识大致是从作为生存法则的诸多禁忌开始的。在原始人类看来,任何个体违犯了禁忌,都是对整体生存的威胁,因而必须通过受罚来为自己的不道德行为赎罪。由此,禁忌本身对集体成员的行为就具有了普遍的训导作用。各种生活禁忌故事,便成为指引氏族儿童道德生活的重要教材。可见,作为调整人与人、人与集体之间的关系的行为准则,道德在人类社会初期就产生了。尽管原始社会的道德原则还只是一些"不成文"的习惯和传统,但作为一种统治方式,它从一开始就受到统治者的重视。

对此,近代学人王国维评论说:"凡制度、典礼所及者,除宗法、丧服数大端外,上自天子、诸侯,下至大夫、士止,民无与焉,所谓'礼不下庶人'是也。若然,则周之政治但为天子、诸侯、卿、大夫、士设,而不为民设乎?曰:非也。凡有天子、诸侯、卿、大夫、士,使有恩以相洽,有义以相分,而国家之基定,争夺之祸泯焉。民之所求者,莫先于此矣。且古之所谓国家者,非徒政治之枢机,亦道德之枢机也。使天子、诸侯、大夫、士各奉其制度、典礼,以亲亲、尊尊、贤贤明男女之别于上,而民风化于下,此之谓'治',反是则谓之'乱'。是故天子、诸侯、卿、大夫、士者,民之表也;制度、典礼者,道德之器也。周人为政之精髓,实存于此。……文、武、周公所以治天下之精义大法,胥在于此。故知周之制度典礼,实皆为道德而设。而制度、典礼之专及大夫、士以上者,亦未始不为民而设也。"[1]依此来看,道德不仅是民间的行为规范,同时也是国家的政治规范。从其政治规范的效用上看,道德教化的成效通常还被视为一个国家治、乱的标志。它意味着:人类的"思想需要公正、

---

[1] 王国维. 殷周制度论[M]//王国维. 王国维手定观堂集林. 杭州:浙江教育出版社,2014:259.

客观、持平和判断。具备这些特征的思想其实就已经具备了道德的品质"。[1]

第一节

传道与儒家理学的现代转化[2]

在中国传统文化中,"道"是一个具有本体或真理意义的价值范畴,也是奠定古代儒家"志道"理想的核心概念。它不仅表现为西周自然主义的"天道"观念,而且在后世儒家学说的发展流变中还先后生发出诸如西汉董仲舒天人合一的"王道"观念、宋代二程和朱熹等人的理学思想,以及现代中国学科与学术体系的分类与命名系统。[3] 由此,可见道统思想在国人道德教化与精神养成上的影响之深远。诚如钱穆所言:"'尊师重道'乃中国传统文化中一特有精神。而中国社会,亦以师道为中心而维系。所以说'作之君,作之师'。但君主政统,师主道统,政统不容不变,道统不容中绝。因此,在中国人传统观念中,毋宁是道统更重于政统。"[4] 问题是,以上学人笔端所述的"道"与今人口中所讲

---

[1] 徐贲.知识分子和公共政治[M].北京:中央编译出版社,2016:1-2.
[2] 本节内容曾发表于《教育研究》2021年第11期,原题为《从"修道之教"到"传道之教"——论中国儒家的道统改造及其现代教育意蕴》。
[3] 1910年10月,在《学堂教科论》一文中,蔡元培仿照日本学者井上甫水的做法,将当代中国学术划分为"理学"与"道学"两大类,进而生成了一个完整的学科谱系。(参见:蔡元培选集(上卷)[M].杭州:浙江教育出版社,1993:382-383.)
[4] 钱穆.文化与教育[M].北京:九州出版社,2011:291.

的作为"他人意志"或"个人思想"的"道"[1]实则同名异质,大相径庭。与西方哲学相比,倘若我们可以从广义上"把哲学看作穷理,追索理后之理"的一门学问,那么,即使"中国哲学跟科学没有很深的亲缘"关系,其"特有的世界图景"和"特有的论理和穷理的方式"本身,至少也在一定程度上表征着那种依然活在我们身上的"哲学的中国方式"。[2]在新时代构建中国特色话语体系的背景下,这尤其成为一个亟待反思、澄清和正视的文化与教育哲学问题。

一、修道作为儒家的教育理想

依《老子》开篇所讲:"道可道,非常道。名可名,非常名。"人所把握的道并非恒恒不变的真正的道(恒道),因此,道本来就应当是"无名"之物。换言之,道不同于那些仅凭人自身的视听感知就能把握的形而下的"万物",它是超越人的感知的形而上的"存在"。诚然,道家的这种阐释,不仅使道蒙上了一种神秘主义的色彩,而且从根本上宣示了人对道的不可把握性。不过,《老子》对德却抱有积极态度。本来"道之本体"超越了人的感知范畴,但是,作为"道之作用"的德却可以在形而下的"万物"中显现,可以被言说:"知其雄,守其雌,为天下谿。为天下谿,常德不离,复归于婴儿。知其白,守其黑,为天下式。为天下式,常德不忒,复归于无极。"(《老子》第二十八章)显然,在这里,"常德"虽然在其

---

[1] 当前人们对"道"的通常理解,可以追溯至20世纪30年代周作人。他在探讨新文学源流时郑重指出,中国文学可以划分为"言志"与"载道"两派;原本"言志"在先,因为有人认为它太无聊,所以"主张以文学为工具",提出了"载道"的要求,但在总体上可以说:"言他人之志即是载道,载自己的道亦是言志"。(参见:周作人. 中国新文学大系散文一集·导论[M]//蔡元培,等. 中国新文学大系导论集. 上海:上海书店,1982:193.)后来,郭沫若于1958年3月21日在《关于文风问题答〈新观察〉记者问》中的解释相类:"古人说'文以载道',用现在的话说,写文章就是表达思想。"(参见:郭沫若全集(第17卷). 雄鸡集[M]. 北京:人民文学出版社,1989:138-145.)无疑这种个人化的表达思想与古代道家和儒家所服膺的"自然道统"相去甚远。

[2] 陈嘉映. 走出唯一真理观[M]. 上海:上海文艺出版社,2020:134-135.

恒常性上仍近于"常道",但它毕竟已经是可以通过视听感知被观察体悟的"形而内"的存在了。其后,《老子》又讲出了对后世儒家影响深远的一段话:"上德不德,是以有德。下德不失德,是以无德……故失道而后德,失德而后仁,失仁而后义,失义而后礼。"(《老子》第三十八章)在这里,"上德不德"大致是指上天并无人世间意义上的德(下德)。[1]故而,所谓"上德不德"实则是讲"上德非德"(毋宁说是"上德"即"道")。也正因为如此,只有"上德"(道)才有真正意义上的德。循此推演,正因为"天下人"把人世间的"下德"紧抓不放,才恰恰失去了真正意义上的德(道)。由此,《老子》向我们揭示了中国原始道德范畴的价值秩序是道—德—仁—义—礼。虽然这与孔子在《论语·述而》中所讲的"志于道,据于德,依于仁,游于艺"在内容结构上有所不同,但二者对道的至上性的认识则是一致的。

从词源上看,《老子》首先将道与德关联到一起讲二者之间的一体性关系:"道之尊,德之贵,夫莫之命而常自然。故道生之,德畜之;长之育之,亭之毒之,养之覆之;生而不有,为而不恃,长而不宰。是谓玄德。"(《老子》五十一章)在老子看来,人们之所以要"尊道""贵德",乃是因为道、德具有一种顺任万物而不干预万物之自然而然的"玄德"(至德/至善)品质。循此推演,《礼记·大学》中所谓"大学之道,在明明德"无异于是在讲"大学之道在于明道"。正如孔子在《论语·为政》和《论语·里仁》中所言:"十五志于学"("志于道"的人生起点);"朝闻道,夕死可矣!"这两句话充分说明了孔子追求道的强烈愿望:"志道"乃是从学的目的,而"闻道"则是人生的理想。不过,儒家后来在对"道"概念的使用上,还是有意无意地泛化乃至曲解了《老子》所谓形而上的不可把

---

[1] 池田知久.问道:《老子》思想细读[M].桂林:广西师范大学出版社,2019:105.

握的"道"的概念。比如,对照"大道之源"《周易》的解释:"一阴一阳谓之道。继之者善也,成之者性也。"(《周易·系辞上传》)推而广之,"立天之道,曰阴与阳;立地之道,曰柔与刚;立人之道,曰仁与义"。(《周易·系辞下传》)尽管这种术语的活用并不必然意味着对"道之本体"地位的轻忽,但"立人之道"概念的提出本身,业已将《老子》那里不可通过视听感知把握的道从天上拽到了人间。继而,孟子也才能顺理成章地将仁义视作区分人与非人的标准:"无恻隐之心,非人也;无羞恶之心,非人也;无辞让之心,非人也;无是非之心,非人也。"(《孟子·公孙丑章句上》)承此逻辑,宋代理学家也将仁义看作"人异于禽兽"的"天理":"人只有个天理,却不能存得,更做甚人也?"[1]"君子所以异于禽兽者,以有仁义之性也。苟纵其心而不知反,则亦禽兽而已。"[2]进一步而言,在春秋战国那个"礼崩乐坏"的年代,"士/君子"之所以受到人们的普遍尊重,主要是由于他们代表了与"势"相对的"道"。

为了保证自己对于道的信持,修身即成为古代知识分子的必要条件。既有《老子》第五十四章所谓"修之于身,其德乃真"之说,也有孔子在《论语·宪问》中所谓"修己以敬""修己以安人""修己以安百姓"之论。而且,在修道的态度上,孔子表现得十分决绝:"朝闻道,夕死可矣!"相比之下,孟子倒是为这种"志道"理想的世俗实践提供了一些弹性空间和回旋余地:"居天下之广居,立天下之正位,行天下之大道;得志,与民由之;不得志,独行其道。富贵不能淫,贫贱不能移,威武不能屈:此之谓大丈夫。"(《孟子·滕文公章句下》)搁置"君子""大丈夫"与"人"之间的等级差别,"自天子以至于庶人,一是皆以修身为本"(《礼记·大学》)。可见,修道(修身)具有普遍性的教育价值。事实上,从

---

[1] 二程集[M].北京:中华书局,2004:214.
[2] 同上:323.

《老子》的文本立场看,"道与德不是判然二物。大抵道是公共的,德是实得于身,为我所有的"。[1]所不同的是,"道是天地间本然之道,不是因人做工夫处论。德便是就人做工夫处论。德是行是道而实有得于吾心者,故谓之德……大概德之一字,是就人做工夫已到处论,乃是做工夫实有得于己了,不是就方做工夫时说。大概德者,得也,不能离个得字"。[2]进而,古代儒家对"教"的定义,也是按照"天""道"的逻辑推演而来:"天命之谓性,率性之谓道,修道之谓教。"(《礼记·中庸》)换言之,作为个人后天修道的理想结果——"受教",在本质上依然是按照"遵道"的要求来定义的。所谓"受教育"也就是"修道",亦即从自己的内心出发去体认、追求、恪守道,按照道的指引去生活。进一步而言,"至子思说'率性之谓道',又是就人物已受得来处说,随其所受之性,便自然有个当行之路,不待人安排着"。[3]实则是在讲性与德的本质相似关系:"性即理也。何以不谓之理而谓之性？盖理是泛言天地间人物公共之理,性是在我之理。只这道理受于天而为我所有,故谓之性。性字从生从心,是人生来具是理于心,方名之曰性。"[4]至此,儒家也确立了天—命—性—道—教的一体性关系。

归根结底,古代儒家所定义"教"的修道的宗旨在于培养人的自主性和自觉性,这倒与《白虎通·辟雍》所谓"学之为言,觉也"的解释颇为一致;与此同时,作为人所通行的"日用人事所当然之理"和"古今所共由的路",我们不难理解"道与理大概只是一件物",只不过,"道字较宽,理字较实,理有确然不易的意。故万古通行者,道也;万古不易者,理

---

[1] 陈淳.北溪字义(卷下)[M].北京:中华书局,1983:42.
[2] 同上:43.
[3] 同上:38.
[4] 陈淳.北溪字义(卷上)[M].北京:中华书局,1983:6.

也"。[1]换言之,"事物上一个当然之则便是理。'则'是准则、法则,有个确定不易的意。只是事物上正当合做处便是'当然',即这恰好,无过些,亦无不及些,便是'则'"。[2]换作比较形象的说法,即"道,犹路也。当初命此字是从路上起意。人所通行方谓之路,一人独行不得谓之路。道之大纲,只是日用间人伦事物所当行之理。众人所共由的方谓之道"。[3]所以,与其说古代儒家修道的目的在于"率性"或者"率天命",不如说古代儒家修道的目的在于世人(包括掌握权力的统治者)都能够普遍性地遵循"必然之道"与恪守"当然之则"。

以《小王子》第十节中的一个片段为例:小王子壮着胆子向自称能够统治宇宙中的一切的国王提出一个请求:"我想看一次日落……请您为我……命令太阳下山……"国王却说:"得让每个人去做他能做到的事情,权威首先得建立在合理的基础上。如果你命令你的老百姓都去投海,他们就会造反。我之所以有权让人服从,就是因为我的命令都是合情合理的……你会看到日落的。我会要它下山的。不过按照我的治理原则,我得等到条件成熟的时候……大概……要等到今晚大概七点四十分!你会看到它乖乖地服从我的命令的。"[4]从中,我们看到了当权者对于宇宙自主运行规律的无奈与对自身政治权力限度的自觉。国王所谓"合理基础""合情合理""治理原则""条件成熟",无非是基于自身理性判断后采取的一种对于太阳运行的自然规律的服从。即使"自称能够统治宇宙"的国王也并不享有那种所谓"无法无天的放任"的"绝对自由",[5]而是时刻受到自然法和自身健全理性的约束。与此相似,

---

[1] 陈淳.北溪字义(卷上)[M].北京:中华书局,1983:41.
[2] 同上:41.
[3] 同上:38.
[4] 圣埃克絮佩里.小王子[M].周克希,译.上海:上海译文出版社,2009:41-43.
[5] 霍布斯.论公民[M].应星,冯克利,译.贵阳:贵州人民出版社,2003:8.

相传宋太祖赵匡胤有一天忽然心血来潮询问大臣赵普:"天下何物最大?"赵普想了想说:"道理最大,皇帝再大也要讲道理。"事实上,包括国王在内的众生对于自然之道的服膺与自律,乃是中国古代儒家所谓"志于道"的教育目的。至此,我们已经能够明确感受到古代儒家的这种旨在修道(遵循自然道统的指引)的教育传统之中所包含的一种具有人类普遍价值和现代科学意蕴的求真精神与公共伦理精神。

二、儒家实现修道的两条进路

个人修道最终是否能够导向得道或者遵道,还存在很大的不确定性。究其根本,这种不确定性源自人性自身的限度。诚如《尚书·大禹谟》所讲:"人心惟危,道心惟微。惟精惟一,允执厥中。"也就是说,人的欲望之心是危险的,而人的求道之心则是微妙的;故而,只有专心致志,才能守住做人做事的中正之道。为此,儒家特别强调修道者对道的诚恳态度:"诚者,天之道也;诚之者,人之道也。"(《礼记·中庸》)其后两句"自诚明,谓之性;自明诚,谓之教"则向世人宣示了两种不同的修道路数。其一是圣人的修道进路——"自诚明",即有的人只要把天命赋予人的诚之本性展现出来,就算是将道显诸光明的得道表现了。正如《中庸》第十二章所述:"诚者不勉而中,不思而得,从容中道,圣人也。"其二是君子的修道进路——"自明诚",即有的人则需要通过接受道之教化才能实现从"明"(道)到"诚"(意)的人格养成。正如《大学》传六章所载:"所谓诚其意者,毋自欺也。如恶恶臭,如好好色,此之谓自谦。故君子必慎其独也。"比较而言,前者更注重反求内在德性,后者侧重跟外界的互动学习。与此相应,后世儒家也大致遵从以上两种修道范式:前者有孟子、陆九渊、王阳明等倡导的心性(实践)范式,后者有荀子、朱熹等奉行的问学(知识)范式。但归根结底,两派学人实则都十分崇尚修道的宗旨，也都十分强调在实践中要将德性与问学相融为一。

即使是后来占据主导地位的"问学派"，最初在实践上也特别注重将"成己成仁"与"成物致知"结合起来。正所谓："诚者非自成己而已也，所以成物也。成己，仁也；成物，知也。性之德也，合外内之道也，故时措之宜也……故君子尊德性而道问学。"（《礼记·中庸》）比较而言，"尊德性"是目的，"道问学"是手段。这一点，后世儒家也多有阐释。比如汉代郑玄所注："德性，谓性至诚者。道，犹由也。问学，学诚者也。"又如唐代孔颖达所疏："君子'尊德性'者，言贤人行道由于问学，谓勤学乃致至诚也。"[1]由此，"问学"成为儒者"修德凝道之大端"。[2]然而，究其实质，"道问学"的最终目的仍在于"至德""凝道"。在余英时看来，当时"在'势'的重大压力之下，知识分子只有转而走'内圣'一条路，以自己的内在道德修养来作'道'的保证。所以'中庸'说'修身则道立'"。[3]或许正是出于这种考虑，孔子才格外强调在修身的秩序上要讲求"行有余力，则以学文"（《论语·学而》），亦即强调由问学而获得的德性（德行），要比这个问学本身更重要。

然而，这一修道进路之中却潜藏着一种价值危机，亦即个体有可能出于某种功利的目的舍弃尊德性的价值目标。诚然，从今天我们对"文"的理解看，孔子当时所讲的"文"或许还只是一个指引性概念，而非规范性概念（规范性概念有清晰的内涵和外延，指引性概念没有清晰的内涵和外延），亦即这里的"文"的作用不在逻辑分析，而是引导实践。吊诡的是，孔子等人所担心的由"虚文"所导致的"道的虚化"还是在儒家内部出现了。究其根本，这种"虚化"主要是由文的质变引发的。对

---

[1] 孔颖达.礼记正义(下卷)[M].上海：上海古籍出版社，2008：2037.
[2] 朱熹.四书章句集注·中庸[M].北京：中华书局，1983：41.
[3] 余英时.士与中国文化[M].上海：上海人民出版社，1987：126.

此,我们大致可以追溯至南朝刘勰标举的"文以明道"主张:"道沿圣以垂文,圣因文而明道。"[1]至唐代,韩愈和柳宗元也有类似表述:"修其辞以明其道",[2]"文者以明道"。[3]很显然,刘勰等人所讲的"文以明道",依然是在着力强调文辞乃是达成明道宗旨的手段。不过,紧随其后,韩愈的门人李汉所推出的"文以贯道"[4]之说,则在有意无意间流露出弱化乃至放弃文辞明道追求的倾向——姑且不论这里所谓"道"的内涵,但从"贯"(贯彻)的意义上讲,就已经极大地加强了文辞的工具性,弱化了文辞的分析性(明辨)作用。不难想见,一旦文辞放弃了自身在修道过程中的明辨使命,所谓的修道之"修"的主动意义也就基本上被消解了,剩下的便只有被动地接受和贯彻了;与此同时,"不明之道"也便随之获得贯道的可能。更为严重的是,随着这种道门的敞开,道本身究竟是什么也就显得无关紧要了,进而一切冒名之道就有可能堂而皇之地进入文教体系发挥广泛的社会影响力。由此,"离道为文"也必将成为这种道统气氛下的新风尚。

此外,即使搁置"贯道"的问题不论,"离道为文"还有可能产生另一种结果,那就是人们完全为了追求文采而为文。或许正是出于对这一文风的担忧,宋代理学的创始人周敦颐特别强调:"文所以载道也……文辞,艺也;道德,实也。笃其实而艺者书之,美则爱,爱则传焉。贤者得以学之至之,是为教。故曰:'言之无文,行之不远。'"[5]显然,周敦颐这里所讲的"文"之所以能够指引世人"行远",乃是因为这种"文"乃是"载道之文";而且,此"文"所载之道应该是作为儒家修道指向的形而

---

[1] 刘勰.文心雕龙·原道[M].北京:人民文学出版社,1958:3.
[2] 马通伯.韩昌黎文集校注[M].上海:古典文学出版社,1957:65.
[3] 柳河东集(第34卷)[M].上海:上海人民出版社,1974:543.
[4] 李汉的原文表达是"文者,贯道之器也"。参见:李汉.唐吏部侍郎昌黎先生讳愈文集序[M]//全唐文.北京:中华书局,1983:7697.
[5] 元公周先生濂溪集[M].长沙:岳麓书社,2006:66.

上的"常道",抑或宋代理学家陈淳在《北溪字义》中所讲的"共由之道"或"当然法则"。惟其如此,儒家才能真正打通"文"与"艺"的关系,亦即通过"文"的形式将作为儒家教育内容的"艺"(六艺)中之道(小道)逐一显现出来,从而为最终实现大道的合成提供充分的物质条件。可悲的是,随着佛教在东汉末年传入中国,不仅"道"的概念被多元化了,而且儒家还面临着"儒道不传"的道统危机:"斯吾所谓道也,非向所谓老与佛之道也。尧以是传之舜,舜以是传之禹,禹以是传之汤,汤以是传之文、武、周公,文、武、周公传之孔子,孔子传之孟轲,轲之死,不得其传焉。"[1]不过,遗憾的是,他所欲"续传"的道并非老子和孔子所崇尚的"天道""常道",而是君主的"治道":"闻于师曰:古之君天下者,化之不示其所以化之之道,及其弊也易之不示其所以易之之道;政以是得,民以是淳。"[2]在这里,韩愈所讲的"闻于师"似乎也已经向世人透露出由"文教"(文道)分化、衍生出来的"师教"(师道)观念。只不过,他这里的"师者"所要传的"道",实则是服务于"君天下者""所以化之"与"所以易之"的"治道"——毋宁说,它实则是一种满足统治者(统治阶级)私欲的权术。

在这种情况下,"文""道"关系的龃龉便成为一种常态。其间,实则还夹杂着后世儒家对孔子所谓不可改变的先天之性的认识上的改变。诚如韩愈所讲:"今之言性者……杂佛老而言也者。"[3]"性之品有上中

---

[1] 关于佛教对韩愈道统观的影响,陈寅恪较早指出:"华夏学术最重传授渊源,盖非此不足以征信于人……南北朝之旧禅学已采用阿育王经传等书,伪作付法藏因缘传,已证明其学说之传授。至唐代之新禅宗,特标教外别传之旨,以自矜异,故尤不得不建立一新道统,证明其渊源之所从来,以压倒同时之旧学派……退之道统之说表面上虽由《孟子》卒章之言所启发,实际上乃因禅宗教外别传之说所造成。"(参见:陈寅恪集·金明馆丛稿初编[M].北京:生活·读书·新知三联书店,2015:319-321.)
[2] 马通伯.韩昌黎文集校注[M].上海:古典文学出版社,1957:28.
[3] 同上:13.

下三：上焉者，善焉而已矣；中焉者，可道而上下也；下焉者，恶焉而已矣。"[1]由此，他认为，对于不同的"天性"（先天之性），后天可以采取不同的干预方式："上者可教，而下者可制也。"[2]在这里，韩愈不仅将教育的对象对准了"性之上品"的统治贵族阶层，而且明确将"性之下品"的普罗大众排除在教育之外——留给他们的只有"制"：限制、宰制、控制，等等。总之，既无修道的必要，也无得道的可能。事实上，随着董仲舒在汉代提出"独尊儒术"，后世儒家的修道之教便日益沦为治术的工具。进一步而言，这种思想可以追溯到战国时期荀子将"人道"与"天道"二分的理论。[3]从今天看来，这无异于是在为秦王朝的暴力统治提供理论支持。问题是，随着古典儒家修道所追求的那种"一体化的文道"遭遇这种专制统治思想的劫持，一种新型的"工具化的文教"在民间社会的政治影响力必将得到空前的放大。至此，我们发现《中庸》为圣人和君子准备的两种传统修道进路业已发生了深刻变化：从今天教育学的意义上看，原始的德性范式对应于垂范进路的身教，而原始的问学范式对应于读经进路的文教。只不过，随着隋代科举考试的兴起，原来"志道君子"逐渐被改造为"入仕儒吏"，成为统治阶层的一部分，从问学进路中生发出来更具普遍教育价值的两条小路（文道与师道）得到了空前的重视和加强。由此，中国儒家教育的重心也逐渐由修道（内发）转向教化（外铄）。

---

[1] 马通伯.韩昌黎文集校注[M].上海：古典文学出版社，1957：11.
[2] 同上：13.
[3] 事实上，早在战国时期，荀子就已经开始建立一种与那种源自道家的"自然道统"划清界限的"新道统"："道者，非天之道，非地之道，人之所以道也。"（《荀子·儒效》）"生乎由是、死乎由是，夫是之谓德操。德操然后能定，能定然后能应，能定能应夫是之谓成人。"（《荀子·劝学》）由此，荀子不仅讲明了儒家与道家的"道"之分野，他同时也昭示着中国儒家"新道统"的别样逻辑。不过，值得肯定的是，荀子在重释人道的同时，并没有改变儒家的修道传统。

三、儒家两条修道进路的中断与偏离

从现实需要上讲,倘若"文以明道"的修道进路足以满足众生问学、知道并借以与天同在的本体需要,那么,人们凭借读书就应该已经能够完成修道、成人的受教使命了。毕竟,再加上切己的生存体验和反思省察,就已经实现了来自个人生活实践的直接经验与来自他人为文中的间接经验的完备结合。然而,"载道之文"的文辞本身往往表现出强烈的"无理"倾向:"美则爱,爱则传焉。"[1]以至于"君天下者"往往无视道统,肆意利用人们对文辞之情感性的先天偏好而将其用作政治宣传(而非载道)的工具。再加上科举制度建立后"学而优则仕"的入仕之风的勃兴,那些真正有机会写"载道文"的士子们在八股的框范下,恐怕再也顾不得先前孔子所谓"行有余力,则以学文"的谆谆教诲了。这种情形,恰如孔子所谓"吾未见好德如好色者也"(《论语·子罕》)所揭示的"人性之弊"。为此,周敦颐大声疾呼:这些应试学子"不知务道德而第以文辞为能者,艺焉而已。噫!弊也久矣"。[2]其后,程颢、程颐也一再强调:"士之所以贵乎人者,以明道也。若止于治声律为利禄而已,则与夫工技之事何已乎?"[3]

进一步而言,理与文的分歧,关系到道统传承的可能性问题。诚如《庄子·天道》所讲:"世之所贵道者,书也。书不过语,语有贵也。语之所贵者意也,意有所随。意之所随者,不可以言传也,而世因贵言传书。世虽贵之哉,犹不足贵也,为其贵非其贵也。故视而可见者,形与色也;听而可闻者,名与声也。悲夫,世人以形色名声为足以得彼之情!夫形色名声果不足以得彼之情,则知者不言,言者不知,而世岂识之哉!"在

---

[1][2] 元公周先生濂溪集[M].长沙:岳麓书社,2006:66.
[3] 二程集[M].北京:中华书局,2004:579.

这里,"意"与"言"乃是理与文的原型和基础。"知者不言,言者不知"的结论,几乎否定了文化与道统传承的可靠性。即使退而求其次,也只能是"以言充意",甚至"以文害理"。事实上,自唐代韩愈进行道统改造以后,这种情况久未改观,以至南宋朱熹依然在痛陈其弊:"愚谓力行而不学文,则无以考圣贤之成法,识事理之当然,而所行或出于私意,非但失之于野而已。"[1]比较而言,"古之学者为己,欲得之于己也;今之学者为人,欲见知于人也。""古之学者为己,其终至于成物;今之学者为物,其终至于丧己。"[2]在这里,我们不仅能够深切感受到两位宋代学人对当时士子阶层"为学丧己"之状的痛惜之情,而且能够明确感受到他们对《中庸》所谓"尊德性而道问学"的服膺和继承。此外,笔者也深切感受到宋代理学家对唐代韩愈"师者"内涵的响应。朱熹曾明确表示:"尊德性,所以存心而极乎道体之大也。道问学,所以致知而尽乎道体之细也。二者修德凝道之大端也。"[3]其中,前者大致对应于韩愈所讲的"传道",后者大致对应于韩愈所讲的"授业"。不过,笔者认为,这里更值得关注的是,二者对韩愈所谓"解惑"的阐扬。比如,为了避免跌入"为学丧己"的陷阱,朱熹特别强调受传道之教影响的"今之学者"应该"'博学之,审问之,慎思之,明辨之,笃行之。'五者废其一,非学也"。[4] 与此相应,陆九渊也提醒要努力避免类似《荀子·解蔽》篇中所谓人之"物欲"对"本心"的遮蔽,[5]但他终究还是对人的

---

[1] 朱熹.四书章句集注·论语[M].北京:中华书局,1983:50.
[2] 朱熹,吕祖谦.近思录[M].上海:上海古籍出版社,2000:40.
[3] 朱熹.四书章句集注·中庸[M].北京:中华书局,1983:41.
[4] 朱熹,吕祖谦.近思录[M].上海:上海古籍出版社,2000:45.
[5] "道外无事,事外无道。""若天是理,人是欲,则是天人不同矣。"(参见:陆九渊集(卷三十四)·语录上[M].北京:中华书局,1980:395.)"学者之为学,固所以明是理也。然其畴昔(往昔)之日,闺门之内,所以慕望期向,服习践行者,盖泯然乎天理之萌蘖,而物欲之蔽,实豪据乎其中而为之主,则其所以为学之本者故已麗矣。"(参见:陆九渊集(卷三十二)·拾遗[M].北京:中华书局,1980:378.)

第二章
道德教育论辩的文化基础

"天命之性"充满信心,[1]而且,他也将这种信心寄托在"道问学"的作用上:"圣人之言,有若不待辩而明,自后世言之,则有不可不辩者……学也者,是所以致明致知之道也。"[2]就其方法而言,"举天下从事于其间而莫知其说,理无是也,而至于有是,是岂可以不论其故哉?"[3]就其目的言,"仁,人心也,心之在人,是人之所以为人,而与禽兽草木异焉者也,可放而不求哉?古人之求放心,不啻如饥之于食,渴之于饮,焦之待救,溺之待援,固其宜也。学问之道,盖于是乎在。"[4]然而,众所周知,宋代两位大儒所担忧和提醒的人欲对天理的遮蔽问题,在后世儒家传道之教的实践活动中不仅未能避免,反而陷入了更为复杂的认知困境。

在这里,一个关键性的问题是,与先秦儒家相比,唐宋儒家所说的"道"究竟指什么?我们需要澄清韩愈自身的矛盾性。其一,他有意回归老子之道:"凡吾所谓道德云者,合仁与义言之也,天下之公言也。老子之所谓道德云者,去仁与义言之者也。"[5]具体而言,"博爱之谓仁,行而宜之之谓义,由是而之焉之谓道。足乎矣,无待于外之谓德。仁与义为定名,道与德为虚位"。[6]其二,他又想要阐扬君王之道,至少从韩愈在《原道》篇中所谓"明先王之道以道之"的思路看,师者所做的这一切不过是为了实现"君天下者"(统治者)"所以化之"与"所以易之"的政治私心。其结果,无异于是说:"言不合乎先王者,不可以为道。"(《淮南子·泰族训》)由此,对于其《师说》所谓"道之所存,师之所存"之说也便有了两种解释的可能。问题在于,倘若从"明先王之道以道之"的目的

---

[1] "义理之在人心,实天之所与,而不可泯灭焉者也。彼其受蔽于物而至于悖理违义,盖亦弗思焉耳。诚能反而思之,则是非取舍盖有隐然而动,判然而明,决然而无疑者矣。"(参见:陆九渊集(卷三十二)·拾遗[M].北京:中华书局,1980:376.)
[2][3][4] 陆九渊集(卷三十二)·拾遗[M].北京:中华书局,1980:372-373.
[5][6] 马通伯.韩昌黎文集校注[M].上海:古典文学出版社,1957:7.

论出发,人道被强行打上"君王意志"(圣意)的烙印,其所形塑的礼制以及由此所改造的文道和师道也势必被改造成为旨在满足统治者自身需要的治术。进而,它又会在这种貌似道统的合法外衣的掩护下,进一步成为阶层固化、阶级压迫抑或专门为特权辩护的宣传工具:"礼即是理也。不是天理,便是私欲。"[1]"不合礼则非理。"[2]然而,吊诡的是,对于这种"术化"的危害,古代儒家似乎早有察觉:"礼者,人道之极也。"(《荀子·礼论》)"道者,古今之正权也。离道而内自择,则不知祸福之所托。"(《荀子·正名》)由此可见,在这种政教一体的发展格局中,后世儒家将"定礼"当作常理的做法,无异于从根本上颠覆了古代儒家秉持天道(天理)建构人道的演绎逻辑。究其实质,其所维护的无非是一种推己及人的差序格局:"仁者,人也。亲亲为大。"(《礼记·中庸》)"立爱自亲始,教民睦也;立敬自长始,教民顺也。教以慈睦,而民贵有亲;教以敬长,而民贵用命。孝以事亲,顺以听命,错诸天下,无所不行。"(《礼记·祭义》)不难想象,按照古代儒家礼制教导出来的一代又一代国民,本质上都是只有家族没有国族意识的私民,以至于历朝历代也都是诸如"李唐""赵宋"一类以某一家族的统治为标志的"家天下",只有君主(统治者)立场的家国意识,而无近代学人梁启超所呼唤的那种公共立场的国家意识。由此来看,建立在封建礼制基础上的古代社会走向失道以至礼崩乐坏便是情理之中的事情了,以至于每每出现"执礼害人""有法无天"的社会乱象,是可谓道统改造后儒家礼制的一个内在缺陷。

究其原因,中国注重天人合一的整体主义思想传统,既不着意区分现象与实在,也无意发展西方那种"总须先承认主观的所见与客观的原样不一致为起点"的形式哲学(form philosophy),因而"中国人虽注重

---

[1] 二程集[M].北京:中华书局,2004:14.
[2] 同上:699.

'名'之混淆,主张有以正之,但名只是符号,尚非现象。故只有辩学,而无认识论"。[1]当然,这并不意味着中国儒家没有做过类似西方科学方法论的逻辑探索。比如,宋儒朱熹等就曾尝试找寻忠恕作为公平之道的方法论意义:"忠恕所以公平。造德则自忠恕,其致则公平。仁之道,要之只消道一公字。公只是仁之理,不可将公便唤作仁。公而以人体之,故为仁。只为公则物我兼照,故仁,所以能恕,所以能爱,恕则仁之施,爱则仁之用也……古之学者一,今之学者三,异端不与焉。一曰文章之学,二曰训诂之学,三曰儒者之学。欲趋道,舍儒者之学不可。"[2]在这里,朱熹等将作为理性概念的"仁"与作为情感概念的"爱"关联起来,业已显现出"由仁推爱"的演绎思路;与此同时,还特别强调"儒者之学"对于追求"忠恕/公平之道"的支撑性原理价值。承此逻辑,民国学者葛琨也表示:"孔子说的'一以贯之'和曾子说的'忠恕'只是要寻出事物的条理系统,用来推论;要使人闻一知十,举一反三;这是孔门的方法论,不单是推己及人的人生哲学。"[3]然而,在由礼制主导的中国传统社会,尤其是在讲理之风尚未兴起的民间社会,这种小众的公平之道不是成为边缘化的偶然,就是在实用导向的大众生活中被作为高冷束之高阁。

至近代,曾国藩也曾经回归经典儒家之道统重新阐释韩愈"师者"的内涵:"传道,谓修己治人之道;授业,谓古文六艺之业;解惑,谓解此二者之惑。"[4]面对与新文化运动的"文学革命"一起兴起的"革命文学"所流露出附属于政治的倾向,朱光潜撰文表示,"中国所旧有的'文以载道'一个传统观念很奇怪地在一般自命为'前进'作家的手里,换些

---

[1] 张东荪.知识与文化[M].上海:商务印书馆,1946:101-102.
[2] 朱熹,吕祖谦.近思录[M].上海:上海古籍出版社,2000:43.
[3] 葛琨.孔子教育哲学[M].北京:书林书局,1925:53-54.
[4] 马通伯.韩昌黎文集校注[M].上海:古典文学出版社,1957:24.

新奇的花样而安然复活着"。殊不知,"拿文艺做工具做宣传某一种道德的、宗教的或政治的教条",使文学"就范于某一种窄狭信条的尝试大半是失败"。[1]继而,老舍主张,既然"我们是生在'现代'",就应以"怀疑,思考,比较,评定古物价值"的眼光,重新审视传统文学并对它加以系统地清理。[2]由此来看,尽管抗战时期文学所表现的"'人民性'也是一种道",用文学来载人民的道,倒也是"事有必至,理有固然";但是,倘若我们"太紧缩了那尺度,恐怕会犯了宋儒'作文害道'说的错误"。[3]质言之,"文以载道"问题的关键全在"道"字如何解释。这里,以朱光潜的观点最具代表性:"如果释'道'为狭义的道德教训,载道就显然小看了文学。文学没有义务要变成劝世文或是修身科的高头讲章。如果释'道'为人生世相的道理,文学就绝不能离开'道','道'就是文学的真实性。志为心之所之,也就要合乎'道',情感思想的真实本身就是'道',所以'言志'即'载道',根本不是两回事。"而且,文学的道不同于哲学的道:哲学的道是抽象的,文学的道是具体的,道在文学里如同盐溶于水,是含在人生中的,是"主观的,热的,通过作者情感与人格的渗沥,精气与血肉凝成完整生命",道与志就融为一体。[4]由此,中国近代新文学的倡导者们,实现了从传统统治阶级礼制传统向现时代的人民立场的"原道"(求真)的话语转变。诚如朱自清先生所言:我们须从"原道"的角度来解释"文以载道"的真实面目,"如载道说,却与其说是重在求好,不如说是重在求真还贴切些"。[5]不过,在张东荪看来,最根本的还是要"建立一个民主主义的人生观与社会观,亦就是从社会、历史、哲

---

[1] 朱光潜全集(第3卷)[M].合肥:安徽教育出版社,1987:432.
[2] 老舍文集(第15卷)[M].北京:人民文学出版社,1990:10.
[3] 朱自清全集(第3卷)[M].朱乔森,编.南京:江苏教育出版社,1996:141.
[4] 朱光潜全集(第4卷)[M].合肥:安徽教育出版社,1987:162.
[5] 朱自清全集(第3卷)[M].朱乔森,编.南京:江苏教育出版社,1996:26.

学与伦理学各方面以论述民主主义"。[1] 这是因为,"民主主义同时必是理性主义。换言之,即在民主主义之下只有讲理。从反面来说,则亦唯有在讲理的人群生活中乃能建立民主制度。二者是相依为命的"。[2] 而且,纵观西方先进文化的由来,以及其之所以能够跳出呆板、固滞的状态而进入能自动进步的境界,"乃全系理性,即全视理性能否抬头而定"。[3] 究其根本,这种民主主义乃是近代的产物。"近代把民主政治化为民主主义,使其除政治外包括各方面,例如生活与思想态度亦在内。于是民主主义便是一个文化,而不仅是一个制度而已。既是一个文化则又可说是一个精神。只要精神是合乎民主,则纵使其外表的形式有种种不同,亦决不要紧,反之,我们纵有民主政治之制度,而无其精神亦是徒然。"[4] 一言以蔽之,作为一种文化的民主主义或理智主义,不仅是一个社会的政治制度或理想前途,而且是一种人文精神和思维方法,一种切身的生活态度与思维习惯。

四、儒家两条修道进路的现代承继

事实上,在西学东渐的过程中,随着理性和求真话语进入近代国人的生活世界,古代儒家的修道命题业已面临着一个重要的时代挑战:我们能否将传统儒家的讲理之风现代化?当然,要回答这个问题,另一个需要优先澄清的问题是,宋代理学家所讲的"理"究竟是什么意思?在程颐看来,理在本体上是优先于事物的,事物正是因为有理而存在的:"实有是理,故实有是物;实有是物,故实有是用。"[5] 故而,无论是物

---

[1] 张东荪.理性与民主[M].长沙:岳麓书社,2010:9.
[2] 同上:168.
[3] 同上:2.
[4] 同上:157.
[5] 二程集[M].北京:中华书局,2004:1160.

理,还是人理(君臣父子之理),"天下万物皆可以理照,有物必有则,一物须有一理"。[1]但归根结底,他所谓的"理","在天为命,在人为性,论其所主为心,其实只是一个道"。[2]至此,宋代儒家时常在道—理相通的意义上将讲道和论理互换使用:"若曰惟其文之取,而不复义理之是非,则是道自道,文自文也,道外有物,固不足以为道;且文而无理,又安足以为文乎?盖道无适而不存着也,故即文以讲道,则文与道两得而一以贯之,否则亦将两失之也。"[3]比较而言,古代儒家所讲的理所指的只是条理(order),而不是作为西方论理学(逻辑学)基础的理性(reason)概念。具体而言,中国儒家所讲的条理乃是与表示社会秩序或者家国伦常的礼是相通的,所以,中国人时常习惯于"以礼为理"。不过,值得注意的是,中国人所讲的秩序或条理,除了与西方的秩序(order)概念相当外,还存在一种等级(hierarchy)观念。所不同的是,西方所讲的理乃是与智相关联的理智概念:"西方所谓'理'就是因果律,而所谓'智'亦就是辨别或揭示出这种自然条理的能力。"[4]由此来看,我们便不难理解儒家为什么能够以天道比天理,并将其视为永恒不变的本体,并由此推定作为"天命之性"的人道和人理。所以,中国儒家所持守的乃是一种崇尚与天数对应的礼数的性理观念,而非西方讲求法治的理性观念。但是,二者并非没有相通之处:"中国所异于西方的,不在于专注重实践的智而忽略纯理的智,这种分别的看法是很表面的。其实乃只是西方文化注重理智,由理智再开拓了实用之门。中国则直接把所有的心力都用于如何做人之一问题上。"[5]换言之,"西方文化

---

[1] 二程集[M].北京:中华书局,2004:193.
[2] 同上:204.
[3] 晦庵先生朱文公文集(第30卷)[M].北京:北京图书馆出版社,2006:8.
[4] 张东荪.理性与民主[M].长沙:岳麓书社,2010:129.
[5] 同上:167.

上讲理的优点是以理想来改善条理,又以理智来窥测条理。遂致所谓理于一方面与'善'相接轨,在他方面与'智'相并进"。[1] 在张东荪看来,宋代儒家注重的讲理之风恰可成为西方理性观念在中国思想现代化的生长点,而且"今后中国必须重振这个传统的'讲理之风',但同时又必须兼收西方的优点,而把理认为是发展的,不是不变的。换言之,既不把理只认作条理和道德来解,亦不把条理只当作既成的来解,乃同时把理认为是理智与条理之合一"。[2] 在冯友兰看来,这种经由现代性转化了的讲理与求真本质就是他所标举的"新理学"。作为一种"讲理之学",它不是照着宋明以来的理学讲,而是接着宋明以来的理学讲,"讲我们所说之理的学",即"依逻辑讲的确切的学问"。[3] 在这里,道之逻辑化可谓中国儒家道统之现代教育意蕴的简明诠释。

在蔡元培看来,融合了传道思想的中国儒家的修道传统可以归结为三种进路:"凡人之所以为人者,在德与才。而成德达才,必有其道。经验,一也;读书,二也;从师受业,三也。经验为一切知识及德行之渊源,而为之者,不可不先有辨别事理之能力。"[4]在这里,我们不仅能够看到儒家(与文以明道相对应的)读书和(与师者传道相对应的)从师对于先前单靠(个人实践积累的)经验对于教育所发挥的极大促进意义,同时也能看到,蔡元培着眼中西会通的现代教育理念,特别强调了"辨别事理之能力"对于统合三种进路之所得(即重建一以贯之之道统)的先决意义。事实上,早在先秦时期,孔子"当仁不让于师"(《论语·卫灵

---

[1] 张东荪.理性与民主[M].长沙:岳麓书社,2010:171.
[2] 同上:170.
[3] 冯友兰.《新理学》绪论[M]//田文军.极高明而道中庸——冯友兰新儒学论著辑要.北京:中国广播电视出版社,1995:451.
[4] 沈善洪,主编.蔡元培选集(下卷)[M].杭州:浙江教育出版社,1993:842.

公》）的主张可谓率先发出了"学无常师""以道择师"的先声,它不仅强调了教师的道义内涵,也强调了师生之间在道德面前的平等关系。孟子也提出"人之患,在好为人师"(《孟子·离娄上》)的忠告。此后,作为"新道统"开启者的荀子更是从国家治理的视角大力提倡尊师:"天地者,生之本也;先祖者,类之本也;君师者,治之本也。"(《荀子·礼论》)"国将兴,必贵师而重傅;国将衰,必轻师而贱傅。"(《荀子·大略》)然而,在现代学校教育制度下,国人似乎早已忘却了《学记》所谓"记问之学,不足以为人师"的告诫,而是日渐习惯了用"知识教学"来理解和诠释什么是教育。以至于,当问起家长送孩子到学校干什么的时候,似乎家长讲得更多的还是"读书",而非"从师";相反,对于请家庭教师(尤其是才艺方面)这件事情,家长们则会说"请师"。问题是,设若仅仅是为了读书,又何须把孩子送到学校里面来呢?送到图书馆岂不更为合适?显然,在人们的话语深处依然潜藏着对于学生自修传统的重视与肯定,只不过,当学校课堂中日渐丢失问学、辨理传统之后,整个社会也便随之淡忘了原本借助解惑胜任传道、授业的师者,只留下了整日宣讲或者照本宣科的教者形象。或许,后者在知识掌握上也是比较高效的,但在辨别事理上则存在显著缺陷,且这种缺陷已然成为学习者不良学习体验的病灶所在。

更为可怕的是,当师者不再因为"闻道在先"具有"道之所存"的合法性时,人们包括教师自身便会随之丧失对教育而非教授这件事情的敬畏感,于是,"师""道"分离的必然结果就是教师沦为"传道工具"。是为"师者解惑"对于"师者传道"支撑进路的迷失。诚如钱穆在20世纪中期所指:随着近代"西方社会的一切传入了中国","中小学的教育宗旨,只在教育国家公民,其次是传授知识,练习技能,好为青年们预备将来谋职业。青年们进学校,渐渐只注意在为他们各自的将来打算条出

第二章
道德教育论辩的文化基础

路。""教师只成为一种贩智识者……教师与学生双方,在其人与人之间的关系上却日见生疏。于是,师与道,便显然地划开,成为有师无道。换言之,是只胜了教育方法,而没有教育精神。"[1]事实上,人们之所以要在经验和读书之外设置从师一事,其必要性无非就是期望在为明道而修道或"则以学文"(读书)的过程中,每当遇到不通之处(心求通而不得)或是心生疑惑(学则须疑)的时候,可以有人帮助解惑。诚如蔡元培所讲:"书籍记远方及古昔之事迹,及各家学说,大有裨于学行,而非粗谙各科大旨,及能甄别普通事理之是非者,亦读之而茫然。是以从师受业,实为先务。师也者,授吾以经验及读书之方法,而养成其自由抉择之能力者也。"换言之,"师之所授,无一不本于造就弟子之念,是以见弟子之信从而勤勉也,则喜,非自喜也,喜弟子之可以造就耳。盖其教授之时,在师固不能自益其知识也。弟子念教育之事,非为师而为我"。[2]故此,"弟子知识稍进,则不宜事事待命于师,而常务自修,自修则学问始有兴趣,而不至畏难,较之专恃听授者,进境尤速。惟疑之处,不可武断,就师而质焉可也"。[3]

退一步来讲,假如主体由于从事之便利就放弃自修的要求和自得的愿望,只是被动地服膺和铭记作为外在规则的礼制并将其视作天道一般崇信和践行,那倒也是无惑可言的,从而也便不能"养成其自由抉择之能力也"。更为可怕的是,放弃了人的主体性,也就意味着放弃了人之为人的根本,模糊了人和其他事物存在着一个重大差别:万物都是其所是,其本质(规定性)就是其本性的体现,而不会发生与其本性的分离;而人是其所不是——人有自主性,而其本质并不一定体现其本性,可能会发生与本性的分离。如此一来,万事万物的道德因为其本质与

---

[1] 钱穆.文化与教育[M].北京:九州出版社,2011:295.
[2][3] 沈善洪,主编.蔡元培选集(下卷)[M].杭州:浙江教育出版社,1993:842.

本性不会发生分离而不会发生问题,而在人这里,道德却会由于其本质与本性会发生分离而出问题。道德一旦出问题,就意味着人的活动必定偏离了道(人的自然本性),从而导致社会秩序的混乱和个人生活的迷惑。至此,依韩愈《师说》所说:"师者,所以传道受业解惑也。人非生而知之者,孰能无惑。惑而不从师,其为惑也终不解矣。"值得注意的一点是,韩愈所谓"师者传道"是有条件的:鉴于只有修道才能知道,只有知道才能传道,是才合乎"道之所存师之所存"的道理,所以,教师要想传道必须首先修道,修道有成才能拥有授业解惑的资质和条件。换言之,教师不是被动的传道工具,而是首先主动修道的道德学习者,继而才能具备"闻道在先"的教育实践前提。不过,需要警惕的是,韩愈的说法绝不意味着"凡有疑惑,即可从师"。这无异于是说,主体可以完全绕开自修,而直接通过从师解惑来免除修道的内在要求。显然,这与儒家自修、自得的修道传统和教育主张是背道而驰的。所以,儒家所称的"师者解惑"乃是建立在"学者自修"的基础上而言的。事实上,也只有建立在自修、自得基础上的惑,才具有十分积极的教育价值。问题是,从当下中国"考试主义"教育的实际情形看,在学校的课堂教学中,教师似乎一开始就不是肩负着为学生解惑的使命而去的。恰恰相反,教师似乎十分害怕因为在课堂上为个别学生解惑而耽误了整体的教学进程和效率,而是一贯期待讲台下面的学生"一讲就懂"(如果不是不讲也懂)、"一答就对"(但愿不是早已记住标准答案),并将它视为"高效课堂"。殊不知,这实在是"无效课堂"。因为在这样的课堂上,丢却了主体内在自修的要求和自得的期待,一切形式上的对话往往只是一场"配合演出",最终不仅欺骗了"观众",也着实浪费学生本可以自修、自得的宝贵时间。此种教育情形颇似宋代儒家程颐所概括的"今之学者有三弊:一溺于文章,二牵于训诂,三惑于异端。苟无此三者,则将何归?比趋于道矣"。[1]其中,前两者大致对应于今日所谓"死读书",而后者大致对应于今日所谓"无疑问"。笔者认为,后者乃是问题的根本所在。毕竟,"惑于异端"乃是"师者解惑"的最佳时机。

诚然,这完全是就现代教育的意义而言。倘若从"废黜百家,独尊儒术"的时代语境看,在以宣传封建统治阶级自身道统需要面前,尤其是与克己复礼的道统律令要求相比,二程所指的"惑于异端",或许不仅仅意味着"道不同不相为谋",而且还极有可能会意味着将"异端"之道、之文列为禁言、禁书、禁戏、歹人、敌人乃至焚之、坑之。尤其是在礼制道统视野下,论辩往往隐伏着一种"文字狱"的杀机。殊不知,解惑不仅是明道的题中应有之义,也是有效避免政治分歧、冲突乃至迫害的重要途径。所以,孟子所谓"人之患在好为人师",关键之处并非讲"师者"之好为他人解惑,而是意在批判以个人意志压制他人意志的封建礼制。所以,无论是按照韩愈《师说》中所谓"道之所存,师之所存"(道之不存,师之不存)和"无常师"(亦即"弟子不必不如师,师不必贤于弟子。闻道有先后,术业有专攻,如是而已"。)的标准看,还是从《学记》中儒家所谓"以教为学""教学相长"的意义讲,解惑本身完全可能是超越身份藩篱的一种具有普遍求真意义的"对话""争辩"或"研讨"。诚如明儒陈白沙所说:"前辈言学贵知疑,小疑则小进,大疑则大进。疑者,觉悟之机也。"[2]不过,值得注意的是,这里的"疑"(惑)并非纯然是指主体的无知或是迷惑,而是指主体勇于表达与圣贤或经典不同的见解,强调的是主体在修道过程中要保持一种有立场、有主见的学习态度。进一步而言,它同时也意味着我们需要再次确认和进一步解放教师身份的教学自主权和作者身份的创作自主权。唯有真正确立一种主体之间相互对称的平等对话

---

[1] 二程集[M].北京:中华书局,2004:1185.
[2] 陈献章集(上卷)[M].北京:中华书局,1987:164.

和说理关系,主体才不至于被公私关系或群己关系淹没;与此同时,也只有开放一个能够真正催生那种与我的主体性相对称的你或他的主体性存在,每个人与生俱来的理性本质才能超越自我而达到普遍。惟其如此,我们才能有望真正改观近代以来中国社会所出现的"道""德"虚化、泛化、个人化乃至物化的认知偏差。为此,在新时代构建中国特色话语体系的背景下,我们亟须回归古典儒家"尊德性而道问学"的教育逻辑,充分发扬其所倡导的合乎现代逻辑精神的一以贯之的方法论旨趣,重振古典儒家具备人类公共、共由品格的人道在现代文教与师教实践中的价值指引作用,使之重新成为现代中国讲理公民普遍养成和现代科学自然生发的互补进路,从而为中国文化和科学繁荣奠定可靠的教育哲学基石。

第二节

说谎与诚实守信的内在张力[1]

诚如《吕氏春秋·贵信》所言:"君臣不信,则百姓诽谤,社会不宁。处官不信,则民易犯法,不可使令。"无论是出于邦国秩序的要求,还是从人类的群居要求看,社会与个体之间都需要确立一种相对稳固的信任关系。于是,古往今来,无论西中,在公众的精神生活与教育内容中,似乎从来就不缺乏有关"说谎与诚信"的题材。问题是,从中国民间传

---

[1] 本节内容曾发表于《华南师范大学学报》(社会科学版)2020年第5期,原题为《说谎、自欺与诚信教育的重建》。

说中的《狼来了》到西方童话里的《皇帝的新装》,再到现实战争题材的电影《美丽人生》,在这些有关"说谎"的教育题材中,我们不仅见证了基于"不良后果"威胁的"诚信"之道,也见证了基于"权力"胁迫的"说谎"之道,更见证了基于"亲情"由"说谎"缔造的"美好世界"。问题是,面对如此复杂的说谎现象,我们究竟该何去何从呢? 眼见得近年来我们社会人际信任关系的中断,逐渐从"电话诈骗"和"老人摔倒扶不扶"等对陌生人的不敢信任现象,升级为赖账、传销等对熟人乃至亲人间的"杀熟"现象。它在一定意义上已经颠覆了中国那种"难以普遍化"[1]的基于血缘关系构建起来的"特殊信任"的社会基础。[2] 2013年1月,《中国社会心态研究报告(2012—2013)》蓝皮书对北京、上海、郑州等7个城市1 900多名居民所作调查发现:中国社会的总体信任度下降,人际不信任扩大,社会总体信任程度的得分平均为59.7分,触及社会信任的警戒线。[3] 一时间,诚信问题已经成为关系到人们社会生活安全感的重大现实问题。为此,找寻和探讨产生信任问题的成因,进而重建当代中国的诚信教育,乃是当前教育学界亟须做出理论回应的重要问题。下面从"说谎"这一视角切入对信任问题成因的探讨,借以发掘由这种"言语行为"所引发的人际关系危机和社会安全感缺失的内在缺陷和深层困境。

一、说谎、欺骗与习俗性的说谎

在《现代汉语词典》中,"说"就是"用话来表达意思",[4]而"说谎"

---

[1] 马克斯·韦伯.儒教与道教[M].洪天富,译.南京:江苏人民出版社,1995:261.
[2] 弗朗西斯·福山.信任——社会美德与创造经济繁荣[M].彭志华,译.海口:海南出版社,2001:253.
[3] 王俊秀,杨宜音,主编.中国社会心态研究报告(2012—2013)[M].北京:社会科学文献出版社,2013:71.
[4] 中国社会科学院语言研究所词典编辑室,编.现代汉语词典(2002年增补本,汉英双语)[M].北京:外语教学与研究出版社,2002:1808.

则是指"有意说不真实的话"(tell a lie; lie; deliberately not tell the truth)。[1] 换言之,所谓的"谎"就是"不真实的话"。不过,在这里,尤其需要注意的是,既往人们对"说谎"的关注,更多地聚焦于"说不真实的话",而往往容易忽视说谎者的"有意性"这一点。与此相似,《牛津英语词典》对"说谎"(lie)的解释也是强调"去说或者去写一些你明明知道并非实情的东西"(To lie is to say or write something that you know is not true)。[2] 在这里,隐藏在"说谎"概念之中的"明明知道"这一属性乃是既往我们相对忽视的部分;也正是因为这种忽视,导致了我们对"说谎"概念的种种误读。比如儿童那种无意欺骗的"单纯的——为说诳而说的诳话,至少在艺术上面,没有是非之可言",或者说这种"小孩的诳话大都是空想的表现,可以说是艺术的创造",或者说是"叙述自己想象的产物",因此,"我们要小孩诚实,但这当推广到使他并诚实于自己的空想";当然,面对这种"单纯的诳话","他人也可以被其欺蒙——不过是被欺蒙到梦幻的美里去,当然不能算是什么坏处了"。[3] 问题是,哪怕把儿童的这种"无意欺骗"作为"艺术的创造"或"想象的产物"的说谎,成人也容易因为自己"对这种无意的无知"而总觉得似乎受到了某种"羞辱",以至于即便是对此早有研究的心理学界也会对此做出不当的命名。比如,既往心理学领域所谓 2 岁以前儿童的"无动机的说谎"(亦即由于儿童认知能力或者记忆力发展不健全或者认知主体所掌

---

[1] 中国社会科学院语言研究所词典编辑室,编.现代汉语词典(2002 年增补本,汉英双语)[M].北京:外语教学与研究出版社,2002:1810.
[2] Leonie Hey and Suzanne Holloway (eds.). Oxford Advanced Learner's Dictionary (9th edition)[M]. Oxford: Oxford University Press, 2015:898.
[3] 在王尔德看来,"文艺上所重要者实'讲美的而实际上又没有的事',这就是说诳"。在其名为《说谎的衰颓》(The Decay of Lying)一文中,他就把那些因为缺乏"说诳"而缩减人们想象力的文艺作品称作"艺术的堕落";而在《狱中记》译者的绪论里,"Lying"被译作"架空",仿佛是"忌避说诳这一个字"(日本也是如此)。(参见:周作人.镜花缘[M]//泽泻集.长沙:岳麓社,1987:7.)

握的认知材料缺失而导致的认知偏差和不自觉的无意识的说谎;抑或说,说谎者根本就不知道自己在说谎,他只是浑然不知地说出了某种与事实不符的情况)。殊不知,这种"不自觉"或者"无意识"的解释本身就是与说谎"明明知道"的内涵背道而驰的。概言之,说谎除了强调说者的"明知"外,还意味着听者的"不知",否则,倘若说者所讲已经成为听者"已知"或者双方"共知"的事项,那么,说谎或者欺骗就是不可能的了。换言之,在"说谎"的定义中,除了将其作为一种"言实不符"的虚假言语行为之外,重点还在于其对谎言的讲者提出了以下三个方面的要求:其一,讲者知道真相,且听者不知道真相;其二,讲者不告诉听者真相;其三,讲者另有动机或目的(故意误导)。毋宁说,这就是说谎概念的必要条件。

不过,从"无动机说谎"这一命名上看,"无动机"本身倒是不错的,因为说谎作为一种主体行为本身并不必然或者直接构成欺骗——倘若某个人只是"说了不真实的话",即便是有意的或者自觉的,只要不指向他人,似乎也并不构成对他人的欺骗。在《现代汉语词典》中,所谓"欺骗"是指"用虚假的言语和行动来掩盖事实真相,使人上当"。在这里,"欺骗"具有鲜明的目的指向性,亦即使人上当。换言之,只有当说谎(有意说不真实的话)被用作"使人上当"的手段时,"说谎"才会与"欺骗"发生关联,亦即说谎成为欺骗的手段。但是,从欺骗的角度看,说谎也只是欺骗的手段之一,因为除了说谎(有意说不真实的话)之外,欺骗还包含了"虚假的行动"或者"有意做不真实的事";除非我们将"虚假的行动"也同时定义为一种"行动上的说谎",说谎才能彻底变成欺骗的手段。比较而言,"说谎"只是表达了一种"客观行动",而"欺骗"则指向了一种"不道德的行为目的",所以,只有当说谎充当欺骗手段的时候,它才从一个中性词变成了一个贬义词,从而与"欺哄""欺瞒""欺蒙""欺诈"等概念相联系。[1]从社会成员的认知水平看,儿童和老人是相对的弱势群体,因此,也往往成为社会欺骗的对象。也正是在这个意义上讲,童叟无欺才成为一种社会公德和商业伦理。不过,话又说回来,他人之所以会上当、被骗,其主要原因就在于"不知道真相"。倘若听者"已知道真相"或者"识破了谎言"却又假装"不知道真相",那么,这种带有欺骗性质的说谎或者哄骗最终只能是自欺欺人,亦即既欺骗自己也欺骗别人。原本是基于"他人不知道真相"而"假装自己也不知道",结果因为别人知道落得欺人不成,反倒只能是装给自己看的一种自欺。

从技术手段上看,说谎为了达到使人上当或者欺骗的目的,其谎言(不真实的话)除了表现为某种严肃的形式外,也完全可能以活泼的形式显现,比如通过"说笑话"亦即"用言语跟人开玩笑"的方式表现出来。不过,这种"玩笑式的言语",说者到底是当真还是作假,不仅听者着实难以判定,而且通常还有半真半假的意向蕴含其中。或者说,从言语效果上讲,说者往往是害怕直接"说穿""说破"(真相),使对方难以接受,才以"开玩笑"或者"说笑话"来为自己开脱。从这个意义上讲,"玩笑式的说谎"多半只是一种讲真的说辞,亦即是在为自己"(不顾情面的)讲真"找寻辩解或推托的理由,以便及时缓和气氛,避免激化矛盾。从个体的意义上看,这种临场应变的机智或者巧滑,与其说是一种欺骗,倒不如说它恰恰体现了我们的人性——人都是爱面子的,无论是谁都喜欢听好听的;换言之,无论是谁,也都喜欢被奉承几句。或者说,作为讲者,把话尽可能说得好听一些,别人也会乐于听;于是乎,人们见面,彼此之间说点好听的,你也高兴,我也高兴,也不见得说者心里真就怀有什么恶意,何乐而不为呢?在社交场合,那种基于

---

[1] 在《现代汉语词典》中,"欺哄"是指"说假话骗人","欺瞒"是指"欺骗蒙混","欺蒙"是指"隐瞒事物真相来骗人","欺诈"是指"用狡猾奸诈的手段骗人"。

习俗的说谎或者为了讨好对方的恭维,多半还被看作是一种"高情商"的表现。

因此,倘若说谎只是作为个人社会交往中的一种习俗,倒也无可厚非。比如,在军事角逐中,两千多年前的中国军事家孙子在其兵书中言道:"兵者,诡道也。故能而示之不能,用而示之不用,近而示之远,远而示之近。利而诱之,乱而取之,实而备之,强而避之,怒而挠之,卑而骄之,佚而劳之,亲而离之,攻其无备,出其不意。此兵家之胜,不可先传也。"与此相类,在体育竞技中,为了取得比赛的胜利,赛制似乎也早已允许双方球员凭借熟练而高超的"假动作"来欺骗和迷惑对方,"晃开"防守队员的防守与阻挠来赢得比赛。从某种意义上甚至可以说,"说谎"或者"使诈"反倒成了战争与球赛"制胜的关键"。究其根本,战争本身就是一种"设法杀人"的行为,所以无论使用何种手段,都谈不上人道或者伦理,因而使诈不过是一种"兵法"或者"战术"而已;而球赛中队员所使用的"假动作"实质上只是一种技术表现,所以才会有技不如人之说。另外,从文化批判的意义上看,这可能同时也意味着某种不敢正视或者不够客观的民族习气或国民性格。但是,从文化批判的角度看,当这种说谎涉及较为严肃或者重大的公共事务时,它将会造成恶劣的社会影响,进而产生某种社会教化或者文化繁衍的效应。

二、警戒习惯性说谎背后的自欺问题

一百多年前,杜威在继日本之行后到访中国两年又三个月。其间,他曾对当时中国国民人格做出这样的诊断:"这种态度中包含的自满和自负,极大地妨碍了中国的进步。它造成了对古老传统持有的保守主义偏见,亦即中国文明在所有方面对于外国蛮夷文明生而有之的优越性的信仰。同时,它也产生了难以在日本遇见的某种客观批评和自我分析的力量。"[1]在杜威看来,自满和自负之所以"妨碍了中国的进步",其根本原因在于中国人缺乏"某种客观批评和自我分析的力量"。其实,在杜威之后,鲁迅也曾发文印证了这一判断:"中国人的不敢正视各方面,用瞒和骗,造出奇妙的逃路来,而自以为正路。在这路上,就证明着国民性的怯弱,懒惰,而又巧滑。一天一天的满足着,即一天一天的堕落着,但却又觉得日见其光荣。"[2]在这里,鲁迅所讲的中国人"不敢正视各方面",以及将"瞒""骗"视为"正路"的做法,对应于杜威前面所讲的中国人在"某种客观批评和自我分析的力量"上的缺乏;与此同时,鲁迅所讲的中国人满足于这种建立在"瞒""骗"基础之上的"巧滑",又对应于杜威前面所讲的中国人的自满和自负。

当这种说谎涉及较为严肃或者重大的公共事务时,它所造成的社会影响就会更大一些。在政治领域,比如某些竞选者在现代政治选举中的作假,不仅违背了现代民主政治的公开竞选、平等竞选的政治基本原则,而且他的有意作假通常也会以说谎的方式欺骗他的选民,从而违背了社会的伦理准则。在经济领域,商业广告也会在产品宣传过程中通过呈现某种"片面的事实"来误导消费者——故意让你看到某些好的东西,或者故意将其产品好的方面呈现给你,同时故意隐藏其产品坏的方面,并使你误以为你所看到的就是"事实的全部",从而达到引诱消费的目的。显而易见,这两种说谎与前面那种基于文化习俗的说谎不同,它涉及权力,或者说是与权力存在紧密关联,抑或说其背后就是权力的支持。故此,我们在这里不妨将前面那种社交场合的说谎叫作"基于习俗的习惯性说谎",将后面这种较为严肃或者涉及重大公共事务的说谎叫作"基于权力的习惯性说谎"。

---

[1] 杜威.中国心灵的转化——杜威论中国[M].顾红亮,编.上海:华东师范大学出版社,2017:256.
[2] 鲁迅.坟·论睁了眼看[M]//鲁迅全集(第一卷).北京:人民文学出版社,1981:240.

第二章
道德教育论辩的文化基础

对此,承接杜威一百多年前的文化诊断,《人民日报》国际部高级记者马为民也曾从新闻人的视角坦言:"许多事情表明,我们过分爱听来自外界的动听话……这本来是正常工作,而且批评性的反应起初也可以报,可是渐渐地,就只能报'正面'的了。'以正面报道为主'变成了只报道正面。所以遇到这类事情,就只好从当地舆论中择取正面言论,要是没有还得去挖掘,想方设法从受访者嘴里套出几句入耳的话来。话讲得越好听,见报就越快,处理得就越突出,据说是因为'好话来之不易'。实际上,读者一望便知,那大都是些打发人的客套话,而非心里话。可是,我们有些人硬是把客套话当真情,把恭维当赞扬,认真地广泛地传播。"其实,这种"自欺的背后是缺乏自信","对于外间的舆论,与其重视那些存心卖乖的恭维话,为吹捧所陶醉,倒不如多留心一点建设性的批评,使头脑清醒点,这对我们有百利而无一害。关键在于自己要心中有数,警戒自欺……归根到底,保证我们立于不败之地的不是别人的溢美之词,而是自己的人民的真心拥护"。[1]

进而言之,既往我们社会中的"习惯性说谎"在诸领域中存在着相互联系的三种形态:其一,基于习俗的习惯性说谎;其二,基于利润的习惯性说谎;其三,基于权力的习惯性说谎。三者构成当下中国诚信教育的现实基础。此外,尤其值得注意的是,马为民在揭橥我们"五千年文明古国的泱泱大国"的"孩稚气"时,不仅用"缺乏自信"回应了杜威所讲的"自满"和"自负",而且也用"自欺"这一新概念深化了鲁迅所讲的"瞒""骗"式的"巧滑"。"瞒骗"的对象主要是指区别于自己的他人,而"自欺"却把瞒骗的对象指向了自己。对此,或许有人会大力反驳:这怎么讲得通呢! 不过,在笔者看来,这种说谎者"明明知道"看似一个常识

---

[1] 马为民.警戒自欺[J].同舟共济,2002(1).

性的"悖论",实则反映了基于权力或者迫于权力威慑的习惯性说谎给个体的健全人格可能造成的恶劣影响。它意味着,尽管你明明知道这样说不对或者不实,但是,碍于权力的威慑,你还是会迫不得已走向你原本讨厌和憎恶的自我欺骗。或者说,"自我'人为'地使自己成为一个'自在的存在',成为一个'物',从而放弃了自我选择自己行动的必要,并对不符合自身想法的一切东西都保持'视而不见'",进而,自我还有可能"'人为'地使自己仅仅成为'他人眼中的物',让自己完全充当一个'为他人的存在',充当别人要他充当的角色,按照别人要求的样子安排自己的生活"。[1] 由此,意识也就免除了个人的一切通过自由选择进行活动的必要。在萨特(Jean-Paul Sartre,1905—1980)看来,这两种自欺行为也反映了人的存在具有两重性——亦即"他的存在"与"他所扮演的人的存在"不是同一的,他可能只是为了躲避焦虑而要符合自己身份以适应环境。[2] 甚或在你尚且保有清醒的时候,这种自欺还会以自虐乃至自戕的极端方式实现人格意义上的"精神自救"。就后一种对自我采取的极端蛮横手段的行动意义来讲,这实际已经超越了自我对自我的欺骗,而现实性地演变为一种自我对自我的欺负、欺凌或者欺辱;前提是,那个"被欺凌的自我"已经被"作为欺凌者的自我"对象化为物一样的异己而存在。无论如何,这与儒家从"毋自欺"建立起来的诚信观念是背道而驰的。

三、儒家"诚意"修身的诚信教育传统

在中国儒家的教育传统中,"诚""信"似乎是分开言说的,或者说,"诚信"在中国儒家那里实则是一个复合词。而今,当我们合称"诚信"

---

[1] 杜小真.萨特引论[M].北京:商务印书馆,2007:85.
[2] 同上:86.

第二章
道德教育论辩的文化基础

的时候,也就意味着"诚"和"信"两种传统内涵的复合。从"诚"先"信"后的语序放置上,我们也似乎可以洞察到中国儒家对于诚的重视程度。在《大学》中,诚意乃是修身的基本环节,最见儒家修身上的功夫。正如《大学·传六章》中所说:"所谓诚其意者,毋自欺也。如恶恶臭,如好好色,此谓自慊(按:慊,通'惬'),故君子必慎其独(按:即人所不知而己所独知的境地)也!"在这里,"自欺"的问题乃是和"诚意"一起被提出来的,而且是将"毋自欺"作为"诚意"的第一要旨,亦即人要对自身保持诚实,而不要"欺诳自己"。承接《大学》所谓"诚于中,形于外"的内生逻辑,孟子也强调对自己的诚的内在价值:"万物皆备于我矣。反身而诚,乐莫大焉。"(《孟子·尽心上》)"可欲之谓善,有诸己之谓信,充实之谓美,充实而有光辉之谓大,大而化之之谓圣,圣而不可知之之谓神。"(《孟子·尽心下》)此外,《中庸》也讲:"诚者,天之道也。诚之者,人之道也。""自诚明,谓之性;自明诚,谓之教。诚则明矣,明则诚矣。"按照这种"尊德性而道问学"的君子之道,儒家强调做人须先有对自己的诚,亦即面对自我内心的真实与由衷的心理态度;换言之,诚信的根本在于内在的诚,亦即自己跟自己内心的合一,而后才能有社会他人的信,亦即个人外在言行对于社会他人的可靠与值得信赖的行为品格。诸如"至诚而不动者,未之有也;不诚,未有能动者也"[1](《孟子·离娄章句上》)。

中国儒家所讲的"信",大致对应于今天我们所使用的"信任"或者"信用"的概念,即为人所信任的品格。当然,在这里,首要的问题是,如何使人具有值得信赖的品格。《论语·阳货》中讲:"子张问仁于孔子。

---

[1] 此处引文全句为:"居下位而不获于上,民不可得而治也。获于上有道,不信于友,弗获于上矣。信于友有道,事亲弗悦,弗信于友矣。悦亲有道,反身不诚,不悦于亲矣。诚身有道,不明乎善,不诚其身矣。是故诚者,天之道也。思诚者,人之道也。至诚而不动者,未之有也;不诚,未有能动者也。"其中,所谓的"能动",大致也就是指诚信能够在悦亲、信友、获上、治民等方面发挥社会作用。

孔子曰：'能行五者于天下为仁矣。'请问之。曰：'恭、宽、信、敏、惠。恭则不侮，宽则得众，信则人任焉，敏则有功，惠则足以使人。'"大体来讲，这里的"信"主要表现为信用和信任，亦即孔子所谓"信则人任焉"，意在表明：先有值得信赖的品格，然后才能为人所信，并得到他人的任用。循此推演，也就有了"与朋友交，言而有信""信近于义，言可行也"（《论语·学而》）、"朋友有信"（《孟子·滕文公上》）、"人而无信，不知其可也"（《论语·为政》）、"信则人任焉"（《论语·阳货》）这种作为人伦尺度的社会信用上的道德要求。或许在儒家看来，所谓"朋友"原本就是区别于"血缘伦理""亲缘伦理"或者"家缘伦理"的一般人与人之间具有普遍交往意义上的社会基本诚信规范。但是，儒家特别强调要将这种社会伦理意义上的信与个体的人格或者成人关联起来，因此，主张信的"诸己"（自我真正具有）特性（类似于今天我们所谓的具身性）。无怪乎，许慎在《说文解字》中讲："信，诚也。"可见，诚与信的内在是相通且不可或缺的哲学构造与文化密码。正所谓"有诸己之谓信"（《孟子·尽心下》），由此，作为德性的信便与强调人格上"不自欺"的诚都强调主体的真实品质、真正德性和真诚人格。毋宁说，诚是信的终极依据和内在推动力。

尤其值得注意的是，儒家还特别反对那种"为信舍诚"的做法："言必信，行必果，硁硁然，小人也。"（《论语·子路》）从表面上看，将"言必信"归结为"小人"行径，似乎流露出某种对信的贬抑之意。其实不然，问题的关键在于"必"，亦即孔子所反对的不是"信"，而是"必"；换言之，孔子反对将信作为一种绝对化和僵化的行为律令。这是因为，信任乃是建立在人们对事与理把握的基础之上的，否则它就有可能沦为无根据的盲信乃至盲从。诸如，"宰我问曰：'仁者，虽告之曰：井有仁焉，其从之也？'子曰：'何为其然也？君子可逝也，不可陷也；可欺也，不可罔

第二章
道德教育论辩的文化基础

也。'"(《论语·雍也》)大意是说,宰我问孔子:"如果有人告诉仁者说:'有人掉到井里去了。'仁者会不会跳下去救呢?"孔子说:"为什么要这样做呢?君子可能受骗到井边去救人,但不可让自己也掉进去!他可能会一时受骗,却并不会被不合理的事情所蒙蔽。"为此,当人们谈信任的时候,首先意味着信任的对象具有可信赖的属性;换言之,人们只有对那些具有这种品格的对象才会形成信赖感并由此给予信任;相反,则不会产生信任感。在孔子看来,宣扬舍己救人,乃是一种愚弄人的不道德行为,而连自己生命安全意识都没有的舍己救人也是不合情理的小人行为。归根结底,就是在孔子所说的"必"上出了问题。换言之,信任并不意味着消解个体的自主性和独立性;恰恰相反,信任建立在理性认知的基础上,它之所以不是随波逐流式的盲从,就在于它与个体自身的独立判断相联系,不仅具有主体自觉性,也体现了个体的自主性。

故此,个体自身具有的值得信赖的品格或者可信性,乃是"信任可信者"这一社会信任得以形成的前提基础。换言之,作为个人修身功夫的"诚意"(不自欺),乃是个人产生值得信赖品格与可信性的道德基础,同时也是社会信任得以可能的社会前提。当然,从社会信用的角度看,即便个体通过自身的努力达到了某种值得信赖的品格,也未必就会得到他人的信任,毕竟他人是否信任自己并非由自身所决定。诚所谓"能为可信,不能使人必信己"(《荀子·非十二子》)。它意味着,任何人不能自封为一个值得信赖的主体而逼迫或者强制要求或者命令他人信任自己。从信任关系的维度看,个人无法支配他人如何对待自己,但是,作为信任关系中的主体,自己却可以自主地决定如何对待他人。也就是说,真正的信任乃是以理性意识为基础,在确证对象可信品格之后发生的事情。郎遥远认为,中国古代官场流传着这样一条明规则:"官场高升之路,是走对路线、跟对上司。盖因官吏考核与任免,主要不在政绩,而在于忠诚度。上司满意是最大的政绩,要把'报喜不报忧''欺上瞒下'作为做官的铁律,牢牢记住";与此相应,在教育上"中国封建专制主义下的科举制度,造就了一代又一代人格分裂的两面人"。[1]这就像《皇帝的新装》里面的情景,皇帝身上所谓的盛装,观众也知道是假的,但是,人们还是从形式上都假装它是真的,把它当作真的来对待。其实,这种情形无异于是在集体造假。究其根本,这种经常性说谎或者集体性说谎之所以行得通,其实就在于背后有权力在支持它——它也不符合说谎的条件,却是我们在教育环境下特别常见也特别值得重视的现象。进而言之,这里说谎所基于的虚假的事实,尽管在形式上仍是事实,但倘若被欺者同时明明知道这是一种虚假,那么这种说谎或者欺骗实则已经丧失了(不明真相)的对象。诚如康德所谓"说谎无法普遍化"的断言,[2]一旦说谎成为普遍的言说方式,则任何人所说的话都无法为他人所信,如此,则说谎本身也就因为丧失了对象而失去了现实意义。因而,表面上看似欺人,实则不过也是一种自欺罢了。

四、既往诚信教育的误区与偏失

在既往的诚信教育中,我们不仅往往无视说谎作为一种习俗和人格健全发育的合理性,将说谎直接等同于欺骗予以一律禁止,而且也在极大程度上忽视了说谎作为一种道德手段(指向道德目的的手段)的可能性。诚如2017年热播的电视剧《那年花开月正圆》第4集中吴家东院的少东家吴聘与江湖少女周莹之间围绕诚信与说谎的话题所进行的道德论辩所展现的那样:

---

[1] 朗遥远.草根不主义[M].北京:中国经济出版社,2009:111-113.
[2] 康德.道德形而上学原理[M].苗力田,译.上海:上海人民出版社,2005:3-4.

第二章
道德教育论辩的文化基础

周莹：我们是走江湖卖艺的。我以前跟你说的全都是假的。

吴聘：那除此之外,你还撒过什么谎……除我之外,你还骗过谁？

周莹：那,那就多了。我跟着我养父从小四处闯荡,如果不骗,我们就挣不了钱,所以为了活下去,我们只有一路地骗。

吴聘：干过伤天害理的事情没有？

周莹：没有,没有,没有,这个可真没有。我们只要骗到了吃饭住店的钱,就立刻收手了。

吴聘：那你这会儿为什么要对我坦白？

周莹：你救了我,把我带进东院,对我这么好,我若再骗你,我就恨死我自己了。所以,我必须跟你说实话。

吴聘：周莹啊周莹,你有没有想过：骗人只能挣小钱……但是,不骗人反而能够赚大钱,我们吴家东院能有今日,靠的是什么？靠的就是诚信,而诚信就是不骗人。明白吗？

周莹：（点头表示同意）。

吴聘：那你可否答应我,从此不再骗人？

周莹：所有人都不能骗吗？

吴聘：当然！无论是何时,何地,何人。

周莹：那如果对方是坏人呢？如果被坏人追杀,只有骗才能逃脱,也不行吗？如果骗坏人是为了帮好人,也不能吗！

吴聘：（尴尬沉默）……这么说吧,必要的时候,当然可以……当然可以用一些手腕,但绝不能以骗取财。

在这里,周莹对吴聘"所有人都不能骗"的辩驳不仅在形式上是成功的,而且在内容上也彰显了"被迫说谎"的自然合法性,以及作为"助人手段"的说谎的伦理正当性。我们也能从她主动坦白的行动中看到,她由"恨死自己"一句所透露出的说谎者在健康的道德环境中因良心发现走向道德自觉和道德自律的可能性。

在这里,自我面对自我的真诚显得尤为重要。诚如20世纪后期中国著名作家巴金晚年所做的系列自我检讨[1]所称:首先,"真话不是指真理,也不是指正确的话,'讲真话不过是把心交给读者',讲自己相信的话,讲自己思考的话。"其实,这样的"'讲真话'既是做人的原则,也是艺术的生命力之所在,是'五四'以来鲁迅、茅盾所倡导的现实主义创作原则"。[2]毋宁说,这种讲真话的做人原则无疑同时也是教育的原则,同时也是教育的生命力所在。其次,"说真话"之所以会成为巴金"自己晚年奋斗的目标",是因为"在十年浩劫中我感到最痛苦的就是自己辜负了读者们的信任"。[3]其三,"无情的时间对盗名欺世的假话是不会宽容的。奇怪的是今天还有人要求作家歌颂并不存在的'功''德'。我见过一些永远正确的人,过去到处都有。他们时而指东,时而指西,让别人不断犯错误,他们自己永远当裁判官……本人说话从来不算数,别人讲了一句半句就全记在账上,到时候整个没完没了,自己一点也不脸红……我踏在脚下的是那么多的谎言,用鲜花装饰的谎言!哪怕是给铺上千万朵鲜花,谎言也不会变成真理。这样一个浅显的道理,我为它却花费了很长的时间,付出了很高的代价。人只有讲真话,才能够认真

---

[1] 从1979年至1984年的五年间,巴金先后出版了《随想录》《探索集》《真话集》《病中集》和《无题集》五本书来讨论他对"讲真话"和"写真话"问题的反思与探索。
[2] 张家钊. 巴金国际学术研讨会综述[J]. 社会科学研究,1991(6).
[3] 1991年10月,巴金在写给在四川举行的巴金国际学术研讨会的一封信中坦言:"我提倡讲真话,并非自我吹嘘我在传播真理。正相反,我想说明过去我也讲过假话欺骗读者,欠下还不清的债。我讲的只是我自己相信的话,我要是发现错误,可以改正。我不坚持错误,骗人骗己。所以我说:'把心交给读者。'读者是最好的评判员,也可以说没有读者就没有我。因为病,以后我很难发表作品了,但是我不甘心沉默。我最后还是要用行动来证明我所写的和我所说的到底是真是假,说明我自己究竟是一个怎样的人。一句话,我要用行动来补写我用笔没有写出的一切。"参见:李辉. 最好的纪念是传承——写在巴金诞辰一百一十周年之际[N]. 人民日报,2014-11-26(24).

地活下去"。[1]它意味着在逼不得已非要说谎才能生存的情况下,人们只有两条"(如果)认真地(就无法)活下去"的道路:一是因为说真话而遭受迫害;二是因为认真面对自我不堪虚伪或者不堪迫害而自杀。当然,同时也还剩下两条"(只有)不认真(才能)活下去"的道路:虚伪和自欺。

在马尔库塞看来,这种"普遍性说谎"之所以在公共领域也能够流通,根本原因就在于人们社会生活中"话语领域的封闭":"封闭的语言不能够进行证明和解释——它传达决断、宣判和命令。当它下定义的时候,定义就变成'善与恶的分离';它认定的正确与错误毋庸置疑,它确立的价值是评判另一种价值的标准。它在同语反复中运动,而同语反复则是些有可怕效力的'句子'。它们以一种'被预先判决的形式'来通过判决。"[2]有学者认为,"语言腐败的典型形式是冠恶行以美名,或冠善行以恶名";而且,这种"泰然自若地说谎"实质上意味着说话者"做好了干一切坏事的准备"。[3]殊不知,"为了愚弄他人的自我欺骗越多,对自我造成的伤害就会越大",尽管"以欺骗他人为目的的自我欺骗,会让个体感觉到舒适,但这种舒适的副产品可能就是对个人信仰的责任意识的侵蚀以及对个人信仰的破坏性质疑与审查,另外,还可能导致意识无法接近有用的信息"。[4]

就其社会教育的意义看,倘若在家里或者学校里,"你的孩子撒谎,他若不是因为怕你,就是在模仿你"。[5]那么,在社会生活的诸领域,

---

[1] 巴金.探索集·再论说真话[M].北京:人民文学出版社,1981:93-97.
[2] 马尔库塞.单向度的人[M].刘继,译.上海:上海译文出版社,2008:82-83.
[3] 张维迎.语言腐败导致体制的不可预见性——在"2012中国绿公司年会电视论坛"上的演讲[OL].中国经济网[2019-11-20]. http://www.ce.cn/cysc/newmain/yc/jsxw/201204/25/t20120425_21154029.shtml.
[4] 纳普.谎言与欺骗:人类社会永不落幕的演出[M].郑芳芳,译.北京:机械工业出版社,2011:125.
[5] 尼尔.夏山学校[M].王克难,译.海口:南海出版社,2014:119.

情况也大致如此。问题不在于说谎本身,而在于这种自我欺骗式的说谎给人格乃至民族性格造成了恶劣的影响。诚如莫言所指:"因为虚伪,我们口是心非;因为虚伪,我们亦人亦鬼;因为虚伪,我们明明爱美人,却把美人说成是洪水猛兽。更为可怕的是,长期的虚伪,形成了习惯,使我们把虚伪当成了诚实。我们明明满口谎言,却并不因为说谎而产生一点羞赧之心……我们的语文教育最终要达到的目的,并不是要学生能够用生动活泼的语言来抒发自己的思想感情;我们要培养的是思想'健康'的接班人,并不需要感情细腻的'小资产阶级';我们恨不得让后代都像一个模子里做出来的乖孩子,决不希望培养出在思想上敢于标新立异的'异类'……于是,我们的孩子们的作文,也就必然地成为鹦鹉学舌,千篇一律,抒发着同样的'感情',编造着同样的故事。但是他们写给同学的信却是妙语连珠、妙趣横生。可见孩子们也知道,为上的文章,必须说假话,抒假情,否则你就别想上大学;而写给朋友看的文章才可以自由挥洒、吐露心声……但事实恰恰相反,孩子们在上学期间就看出了教育的虚伪,就被训练出了不说'人话'的本领,更不必说离开学校进入复杂的社会之后。"[1]由此来看,这种"虚伪"与"说谎"的一致之处,在于明明心里有一种事实却故意以另一种事实展现,进而达到对他人的欺骗。可喜的是,这种"虚伪"并非"自欺",因为它还保留了属于自己的一份真实,依然存在自己个人生活世界中真切相信的东西。换言之,面向虚伪的诚信教育依然是一种社会信用或信任取向的规范伦理上的需要,而面向自欺的诚信教育则是一种事关个体精神自救或者人格自觉的生存伦理问题,后者比前者在当下国人的精神危机中情况更为严峻,因而也就显得更为迫切和紧要。

---

[1] 莫言.虚伪的教育[M]//会唱歌的墙[M].北京:作家出版社,2012:187-188.

五、面对人格"自欺"的诚信教育的重建

诚信教育的重要性是毋庸置疑的。诚如英国哲学家罗素所说:"我们都希望我们的孩子正直、坦率、真诚和自重;就我个人而言,我宁可看到他们因这种品德而失败,也不愿看到他们因奴隶的手段而取胜。自重和正直对于一个伟人是至关重要的,若有这种品德,说谎是不可能的,当它为某种宽大的动机所驱使时,或可除外。我希望我的孩子在思想上和语言上都诚实,即使在社会中遭到不幸也在所不惜,因为这比财富和荣誉更为重要。"[1]之所以"养成诚实的习惯应当成为道德教育的主要目标之一。我所说的不只是语言上的诚实,而且也是思想上的诚实;是的,后者在我看来更为重要。我宁要有意识地说谎的人,而不要先在下意识中欺骗自己,然后又想象自己既诚实又有德的人"。[2]对成人或国家(社会)而言,"对孩子始终以诚相待将会增加他对你的信任。孩子具有相信成人的自然倾向……在这类事情上若能让孩子感到你的话属实,以后就很容易赢得他的信任。但若你惯于恐吓,而又并不实行,你就不得不越发坚持恐吓,到最后也不过是造成精神紊乱而已"。[3]然而,在既往的诚信教育中,我们似乎更习惯于使用诸如"狼来了"或者"长鼻子"的恐怖故事,以种种可怕后果劝诫和要求未成年人禁止说谎。在罗素看来,这种恐吓式的诚信教育不仅会给孩子造成精神紊乱,而且久而久之还会在被学生识破真相之后沦为笑柄,实则成为连教育者本人都不相信的一种自欺欺人之举。

因此,为重建中国社会的诚信教育,尤其是从有效避免跌入人格自

---

[1] 罗素.教育论[M].靳建国,译.北京:东方出版社,1990:100.
[2] 同上:95.
[3] 同上:98-100.

欺陷阱的道德教育角度出发,我们迫切需要做好以下三个方面的工作。

首先,应该宽容说真话的人,营造一种说真话的道德氛围,这样我们就能获得一种作为人类生存策略的"简化机制"[1]——这种普遍的诚信言语,不仅简化了生存环境的复杂性,也降低了人际交往过程中的不确定性。相反,倘若整个社会都养成了一种讨厌听包含批判之声在内的"真言",说真话者被视为"傻子""缺心眼""情商低","曲里拐弯说话"反而备受推崇,赢得赞誉,那么,"生活在这样的氛围里,每个人都很累,不仅身累,而且心累,但就是无法自拔"。[2]

其次,应当宽容那些迫于最基本的生存威胁的说谎行为。[3]这种"被迫说谎"需要在不够宽容的社会环境中变得具有某种生活交际的艺术品质,换言之,这种说谎无非是作为胁迫之下自我保护的一种手段。事实上,"真诚可以分解为真实和坦诚,它本身是很有力量的,起码比虚伪有力量,不怕三头六面地对证盘查,经得起推敲和考验。但仅仅有真实,是很不够的。真实的出发点可以是完全不考虑他人的感受,不看全局,不从长远出发,单纯的真使用不当,会具有事与愿违的杀伤力"。[4]为此,真正诚信的社会行动,不仅需要借助善的力量,超越和避免由于真所可能导致的"不考虑他人的感受""不考虑全局"等弊端,从而将其升华为一种更健全的品格,甚至还应该接受美的指引,让人们学会如何

---

[1] 卢曼.信任:一个社会复杂性的简化机制[M].瞿铁鹏,李强,译.上海:上海人民出版社,2005:30.
[2] 张鸣.张鸣说:中国的共识与未来[M].北京:中国工人出版社,2015:46.
[3] 从当事人的角度看,欺骗者对于被欺骗者在道德准则上和内心里有更大的煎熬和矛盾,为此,设身处地地宽容说谎者,使其不惧因承认说谎而遭到不公的对待(过度的惩罚或是毁灭性的打击),从而有勇气主动承担应负的社会责任。即便是对于道德上应当受到谴责的说谎行为,我们在对其进行道德评判的时候,也应该谨慎、理智对待并怀有宽容之心,以便给人改过自新的机会。否则,动辄对其道德绑架、人身攻击,甚至否定其整个人格或是人性,那么,社会普遍负面的道德谴责或声讨不免会给说谎者造成了严重的心理恐惧,使其误以为自己在道义上是不可接受的,或者难再产生自我认同,这对其未来生活很可能意味着一种毁灭性的打击,这不仅无助于说谎者的人格修复,而且无异于给整个社会德育环境雪上加霜。
[4] 毕淑敏.研究真诚[M]//让美好现在发生.昆明:云南人民出版社,2016:79-80.

更精彩地表达我们"建设性的真诚",前提是,必须警惕陷入自欺的人格陷阱。正如季羡林所谓"假话全不说,真话不全说"[1]的原则那样,它意味着"我可能不说出我认识到的全部真理,我甚至可能对流行的谎言保持沉默,但我自己将不说假话,不附和谎言,不存心欺骗",当然,"它对人的要求并不低,能始终坚持这一点将同样体现出崇高的道德精神"。[2]

最后,从诚信教育重建的长远考虑,最根本的一点还在于培养人们追求事实的精神,增强人们对不同性质和类型的说谎的识别力。诚如哈佛大学校长福斯特(Drew Gilpin Faust)在该校 2017 年 8 月 29 日开学典礼中对刚刚步入大学的新生所说,你们的最终目标是拥有自己的判断力,追逐真理,而不是人云亦云。无独有偶,哈佛艺术与科学学院已故的前任院长诺尔斯(Jeremy Knowles)也曾表示,高等教育的首要目标就是确保毕业生能够辨别"有人在胡说八道"。在这里,运用理性显得尤为重要。"理性是人类最为突出的特征,它使我们区别于其他所有物种",而"要使理性的运用具有实质性价值,我们就不能没有真实和事实的观念"。[3] 但是,倘若生活在当下这个信息泛滥的媒体时代的人们"没有自己的思想,不用自己的脑子思考,别人举手我也举手,别人讲什么我也讲什么,而且做得高高兴兴——这不是'奴在心者'吗?"殊不知,"人是要动脑筋思考的,思想的活动是顺着思路前进的",而"没有思路的思想就是歪理"。[4] 当然,在这种情况下,"知道他们说谎"根本就不是问题的主要面向,而在于"若要从这样的人嘴里掏出实话,必须

---

[1] 季羡林.季羡林口述史:假话全不说,真话不全说[M].北京:红旗出版社,2016:1.
[2] 何怀宏.良心论[M].北京:生活·读书·新知三联书店,1994:161.
[3] 法兰克福.论真实[M].孙涤,郑荣睿,译.南京:译林出版社,2009:72.
[4] 巴金.用自己的脑子思考[M]//李存光,选编.巴金谈人生.北京:中国青年出版社,1992:72-82.

得加压,反复质证"。[1]进一步而言,身处这样一个自媒体时代,我们在识别说谎的同时,也意味着警惕扯淡:"扯淡远比说谎更严重,是'真实'的更大敌人",因为扯淡"这种'反真相'的信条,渐渐蚕食我们的信心。让我们不再相信可以通过正直的努力来判断真假,甚至无法理解'客观探索'这一概念"。[2]"除非你知道真相,否则你无法撒谎。而扯淡则不需要这个条件。"[3]但是,在日常生活中,由于对语言采取歪曲、扩大、夸张、缩小及其他处理方式,很多诸如含糊、断章取义、杜撰、胡说(bullshit,又叫扯淡)、故弄玄虚的语言也可能被感知为欺骗,因为这些行为尽管和谎言不同,但是,它们却完全可以让我们在没有意图的情况下由于这些行为而对目标产生错误的感知。此外,人们也经常用这种方法来编造虚假的现实。毋庸置疑,这些都对公民的理性鉴别能力提出了很高的要求。或许正是从这个意义上讲,批判性思维以及建立在其基础之上的深度学习才显得尤为重要。这是一种真正意义上的智育——显而易见,它不满足于知;或者说,相比知而言,它更追求"知何以为知"——与其说这是教师面向学生的鉴证和讲理过程,不如说,这是每个人在认知世界的过程中对于进入内在世界的一切事物与生俱来的好奇心和责任感。没有这份好奇心,人生就会变得了无生趣;缺失这份责任感,心灵就会沦为一个无底的空洞容器。从这个意义上讲,一种建立在逻辑论辩基础上的对内说理与自我反思,无疑是人类免于理智的自欺与麻木,保全情感的真挚与活泼,达成所谓命运的共同与共生的一种精神自救活动。

---

[1] 张鸣.张鸣说:中国的共识与未来[M].北京:中国工人出版社,2015:45-47.
[2] 法兰克福.论扯淡[M].南方朔,译.南京:译林出版社,2008:3-4.
[3] 同上:70.

第二章
道德教育论辩的文化基础

第三节

欺凌与社会正义的实践法则[1]

随着达尔文进化论在全球范围内的广泛传播,其所奉行的弱肉强食的"生存哲学",不仅一度成为近代帝国主义发动民族侵略的"战争哲学",而且还在此后衍生为人们日常生活交往法则的"社会哲学",以致整个社会弥漫着一种无视公平而盲目竞争的暴戾之气。当下社会生活中欺凌问题频仍,似乎也能在它那里找到一件"合法外衣"。眼见得报纸标题中的抢眼词汇诸如"碾压""怒怼""认怂""叫骂""开撕"等屡见不鲜,眼见得网络视频点击率高者多半是"黑社会遇到特种兵"这种以暴制暴、以强压强的桥段,眼见得校园欺凌问题虽经多方关注却屡禁不止……这些现象无论如何都与法治社会建设极不相称。更让人忧心的是,凝望今天的教育世界,似乎"知识被扩张为人性的全部,人性中的其他部分,如伦理道德、审美情操等等则都被虚无化"。[2]记得王小波在《知识分子的不幸》一文中曾指出:"知识分子最怕活在不理智的年代",因为"知识分子的长处只是会以理服人,假如不讲道理,他就没有长处,只有短处"。[3]近来发生在西安奔驰4S店的女研究生维权事件就是

---

[1] 本节内容曾发表在《南京社会科学》2019年第6期,原题为《"报应""报复"抑或"修复"?——社会欺凌的教育哲学省思》。
[2] 鲁洁.一个值得反思的教育信条:塑造知识人[J].教育研究,2004(6).
[3] 王小波.沉默的大多数[M].北京:北京联合出版公司,2016:30.

一例:讲道理抵不过当"泼妇"。以至于有网友评论说,"'泼妇'是个褒义词"。[1] 笔者不禁担忧,如果人们普遍都不相信这是一个能讲道理的社会,而是在遭遇欺凌时首先考虑"按闹分配"以及"以暴制暴"或者"以牙还牙"的可能性,那么,长此以往,恐怕针对未成年人的正义教育和安全教育也将由此流失"教育论域",成为法学专业的一块"飞地",而且还将进一步激化人们对教育专业理论失语和指导无力的不满。事实上,对于正义的寻求乃是人类有史以来从未间断的价值诉求。只不过,人们在遭遇和应对欺凌问题时,实际的诉求对象往往并不限于法官(警察),在其现实性上,一些并未接受正规法治教育的人们,似乎也完全能够在日常生活习俗中习得一种诉诸老天(上帝)的正义,甚或还会诉诸一种以替天行道之名出场的侠客(义士)的正义。

一、老天的正义:正义说理的天道逻辑与自育机制

诚如蔡元培所说,从源头上讲,"无论何种民族,当开化之始,其道德条件,恒隶属于宗教之中。所谓道德者,不外乎神之命令,何谓道德,神之所许故也;何谓不道德,神之所戒故也。而尤以敬神为最高之道德"[2]。对于国人而言,"老天"就相当于西方人所说"上帝",所不同的是,中国人的天道信仰主要是作为一种精神寄托,而不像西方上帝那样还具有某种宗教组织上的形态。诚如尼采在宣告"上帝死了"的同时所

---

[1] 根据网易新闻的相关报道:尽管她连4S店的大门都没有开出去就出现了发动机漏油问题,然而经过15天的反复交涉,店家似乎正是看透了知识分子的弱点——你讲道理,我就要无赖,以至于解决问题的方式一度从退款、换车、补偿,最后到了"根据国家的'三包'规定只能换发动机"。从中,我们可以清楚地看到:仅仅通过"诉诸法律"——交给警察或者法官去管——是不够的,因为人家似乎就是"依法办事",只不过这是一种"断章取义之法"!说明,流氓也完全可以通过法治的手段欺凌作为某方面法盲的知识分子,以至于这位女研究生最终只能按照这个社会的"潜规则"为自己维权——"我讲道理你不听,我只能当一回'泼妇'";"这件事让我几十年的教育受到奇耻大辱!我就是太讲道理了!"(http://news.163.com/19/0412/13/ECIM3P1V0001899N.html)
[2] 蔡元培.哲学大纲[M]//高平叔,编.蔡元培哲学论著.石家庄:河北人民出版社,1985:153.

指出的那样,"'天国'是人心的状态——而不是'处于地球上'或'死后到来的某种东西'……它是处在人心中的一种经验;它无所不在,又到处都不存在",换言之,"上帝死了","正如他生那样死去了,作为他的教导——并不是为了给'人类赎罪',而是论证了人们应该如何生活"。[1]换言之,从语言符号象征意义上看,中国的老天等同于西方的上帝。正因为如此,从古至今,无论是在日常生活语言当中,还是在文学书面语言当中,中国人的这种天道信仰都屡见不鲜。诸如"人在做,天在看""人算不如天算""天道酬勤",等等。在笔者看来,这种天道信仰或者说是由老天来主持的所谓公道的背后,隐藏着中国传统的一种信命意识。这种意识说得更具体一点,中国人认为人的命运可以分为两部分:由老天安排决定的天命,由个人运气决定的运道。比如,大型球赛的开场,裁判往往以抛硬币或者"剪刀—石头—布"的方式决定谁先开球或者谁有场地的优先选择权,尽管半场之后还要交换场地,但是这种先机的抢夺权,基本也就以这样的方式交由老天公平裁决了。再如,比赛之前,按照通常的赛制,小组赛往往又是按照抽签的方式来决定某个球队会和哪支球队分到一组,也可算是"命运的安排"。即使不合心意,也只能责怪自己"时运不济"或者"运气不佳",但绝不会怀疑"老天不公"。因此,在这些情况下,老天就是正义和公正的象征。此外,老天不仅具有先天的和现场的公正裁判作用,而且还有未来的公正裁判价值。比如,当为某种不便取证的矛盾冲突争执不下的时候,人们在对簿公堂求取法官的公正裁决之外,往往又习惯于采取对天发誓的做法,不惜对着老天发下毒誓,以此表达自己的清白与坦诚;不敢对天发誓的一方,则往往会遭到人们的怀疑或者失去舆论的支持。在这种天道信仰的背后,

---

[1] 尼采.上帝死了——尼采文选[M].戚仁,译.北京:生活·读书·新知三联书店,1989:252.

隐藏着人们对天谴(作为另一种公正裁决形式的自然惩罚)的笃信。从一定意义上来讲,在这种以天谴形式显现的自然惩罚机制中,人们事实上是将老天当作自己行为正当性的见证人,尽管老天并不能真正出场或者现身。乍看起来,人们这种原始的自然崇拜似乎充满了某种浪漫的甚至荒诞的味道,因为它似乎只是在表面上满足了人们对原始的一种普遍公正的正义价值诉求对象的期待,但是,从教育学的视角看,这种天道信仰也确实在相当广泛的民间世俗生活中发挥着心理疏解、行为矫正和人格教化作用。

具体而言,笔者认为,在类似西谚"天助自助者"这样的价值信条内部,蕴藏着这样一条"道德转换原理":无过错方因于心无愧("仰不愧于天,俯不怍于人")才敢于对天发誓;同样,过错方因自身过错有愧于天才会在内心产生一种自然的不安或者说是遭遇了良心的谴责,进而,只能诉诸忏悔(对自己讲理)及其相应的悔过行动(通过弥补过失将自己的行为重新合理化)来消除这种良心上的不安(所谓心安理得),实现人格修复。否则,倘若人们陷入陀思妥耶夫斯基借《卡拉马佐夫兄弟》中的伊凡之口所说的那种"既然没有上帝,则什么都可以做了"的惯常想法,人们也便丧失了天道信仰发明的道德自律机制,从而只能仰赖由人执行的外在监管式的他律。如此,人们自身往往容易因此沦为"抵御监管的工具",而不再是"道德自律的目的"了。换言之,作为精神信仰符号而存在的老天(上帝)对人的普遍教育机制在于,人们相信,一切人的一切行为皆在老天的观察之下——事实上,不论是从内容上来讲,还是从形式上来讲,这种"天知"都与"我知"无异,对天发誓实际与接受良知拷问无异。这是因为,一个发展成熟的良心不仅"能够为我们提供判断是非的知识",而且,这种"良心不是一个消极的知识来源。它还包括推理和批判思维,以及情感。良心不仅激发着我们,它还要求我们的行为必须与之保持一致"。[1] 这种情形,恰如卢梭所言:"良心呀! 良心! 你是圣洁的本能,永不消逝的天国的声音,是你在妥妥当当地引导一个虽然是蒙昧无知,然而是聪明和自由的人,是你在不差不错地判断善恶,使人形同上帝! 是你使人的天性善良和行为合乎道德。没有你,我就只能按我没有条理的见解和没有准绳的理智可悲地做了一桩错事又做一桩错事。"[2]

质言之,这里所谓的"良心",实际上就是两千多年前孟子所讲的"恻隐之心",亦即二百多年前亚当·斯密(Adam Smith,1723—1790)所讲的"同情心"(sympathy)。孟子说,"恻隐之心,人皆有之"。亚当·斯密在《道德情操论》一开始就宣称:"无论人们会认为某人怎样自私,这个人的天赋中总是明显地存在着这样一些本性,这些本性使他关心别人的命运,把别人的幸福看成是自己的事情,虽然他除了看到别人幸福而感到高兴以外,一无所得。这种本性就是怜悯或同情,就是当我们看到或逼真地想到他人的不幸遭遇时所产生的感情。……这种情感同人性中所有其他原始感情一样,绝不是品行高尚的人才具备。最大的恶棍,极其严重地违犯社会法律的人,也不会全然丧失同情心。"[3] 因此,作为恻隐之心或者同情心的良心,对我们理解社会的道德和正义具有重要意义,是人类道德的心理源泉。或者说,正是别人的喜怒哀乐在我们心目中引起的共鸣使人类有了良知;正是对我们心中的那个公正的旁观者、那个伟大的法官的情感(所谓天理)的尊重使我们有了正义。

---

[1] Judith A. Boss, Ethics for Life: An Interdisciplinary and Multi-cultural Introduction[M]. CA: Mayfield Publishing Co.,1998:186.
[2] 卢梭.爱弥儿:论教育(下卷)[M].李平沤,译.北京:商务印书馆,1978:417.
[3] 亚当·斯密.道德情操论[M].蒋自强,等,译.北京:商务印书馆,1997:5.

二、法官的正义：正义说理的制度保障和惩戒机制

承前所述，作为一种基于"报应性正义"的惩罚机制，法官的正义与老天的正义（天理）相似的一点在于：给过错方以应有的惩罚，大致相当于孔子所谓的"以直报怨"。所不同的是，老天正义往往诉诸"善有善报，恶有恶报，不是不报，时候未到"这样一种延时惩罚，缺乏稳固的即时到场与裁决机制，因而不免会让人在获得一种精神安全之余，总有一种现实的无奈，以至于常有人在长久看不到天谴降临的时候埋怨"老天不公"！或许正是出于这样一种考虑，现代社会才创制了一套司法和警察制度，来为整个社会提供一种可靠的正义处理机制。不过，同样是作为"第三方正义"，与老天正义的内隐性和不确定性不同，现代国家司法制度所确立的法官正义，不仅具有鲜明的公开性和常规性特征，而且，相对于老天正义所具有的天谴式的自育机制，法官正义则主要表现为一种类似于理所应当或者罪有应得的惩罚机制。借用张维迎的分析框架来看："衡量一种行为是否该做，有两个标准，一是合理不合理，二是合法不合法。这样，我们所有做的事情可以划分为四种类型：第一类是既合理又合法，第二类是合理但不合法，第三类是合法但不合理，第四类是既不合理也不合法。在一个正常的社会，基本上都是第一类和第四类，也就是合理的就是合法的，不合法的也就是不合理的。此时，人们做选择相对容易，遵守法律也就是遵守正义。"[1]在这里，所谓"理"，就是中国人讲的"天理""公理""道理""天经地义"，西方学界叫"自然法"（natural law）、"上帝的法"（the law of God）、"理性之法"（the law of reason）。它们是良知、正义、德性的基本含义，就是人类以理性和情

---

[1] 见张维迎为参加2013年8月24日在合肥举行的"中国企业家论坛夏季峰会"撰写的主题演讲稿《天理与王法》。

感所发现的为了人类的生存和发展所必需的最一般的戒条或法则。从语言学的角度分析,在《现代汉语词典》中,"惩"字有两个义项:其一是处罚(punish; penalize),惩一警百,惩恶扬善,严惩不贷;其二是警戒或戒止(warn; exhort),惩前毖后。典型构词方式有"惩戒":通过处罚来警戒。[1] "罚"字则仅有一个义项:处罚(punish; penalize; discipline),意指处分犯罪、犯错误或违犯某项规则的人。[2] 典型构词方式有"罚款":行政机关强制违法者缴纳一定数量的钱,是一种行政处罚。另有"罚不当罪":处罚和所犯的罪行不相当。[3] 比较而言,惩有强烈的目的性,意在强调戒止或者警戒;罚则有强烈的规范性,意在强调犯错/罪或者违规。换言之,罚(过错者)只是手段,惩(使有戒心)才是目的。毋宁说,法官的这种惩罚机制的重心在于惩戒而不在于罚没。在这一点上,笔者认为,大众对法官或者警察所拥有的强制价值的误解深矣!

正如阿克塞尔·霍耐特(Axel Honneth)所指出的:"直到现在,在那些认为自己未能受到他人善待的人们的自我描述中,道德范畴依然占据主导地位,比如'伤害'或'羞辱',它们都和蔑视形式也就是拒绝承认的形式有着关联。用这种否定概念来称谓不公正的行为,这不仅是因为它有害于主体和限制了主体的行动自由,而且还因为它伤害了主体间所获得的肯定的自我理解。如果不潜在地涉及一个主体对他的同伴发出的承认要求,就根本无法有效地运用'蔑视'和'伤害'这样的概念。"[4] 换言之,"规训惩罚基本上与义务属于同一类型。它与其说是一种被践踏的法律的报复,不如说是对该法律的重申,而且是加倍的重

---

[1] 中国社会科学院语言研究所词典编辑室,编.现代汉语词典[M].北京:外语教学与研究出版社,2002:253.
[2] 同上:525.
[3] 同上:253,525.
[4] 霍耐特.为承认而斗争[M].胡继华,译.上海:上海人民出版社,2005:140.

申,以至于它可能产生的矫正效应不仅包括附带的赎罪和忏悔"。[1]而且,它同时也意味着"惩罚与内疚和宽恕,有着不可分割的联系,惩罚的实施需要考虑当事人对于过错的内疚与对于犯错者的宽恕"。[2]倘若缺乏内在心灵的内疚与宽恕机制,一切惩罚就可能沦为一种纯粹外在性的技术手段,而且完全有可能导致个人为了摆脱这种外在技术的宰制而将自身彻底沦为一种无目的的手段。更为可怕的是,这种为了摆脱宰制或者逃脱惩罚的面向本身就是一种恶,而且是一种时刻存活于以身试法者可以预见的"期待中的恶"。诚如柏拉图在《拉凯斯篇》中所指出的那样,这种"恐惧不是针对现在,也不是针对过去,而是针对未来,是一种期待中的恶"。[3]倘若法官(警察)的正义能够使人们高度自觉地认识到这一点,那么,它所面向的恶(无论蔑视抑或伤害)大抵都无法通过行为人内在面向自我的说理通道。然而,当下诸多涉及法官(警察)的文学和影视作品中,更多的却是在一味地渲染警力如何强大,警械如何先进,牺牲如何光荣……笔者不禁担忧:倘若单单是从这种形式上(谁强大)或者结果上(谁胜出)去看这种法治行动的正义性,那么它给整个社会尤其是青少年学生传达的教育信号恐怕更多的是类似绿林好汉"比比谁更强"、战场英雄"比比谁怕死"的生物进化逻辑,而不是作为人类日常社会伦理行动合法性前提的惩戒机制,为此,这些无视价值逻辑(为什么这样做在道德上是对的,为什么那样做在道德上是错的)的做法,不仅无益于讲理公民的培养,而且终究也是与我们主流社会所期待的法治精神不相称的。

---

[1] 福柯.规训与惩罚:监狱的诞生[M].刘北成,杨远婴,译.北京:生活·读书·新知三联书店,1999:203.
[2] Senyshyn, Y. Kierkegaardian Implications of Punishment, Guilt, and Forgtiveness for Education[J]. Interchange, V. 29, N. 4, 1988:425-437.
[3] 柏拉图.柏拉图全集(第一卷)[M].王晓朝,译.北京:人民出版社,2002:198-201,193-198.

归根结底,法律主要是靠法官执行的。对法官来说,良知比法律更重要,没有良知的法官比不懂法律的法官更可怕。这是因为,一个法官只要有良知,即使不懂法律条文,他也不会做出违反正义的判决;相反,即使他懂法律,把法律条文背得滚瓜烂熟,如果他没有良知,正义就会荡然无存!这也是西方陪审团制度的价值所在,而陪审员都是没有受过法律专业训练的普通公民,他们的判决是基于良知而不是法律。由此可见,"司法不是冷冰的、机械的法律适用的过程,也不纯粹是证成知识与真理的过程,而是一种价值判断,充满着道德性和公正性的推理过程"。[1] 而且,"再好的司法制度也需要有高素质的法官群体来担当,法官只要加入司法体制就必须按照司法道德规则接受教化。比如,法官入职所宣誓的对司法公正的承诺,就体现了法官对于正义的看重,法官对违法现象的憎恶,就是其坚持司法公正的充足理由"。而且,"其中最重要的问题就是司法体制或制度能否公正(正义)地对待所有的人。如果能,那么这个体制或制度就是正义的(just),即具有'正当性'(justified),否则便是不正义的。因此,司法正义是法官精神世界中最受尊重的理念。不管什么人,面对如何的质疑都会援引正义,没有人敢公然抛弃正义"。[2] 当然,如果法律不过是统治者的公器,既不敬畏头顶的神明也不存有内心的道德律令,那么王法就是天理,怎么改也是"换汤不换药"。换言之,如果法律不受天理的约束,不以天理为准则,那么,即便说任何法律都是合法的,它也完全可能导致不正义的法律甚至是合法的僭政。正因为如此,人类历史上才会有层出不穷的冤假错案。也正因为如此,从古到今,人们一直信奉所谓"有理走遍天下,无理寸步难行",而不说"有法走遍天下,无法寸步难行"。也正是由于这种

---

[1] 邹川宁.司法理念是具体的[M].北京:人民法院出版社,2012:455.
[2] 王申.法官的道德理性论[M].北京:法律出版社,2017:267,270.

理大于法扎根于每个人的基本意识中,在日常生活中,人们才会一致鄙视那些不讲理的人,倒未必是那些不守法的人。这也是柏林墙下所谓"把枪口抬高一厘米的主权",它也在告诫世人当法律和良知冲突之时,良知是最高的行为准则,而不是法律。

总之,法治社会以法律的合理性和正当性为前提,也就是政府制定的法律必须符合天理和良知。任何人都不应该以法律为托词行"不正义之事"——当法律不符合天理时,当你不得不在良知和律法之间挣扎的时候,你应该选择站在天理的一边。"当然,许多人做不到这一点,因为人性的私心,也因为人性的懦弱。通常来说,违反人定法的惩罚在眼前,违反天理的惩罚在以后,人们通常会遵守'好汉不吃眼前亏'的格言。但我们应该对那些宁肯违反法律也不愿违反天理的人持有敬畏之心,至少不应该以我们自己的小聪明而鄙视这些人。当然,最重要的是,政府制定的律法必须符合良知,符合天理!任何违反天理(自然法)的立法不能被称为真正的法律,只能被称为'恶法',在道德上是不正当的!这样的立法是对人类理性的蔑视,是对人性尊严的践踏!它无助于人类的幸福!"[1]

三、侠客的正义:正义说理的法外行动与补偿机制

在国家建立以前,人皆以自身善恶为善恶,没有共同的善恶以及所谓正义或不义的观念。换言之,在国家社会(国家主导下的社会)诞生以前,一切社会正义或者公正问题,全都是私人问题(且多半是私仇),而且完全仰仗个人能力(尤其是体力)自主解决。在中国民间的日常生活观念中,至今还流行着"有仇不报非君子"和"君子报仇十年不晚"等

---

[1] 见张维迎为参加 2013 年 8 月 24 日在合肥举行的"中国企业家论坛夏季峰会"撰写的主题演讲稿《天理与王法》。

说法。这种情况又被英国哲学家霍布斯(Thomas Hobbes,1588—1679)描绘为一种人类社会的自然状态,而且在这种情况下人们也普遍享有一种在今天看来十分另类的自然平等:它并非遵守法律约束上的平等,而是指人与人之间自然能力上的平等——就身体而言,他承认人与人的体力差异,但他同时认为,体力最弱者也可以通过密谋或者联合他人而杀死体力最强者。[1]显而易见,霍布斯所说的自然平等理论乃是一种"致命的平等"(既包含着一种杀人的平等可能,也包含着一种被杀的平等可能),它既不同于洛克(John Locke,1632—1704)所谓"同为上帝子民"的观点,也不同于康德所谓"人都具备人之为人的尊严与价值"的观点,而是建立在某种有关杀人与被杀的技术性或可能性的考察之上。[2]换言之,"当每一个人对每一事物的这种自然权利继续存在时,任何人不论如何强悍或聪明,都不可能获得保障,完全活完大自然通常允许人们生活的时间"。[3]为此,霍布斯指出:"在和平的存在还有希望的时候,就寻求和平;在和平已经不可得的时候,就在战争中寻求救助——这是正确理性也即自然法的指令。"[4]不难看出,霍布斯以这样的方式承认或者确立了"战争的正义性"。问题是,对于那些无力以战争(公开对决)的方式解决争端或者矛盾冲突的个人而言,恰如我们在日常生活和文艺作品中所常见的情形那样,他们在失去对老天(天谴报应)和法官(诉讼判罚)的信心时,通常还会采取侠客(求诸侠客或者自扮侠客)的公开的或者秘密的报复行动。当然,更多的时候,按照人们的理想期待,是侠客(义士)在冲突现场自主出场,代替老天替天行道或者代替法官现场办公。

---

[1][3] 霍布斯.利维坦[M].黎思复,黎廷弼,译.北京:商务印书馆,1985:92,98.
[2] Williams, B. The Idea of Equality[M]// In Peter Laslett and W. G. Runciman (eds.). Philosophy, Politics, and Society. Oxford: Basil Blackwell,1962:110-131.
[4] 霍布斯.论公民[M].应星,冯克利,译.贵阳:贵州人民出版社,2003:11.

道德教育的
论辩逻辑

事实上，在中西方文化当中，侠客一直都是文艺作品所青睐的题材，从中国文艺作品中的《侠客行》《三侠五义》《白眉大侠》，到西方文艺作品中《佐罗》《蜘蛛侠》《钢铁侠》，无不体现中西方社会所共有的侠客情结，从某种程度上也说明了侠客在人们社会生活实践中不可或缺的价值和地位。与此同时，中西方儿童文艺作品中的《少年钢铁侠》《钢甲小龙侠》《蒙面猫侠》《红领巾侠》《超级飞侠》等作品的层出不穷和广受青睐，也表明儿童对侠客正义的接受与认同，由此，这些儿童版的侠客题材的文艺作品，也必将在模铸未成年人的正义感方面发挥重要的社会教化作用。这里值得一提的是，中国的侠客与欧洲的骑士存在两个方面的不同。其一，西班牙骑士乃是一种封建贵族阶级的象征，而中国侠客却并不与特定的身份地位相关联。换言之，侠客之所以被称为侠，关键在于其所秉持的义；骑士或许并不会因为腐化而丧失其阶级身份，而侠客则会因为不义而失掉身份。其二，西洋骑士追求个人荣誉与自我尊严，而中国侠客则仅仅注重公众之正义。[1]从这个意义上讲，这些身怀绝技的侠客在维护民间正义方面所发挥的作用，有些类似于精神层面的老天正义和官方制度层面的法官正义。但是，侠客所维持的这种民间正义极易受到当时或者现场舆论的影响，具有极强的不稳定性。恰如电视剧《水浒传》的主题曲《好汉歌》中所唱："路见不平一声吼，该出手时就出手。"换言之，这"一声吼"既可能是呵斥暴行的一声吼，也完全可能是煽风点火的一声吼。通过这"一声吼"既可能建立一种民间正义的舆论氛围，也可能进一步激化施暴者内心的愤怒情绪。当然，值得肯定的一点是，在既往的文艺作品中，中国的侠客都是一个令弱者或者百姓感到心安和慰藉的义士，人们通常又会以侠肝义胆来

---

[1] 龚鹏程.侠的精神文化史论[M].济南：山东画报出版社，2008：332.

描述他们。比如《新白娘子传奇》当中的青蛇小青就有劫贪济贫的侠盗举动,她并非为了满足私用之需,而是为了帮助穷人所需,彰显了侠义的本质。从现代社会正义理论看,这种看似仗义的不法行动的正义性,可能正是亚里士多德所谓"矫正性正义"(修复性正义),或者是罗尔斯所谓"补偿性正义"。仅从这种维护公义的意义上看,被大众称为社会良心的"公知"倒有些"文侠"味道,正如鲁迅的文字被誉为指向恶人的"匕首投枪"一样。然而,我们不得不承认,没有一种司法制度的正义保障,侠客(义士)作为一种偶然性的存在,往往既不追求也不能够从制度上根本性地解决现代国家社会正义的实践问题。为此,我们还不得不重新回到社会正义问题的起点:法治在其实践的意义上,还有赖于法官(警察)实践理性之规范性作用的发挥。就这个意义上讲,警察(法官)的举证和辩护可能最终也有沦为一种类似霍布斯所谓自然平等的纯粹技术性的问题,而游离其作为达成社会正义实践目的之手段的初衷。例如,在电视剧《无证之罪》中,法医出身的"雪人"所象征的自主侠客式的社会正义以及电影《城市之光》中警察出身的"城市之光"和《战狼2》中的"冷锋"所象征的自主侠客式的社会正义,大概都意在揭示作为现代社会正义制度保障和主要力量的警察(法官)自身的某种限度或者不足。与此同时,它也意在告诫这种社会角色不能走向个体化或者个性化的扮演,忘记自身作为"制度性侠客"而非"个人性侠客"的公共性特征。亦即,当一个公职人员怀揣报恩或者报仇的念头采取职业行动时,他就容易将他人触犯法律与冒犯自己混为一谈,从而又会进一步忽视制服力的说服力(合法性)前提,并最终会在"集体性匿名"的护佑之下诉诸挟私性的暴力执法,其中的差别,恐怕也是当事人之外的人们所难以分辨的。最为重要的是,它将从根本上破坏整个社会的正义实践与教养的生态基础。总之,维护和捍卫法官(警察)执法正义的纯洁性与可靠性,能够有效避免民间侠客情结所暗示个人诉诸的两种报复行为:一种是绕过第三方正义,自行报复的机制;另一种就是避免个人因为对第三方正义感到绝望而悲惨地诉诸尼采所谓"中国式的报复"(自杀或自暴)。[1]

四、教者的正义:社会正义的修复力量和预警机制

如果说前面三种主体所能给予的正义具有某种普适性或者普遍性特征的话,那么,在教育领域,面对教育对象——作为未成年人的儿童——的特殊性,我们一般并不主张诉诸前面这三类主体,尽管在现实社会生活中也的确有人持此观点。相反,在教育领域,我们更多的是将儿童之间的欺凌,看作是一次"错误的尝试",或者一种"有待矫正的行为失范",因为他们毕竟尚且处在人格的形成期。倘若我们像成人世界那样动辄诉诸法律,那么,教育事业恐怕真将彻底沦为一桩价值中立或者价值无涉的教知识的工作了。其实不然。在中国两千多年的历史进程中,"天地君亲师"一直是社会教化的主体,而且,即使在进入现代国家建制以后,"天""地"和"亲""师"也仍在发挥其重要的社会教化作用。无形中,我国社会形成了一种强大的"主体妄想症"——明明有相关的政策条文或者法律文本,我们却更相信明君或者能人,相信"事在人为"甚至"人定胜天",以至于凡事都首先想着去进行最大程度的运筹和斡旋,而不是简单地照章办事或者依法处理。殊不知,法官也是人,法官的道德理性倘若受此影响,也势必会直接影响其执法的公允和正义。从这个意义上讲,家教传统和师道传统仍旧是法治中国建设进程中不可或缺的两大教育支柱。正如中国先哲荀子所说:"国将兴,必贵师而

---

[1] 尼采.快乐的科学[M].余鸿荣,译.北京:中国和平出版社,1986:86.

重傅；贵师而重傅，则法度存。国将衰，必贱师而轻傅；贱师而轻傅，则人有快；人有快则法度坏。"(《荀子·大略》)从表面上看，荀子当时所谈的由"贵师""重傅"所维持的"法度"不过是基于当时社会礼俗而建立起来的一套道德规范，然而，在笔者看来，它之所以能够流传至今并且深刻影响一代又一代国人的行为，其关键之处乃在于它在本质上已经成为人们日常讲理和对他人进行说理教育的内在依据。

从语言运用的情形看，在日常生活中，我们除了会时不时地流露出一种"对天发誓"的天道信仰之外，笔者认为，我们的语言中还潜藏着另一种对于母亲的自然崇拜。例如，在民间社会，中国人在受到惊吓或者心生感叹之时，总是习惯呼喊一句"哎哟妈呀！"(或是因地域差异被称为"我的妈/(亲)娘呀！")笔者认为，它从根本上区分于西方人在类似情形中习惯性地呼喊"Oh, my God"(我的上帝)。就其相似性而言，二者充分反映了中西方社会在角色信任上所做出的不同的主体选择；就其不同点而言，中国人的角色信任要比西方人更为复杂：西方人在呼喊"Oh, my God"之余并无其他社会角色的信任投射，似乎表达了一种情感(肉体)上与精神(思想)上的高度一致。进一步而言，它具体可分两个层面：其一是中国人呼喊"哎呀妈呀"，更多是体现为一种情感(肉体)上的角色信任，其二是中国人呼喊"老天保佑"则更多地体现为一种精神(思想)上的角色信任。笔者认为，仅从这种角色信任的角度来看，我们也十分有必要重视和加强家庭教育(尤其是婚前的女子教育或者婚后的母亲教育)的投入与质量，因为家长(尤其是母亲)的思想品质多半决定着幼儿的道德品质。

比较而言，与天地(上帝)的隐性自育作用和法官(警察)的公开判罚不同，教师和父母所扮演的教育者的角色所面对的对象主要是未成年人，或者说是约翰·杜威所谓"处于未成熟状态"中的人，他们的心智尚未成熟,人格尚在形塑,迫切需要教师、父母乃至整个成人世界的正确指导。因此,教师和父母的正义教育,虽然在面向群体的教育中也十分强调遵规守约,但是,针对个体(尤其是针对出现行为问题的学生或者孩子)的教育重心,则主要诉诸唤醒自我良知(良心),促其悔过自新来通过积极自主的修复行动,彻底化解与同学(同样是未成年人)之间的恩怨,重建交往。诚如有学者所指出的那样,这种"修复性正义"(又译"恢复性正义")的"核心是疗治创伤、复原破裂的关系,它倡导一种具有前瞻性的社会和解思路,不仅强调化解社会成员内心中的怨恨、愤恨或者憎恨,而且强调矫正社会结构中的关系不正义,预防潜在的或潜伏着的社会伤害行为,变革蕴含着结构性暴力与符号暴力的制度安排。具体而言,在实现恢复性正义的过程中,和平、真相、责任与宽恕是四个不可或缺的要素,它们之间存在着辩证统一的关系。只有在这'四要素'得到实现的基础上,人们才可能从社会伤害行为中解放出来。重新构建或恢复相互承认,实现和解"。[1] 笔者认为,这种点亮(enlightenment)人心的价值逻辑,本质上就是面向自我的讲理(讲通了,就转变为一种面向自我的说理教育),也同样适用于成年人的生活反思和行为检讨,它类似于今天人们所谓的"心灵瑜伽"——所不同的是,它不仅仅是像心灵鸡汤那样面向个人心灵需要的心理抚慰,而是一种包含社会同理心的自我审视性的说理教育。至此,笔者想起亲身经历的这样一幕:一个小男孩走到一个比他瘦小的小女孩面前,一边来回挥舞自己的拳头,一边对小女孩说"我的拳头很硬",说着便继续逼近小女孩,跃跃欲试地表现出一股想通过即刻揍人来验证一下。见此情形,小女孩被吓得赶紧退后两步,蜷缩着臂膀不知如何闪躲。我赶忙说"很硬的拳头是用来打

---

[1] 彭斌.社会和解何以可能——以恢复性正义为视角的分析[J].学术交流,2012(9).

坏人的,如果你用它乱打人,那你就变成坏人了",小男孩听罢立刻像是泄了气的皮球一样,面有愧色地放下了拳头。

　　从这个意义上看,倘若我们可以从广义上来理解教师,亦即将每个人求学阶段肩负授业传道的教师与每个人在其贯穿一生的耳濡目染的家学与家教打通来看,那么整个社会有望建成美国学者古德莱德(John I. Goodlad,1920—2014)所谓的"教育化社会"(educational society):为了最大限度地发展我们的年轻人,为了所有人在教育和文化方面得到持续发展,"这种可能性实际上是把社区里的所有现有资源用于教育文化专业"。[1] 在英国哲学家罗素看来,人们可以借助论辩想象力,用假想的论敌来反驳自己,从而避免陷入"自以为是的愚蠢见识"。[2] 由此可见,面对自我的隐性说理乃是面对公众的公开说理的基础——笔者毋宁说它是当下功利社会条件下个人落实精神保健或者自我拯救的一种思想机制,甚或,作为以上诸种正义的最大公约数,我们应将良心纳入有关社会正义实践的范畴,并以此作为更好公民和更好政府的形象建设的议事日程,亦即人所能遭受的最大惩罚莫过于使他的良心变坏(毋宁说它是一种"心罚"的机制)。诚如有学者所指出的那样:"当今中国社会最缺乏的不是法律(王法),而是天理!或者说,最缺乏的是符合天理的法律和司法制度!……法治不等于律法之治。法治首先是'理治'(天理之治)。法律不符合天理,司法不讲良知,就不可能有真正的法治。'无法无天'不是一个好社会,'有法无天'也不是一个好社会!"[3]

---

[1] 古德莱德.学校的职能[M].沈剑平,译.台北:桂冠图书股份有限公司,1999:143.
[2] 罗素.如何避免愚蠢的见识[M]//徐中玉,主编.大学语文[M].北京:高等教育出版社,2007:223.
[3] 见张维迎为参加2013年8月24日在合肥举行的"中国企业家论坛夏季峰会"撰写的主题演讲稿《天理与王法》。

第四节

美善与道德人格的动态结构[1]

自20世纪90年代以来,在市场经济浪潮的冲击下,我国道德教育理论基础一直未能摆脱经济伦理学的理论范式。不论是将道德的核心建基于利益平等抑或公平的基础之上,都始终是在群体伦理规范的意义上谈论个体道德价值,这只能将个体内在道德尺度引向道德之外的利益比较的物质层面,而不能有效逼近人们心中之所以向往道德的价值根基——爱或美善。公平的道德规范或许有利于制止冲突,营造秩序,却不能有效地深入到道德的内在世界去观照幸福,赢得和谐。这是因为个体的道德实践不是对群体伦理规范本身的刻意满足,也不是为了寻求个体之间的利益平等抑或公平,而是出于爱的理性欲望和保持自身行为之美善品格的精神需求。

一、道德的价值核心是人心中的美善法则

康德曾说:"有两样东西,我们愈经常愈持久地加以思索,它们就会愈使心灵充满始终新鲜和不断增长的景仰和敬畏:在我之上的星空和

---

[1] 本节内容曾发表于《教育研究》2011年第3期,原题为《"公平"抑或"美善"——道德教育哲学基础的再思考》。

居我心中的道德法则。"[1]这是因为,我们"行为全部道德价值的本质性东西取决于如下一点:道德法则直接决定意志。倘若意志决定虽然也合乎道德法则而发生,但仅仅借助于必须被设定的某种情感,而不论其为何种类型,因此这种情感成了意志充分的决定根据,从而意志决定不是为了法则发生的,于是行为虽然包含合法性,却不包含道德性"。[2]这即是说,人们的道德行为有其内在的情感依据。笔者认为,这种必须被设定的情感就是爱或美善——它要求人的行为同时满足内在的合目的性(爱自己或自爱之美,make oneself feel good)和外在的合必然性(爱他人或爱人之善,make others feel good)——唯有以这种理性之爱为基础,人的行为才能保有牢固的道德性——美善(goodness),成为意志充分的决定根据。换言之,主体是因为爱善,所以才去行善的;与此同时,也正因为爱善,所以行善的同时才能体验到美,故而笔者将这种道德之爱合称为"美善"。为此,康德断言:"人的行为的道德价值不取决于行为是否合乎责任,而在于它是否出于责任。"[3]在笔者看来,这里所讲的"出于责任"实则就是在讲"出于爱的责任"。事实上,只有当这种道德之爱是被安置在行为出于责任和出于对法则的敬重的必然性之中,而不是安置在行为出于对行为可能产生的东西的热爱和倾心的必然性之中的时候,它才能成为一切道德实践得以可能和一切道德规范得以生成的价值前提。

然而,在既往的道德生活中,我们就曾因此陷入为道德而道德的道德理想主义或泛道德主义的泥沼:我们一度将"利他""奉献""先人后己""自我牺牲"或"毫不利己专门利人"等由社会所建构的群体伦理规

---

[1] 康德. 实践理性批判[M]. 韩水法, 译. 北京: 商务印书馆, 1999: 177.
[2] 同上: 77.
[3] 康德. 道德形而上学原理[M]. 苗力田, 译. 上海: 上海人民出版社, 2005: 10.

范本身视为个体道德的价值核心,试图由此与资产阶级道德划清界限。然而,事实的情况是:虽然"利他""奉献""先人后己""自我牺牲"或"毫不利己专门利人"等价值品质本身是高尚的,是一种美善的体现,但它往往是无条件的和没有规范限制的,缺乏公平或公正的价值支撑——在这种道德规范的作用下,一个有道德的人似乎成了一个处处吃亏、事事损己的人,个人价值与集体价值似乎是相互排斥和难以两全的——于是,我们所宣扬的道德典型就成了"有病不看""过节不回家"和"一有荣誉就得发扬风格"的"烈士"。谁的个人利益牺牲得越多,损失越是惨重,生活得越是让人心酸,谁就越是"道德",越是"先进"。[1]基于对个体刻意追求自身行为合乎伦理规范的体察,20世纪90年代中期,我国有学者提出将道德的价值核心放置于利益平等的价值原则上,[2]我国教育学者扈中平又将这种利益平等道德规范转述为公平,即"利益和权利的机会人人均等和利益分配上的合理"。

不过,这一观点仍在群体伦理规范的意义上谈论个体道德价值。它只能将个体内在道德尺度引向道德之外的利益比较的物质层面,而不能有效逼近人们心中的价值核心。关键的一点是,如何使得这种外在性的规范为人所承认接受,进而变成一种内在性的美善。作为个体道德核心的爱(love)或美善(goodness)内在包裹着一个由美到善的联合法则,即美善法则。诚如18世纪法国哲学家狄德罗(Denis Diderot,1713—1784)所言:"自爱或具有幸福生活的持续不断的愿望,和我们的存在联系在一起,是我们的本质、本能、感觉和反省的必然结果,是有助于我们保全、符合自然要求的本源,在自然状态中与其说是恶习,毋宁

---

[1] 扈中平,刘朝晖.对道德的核心和道德教育的重新思考[J].华东师范大学学报(教育科学版),2001(2).
[2] 茅于轼.中国人的道德前景[M].广州:暨南大学出版社,1997.

说是美德。"[1]问题是,"虽然至善始终可以是纯粹实践理性的整个对象,亦即纯粹意志的整个对象,它却仍然不能因此被当作纯粹意志的决定根据;唯有道德法则必须被看作是使至善及其实现或促进成为客体的根据。这个提醒在决定德性原则这样微妙的场合下事关重大,在这里甚至最细微的误解就败坏意向。"[2]

事实上,这种由于对道德(美善)法则的误解所造成的何止是败坏道德实践者自身的道德实践意向(为什么是道德),它同时也将决定着道德实践者在道德实践过程中的道德情感体验——绕过了内在合目的性的令人满意的美的阶段,任何道德规范都将沦为一种纯粹外在合必然性的刻意有利于他人(而非无害于他人)的善,道德都成为规范(而非价值)而被当作手段(而非目的)来使用。所以,康德才一贯强调任何人"决不把这个主体单纯用作手段,若非同时把它用作目的"。[3]换言之,对于个体道德内在的美善法则而言,它至多在作为目的的同时被作为手段,除此之外不能在道德行动中获致道德的美善体验,道德将因此沦为一种与人的自由和幸福无关的肢体劳动。它意味着个体行为始终是一种出于(道德之爱的)责任的既合目的性又合必然性(既美且善)的道德实践。

二、教育的价值在于使人成为自由行动者

在人类社会的历史进程中,任何时期、任何国度的道德规范都是人内心美善法则的反映。在西方,人们传统上将社会道德的总纲规定为"爱人如己"(《圣经·马太福音》),其价值逻辑是:每个人先天的自私性会使人本能地善待自己,故此,如若每个人能够像对待自己一样去对待

---

[1] 葛力.十八世纪法国哲学[M].北京:社会科学文献出版社,1991:590.
[2] 康德.实践理性批判[M].韩水法,译.北京:商务印书馆,1999:78.
[3] 同上:95.

别人,那么,人们在其共同寄居的社会生活中就能够相互谦让,彼此爱护,和谐相处。在中国,孔子在《论语·卫灵公篇》中也有类似的表达:"己所不欲,勿施于人。"孟子在《孟子·梁惠王》中讲:"老吾老,以及人之老;幼吾幼,以及人之幼。"概而言之,为中西方道德传统所共同演绎的这种推己及人的人道主义伦理学传统,[1]其价值取向"不在于把一个被称为'自然的'王国与一个被称为'精神的'王国分离开来的方向,而在人的自然——精神总体性中观察人,相信人的目的是成为他自己,相信实现这一目标的条件是人成为自为的人。其最高价值不是人的自弃自私,而是自爱;不是个体的否定,而是他真实的人的自我肯定。倘若人要对价值充满信心,他就必须认识他自己和他求善求生产的本性能力。"[2]在这里,一切道德都源于人的精神生命对于爱的本性需要。而自爱之美是他爱之善得以生成的根据,既美且善的道德法则意味着对人之为人的人道生命的肯定和对人之为人的价值力量的展开,道德即是对于美善的责任。正因为有美,所以人才有实践的冲动,正因为有善,所以人才有实践的价值。惟其如此,道德才能成为人类普遍的美善力量;惟其如此,个体才有能在法治社会中成为自由行动者的可能。

---

[1] 尽管"推己及人"(自我—他人—所有人)的思路看上去似乎很合理,也一直为众多伦理学家自觉不自觉地遵循着,成为一种很有代表性的传统道德思维,并且享有"黄金规则"(金律)美誉,然而,事实上,它却总是造成社会上一部分人"己所不欲,偏施于人"。尤其是那些有权有势的人,总是乐于借此将自己所不愿的东西,施加于另一部分人,无权无势的人,则不管是为自己所欲,也只能接受别人的"施予";作为"圣人""大人"和"统治者"的得势者乐于从他们自己"推"出来的东西,无条件地"施"于他人,而失势者则"苦于被施"。比如,皇帝自己并不愿意自己做奴隶,但他却必然需要并希望别人都甘心做奴隶。于是,不仅推己及人得不到普遍的原则被落实,相反,还总被当作一种实用主义的手段,成为虚伪和残酷的掩饰品和替代物。由此来看,这种"推己及人"或"外推式"的道德思路,是传统伦理学的一个普遍误区,其根本问题是从抽象的、单一的个人(己)出发,而不是从现实的、多样化的具体的人和人的社会关系出发,用一种主观的意向来构造共同的生活原则。问题的关键在于:谁在推己及人? 或者问题的逻辑前提在于:为什么要推己及人? 究竟应该根据什么来建构己与人之间的推及关系? 进一步而言,如果说这里也有推,那么它并不是从个人出发,而是从群体出发的;不是经个人的认识推出,而是从群体共同生活的逻辑推出;不是从一个点向外(他人)推及,而是一个整体向内(自我)进行完善和规范。由此,现实的道德必然与人的生存发展相联系,必然存在于人的现实生存发展的实践中,并由人的实践本身强有力地创生出来。

[2] 弗罗姆.自为的人——伦理学的心理学探究[M].万俊人,译.北京:国际文化出版公司,1988:4.

第二章
道德教育论辩的文化基础

进一步而言,道德所赋予人的这种美善责任,不单单是作为个体内在的一种"达则兼济天下,穷则独善其身"的美善情怀,它还将具体地展现着一个社会的价值秩序。而"所谓'秩序',我们将一以贯之地意指这样一种事态,其间,无数且各种各样的要素之间的相互关系是极为密切的,所以我们可以从我们对整体中的某个空间部分或某个时间部分(some spatial or temporal part)所作的了解中学会对其余部分做出正确的预期,或者至少是学会做出颇有希望被证明为正确的预期"。[1]在经由道德所构建的价值秩序中,一切作为社会伦理规范的善都意味着对人的理性欲望(爱或美善)的满足,而不是限制。诚如罗尔斯(John Bordley Rawls,1921—2002)所说的那样:"善就是理性欲望的满足。"[2]这种理性欲望集中体现为道德所包含的内在合目的性的美与外在合必然性的善的统一,在这个意义上,毋宁说,道德本身就是对自由精神的具体表达。所以,在经由道德所构建起来的教育实践的真正对象是人的美善品格或道德人格。所谓"道德人格",与其说是一个稳固的人格形象,不如说是一个可供个体自主选择的价值谱系。借用孔子在《论语·里仁》中的说法:"君子怀德,小人怀土;君子怀刑,小人怀惠。""君子喻于义,小人喻于利。"再有董仲舒在《春秋繁露》中将道德人格划分为"圣人之性""中民之性"和"斗筲之性"——其中"中民之性"可恶可善,可上可下,并主张"名性不以上、不以下,以其中名之。"基于此,我们不妨从作为"中民之性"的道德基准出发,构建起一个在道德价值谱系中区分"圣人"与"斗筲"抑或"君子"与"小人"的人格坐标。在此基础上,笔者进一步将"道德人"区分为"可自足性道德人"和"不可自足性

---

[1] 哈耶克.法律、立法与自由(第一卷)[M].邓正来,张守东,李静冰,译.北京:中国大百科全书出版社,2000:54.
[2] 罗尔斯.正义论[M].何怀宏,何包钢,廖申白,译.北京:中国社会科学出版社,1988:95.

道德人",将"不道德人"区分为"可自足性不道德人"和"不可自足性不道德人",并由此建立了一个以"道德自足"(自爱)为标准的道德人格谱系(见表2-1)。

表2-1 以"道德自足"为标准的道德人格谱系表

道德概念范畴		价值型	人格型	社会人格的动态结构	
道德	高尚道德	自我牺牲	烈士/圣人	可不自足性道德人	道德人的动态演变
	自足美德	先人后己	君子		
	底线道德	平等相爱	中人/中民	可自足性道德人	
不道德		损人利己	斗筲小人	可自足性不道德人	不道德人的动态演变
非道德		损人不利己	异人	不可自足性不道德人	

笔者认为,一切道德人格的价值演变都是建立在对居于道德核心的美善之爱(goodness-love)以及作为道德自足的自爱(self-love)的正确认识的基础之上的。这是因为,诚如尼采所认为的那样:"爱是一种富裕的现象,它的前提是能够给予的个体的力量。爱是肯定和生产性的",并且"只有当爱源于这种内在的力量时,爱另一个人才是美德"。[1] 在这里,"自爱与自私"远不是同一的,实际上是相反的。居于道德核心的美善法则抑或良心是我们自己对于自己的一种再行动。它是我们真正的自我的声音,这种声音召唤我们返归于我们自己,去有生产性地生活,去充分而和谐地发展——这就是说成为我们潜在所是的人。从这个意义上讲,道德教育就是要让我们关怀我们自己的爱的声音,而道德就是人成为自身的自由实践。然而,在现实的社会实践中,我们也应当承认:从人对自我那个爱的声音的自觉到人听受这种爱的

---

[1] 弗罗姆.自为的人——伦理学的心理学探究[M].万俊人,译.北京:国际文化出版公司,1988:5.

声音的召唤发出生产性的道德行动,总是受到特定的社会现实条件限制的——也就是说,爱作为一种"富裕的现象"不单单是价值取向上的富裕,还表现为一种实践能力上的富裕,惟其如此,道德之爱才是"能够给予的个体的力量"而能够被叫作"美善"。孔子也曾意识到这一问题,但他认为:"圣人,吾不得而见之矣;得见君子者,斯可矣。""善人,吾不得而见之矣;得见有恒者,斯可矣。"(《论语·述而》)所以说,作为道德核心的美善法则并不在于刻意满足外在伦理规范的要求,而在于使得个体对于生活中美善意义的幸福体验。正是在这个意义上说,幸福的对立面不是悲痛或痛苦,而是内在的无能性和非生产性所导致的消沉——这种消沉和失意能够使人走向乃至堕入一种无暇(无力)自爱的自我否定状态。与此不同的是,"实践性的教育或道德性的教育则是指那种把人塑造成生活中的自由行动者的教育",[1]教育的道德内涵在于使人成为为自身美善自觉所召唤的自由行动者。

三、道德教育旨在使人养成对爱或美善的价值选择

道德教育,乃至一切教育,其最终目的都在于帮助人通过实现其潜能而成为他自身。所以,"教育的对立面是操纵。操纵建立在对潜能发展缺乏信心的基础上,同时又源于这样一种成见:对机械人来说,不需要对其确立什么信念,因为它没有生命,操纵他就是了"。[2]而"我们之所以对他对自己对整个人类的潜能抱有信心,主要也仅仅是因为我们自己亲身体验过自己潜能的成长,体验过理性和爱的力量的强度。理性信仰的基础是创发性的。有信仰的生活,意味着创发性的生活,意味着获得了这样一种由信仰所确保的确定性:它产生于创发性活力,产

---

[1] 康德.论教育学[M].赵鹏,何兆武,译.上海:上海人民出版社,2005:15.
[2] 弗罗姆.寻找自我[M].陈学明,译.北京:工人出版社,1988:269.

生于我们每个人都有效地去支配这些活动所指向的对象的经验"。所以,"信奉权势(在统治意义上的权力)和运用权势,实与信仰背道而驰"。[1] 为此,将道德的价值核心建立在人们心中的美善法则的基础之上,意味着道德教育要对有生命的人的价值潜能充满信心,要对学习者对于道德之爱的理性信仰充满信心,这应当成为一切教育实践者的教育信仰和价值选择——它直接决定着教育实践者对于教育活动本身和具体学习者的价值理解,并具体显现为个体教育实践者的教育观和学生观。事实上,《礼记·大学》所讲的"大学之道,在明明德"中的"明德"就指向了人对道德的这种自明性;《孟子·告子上》中也讲在礼义之"乐我心"的境界上"非独贤者有是心也"。中国儒家的这一道德传统已经向我们揭示:道德不是为了利益而去的,它是个体自明性的一种善的冲动和良知,人们之所以认为遵从它可以"乐我心",是因为它是建立在人们心中共通的美善法则的基础之上的。所以,我们的道德教育首先要做的不是要求学习者如何去努力遵循道德规范,而是首先帮助学习者澄清其内在的道德本能,进而获得其迈向道德潜能的现实依据。换言之,道德教育的矛盾不再是对道德规范是否值得遵循问题的探讨,而应当着力思考道德规范的遵循何以可能的问题。

具体而言,道德教育要养成个体对于内在美善法则的信仰和选择,就意味着教育者始终须要对学习者的内在价值需求给了有效的关爱与同情:没有有效的关爱,教育的一切给予性的行动不仅很可能成为盲目的和徒劳的,更为重要的是它会导致建立在有效沟通基础之上的教育性关系的破裂;而"同情心的萎缩与匮乏使得广大教师不能够敏锐地观察到自己不符合教师伦理的言行给孩子们精神世界所造成的影响,也

---

[1] 弗罗姆.寻找自我[M].陈学明,译.北京:工人出版社,1988:271.

第二章
道德教育论辩的文化基础

不能够通过想象和再体验的途径来估算自己不符合教师伦理的言行即将在孩子内心所造成的巨大影响,更是听不见孩子们内心对教师良好言行的召唤"。[1] 所以,个体对内在美善法则的信仰和选择意味着教育者只有通过有效的价值诊断(关爱与同情),才能获得其现实性的教育行动的切入点,使自身对于美善法则的信仰的教育力与学习者内在的美善体验获得一种接续意义上的教育合力,进而使这种价值选择转化为学习者自觉的价值选择,而不至于将教育演变成为一种教育者对学习者的操纵——事实上,这是既往道德教育没能走出困境的症结所在。从课堂教学的实际意义上讲,它意味着教育者不再以"事务性教学"的状态理解道德教育,而是进入一种"教育性教学"或"价值教学"的教育境界。对前一种教学状态而言,学习者只是一个等待灌输或被操纵的存储器;教师越是往容器里装得完全彻底,就越是好教师;学生越是温顺地让自己被灌输,就越是好学生。在这种情况下,对于教师而言,无论什么样的学生在其课堂学习,他或她都将只管自说自话,因为教师心中并没有真正的他者存在。在这种事务性的道德课堂中,学生往往会将道德规范当作大话、空话、套话,于是,教师即便能够有意"放低姿态"想要与学生平等对话,学生也只能把自己的应答当成一句无关大雅的玩笑话放出,而非出于对内在美善法则的价值选择。

在美国学者拉思斯(Louis E. Raths)看来,教育者帮助学习者从其内心深处寻找其与外在道德规范的契合点的过程就是一个价值澄清和价值选择的过程,一是完全自由地选择,二是从各种可能选择中进行选择,三是对每一种可能选择的后果进行审慎考虑后的再进行选择。[2] 在其现实性上,它具体表现为一种从主观上"想做"到客观上"能做"再

---

[1] 石中英.全球化时代的教师同情心及其培育[J].教育研究,2010(9).
[2] 拉思斯.价值与教学[M].谭松贤,译.杭州:浙江教育出版社,2003:37.

到道德上"该做"的一个由内而外的价值选择过程。其中,"想做"代表着合目的性,"能做"和"该做"代表着合必然性,人们通过内在道德法则进行价值选择的过程就是一个将内在的合目的性与外在的合必然性相统一的过程,就是人从自发(自在)到自觉(自为)的过程,就是主体从现实当中谋求理想并将理想转变为现实的过程。简言之,它是人的自由得以实现的过程,是人的幸福得以成就的过程。因为人的主体性不仅表现在人对外物的掌控与利用的能力,更重要的表现在人面向自身、以道德自省的方式从主体内部寻找应当的根据的能力。简言之,价值或者道德的选择是主体自己的,不是被外在给定的。从这个意义上讲,我们说教育是在培养"人"也就等于说教育是在培养一种"做人的形象"(人格),它意味着每个社会成员都应当自觉地珍视居于自身心中的那个指导自己如何做人的美善法则,并不断地通过价值澄清和价值选择使道德成为一种自觉、自足、自主、自为的行动。惟其如此,我们才能因美善而道德,因道德而幸福。

进一步而言,我们应当高度关注成人世界道德状态的教育影响力。从社会组织形态来看,学校对道德教育所承担的只是部分责任——学校里的孩子不仅是学校的学生,他们同时也是家庭的儿女和社区的成员,他们无时无刻不是与成人生活在同一个世界,他们无时无刻不在接受成人道德监督的同时又对成人的做人方式进行模仿。所以,道德建设和道德教育绝不只是学校、教师和学生之间的事情,它是全社会的使命与责任。不只是孩子要学习如何成为一个值得尊敬(唯其值得方才应当)的人,我们每一个社会成员——也包括教师、父母乃至出现在孩子眼中的任何人——在挑战道德规范的同时,事实上也在挑战孩子和成人内心深处普遍的道德法则。因此,撇开人们通过内在普遍的道德法则这个道德教育的逻辑起点和现实依据不谈,期望通过道德规范的建立来构建和谐的社会秩序是不现实的。而没有通过普遍的道德法则达成的人与人之间的心理相容,秩序只能成为人心中的"一道坎""一个绊",而不能生成基于爱或美善的和谐。换言之,人们遵循道德规范只是为了合乎责任,而不能出于责任;合乎责任产生的只能是由外而内的庆幸,而出于责任生成的才是由内而外的幸福。从这个意义上讲,道德就是一种遵道而行的价值选择。"道者,古今之正权也;离道而内自择,则不知祸福之所托。"(《荀子·解蔽》)总而言之,道德教育的使命在于唤起个体内在价值选择的自觉,使个体的理性欲望(爱或美善)得到满足,使个体的价值选择成为社会价值选择的起点,进而形成社会成员之间求同存异的价值交往机制。这是由道德固有的美善本性所决定的。具体到课堂教学实践中,它是要将价值教育"作为完整教育活动的一个组成部分",[1]而非"教育实践活动的一种类型",[2]它所关注的是学生价值观念和价值态度的形成、价值理性的提升、价值信念的建立以及基于正确价值原则的生活方式的形成,而非学生有关事实性知识、程序性知识或与职业活动直接有关的知识与技能的获得。

---

[1] 石中英.价值教育的时代使命[J].中国民族教育,2009(1).
[2] 王坤庆.论价值、教育价值与价值教育[J].华中师范大学学报(人文社会科学版),2003(7).

第三章

既往道德教育的反论辩性

学校道德教育预期的目标或效果,不管如何具体表述,可以简要地概括为"使受教育者有道德"。这就是说,制约学校道德教育实施的活动对象是"道德"。因此,教育者对于"道德"特征的认识和把握,潜在地决定了学校道德教育特殊的性质以及活动的效果。[1]

——陆有铨

---

[1] 陆有铨."道德"是道德教育有效性的依据[J].中国德育,2008(10).

第三章
既往道德教育的反论辩性

在教育实践领域,有关德育工作"低效"乃至"失效"的议论由来已久。对此,有学者指出:"原因固然很多,其中一个重要原因,可能是教育者对于道德教育活动对象——道德——的认识有待进一步深入。"[1]在笔者看来,毋宁说是教育者对道德教育之论辩本性的认识有待进一步深入。为澄清学校道德教育实践误区的病灶所在,笔者这里将着力归纳分析以下三种比较典型的德育传统:其一是行为主义结果论的训育传统,其二是教条主义知识论的灌输传统,其三是庸俗社会进化论的动员传统。它们从根本上否定了道德教育的论辩性,致使道德教育实践流于形式,陷于束缚,浮于心外。

第一节

行为主义结果论的训育传统

19世纪初,现代教育科学奠基人赫尔巴特在《普通教育学》(1806)和《教育学讲授纲要》(1835)中,不仅明确把道德作为教育的最高和唯一目的,而且明确区分了作为教育方法的教学、管理与训育三者的不同。在他看来,教学的任务旨在形成学生的思想范围:"包含由兴趣逐步上升为欲望,然后又依靠行动上升为意志的积累过程。进一步说,它还包含着一切智慧工作(包括知识与思考)的积累,没有这些,人就没有手段追求他的目的。"[2]相比之下,管理则习惯于"通过较严厉手段较

---

[1] 陆有铨."道德"是道德教育有效性的依据[J].中国德育,2008(10).
[2] 赫尔巴特.普通教育学·教育学讲授纲要[M].李其龙,译.杭州:浙江教育出版社,2002:144.

迅速地去达到目的",而"训育的调子完全不同,不是短促而尖锐的,而是延续地、不断地、慢慢地深入人心的和渐渐地停止的。因为训育要使人感觉到是一种陶冶"。[1] 由此可见,在赫尔巴特那里,训育的本质乃是陶冶。

然而,一个多世纪以后,不少中外学人却错将赫尔巴特建立在合理性基础之上以陶冶个体自治精神和养成个体自由人格为目标的现代训育概念,与西方古典那种通过运用惩罚手段强制人们服从规则或权威的规训(discipline,源自拉丁文 Disciple)概念混为一谈。比如,有美国学者在20世纪30年代认为,"训练的最低的阶段,就是以 discipline 为代表的重专制、严厉,强制服从规则、权威,运用惩罚的训练阶段"。[2] 再如,有中国学者在20世纪80年代对"训育"做出如下解释:"半封建半殖民地的旧中国,一度把对学生进行思想道德教育,行为习惯训练,以及品格的培养,合称为训导,也称训育。当时有些教育学者认为,训导与德育的关系,犹教学与智育,智育的发展,赖有优良的教学,德育的完成,自亦有完善的训导不可。这种观点,把训导或训育理解为德育的实施。"[3] 这些主张,结合当时的时代背景看,除了潜藏着的一些有关赫尔巴特原始理论主张的痕迹外,或许更多地透出20世纪上半期教育界盛行的行为主义学习理论的训练倾向。

一、行为主义心理学的训练理论

在20世纪初,行为主义心理学早期代表人物巴甫洛夫(Ivan Petrovich Pavlov,1849—1936)和华生(John Broadus Watson,1878—

---

[1] 赫尔巴特.普通教育学·教育学讲授纲要[M].李其龙,译.杭州:浙江教育出版社,2002:165.
[2] 斯密斯.建设的学校训育[M].范寓梅,译.上海:商务印书馆,1936:46.
[3] 朱作仁,主编.教育词典[M].南昌:江西教育出版社,1987:176.

第三章
既往道德教育的反论辩性

1958)通过动物实验揭示：人类学习在本质上就是一种刺激—反应(Stimuli-Response,S—R)联结的建立,史称经典条件反射理论。沿着这一思路,美国心理学家桑代克(Edward Lee Thorndike,1874—1949)又通过"猫学习开迷箱"的实验(在饿猫实验中,将鱼放在门口,使猫很快通过试误学习掌握打开箱子的方法)发现：尽管通过一个积极刺激可以形成猫的某一行为,但是,其行为反应也会受到有机体主观因素的影响(猫不饿或者对某种食物不感兴趣)。为此,他在刺激—反应联结的中间加入了有机体(organism)这一要素,提出了操作性条件反射(S—O—R)新主张。在此基础上,美国心理学家斯金纳(Burrhus Frederic Skinner,1904—1990)又通过"白鼠学习按压杠杆取食"的实验区分了两种强化：一是正强化,即通过增加一个积极刺激(愉快刺激)强化某一行为;二是负强化,即通过消除一个消极刺激(厌恶刺激)强化某一行为。在他看来,人类行为本质上乃是反应—刺激(R—S)的逆向过程,亦即人是通过反应来满足需要的,有利的行为结果会反过来强化行为,反之则会促使行为消失。

纵观行为主义心理学的理论核心,针对行为的操作和训练的精神贯穿始终。尤其是斯金纳的强化理论,为当时教育工作者摆脱先前行动的盲目性提供了明确指南。换言之,行为主义心理学在当时之所以能够产生广泛的教育影响,主要是因为它有效揭示和回应了传统教学的盲目性的种种弊端：学生受到的刺激或得到的控制,不仅不能产生愉快,反而产生反感;学生受到的强化,不是次数太少,就是不合时宜;学生的学习过程,缺乏逐步递进的目标和合理安排的过程。值得肯定的是,行为主义的这一发现不仅为教育者的行为指引了方向,而且在减少教育行为盲目性的同时,也极大地增强了教育行为的针对性。因此,这种训练的观念不仅深入人心,也对社会各界的专业训练工作产生了广泛的影响。在20世纪中期，西方的一些提供职业训练（vocational training）的职业学校使用的名称通常都是training school，例如，当时师范学院的名称一度都是挂着训练的标识，以正式的方式公开称作"teacher-training college"，[1]可见行为主义心理学的训练理论对当时教育界的影响之深。到后来，随着专业规范意识的逐渐形成，人们对训练(training)的认识逐渐深入，开始表现出更为多元的包容性特征："使一个人必需的知识（knowledge）、态度（attitude）和技能（skill）有系统地发展起来，以便使他能胜任工作或任务，而这种工作或任务的要求在事前是能够合理恰当地予以规定的，不管谁去做这件事，都需要有一个完全合乎标准的成绩。"[2]与此同时，随着训练(training)的概念被正式转化为一个指向"多元学习结果"的教育概念，源于训育的discipline也逐渐被转化为规范性的"纪律"概念，即"教师所允许的学生行为。鼓励这种行为的安排有：制定规则和树立榜样，奖励和惩罚以及（或者）培养相互尊重和相互有益的关系"。[3]

不过，从操作性条件反射所暗示的逆向定律来看，人们不仅可以依据刺激推测行为，而且可以反过来由行为推测刺激。只不过，这种刺激训练和行为反应是来自不同的主体。在动物实验中，它分属心理学家和动物被试；在教育情境中，它则分属教育者和受教育者。问题是，一旦按照这种对号入座的方式进行迁移，就容易忽视斯金纳强调的有机体（organism）自身需要的教育意义。正如法国电影《放牛班的春天》中师生之间犹如狱警与囚犯或者驯兽师与野兽之间的关系。简言之，他

---

[1] 德·朗特里.西方教育词典[M].陈建平,杨立义,等,译.上海：上海译文出版社,1988：359-360.
[2] 同上：359.
[3] 在此规范意义的基础上，指向行为的"纪律"概念，也进一步衍生出指向学术建制的"学科"概念，即"系统调查和教授关于人类知识和探索的正式领域（如地理、生物和工程等）"。（参见：德·朗特里.西方教育词典[M].陈建平,杨立义,等,译.上海：上海译文出版社,1988：73.）

第三章
既往道德教育的反论辩性

在鼓舞教育者采取富有针对性或者目标性的教育行为的同时,也往往误导教育工作者每每陷入"抄近道"的认知误区。它也体现在军事训练中。以美国一部反映越南战争的电影《金甲部队》(*Full Metal Jacket*,直译"全金属外壳")为例。除了后半部分对越南战场情形的展现外,影片在前半部分以大量的镜头向观众展示了美国海军陆战队训练营是如何将一批刚刚走出校园的学生训练成为"全金属外壳"(暗喻这批学生被训练成像子弹一般冷酷无情的战争工具)的详细过程:教官不仅频繁地对这些学生兵拳脚相加,而且还不断以粗话、脏话、下流话折辱他们。其中,比较典型的一种话语训练方式是:

教官:我是冈内利·萨金特·哈特曼,你们的高级教官。从现在开始,只有我问话了,你们才可以说话。而且,你们回答之前和回答之后,都必须加上说"长官"。你们这些蛆虫明白吗?
学生:长官,明白,长官。
教官:屁话!我听不清。要像你们交配那样大喊!
学生:长官!明白,长官!

在这里,教官要求他们迅速形成一种"服从命令,听从指导"的习惯。具体而言,教官不仅要新兵把大声回话当成习惯,而且还要他们在大声回话之前和之后都必须说"长官"。其间,学生兵个个声嘶力竭,长官明明听到,却硬要装作没有听清,让士兵一遍又一遍地不断重复,让这种观念成为一种不需要经过大脑思考和意志判断,就能够对情境自动地做出服从的条件反射。其结果就像一个人渴了会喝水一样,不需要别人的驱使,你就会像本能反应一样地服从指令。显然,这种条件反射的效果,主要不是通过教授(teaching and instruction)取得的,而是通过训练(training)达成的。相比之下,教授需要诉诸理智,而要达成这一目标往往需要多费周折,效率很低;训练(亦即赫尔巴特所讲的管理)则不同,它不仅可以通过反复的队列操练实现战斗技能的提升,而且还可以通过"长官—是的—长官"这样的句式训练,迅速让这些学生兵养成服从的习惯。

从学习结果看,道德教育无非就是把教育者的想法变成受教育者的做法。也就是说,无论这种行为究竟是合于道德还是出于道德,在结果论者看来都没有什么分别。从功利主义的视角看,现代的强制教育植根于功利主义趋利避害的人性假设。在这种功利主义的视野下,所谓理性选择(rational choice)不过就是一种有关行为成本与行为收益的算计。于是,有一些教育者就开始忽略受教育者思维判断和情感认同的中间环节,对儿童直接诉诸规范行为的训练与塑造。的确,只要我们能够彻底忽略训练对象上的差异,这种行为上的塑造与马戏团里的驯兽师对各种动物在登台表演之前的行为训练,恐怕也很难说有太大的分别。对行为主义结果论而言,只要能够设法将说法变成受教育者的做法,那么就意味着道德教育上的成功。究其根本,"学校中'纪律问题'的主要根据,在于教师必须常常花大部分时间抑制学生的身体活动,(因为)这些活动使学生不把心思放在教材上。学校很重视宁静;鼓励沉默,奖励呆板一律的姿势和运动;助长教师机械地刺激学生的理智兴趣的态度。教师的职责在于使学生遵守这些要求,如有违反就要加以惩罚"。[1] 久而久之,教师便习惯了以"发令员"和"驯化者"自居,而学生则随之变成了"听话的机器""沉默的羔羊"。更为重要的是,它还会让那些"身体好动的儿童变得烦躁不安,不守规矩;比较安静,所谓虚

---

[1] 杜威.民主主义与教育[M].王承绪,译.北京:人民教育出版社,2001:155.

心谨慎的儿童,把他们的精力用在消极的压制他们的本能和主动倾向的工作上,而不用在积极的建设性的计划和实行计划的工作上。所以,它们不是教育儿童负责有意义地、雅致地使用他们的体力,而是教育他们克尽不发泄体力的义务"。[1]

诚如英国教育学者约翰·威尔逊(John Wilson,1928—)所指,这种把道德与行为直接联系起来的做法之所以犯了一种根本性的错误,乃是因为:"道德是关于精神状态的,是关于我们基本的情感倾向和心理健康的。"[2]换言之,道德不是特定的道德习俗和规范,而是解决道德问题的过程,它涉及"意图"(intention)与"理由"(reason)两个核心概念。离开意图与理由,道德将无从谈起。意图是指一种意识与一种自由意志。一个人不仅要意识到自己的所作所为,而且要能够自由地决定自己的行为。理由是指合乎理性的根据,它不同于原因(cause)。人们从科学道理或自然规律的角度回答问题,那是阐明了原因,人们只有从理性判断或个体行为的目的这一角度回答问题,才能表明行为的理由。因此,"一个在道德上受过教育的人,不仅仅以某种特定的方式行动和感受,而且为了特定的理由才这么做"。[3]所以,道德教育必须引领学生一步步地推导出道德要素的必要性,以及它们作为道德行动的基础必须以何种方式发挥作用。威尔逊认为,道德思维与道德行为的理由均与语言有关,而语言是交往的媒介,又在交往中得到发展,所以,沟通也是一种德育方法。威尔逊十分强调讨论(论辩)在学校德育中的重要性,认为论辩能使学生更加积极主动地投入德育过程,自主地和热情地解决道德问题。

---

[1] 杜威.民主主义与教育[M].王承绪,译.北京:人民教育出版社,2001:155.
[2] 威尔逊.道德教育新论[M].蒋一之,译.杭州:浙江教育出版社,2003:81.
[3] 同上:183.

二、作为"做法要领"的德育教材

无论是从行为主义结果论的视野看,还是从源自18世纪普鲁士专制政治的强制教育(compulsory education,今译"义务教育")传统[1]看,在传统的权威社会中,教育者往往认为受教育者"只需遵守规范"而"不必去推究'为什么'的问题,只要问'应当怎么办'或是'以前人曾经怎么办的',就够了"。[2] 由此,在道德教育教材的编写过程中,我们也常常看到一种直接诉诸"做法要领"的教材形式。以顾树森编写的《小学修身做法要领》(1915)为例,其在第二节《敬师》和第八节《公德》两个德目下,详细陈述了小学生具有的做法要领(见表3-1)。

表3-1　顾树森《小学修身做法要领》中"敬师"与"公德"做法要领对比表

敬　师	公　德
(一)出校入校之时,遇教师必正立鞠躬。注意之事项: (甲)鞠躬时之姿势,须先立正,上体稍屈,两手下垂。 (乙)在戴操帽时,须先脱下,然后鞠躬。 (二)教师上课退课时,必起立致敬。 (三)道遇教师,须在数步前正立鞠躬。 (四)凡教师有命,必敬听之。注意之事项: (甲)教师命作事,不可推诿。 (乙)教师告诫之言不可忘。	(一)在人多之道路,不可任意吐痰。 (二)路旁不可任意大小便。 (三)公共花园中,不可任意毁折草木。 (四)路旁或田间所种花树瓜果等,不可摘采。 (五)不可弃垃圾于道路上及河渠中。 (六)墙壁之上,不可涂写,所贴之广告纸,不可毁去。 (七)不可投砖石于道路上,致妨碍行人。 (八)道路中有不洁物,当即扫除。 (九)凡公共汲饮之河井中,不可洗不洁之物。

资料来源:顾树森,编.小学修身做法要领[M].上海:中华书局,1915:8,62-63.

---

[1] Melton, J. V. H. Absolutism and the eighteenth-century origins of compulsory schooling in Prussia and Austria[M]. Cambridge: Cambridge University Press, 1988: 145.
[2] 费孝通.乡土中国[M].上海:上海人民出版社,2007:104.

第三章
既往道德教育的反论辩性

从内容上看，正如书名中的"做法要领"所示，它完全就是一本"道德行为指导手册"。其在"做法要领"上的陈述之详备，着实令人叹为观止。以"敬师"为例，它不仅有"必""须"方面的道德要求，而且还将每一个肢体动作的操作规范和行至顺序都作为注意之事项一一列出来了，足见当时教育界对教师威严和敬师之礼的重视。分析来看，在"敬师"方面，以正面引导为主，多讲"须怎样""必怎样"（占八分之六），少讲"不可怎样"（占八分之二）；在"公德"方面，则以反面训诫为主，多讲"不可怎样"（占九分之八），少讲"当怎样"（占九分之一）。它或许从一个侧面反映了当时我国小学生在敬师方面表现尚可，无须多加训诫；而在公德方面问题则比较突出，因而成为一个需要大加训诫的德育内容。此外，尤其值得一提的是，在"公德"方面第（七）条有关"不可投砖石于道路上"一条的后面，编写者还进行了一条后果论性质的道德理由说明——"致妨碍行人"。除此之外，则尽属"做法要领"上的道德要求和道德训诫。

该书开篇第一章第一节"守规矩"方面的道德要求，则在以"须""不可""勿"展现的"做法要领"外，全然没有论辩、说理的痕迹（见表3-2）。不过，值得一提的是，这些旨在规训行为的道德要求之中，也包含了一些明确的理性精神。比如，在"必须遵校中所定时刻"一则中，（丙）条在陈述"不可迟到及缺席"之前，备有"非有特别事故"的限定语，从而使得这一要求显得更为合理；与此相应，接下来有关"迟到及缺席时"，也强调"须报告其理由"的说理要求，这不仅是一项行为规范上的要求，同时也是一种重要的理性训练。同样，在第（五）则陈述有关"问答时"的道德要求中，其作为"须避之"的"无关系之问答"，以及"不可强辩"两项，也都不仅是一项行为规范上的要求，同时也发挥着规范说理的作用，或者说，它在一定程度上暗含了某种论辩的取向。不得不说,这种合理化的追求,不仅使道德行为规范更贴近道德实践的实际情形,便于落实为一种行为操作,也在极大的程度上满足了学生内心可能存在的"为什么"或者"凭什么"的疑问。后者更接近于道德教育,而非道德规训。

表 3-2　顾树森《小学修身做法要领》中"守规矩"做法要领一览表

第一节　守规矩	
(一)每日到校,必须遵校中所定时刻。注意之事项: (甲)赴校回家,皆不可在途中徘徊。 (乙)到校须在上课前十五分钟。 (丙)<u>非有特别事故</u>,不可迟到及缺席。 (丁)迟到及缺席时,<u>须报告其理由</u>。	(二)凡出入教室,须依一定秩序,不可紊乱。注意之事项: (甲)勿擅入他教室。 (乙)凡上课退课时,出入教室,须排队依次前行。 (丙)上课时入教室后,须即行就座。 (丁)在教室时,不可任意出入。
(三)教师讲授之时,须细心谨听。注意之事项: (甲)不可与人谈话。 (乙)不可旁视及欠伸等。 (丙)手中不可玩弄他物。 (丁)不可擅离座位。 (戊)不可看无关系之书籍。	(四)在教室中问答时,须起立。注意之事项: (甲)教师问答时,须起立答之。 (乙)己欲问时,须先举手,<u>俟先生允许</u>,然后起立问之。 (丙)己欲发问,须在他人问毕之后。 (丁)问答时须正其容貌,且有活泼之气象。
(五)在问答时言语须明了。注意之事项: (甲)问答时之言语,以教师及同学能闻为度。 (乙)问答之言语须简单,弗过冗长。 (丙)凡无关系之问答,须避之。 (丁)<u>在问答时,不可强辩</u>。	(六)每日所带之图书物品,须置于一定之处。注意之事项: (甲)每日应用之图书物品,不可遗忘。 (乙)伞帽须置于一定之处。 (七)每日轮值之洒扫揩刷,及其他作业,不可推诿遗忘。

续 表

第一节 守规矩

（八）每日须为适当之游戏运动。注意之事项： （甲）凡游戏运动，须遵一定之规则。 （乙）凡游戏运动，<u>宜依年龄及体力</u>，渐次增进之。 （丙）凡游戏运动，勿过剧烈。	（九）游戏用具，须注意保护之。注意之事项： （甲）凡器物用毕后，须整理置于原处。 （乙）不可故意损坏器物。 （丙）如因不经意而有损坏时，须报告于教师。
（十）凡同学中须互相亲爱。注意之事项： （甲）对于<u>同学中之年长者</u>，须从其指导。 （乙）对于<u>同学中之年幼者</u>，须指导而保护之。 （丙）同学中不可争斗，及为非礼之举动。	（十一）吐痰必入痰盂，便溺必至便所。注意之事项： （甲）吐痰时必接近痰盂，勿污及于外。 （乙）如无痰盂时，可包于纸中。 （丙）便溺时须注意勿污及便器之外面。 （丁）便所之墙壁上，不可任意涂写。 （戊）便溺时须注意衣服之污秽。 （己）便溺时不可争先。 （庚）便溺之后，必须洗手。
（十二）出校归家时，在道路中，仍须遵守规则。注意之事项： （甲）在道路中不可狂奔。 （乙）在道路中不可为游戏及不规则之举动。 （丙）在道路中不可购买食物。	

资料来源：顾树森，编.小学修身做法要领[M].上海：中华书局，1915：1-7.

然而，大多数"做法要领"，都是"只讲规范，不讲道理"的行为规训。这不仅广泛存在于当时的德育教材中，而且在今天的德育教材中也很常见。更为严重的是，在今天的学校道德教育实践中，教育者往往"为了简便"起见还会将之前存在的少数说理成分一并省略。这样，学生在这些规定面前便只有听话的份儿了。问题是，人类先天的理性意志终究是要对进入个人精神世界的一切内容进行检验的,对于自己不明白的势必要问,对于自己不理解的也很难照做。于是,当教育者把一切规范都视作自明性的真理时,讲理便会成为一种浪费时间——当然,对于从小也是接受听话训练成长起来的一代又一代教师而言,要讲出自己不曾听闻和思考过的道理,恐怕也是一件很让人为难的事情。无怪乎,现今的一些教育者只能以权威的身份(不行就严加责罚)或以纪律的名义(不行就照章处分)对学生进行道德训诫,俨然已将学校与军队、监狱的管理模式混为一谈。正如我们经常所见,一些教育者习惯于在课堂上奉行"不听命令就处分"的刺激—反应联结,致使那些原本有思想、讲道理的孩子,反倒经常遭到老师的责罚和同学的排挤。久而久之,这些学生便会生成对学校的厌恶,并最终以退学收场。更为糟糕的是,受这种思想指引的师生不仅不会由此反思自己的道德判断,或是对辍学者的遭遇生发同情,而且还会认为它是因为不服管教活该被淘汰。或许正是由于这种平庸之恶,原本应该成为学生成长乐园的学校,反倒沦为学生的"失乐园"。殊不知,作为一个思想的主体,无论是学习知识,还是付诸行动,每个人都不可能完全做到"不思考"。在任何教育的过程中,都少不了个人思想与他人思想之间的沟通与论辩。

诚然,在儿童的早期生活中,他们的父母也能够通过制定和执行规则和行为标准来规范他们的行为。然而,随着年龄的增长,儿童开始将榜样之外的其他行为纳入自己的认知范围,并且会按照自己所能接受的一种认知框架来确定权威的范围。从这个意义上看,道德规范的强制性也应是有限的。其中,"一个重要的限度就是,强制不能解释态度与价值观对行为的影响"。因为个人与法律制度之间的关系,不仅取决于工具化的控制,而且更多受到诸如"人们持有的价值观、他们形成的态度以及他们拥有的认知能力"[1]等因素的制约。从道德教育实践上讲,它对教育者提出了以下两个方面的要求:第一,在待人态度上,权威应当充满尊重、真诚并关切人们的关切;第二,在决策方式上,权威应该给人们表达自己观点的机会,听取人们的意见,人们也有权要求权威对决策做出合理的解释。[2] 否则,倘若教育者不能给出一个自洽的理由,就会使教育被异化,就会使学生看不到教师活动的规范依据进而就会使学生丧失洞察力和反驳力。由此看来,在道德教育的话语空间里,教育者务必要敞开个体性的言说之门,并以此取代那些居高临下的权威式、政策式、教条式的话语。

三、对"知易行难论"预设的反驳

在日常生活中,我们时常看到教育者表现出"为求结果,不择手段"的倾向,从而每每陷入道德说理的误区。比如,为使儿童养成饭前便后勤洗手的卫生习惯,一些教育者不是陈述诸如用脏手吃东西会把细菌吃进去而生病的正当理由,而是倾向于向学生许诺一些暂时性的好处(奖励)或者威胁(惩罚),将说理混同于诱惑和贿赂,从而错失培养儿童尊重知识、尊重科学、尊重规律的教育良机。再如,为使儿童养成打喷嚏时要用手肘捂住嘴巴的文明礼节,教育者既不强调这样做可以免于将细菌传给别人的科学规律,也不申明社会生活中的合作原则,而是诉诸呵斥或者威胁,从而误以外在的暴力取代道德的内在价值。为此,有人说:知道和做到之间存在着"世界上最远的距离"。

从根本上讲,行为主义结果论的训育传统与教育思想史上所谓知

---

[1] 汤姆·R.泰勒,里克·特林克纳.孩子为什么遵守规则:法律社会化与合法性发展[M].雷槟硕,译.上海:上海三联书店,2020:34.
[2] 同上:42.

易行难思想假设有关。在这种假设看来,重要的是做,谈论知是没有用的,因为"知道却做不到"或者"明知故犯""知法犯法"的情况比比皆是。所以,久而久之在我们的教育实践中也就形成了一种轻视知性、认识以及知识教学的价值倾向,甚至还流行着所谓"知识无用论"的看法。究其根本,它出于一种知易行难的认识论假设。这种假设根深蒂固,以至于近代以来国人在世界知识领域的贡献一直低迷,并严重影响了中华民族的现代化进程。在考察近代欧洲文明进展的历史经验之后,孙中山明确意识到:欧美之所以能够在近代"由文明而进于科学",就是因为他们不存在我们这种知易行难的思想障碍。进而,他明确提出"以行而求知,因知以进行"这样一种实用主义的认识论主张,并将人类社会的道德进化区分为三个阶段:"第一由草昧进文明,为不知而行之时期;第二由文明再进文明,为行而后知之时期;第三自科学发明而后,为知而后行之时期。"[1]在他看来,"知而后行"乃是人类道德文明的最高阶段,亦即王阳明所谓知行合一的理想境界。

不过,孙中山认为,"阳明知行合一之说,不合于实践之科学",要救近代之中国就势必需要重新发明和遵行行易知难之理:"夫'知行合一'之说,若于科学既发明之世,指一时代一事业而言,则甚为适当;然阳明乃合知行于一人之身,则殊不通于今日矣。以科学愈明,则一人之知行相去愈远,不独知者不必自行,行者不必自知,即同为一知一行,而以经济学分工专职之理施之,亦有分知分行者也。"[2]行为主义心理学家也认为:"人类的思想与语言(即行动之一种)是没有区别的,即以为思想就是'无声的语言'(silent language),语言就是'有声的思想'(noisy thought)。据他们实验的结果,思想就是在咽喉里面默然的语言的一

---

[1] 孙中山. 建国方略[M] //孙中山选集. 北京:人民出版社,2011:168.
[2] 同上:166.

第三章
既往道德教育的反论辩性

种动作。思想既然被否认,那么,其他一切心的活动也当然都被它——行为派心理学——所摒斥的。……若就'本能'本身而论,它在人类行为上是一种不可缺少的东西;否则人类的一切行为都不能发动,甚至将来的一切事业也都是无从成就的。"[1]

由此可见,行为主义结果论的训育传统所指向的,是一种"偶然的动"(心理学上所谓"冲动"[impulse]或"本能"[instinct])层面的诉求,而不是一种"自发的行"(心理学上所谓"知觉"或者"理解力"[perception])。就其发展的阶段性上而言,在人初生的时候,这种"自发的行"(知觉或理解力)还不完备,还只是一种类似天性(original nature)或本性(nature)的趋善避恶的可能性。因此,倘若在这个时期诉诸行为主义结果论的训育传统,那么儿童所能做出的反应也无异于心理学动物实验中的反射(reflexes)行为。换言之,正是由于其中缺乏人类独有的理解力要素,才使得这种结果论特别容易与功利主义利益计较所需的智力(intelligence)关联在一起。因此,在中国近代教育学者姜琦看来,正是由于缺乏知性或理解性质的心理活动,这种行为主义的道德教育传统,才使儿童的道德学习始终停留在"动"(acts)的水平。它既不是真正意义上的行为(behaviors),更不是道德意义上的品行(conduct)。[2] 由此可见,至少在近代学者那里,业已非常清楚地认识到了人的道德行为(行)与人道德认知(知)之间的有机联系。

事实上,这也正是德国教育学家赫尔巴特提出训育主张时的理论起点:"德育绝不是要发展某种外表的行为模式,而是要在学生心灵中培养起明智及其适宜的意志来。……我观察人生,发现许多人,他们把道德看成是一种约束,很少有人把它看成是生活本身的原则。大多数

---
[1] 姜琦.训育与心理[M].上海:正中书局,1946:11.
[2] 同上:34.

人具有一种与善无关的性格，只有符合他意向的生活计划；他们只是偶然行善，而如果较好的行为可以使他们达到同一目标的话，他们便乐意避免做坏事。各种道德原则对他们来说都是些无聊的东西，因为他们觉得从这些原则中除了对思想过程处处产生约束以外得不到其他什么结果；事实上有什么（任何）方式可以来对付这种约束的话，他们都是欢迎的。……所以，使绝对明确、绝对纯洁的正义与善的观念成为意志的真正对象，以使性格内在的、真正的成分——个性的核心——按照这些观念来决定性格本身，放弃其他所有的意向，这就是德育的目标，而不是其他。"[1]

第二节

教条主义知识论的灌输传统

自18世纪启蒙运动以来，随着科学取代宗教神学，人的理性取代了神的意志，人权取代神权，使人摆脱了宗教迷信的束缚和被奴役的臣民状态，成为有可能适应未来民主社会的公民，自我意识开始成为世界立法的中心。一时间，不仅理性被确立为人的根本属性，而且具有自由、权利和独立人格的个人也声称："只有涉及他人的那部分才须对社会负责。在仅只涉及本人的那部分，他的独立性在权利上则是绝对的。

---

[1] 赫尔巴特.普通教育学·教育学讲授纲要[M].李其龙,译.杭州：浙江教育出版社,2002：42-43.

对于本人自己,对于他自己的身和心,个人就是最高的主宰。"[1]显而易见,个人主体性不仅意味着人性从传统神权和君权的压制下解放出来了,而且个人也成为一个可以从社会共同体当中脱离出来,不与他人发生任何内在联系的自足存在,亦即作为一个与生俱来的富有自我完善和自主选择能力的人而存在。在莱布尼茨(Gottfried Wilhelm Leibniz,1646—1716)看来,这无异于是一种"单子式"的个体。在道德教育上,它尤其强调个体在道德上的自由选择和判断能力的培养,明确反对把个体作为"美德袋"进行道德知识的灌输。诚如杜威在其1909年发表的《教育中的道德原理》一书中所指:"一位当代英国哲学家曾经要人们注意道德观念与关于道德的观念之间的区别。"[2]所谓"道德观念"(moral ideas),就是能够影响人的道德行为,并使人的道德行为有所改善的观念,事实上,这种观念作为道德行为的动机,见效于人的行为之中,从而已经成为品格的一部分;相比之下,所谓"关于道德的观念"(ideas about morality)则是指人们对道德的某种认识,而且,这些"关于诚实、纯洁或仁慈的见解",事实上并不能自动地转化成好的品性或好的行为。由此,后面这种关于道德的观念的教学,就变成了我们通常所反感的道德说教。

一、道德灌输的适用条件

诚如杜威所指,人类知识的进步是与人类经验的阶段性相联系的。在第一阶段的经验论中,往往存在着十足的神话色彩,而在第二阶段的经验论中开始出现某种"隐藏的'本质'"或者"神秘的'力'",它使得人

---

[1] 约翰·密尔.论自由[M].许宝骙,译.北京:商务印书馆,1979:10.
[2] 杜威.学校与社会·明日之学校[M].赵祥麟,等,译.北京:人民教育出版社,2005:136.

们无法通过自己的观察或者利用自己的已有经验来解释、证明或驳斥其价值。于是,"这种信念就变成了纯粹的传说。信念的解释经过反复地灌输并相传下去,成为教条,实际上窒息了后来的探索和反省思维"。[1]一旦某种观念成为这样的教条,它就会像神的声音一样,拥有一种"要求被绝对倾听"的劝导力量。不过,事实上,"这种声音并无法保证人们一定会倾听,即使使用暴力和强权去强迫人,人们至多也是假装听。对它的倾听取决于它是否合意,而不是因为它不许怀疑"。[2]就教育领域而言,"某些人成为这些教条的公认的保护人,传道者——教育者——使这些教条永世长存。怀疑这些信息就是怀疑信念的权威;承认这信念,就表明对政权的忠诚,证明你是好公民。被动、驯从、默许成为主要的理智美德。对于出现的种种新异的和多样的事实和事件,或者视而不见或者是强加修剪,使其与习惯的信念一致,一味引证古老的定律或一大堆混杂的没经仔细审查的事实,而把探索和怀疑置诸脑后。这种思维态度导致不愿变化,厌恶新奇,对于进步是十分有害的。凡与既定的准则不合的都是异端邪说;凡是有新发现的人就是怀疑甚至是迫害的对象。起初,信念也许是相当广泛和细致的观察的产物,一旦成为固定的传说和半神圣的信条,它就僵化了,被当作权威简单地接受下来,并且同权威人士所偶然信奉的幻想式概念混合在一起。"[3]

按照卢梭的看法,"在自然秩序中,所有的人都是平等的,他们共同的天职,是取得人品;不管是谁,只要在这方面受了很好的教育,就不至于欠缺同他相称的品格"。[4]然而,在现实生活中,个人要想融入不同

---

[1][3] 杜威.我们怎样思维·经验与教育[M].姜文闵,译.北京:人民教育出版社,2005:162.
[2] 赵汀阳.论可能生活[M].北京:中国人民大学出版社,2004:5.
[4] 卢梭.爱弥儿:论教育(上卷)[M].李平沤,译.北京:商务印书馆,1978:13.

第三章
既往道德教育的反论辩性

的社会群体之中,就势必要接受一种不同于自然秩序的人为规范。由此来看,人的自然本性与社会生活之间似乎存在一种天然的对抗性。在法国社会学家涂尔干(Emile Durkheim,1858—1917)看来,这种群体性的社会生活构成了道德的起点,因为道德在本质上也就是一种处理人的自然本性与社会本性关系的强制性要求,而不是一味迁就人的自然本性。如若听任自然本性的任意发展,人们就很容易陷入霍布斯所讲的相互为敌的自然状态。因此,涂尔干认为,个人只有同时从属于几个不同的社会团体,才能成为一个完整的人,因为只有在这些各级各类的社会团体之中,个人才能发展出丰富多样的社会性本质。[1] 这意味着,处于社会生活中的人们,都势必要将服从外在规定转变成为一种规定自身的自由能力,否则,在现实社会中他就无法真正成为自己的主人。由此,道德教育在其本性上难免会有一些强制性的内容。与此相应,在道德教育的过程中,持这种观念假设的教育者会倾向于使用一种注入式教学的形式,对学生进行知识的灌输(indoctrination)。简言之,所谓"灌输"是指"在学说或信念的教学中,学习者没机会持批评的眼光加以思考或将其与其他可替代的学说或信念进行比较"。[2]

应该承认,在特殊情况下(比如扫盲或者应试),灌输能够快速传递大量知识;但是,在现代开放社会,人们日益认识到这不仅无助于学生思维能力和创新意识的提升,而且还十分有害于学生身心的健康发展。其次,诚如前述皮亚杰和柯尔伯格的相关研究所示,儿童早期的道德认知具有一种非理性的服从权威的特点。如果肆意废除权威式的道德灌输,可能会使儿童陷入心神不定、举止失措的境地。为此,一些教育学者认为,只要儿童进入社会生活领域,无论他是否理解或认同其所在社

---

[1] 涂尔干.道德教育[M].陈光金,译.上海:上海人民出版社,2002:55,60,80,85.
[2] 德·朗特里.西方教育词典[M].陈建平,杨立义,等,译.上海:上海译文出版社,1988:137.

会的道德要求,都必须让他们首先学会接受(至于这些道德内容的价值或意义只能等他们以后长大了慢慢体会),因为身处社会群体生活中的每一个人都无法放任或完全依从自己的意愿行事。在他们看来,当儿童的理性尚未成熟时,无所谓人性抑或人道的问题,成人完全可以像对待动物那样对儿童严加训练。由此,从成人社会的立场看,对刚刚进入社会的新人,必须通过一种权威与强制的他律手段,让他们首先按照规范做起来。倘若对这些理性尚不发达的儿童讲道理,则有可能从小助长他们不听话、叛逆、挑战权威的毛病。

因此,在学龄早期的道德学习中,我们经常见到教育者诉诸"少讲道理"(少啰唆)或"不讲道理"(没有为什么)的方式对儿童进行道德灌输和命令。学习者既没机会持批评的眼光加以思考,也没机会将其所学内容与其他可替代的学说或信念进行比较。当然,仅从这两个方面看,教育者向学生灌输的那些未经学生"批评的眼光加以思考"的内容,未必就是"经不起理性分析的谬误"。从班级管理或者课堂秩序的意义上看,道德规范所包含的社会习俗性的内容本身就存在文化差异,即便不能得到全班所有学生的理性认同,对少数人的强制,说不定还意味着对多数人的尊重。而且,学校作为促进儿童社会化的场所,教师作为社会的代言人,将其所在社会的意识形态灌输给儿童,在很大程度上也是在为学生日后的社会生活或者人生出路考虑的现实举措。总之,至少从一定范围或者一定程度上讲,道德灌输还确有其必要性。

只不过,当教育因为道德灌输而使儿童丧失基本的是非判断时,我们就不免陷入深深的担忧。2000年10月31日,《中国青年报》报道过这样一个案例:某小学四年级班学生何某,在10月20日下午第二节上数学课时,先后三次吓得跪在地上,向任课老师潘某不停地求饶。但是,潘某当众对何同学提出了接受惩罚的4个离奇选项:一是让全班同学挨个儿打屁股1 000棍;二是老师亲自动手打100棍;三是吃下10只活苍蝇;四是吃树上的绿虫。……事发后,区教委正式做出了辞退潘某的处理决定。熟料,从27日下午开始,便有学生家长陆续找到学校,要求将潘某留下。他们七嘴八舌地表示,只要是为学生好,老师严格一点可以理解。谁不愿意潘某上课,可以转到别的班去。受到伤害的何某和他的母亲,一时反倒成了孤家寡人。[1]据中央电视台《东方时空》的后续采访,潘某之所以得到大多数家长的拥戴,仅仅是因为在他代课的两个多月里,大多数学生的数学考试成绩有了相当大的提高。当记者问一位参与罢课挽留这位教师的家长,"如果吃苍蝇的是你自己的孩子,你还说他是好老师吗?"那位家长竟然回应:"能教学生考出好成绩的老师就是好老师,如果是我的孩子确实犯了错,怎么样都行。"殊不知,在这种反道德行为被这些家长们完全忽视的背后,其实是道德是非心或道德判断力的缺失。不难推想:当这些孩子走向社会,恐怕也是新的是非不分、道德不明的社会成员,从而为开放社会和法治文明埋下了为达目的而不择手段的精神隐患。倘若整个社会成员都被这样一种功利气氛裹挟,那么一旦遭遇民族冲突,所谓民族气节与人类情怀也不过是一种奢望罢了。

二、道德灌输的教育危害

在西方,人们一般将这种灌输式的教学叫作照本宣科(chalk-and-talk),意指:"教师授课时,很少让学生参加活动。他'对'学生讲述,并且在黑板上写或画。当然这种方法能有效地实施,有时也必须应用;但是当教师做得过分并且排除其他更合适的方法时,这就成了注入

---

[1] 谢念. 谁来关心教师的心理健康[N]. 中国青年报,2000-10-31.

式。"[1]换言之,所谓"注入式教学"(expository teaching),亦即中国教育界俗称的"填鸭式教学"(spoon-feeding instruction)。按照《中国大百科全书·教育卷》(1985年版)的说法,它主要是指:"教师在教学中,不顾学生学习认知过程的客观规律及他们的理解能力和知识水平,把现成的知识结论灌输给学生,主观地决定教学进程,并强迫学生呆读死记的教学方法。"[2]按照《中国教育大百科全书》(2012年版)的说法,它则具体表现为:"在教学过程中,教师视学生为盛装知识的容器,不顾学生的理解能力、知识基础和学习兴趣,把大量现成的概念、原理、公式之类的知识结论灌输给学生,主观地决定教学过程,并强迫学生呆读死记的教学类型。"[3]由此可见,中西方教育学人对"注入式教学"中的灌输做法的不满早已溢于言表。美国教育学者克里夫·贝克(Clive Beck)指出,灌输存在两个方面的谬误:其一,从教育内容上看,奉行灌输的教师所传授的,乃是靠不住的信仰和价值观,且把谬误当真理,把不确定的东西当确定无疑的东西来教授;其二,从教育方法上看,奉行灌输的教师在教学的过程中,非但不鼓励学生对所教内容的质疑,反而过度执迷于某种信仰的做法,学生缺乏批判性的思考。[4]

综合来看,中西方教育学人对灌输的不满,反映了注入式教学内在潜藏着三个方面的问题。

其一,灌输隐藏着教师作为知识权威的身份假设。正是从这一假设出发,教师才能"主观地决定教学进程""很少让学生参加活动""强迫

---

[1] 德·朗特里.西方教育词典[M].陈建平,杨立义,等,译.上海:上海译文出版社,1988:40.
[2] 中国大百科全书总编辑委员会《教育》编辑委员会,中国大百科全书出版社编辑部,编.中国大百科全书·教育[M].北京:中国大百科全书出版社,1985:568.
[3] 顾明远,主编.中国教育大百科全书[M].上海:上海教育出版社,2012:2618.
[4] 克里夫·贝克.优化学校教育——一种价值的观念[M].戚万学,等,译.上海:华东师范大学出版社,2003:78-83.

学生呆读死记"。然而,事实上,教师并非什么知识权威,充其量只是相关学习内容上闻道在先的先学者。需要注意的是,这里所谓"先学"包含两层含义:第一,教师在自己做学生的时候曾经学习过;第二,教师在(做了教师以后)给学生上课之前曾经学习过。决定教师上课资格的不是前者(否则同学之间就能彼此胜任教师的工作了),而是后者,因为正是在后一种学习的过程中,教师将学生已有的知识状况和认知水平考虑进去了(即专业教师备课中的"备学生")。问题是,这种知识权威的身份假设,在增强教师职业威信的同时,也会将个体教师逼到一种不能出错的尴尬境地——这无异于是逼迫教师放弃了继续体验学习快乐的机会——为了(在学生面前)不出错,教师只能照本宣科,以便为自己预留最佳的免责(推责)底牌。可是,由此教师也将自己置身通过尝试、挑战获得发现、超越的知识探索的过程之外。久而久之,由于缺乏对知识背后的相关问题的深入思考,一些教师对自己所教知识的认知水平,也便容易始终固化在知识点或者考点上;与此同时,由于缺乏与学生平等参与知识探索的快乐体验,也容易滋生教师对教学工作的厌倦情绪。

其二,灌输表现出强烈的专制色彩,诸如上述中外工具书中所谓"排除其他更合适的方法""不顾学生学习认知过程的客观规律及他们的理解能力和知识水平""不顾学生的理解能力、知识基础和学习兴趣"等。鉴于这种教学方法的排他性和独断性特征,西方教育学界又将其称作"专制主义的教学"(authoritarian teaching):"由教师独自做出儿童学什么和怎样学的全部决定;他把这些决定作为无条件服从的命令向儿童传达;他一般以正规的讲课传授知识,很少准许讨论或不准许讨论。他纯粹以学生就他的问题做出他所期望的回答来评价学生。"[1]就其历

---

[1] 德·朗特里.西方教育词典[M].陈建平,杨立义,等,译.上海:上海译文出版社,1988:18.

史渊源而言,这种教学方式主要盛行于封建专制时代,与当时社会政治氛围存在密切联系。与此相对,西方教育学界将近代以来的教学方式描述为"民主主义的教学"(democratic teaching):"教师与学生就谁应该学什么,学生应该怎么学以及应该如何评价学生的进步,共同做出决定的课堂风格。最典型的是,教师对学生不是下命令,而是提出建议,并要求他们对自己的学习和帮助他人极端负责。"[1]对此,或许有人会说,早在中国先秦时期孔子不就已经倡导因材施教和启发式教学了吗?的确如此。不过,这种顾及学生积极性的个性化教学是与当时个别教学的组织方式相联系的,尚不足以与班级授课制条件下的课堂教学方式同日而语。总之,在这种教学活动中,学生明显处于被动接受知识的地位,缺乏独立思考和论辩的能力。

其三,灌输包含着一种反人性的价值观,诸如"视学生为盛装知识的容器",把"现成的知识结论"或"现成的概念、原理、公式之类的知识结论"灌输给学生。显而易见,正是出于这种容器假设,教育者才会理所当然地忽视道德教育中的情、意、行,而仅仅对知发力。更何况,这里的知还不是原本所指的作为动词的"认知",而是作为名词的"知"(即认知的结果或结论)。因为只有彻底省略、放弃或排除认知过程,才能使那种处于思想之中的活的知识丧失了活性,变成无须自己分析综合、加工改造的僵死的教条或现成的知识结论。问题是,一旦剥除了知识的生产过程,学生就会变成纯粹用来识记和接受知识的容器,无法对知识加以理解和掌握。久而久之,势必导致学生思维的退化和思想的僵化,从而严重影响学生健全人格的形成,更不要说现代社会所需要的批判思维与创新思维了。

---

[1] 德·朗特里.西方教育词典[M].陈建平,杨立义,等,译.上海:上海译文出版社,1988:68.

在弗莱雷(Paulo Freire,1921—1997)看来,在这种灌输式的教育中,教师垄断了话语权,将教学变成了个人的单向独白,从而丧失了师生之间对话交流的可能性。与此同时,教师在德育内容的选择、德育方法的实施和课堂纪律的制订等几乎所有方面都享有绝对的权力,而学生唯一能做的就是唯命是从(见表3-3)。

表3-3 灌输式教学中的师生关系

	教　师	学　生
教学关系	教	被教
	讲	听(温顺地听)
	选择学习内容	适应学习内容
思想关系	思考	被思考
纪律关系	制订纪律	遵守纪律
学习方式	(替学生)做出选择并强加给学生	唯命是从
行为关系	做出行动	模仿教师行动
主体假设	无所不知	一无所知
	知识权威	知识奴才
	纯粹主体	纯粹客体

"仔细分析一下校内或校外任何层次的师生关系,我们就会发现,这种关系的基本特征就是讲解。这一关系包括讲解主体(教师)和耐心地倾听客体(学生)。在讲解过程中,其内容,无论是价值观念,还是从现实中获得的经验,往往都会变得死气沉沉,毫无生气可言。"[1]殊不

---

[1] 保罗·弗莱雷.被压迫者教育学[M].顾建新,等,译.上海:华东师范大学出版社,2001:24.

知,"哪里有智慧的自由流传,哪里才会形成有益于卫生的环境。我们的身体需要光明和循环流通的空气,培育我们的理智与道德也需要光明和循环流通的空气。压制和秘而不宣会产生不公正,会造成心理与道德的失调"。[1]

事实上,早在16世纪初,王阳明就曾对灌输式道德教育做过激烈批判:"古之教者教以人伦,后世记诵词章之习起,而先王之教亡。……若近世之训蒙稚者,日惟督以句读课仿,责其检束,而不知导之以礼,求其聪明,而不知养之以善,鞭挞绳缚,若待拘囚。彼视学舍如囹狱而不肯入,视师长如寇仇而不欲见,窥避掩覆以遂其嬉游,设诈饰伪以肆其顽鄙,偷薄庸劣,日趋下流。"[2]在美国电影《金甲部队》中,教官原本可以将尊重士兵和严格训练结合起来,大可不必把他们骂成"什么都不是"。或许是教官必须在最短的时间内让士兵拥有杀敌的技能,而且只有通过让他们迅速地失去正常的人性,彻底地丧失尊严感,才能让他们真正成为"全金属外壳(的子弹)"。否则,这些满脑子充斥着生命尊严、人权和人道主义思想的年轻人,即使掌握了开枪和刺杀的本领,到了战场上也可能因为良心未泯而不忍消灭敌人,这无疑是兵家大忌。由此来看,所有的军事训练都必然包含消除人类固有的人性和尊严的洗脑成分。

即使情况没有这么严重,即使仅就剥夺思考与交流的知识灌输这一点而言,"目前教育青年人的方式,对于青年人的训练,人们接受的大量信息——这一切都有助于人格的分裂。为了训练的目的,一个人的理智认识方面已经被分割得支离破碎,而其他方面不是被遗忘,就是被

---

[1] 杜威.教育与生育控制[M]//杜威全集·晚期著作(1925—1953).马迅,薛平,译.上海:华东师范大学出版社,2015:123.
[2] 王守仁.训蒙大意示教读刘伯颂等[M]//孟宪承,编.中国古代教育文选.北京:人民教育出版社,1985:303-304.

忽视；不是被还原到一种胚胎状态，就是随它在无政府状态下发展。为了科学研究和专门化的需要，对许多青年人原来应该进行的充分而全面的培养被弄得残缺不全。"[1]"有些人以为，只要在这里或那里作一点小小的修补，事情就能一如往常那样发展下去，这些人抱有的幻想要比那些对形成一种崭新政治格局的可能性持有信念的人大得多。如果他们看不到时间显示的征兆，一如既往地抵制变革，他们的幻想将被无情、猛烈地撕破。没有一种权力能够永久存在下去——这是历史教导我们的一件事。"[2]因此，"站在教育的立场上，我们请求除去对这股知识和理智运动任意施加的限制，这将有助于用理智来控制盲目的自然力量"。[3]然而，"舆论控制是反社会势力的最有力武器。我们正在被报纸标题、广告经纪人和'公共关系顾问'统治着。只有一种力量能对有组织的宣传进行打击并削弱其能量——这就是让公众了解真相"。[4]

三、教条主义的教学矫正

在西方宗教领域，一直存在不同教派之间由教条主义（dogmatism）问题所引发的意见隔绝和对立冲突，并在20世纪中期导致了西方资本主义世界的精神危机。其突出表现就是对细微差别异常过敏，热衷于通过制造口号式的简单答案将事实与观点混为一谈，甚至（在不需要付出任何代价的情况下）不惜通过制造错误信息或诉诸人身攻击将相反论点妖魔化。由此，教条主义不仅极大地削弱了公众对话的质量，还严

---

[1] 联合国教科文组织国际教育发展委员会,编著.学会生存：教育世界的今天和明天[M].华东师范大学比较教育研究所,译.北京：教育科学出版社,1996：193.
[2] 杜威.需要一个新的政党[M]//杜威全集·晚期著作(1925—1953).马迅,薛平,译.上海：华东师范大学出版社,2015：151.
[3] 杜威.教育与生育控制[M]//杜威全集·晚期著作(1925—1953).马迅,薛平,译.上海：华东师范大学出版社,2015：123.
[4] 杜威.需要一个新的政党[M]//杜威全集·晚期著作(1925—1953).马迅,薛平,译.上海：华东师范大学出版社,2015：149.

重挤压公共领域对相关问题的理智检验空间。为此,1993年9月,世界宗教议会全体大会通过了《全球伦理:世界宗教议会宣言》,联合国教科文组织也于1998年6月在北京召开了"全球伦理"大会,主张终止基督教各大教派及各大宗教之间的对立冲突,提倡通过对话、沟通建设基于自由、和平、正义的"天下教会是一家"的"大社会"。

与此相类,西方不同政党和不同文化之间,也常出现一种由世俗的教条主义所引发的人际冲突与文化隔阂。这种情形与20世纪30年代初中国红军内部的思想和工作方法十分相似。当时,为反对教条主义(当时称它"本本主义")的思想,毛泽东明确提出"反对本本主义"的主张,并由此奠定了共产党人"一切从实际出发,实事求是"的思想路线和工作方法。在《反对本本主义》一文中,毛泽东不仅提出了"没有调查,就没有发言权"观点,而且还从七个方面阐述了当时历史条件下共产党人应有的世界观和方法论。对于教条主义者而言,"本本"怎么说就怎样做,"为什么党的策略路线总是不能深入群众,就是这种形式主义在那里作怪"。"马克思主义的'本本'是要学习的,但是必须同我国的实际情况相结合。我们需要'本本',但是一定要纠正脱离实际情况的本本主义。"否则,"离开实际调查就要产生唯心的阶级估量和唯心的工作指导,那末,它的结果,不是机会主义,便是盲动主义"。简言之,"一切结论产生于调查情况的末尾,而不是在它的先头"。[1]

对教条主义者而言,即使是面对与社会习俗相区分的真正的道德问题,也只要有正确的立场就足够了。因此,灌输式教学往往会"把人心硬化和僵化起来,以挡住投给人性更高部分的一切其他影响"。[2]殊不知,人类不仅有与生俱来的思维惰性,更有探索未知的生活本能,

---

[1] 毛泽东.反对本本主义[M]//毛泽东选集(第一卷).北京:人民出版社,1991:109-118.
[2] 约翰·密尔.论自由[M].许宝骙,译.北京:商务印书馆,1959:47.

而且最为重要的是,人的思维始于困惑、疑难与不确定感,而不是灌输式教学所预设的那种旨在掌握或占有的认知态度。事实上,个人的观点、喜欢学习的对象以及处理问题的方式,都存在个别差异。如果这些差异为了所谓一致性的利益而受到压制,并且企图使学校中的学习和问答都必须按照一个单一的模式,就不可避免地使学生造成心理上的混乱和故意矫揉造作。[1] 这是因为,规则并不能应付和解决一切问题,即使是一些暂时被假定为至上的规范,在某些特殊的情况下,仍然有做出修正和改变的必要。从教育实践的意义上看,它恰恰可以成为发展儿童理解力的良机。不过,这同时也要求我们的教育者们,在敦促受教育者遵守规则的过程中,要允许、鼓励和倾听他们说出自己的感受,进而和他们一起分辨究竟什么才是打破规则的正当理由。

进一步而言,在道德教学的过程中,"每一个教师都要善于独立思考,要理解个别真理与真理总和的关系,并且深入研究这种关系与思维之间的联系。所有这一切都是彻底地识别知识、理解知识的必要前提。认识就是根据知识来源,根据诸知识的相互关系,辨认与判断其正确与否……目前到处都需要有信念、判断力较强和学术造诣较深的有教养的人。因为培养的内容不仅要求知识面的宽度,同时也要求知识面的深度,或者说知识的深度"。[2] 换言之,"教师应当事先教会学生检验真理的方式方法,教他们如何识别真理,这样学生可以模仿照办。教师应当鼓励学生对真理提出疑问,鼓励学生进行调查研究,并对此抱着一种渴望的态度"。[3] 而教师要想真正做到这一点,就势必需要允许有

---

[1] 杜威.民主主义与教育[M].王承绪,译.北京:人民教育出版社,2001:321.
[2] 第斯多惠.德国教师培养指南[M].袁一安,译.北京:人民教育出版社,1990:39.
[3] 同上:40.

不同的观点、见解和解释,而且,追求真理应当以检验那些提供给我们的真理为前提。"追求真理包括两个方面:一是探求我们自身生活的精神内容;二是检验别人提出的真理的内容。真理不经过检验在人的心灵中便不会有活力,不会有生气。在消极与死沉中真理不会受胎,不会降生。真理是从我们内心主动地上升到清醒的觉悟相协调。"[1]"思想懒惰的人往往靠别人为他自己去思考和研究问题,而一个思想活跃的人却终身都在孜孜不倦地独立思考,独立研究问题。我们必须彻底摆脱偏见,必须从原始美中探求真理的纯洁与光辉,这是符合人类尊严的使命的。摆脱一种妄想比得到一种真理更重要。"[2]

第三节

庸俗社会进化论的动员传统

当自然界的"物竞天择"观念被移植到社会生活领域,一种达尔文主义的社会进化论往往就会表现出"庸俗进化论"的特征。比如,在军事斗争和政治斗争等非常时期,很多论战都习惯于通过道德动员的方式来提高人们的道德觉悟,敦促人们响应国家在非常时期所需要的道德要求。届时,道德教育往往诉诸一种非此即彼的道德评价,从而彻底取代思想在个体存在意义上的本体地位。本来,态度是一个价值情感

---

[1] 第斯多惠.德国教师培养指南[M].袁一安,译.北京:人民教育出版社,1990:33.
[2] 同上:38.

判断,然而,一旦人们开始用诸如"站队""对骂""拉黑"等方式代替"思想",就势必会产生严重的道德危害。例如,20世纪初,当我们将美国盛行的有着清教思想底色的实用主义思想引入中国时,人们将其中有关"健全的个人主义"或"合理的利己主义"直接变成了"物质享乐型利己主义"乃至"损他型利己主义"。长远来看,损人利己的不道德行为,很有可能发展成为损人不利己的非道德行为。简言之,今天所谓"屁股决定脑袋"的问题,实质上就是这种庸俗进化论的变种,它错把战争条件下的斗争关系和自保取向日常化和普遍化了。

一、非常时期的道德动员与道德高标

在20世纪上半叶,我国一直处于战争状态。为了满足当时军事上武装斗争的现实需要,"动员起来,为了实现……(目标)而奋斗"成为当时的一种流行话语。不难理解,在当时军事斗争和政治斗争的条件下,为使道德必须满足军事斗争和政治斗争的需要,那种和平状态下的道德自然也就容易被拔高成为一种革命运动的道德:"道德依附于政治、服务于政治的倾向仍然是压倒性的。而且,无论政治、经济、道德,都是运动式的,自上而下发动的。"[1]1976年后,随着政治领域一系列的平反,我国社会开始进入道德上的"复原期"。

据此,我国伦理学者何怀宏将1976年前后的两种道德形态,分别概括为"动员式道德"和"复原式道德"。比较而言,前者是"一种强调斗争的、相当政治化乃至军事化的、紧张的、运动的、一元的、高蹈的道德形态",后者则是"一种强调和解的、相当平民化乃至市民化的、放松的、

---

[1] 何怀宏.从"动员式道德"到"复原式道德"——1976—2005年中国社会道德变迁之一瞥[M]//何怀宏.生生大德.北京:北京大学出版社,2011:240.

日常的、多元的、低限的道德形态"。[1] 从词源学的意义上看，"动员"和"复原"这两个词都来自军事术语。《现代汉语词典》对"动员"（mobilize）的解释是：（1）把国家的武装力量由和平状态转入战时状态，以及把所有的经济部门（工业、农业、运输业等）转入供应战争需要的工作；（2）发动人参加某项活动。[2]《现代汉语词典》对"复原"的解释是：其一，作为军事术语，它指：（1）武装力量和一切经济、政治、文化等部门从战时状态转入和平状态；（2）军人因服役期满或战争结束等原因而退出现役。其二，作为医学术语，它指：（1）病后恢复健康；（2）恢复原状。[3] 由此可见，所谓"动员"，特质在即将或者准备进入战时状态的情况下，国家对国民"非常态行为"的发动。应当承认，这在20世纪初的民族救亡和抗日战争时期具有特殊的战略意义。

20世纪末，教育学者劳逊将我国20世纪道德发展历程划分为四个阶段：（1）泛政治化阶段（道德教育＝政治教育）；（2）过度理想化阶段（道德教育＝理想教育）；（3）观念绝对化阶段（道德教育＋集体主义教育）；（4）知识测验化阶段（道德教育＝考试得分）。[4] 其中，第四个阶段大致对应于上一节所讲的道德知识教学和道德知识灌输问题，而前三个阶段则大致对应于何怀宏所讲的"动员式道德"。从形式上看，这种道德动员往往也会以"定言命令"（无条件句）的形式发出。在康德看来，"有条件的假言命令"所要求的行动是否正当取决于它所服务的目的是否正当，而"无条件的定言命令"所要求的行动是否正当则没有任何外在依据，它

---

[1] 何怀宏. 从"动员式道德"到"复原式道德"——1976—2005年中国社会道德变迁之一瞥[M]//何怀宏. 生生大德. 北京：北京大学出版社，2011：238.
[2] 中国社会科学院语言研究所词典编辑室,编. 现代汉语词典（汉英双语）[M]. 北京：外语教学与研究出版社，2002：468.
[3] 同上：612.
[4] 劳逊. 世界德育演进视野里的中国学校德育[J]. 当代青年研究，1996(5).

只取决于它自身的正当性。因此,在通常情况下,一切道德要求都应以"假言命令"而非"定言命令"的形式发出。而且,这种"假言命令"暗含着一种道德意义上的角色—规定关系,而非功利主义的目的—手段关系。以我国20世纪发起的"向雷锋同志学习"为例。从学理上看,"我们不能说'如果你是人的话,你就要全心全意为人民服务';我们只能说,'如果你要做一个高尚的人的话,你就要全心全意为人民服务'"。[1]

这意味着,道德教育实际涉及三个层次的内容:其一是作为最高境界的道德理想;其二是作为普遍规范的道德原则;其三是作为具体要求的道德规则。[2]就其明见性而言,能够为人们所直观感知的主要是在道德动员中被强调最多的道德理想,以及以"不得"或者"禁止"形式被表述的道德规则,而道德原则在日常生活中较少被人们提及和关注。但是,就其灵活性而言,道德原则却兼有"一般情况下人们必须遵守"和"特殊情况下可以变通"两种特性。因此,具有普遍性的道德原则,实际上受到道德理想和道德规则的双重制约,存在着被架空的风险:一方面,它要接道德理想的指导;另一方面,它又需要通过各种道德规则才能得以落实。无怪乎在具体的教育情境中,有人无视道德原则,直接按照道德理想来制定道德规则,甚或直接把道德理想当作道德规则。或许正是由于这个缘故,我们的道德教育工作者很容易把道德理想的高标,直接当作具体规范行为的道德规则来使用。

二、被误解为低级趣味的利己主义

这种在非常时期进行道德动员所形成的道德高标惯性,即使到了正常时期也往往难以很快实现向"复原性道德"的转变。然而,必须予

---

[1] 童世骏. 论规则[M]. 上海:上海人民出版社,2015:24.
[2] 黄向阳. 德育原理[M]. 上海:华东师范大学出版社,2000:101.

以充分肯定的是个人往往是在对他人承担道德义务的过程中才逐渐认识到自我或自我价值的。因此,"在学校的道德教育活动中,存在着一个值得注意的地方,这就是教育者往往专注于'满足别人的需要',而忽略'同时也满足自己的需要'。这可能是由于对'道德'本性理解的偏颇"。殊不知,"抽去道德'同时也满足自己的需要'这一特性,就会把'道德'同作为道德行为主体的个人隔离乃至独立起来。对于'道德'的倡导者或教育者来说,往往会把'道德'同'付出''奉献''牺牲'联系起来,甚至还会把后者误解为前者的条件或前提"。[1] 正因为如此,在学校教育的实践活动中,常常会出现倡导"为道德而牺牲"的不道德和反道德现象,它使得道德似乎成了一种与人自身的需要无关的外在束缚。

承前所述,在动员式道德中,为了军事斗争和政治斗争的需要,时常需要人们具有一种勇于牺牲的精神。于是,在这种动员式道德的教育过程中,为了将原本具有高尚属性的利他确立为一种具有普遍指导性的道德原则(乃至作为具体的道德规则)的核心地位和绝对价值,人们常常习惯于将自我价值这个道德的起点看作道德的污点,或者将其视为一种庸俗或低级趣味[2]加以否定。由此,我们也就不难理解《现代汉语词典》对"高尚"的解释:(1) 道德水平高;(2) 有意义的,不是低级趣味的。[3] 其实,这里业已流露出某种"高难"(意即"要求高,难度大"[4])的意味。与此相似,《现代汉语词典》将"高风亮节"解释为"高

---

[1] 陆有铨."道德"是道德教育有效性的依据[J].中国德育,2008(10).
[2] 在《现代汉语词典》中,对"低级"有两条解释:(1) 初步的;形式简单的(elementary; rudimentary; low; junior);(2) 庸俗的(vulgar; coarse; low);低级趣味(bad taste; vulgar intersts). [参见:中国社会科学院语言研究所词典编辑室,编.现代汉语词典(汉英双语)[M].北京:外语教学与研究出版社,2002:411.]其中,第二条解释尤其合乎我国在过去特殊时期进行道德教育的过程中的习惯用法。
[3] 中国社会科学院语言研究所词典编辑室,编.现代汉语词典(汉英双语)[M].北京:外语教学与研究出版社,2002:644.
[4] 同上:643.

尚的品格,坚贞的节操",[1]将"高洁"解释为"高尚纯洁"。[2]在这里,需要注意的是动员式道德对道德的纯洁性或纯粹性的强调。所谓"纯粹"即"不掺杂别的成分的",所谓"纯洁"即"纯粹清白,没有污点;没有私心"。[3]由此推断,所谓不能掺杂的"别的成分",大概也就是指自我价值或者私心吧。总之,在这种动员式道德观看来,有私心就是一个人在道德上有污点、不纯洁或不纯粹的表现。

　　正是出于对自我价值和私心的这种敌视态度,在动员式道德教育中,自然也就容易将利己看作一种不纯粹、不纯洁或者有污点的道德思想。无关乎,原本作为中性词的"利己"变成利己主义时,也就被作为一种贬义词处理成了"只顾自己利益而不顾别人利益和集体利益的思想"。[4]显然,与军事斗争和政治斗争活动中人们惯有的二元对立思维方式相似,这种道德价值观也表现出一种强烈的排他性,而完全没有考虑合取的可能性。这可能是经历过那个斗争时代的学者,在动员式道德的道德高标的认知坐标下,对利己主义做出的一种具有时代局限性的误解。然而,至少从其字面表述上看,利己也只不过是在强调利己而已,充其量它也暗含了不利他的意思,但终究还不至于将它推到自私所意指的那种损人利己的境地去。简言之,作为一种道德概念的利己主义所强调的应当是一种"不利他,也不损人"的道德基准线。近年来社会上出现的所谓"精致的利己主义",也应该是在这一道德基准线上而言的中性概念,亦即这些"精致的利己主义者"虽然没有高尚的利他表现,但是,也并无不道德的"害他(损人)表现",只是一味恪守"精致利

---
[1] 中国社会科学院语言研究所词典编辑室,编. 现代汉语词典(汉英双语)[M].北京:外语教学与研究出版社,2002:641.
[2] 同上:642.
[3] 同上:312.
[4] 同上:1190.

己"的道德原则而已。不过,从"动员式道德"的高标背景看,即使这种利己主义所抱持的仅仅是一种建立在"不损人"基础上的非利他态度,也与国家在军事或政治斗争条件下所宣传的纯粹利他或者"毫不利己专门利人"的主流价值迥然有别。由此,我们也就不难理解为什么它会遭到非常时期国家的否定(见表3-4)。

表3-4　非常时期国家与公民对待利己的态度对比表

道德类型		道德价值观	基本态度	
			公民	国家
道德	自爱	利己	√	×
	博爱	既利己,又利他	√	×
	高尚	只利他,不利己	×	√
	低级趣味	只利己,不利他(但不损人)〔利己主义?〕	√	×
不道德		只利己,不利他(而且损人)〔自私?〕	×	×
非道德		既不利己,也不利人	×	×

在马克思主义看来,在处理个人利益与道德的关系上,应该让个人利益符合全人类的利益,而且这种得到正确理解的利益乃是整个道德的基础。而所谓"正确理解",显然"不是以道德的名义蔑视或'消退'个人的利益,而是使个人利益'符合'全人类的利益。这应该是衡量学校道德教育是否'有效'的一个重要标准"。[1]从现代道德理论的视野看,这种"动员式道德"在一味标举高尚价值的过程中,可能也忽视了那

---

[1] 陆有铨."道德"是道德教育有效性的依据[J].中国德育,2008(10).

种作为现代道德起点的自爱价值,亦即建立在此基础之上的强调"既利己,又利他"的博爱价值。这不仅是复原式道德与动员式道德之间的最大区别,也是非常时期国家与公民之间道德价值观上的主要分歧(见表3-4)。事实上,现代道德意义上的利他主义,并不是那种不幸的自我牺牲,而仅仅是指一种无须外部动机驱动便考虑他人利益的行动意愿。[1]因此,对于身处和平的正常状态的普通民众而言,倘若终日再将高尚作为普遍化的道德原则(乃至作为指导具体行为的道德规则),那就大大超出了人们对普遍道德原则的心理预期。或许正是这个缘故,人们常常把这种正常状态下的高尚宣传称作道德说教或是讲大道理。其言下之意是说,说教者所说的"理"之所以让人感觉"太大"(要求太高),主要是因为它距离受教者的道德生活的现实需要"太远"。无怪乎在日常生活中,人们常常给它贴上"假、大、空"的标签。

从道德哲学的视野看,"伦理学上的利己主义是一种伦理理论,不是一种行为类型或性格特征。它在实践上与谦卑和无私是可以相容的"。换言之,"伦理学上的利己主义者不仅仅是把关于行为和判断的利己主义原则当作他自己的私人准则而已。当然一个人可能行利己之事,但同时在口头上对此保持沉默,甚或对其他所有人提倡利他主义,这样做也是完全符合他自己的利益的。因为如果一个人这样做了,并采取一条准则作为道德原则,那就意味着他必须准备使这一道德原则普遍化"。[2]从这个意义上看,习惯于道德动员的说教者的错误在于,他们既不倾向于把自己包含在利己主义的普遍性之中,也不打算把自己包含在利他主义的普遍性之中。因此,他们不仅没有把利他主义当作一种道德原则,也完全误解了伦理意义上的利己主义的合法性。当

---

[1] Nagel, T. The Possibility of Altruism[M]. Princeton: Princeton University Press, 1978: 79.
[2] 弗兰克纳. 善的求索——道德哲学导论[M]. 黄伟合,等,译. 沈阳: 辽宁人民出版社, 1987: 38-39.

然,从更为宏观的意义上看,他们对人们道德认知的层次性也缺乏认知,未能明确区分(高尚)道德理想、(基本)道德原则与(具体)道德规则之间的不同,以至于误将发挥激励功能的道德理想,作为发挥指导功能的道德原则,乃至作为发挥约束功能的道德规则来使用。殊不知,在没有受教育者"我思"(自我价值)与"我在"(自爱或利己)参与的情况下,倘若说教者诉诸强制手段来推行高尚道德理想,其最终结果也只能是逼着受教育者去伪装或表演。殊不知,所谓"'道德底线'只是道德和不道德的界限"。[1] 这种不顾个人需要、割裂权利与义务的道德教育,不仅违背了公正的道德原则,也丧失了伦理的人性关怀。

三、道德感化与不情愿的道德表态

一般而言,道德理想是特殊历史条件下的产物,反映了人们对于人类道德所抱持的最高期待,本身不具有普遍的行为指导意义,更不能作为一定社会普遍指导人的具体行为的道德规则来使用。因此,真正意义上的道德,其实是指具有普遍指导意义的道德原则。也正因为道德原则具有普遍性,才使得其指导的道德规则具有了道德上的合法性。就此而言,"所谓道德发展,不是由道德的低层次向高层次的纵向攀升,而是处理、对待不同领域(物质领域、社会领域、精神领域)道德问题的横向拓展。不管是哪个领域的问题,'道德'都应该具有相同的特性,即同质性"。换言之,它们之间没有上下、高低的差别。所谓"'道德底线'只是道德和不道德的界限"。"所谓'道德',是指'不是不道德',它区别于无休止的'更道德'。这应该是判断学校道德教育是否有效的标准"。[2]

---

[1][2] 陆有铨."道德"是道德教育有效性的依据[J].中国德育,2008(10).

第三章
既往道德教育的反论辩性

从道德本身的属性看,如果一件事情本身是正当的,那么,无论行为者具备什么样的身份,都应该去做。否则,如果他没有去承担这种行为责任,那么他本身就会受到良心的责备。在义务论看来,一条道德规则会自然地赋予行动者一种道德义务感或责任感:如果行动者遵守这个自己认同的道德规则,那么他就会为自己的行动感到心安理得,其所在团体的其他成员也会对他表示赞赏;如果行动者没有履行或者违背了其所认同的道德规则,那么他自己也会为此感到内疚,其所在团体的其他成员也会对其表示谴责。其中,最重要的是行动者的自我谴责,而不是来自其他人的舆论谴责。因为没有个人自我谴责的支持,这种外在的谴责可能与惩罚无异。然而,在动员式道德盛行的年代,教育者习惯诉诸道德宣传的方式来形成道德舆论。它虽然具备说理教育的形式,但它在诉诸晓之以理的同时,更加强调动之以情的特殊作用。而且,在说服过程中,动之以情所发挥的作用,也未必就比晓之以理逊色,毕竟人是一种容易受到情绪感染的动物。因此,道德感化也就成了道德动员的重要手段。

问题是,从道德教育的意义上看,过分扩大个人情感在道德判断上的决定性作用,不仅容易忽视道德行为中的理智推断作用,而且容易导致人们以满足自身情感需要为借口做出种种不道德行为。由此可见,这种由道德感化做出的道德判断,并不具有道德原则的普遍性和可逆性特征。相反,它往往陷入相对主义的双标陷阱。为此,休谟指出:"根据自爱或对私人利益的尊重而做出的道德演绎……一个慷慨的行为、一个勇敢的行为、一个高尚的行为,由对手做出来,也应博得我们的赞许,尽管我们可能承认其后果有损于我们的特定的利益。"[1]进一步而

---

[1] 休谟.道德原则研究[M].曾晓平,译.北京:商务印书馆,2001:66.

言,尽管"人们很容易将作用或影响大的行为判断为'更道德'"。但是,就其实质而言,"这其实是一种误解。作用或影响不是判断道德与否的依据。道德行为作用或影响的大小,往往与一个人拥有的资源(社会地位、权力、财富、能力等)有关,甚至由一个人拥有的资源决定。但是,这与道德本身无关"。[1]

更为糟糕的是,在激烈情绪的鼓动下,人们不仅很难通过理智区分指向行为的批评与指向人格的批评的界限,而且总是容易受到宣传话语中所夹杂的诸多威胁与诱惑因素对道德判断的干扰。对此,卢梭在《爱弥儿:论教育》中也曾做过深刻的分析:"当你试图说服你的学生相信他们有服从的义务时,你在你所谓的说服当中就已经是掺杂了暴力和威胁了,或者更糟糕的是还掺杂了阿谀和许诺的。因此,他们或者是为利益所引诱,或者是为暴力所强迫,就装着是被道理说服的样子。他们同你一样,很快地看到服从对他们有利,反抗对他们是有害的。但是,由于你强迫他们做的尽是他们不喜欢做的事情,由于照别人的心意办事总是挺痛苦的,因此,他们就悄悄地照他们的心意去做,而且认为,只要你不发现他们是阳奉阴违,他们就可以大做特做,而一旦被发现,就准备认错,以免吃到更大的苦头。……由于害怕受到你的惩罚和希望得到你的宽恕,由于你再三再四地强迫,硬要他们答应,所以弄得他们只好你怎样说就怎样承认,你以为是用道理把他们说服了,其实是因为他们被你说得挺厌烦和害怕了"。其后果是,"由于你把他们不能理解的义务强加在他们身上,将促使他们起来反抗你的专制,使他们不爱你,使他们为了得到奖励或逃避惩罚而采取奸诈、虚伪和撒谎的行为,最后,使他惯于用表面的动机来掩盖秘密的动机,从而在你自己的手中

---

[1] 陆有铨."道德"是道德教育有效性的依据[J].中国德育,2008(10).

学会不断地捉弄你的手段,使你无法了解他们真正的性格,而且一有机会就用空话来对你和别人进行搪塞"。[1]

事实上,我国学者在20世纪80年代中期对此已有觉察。《中国大百科全书·教育卷》有关"说服"(persuasion)的解释是:"德育方法之一。通过摆事实、讲道理,启发,引导,使人们心悦诚服地接受或改变某种观点、信念,从而指导行为实践的一种教育方法。……毛泽东把说服教育作为解决人民内部矛盾,解决思想问题的基本方法。他曾经说过:'共产党人在劳动人民中间进行工作的时候必须采取民主的说服教育的方法,决不允许采取命令主义态度和强制手段','企图用行政命令的方法,用强制的方法解决思想问题,是非问题,不但没有效力,而且是有害。'社会主义学校要提高受教育者的思想觉悟,要调动他们的自觉性和积极性,要用说服的方法进行思想品德教育。说服是社会主义学校思想品德教育的基本方法;其他的方法都要和说服结合应用。……进行说服教育,教育者要注意自己的态度,感情要诚挚,要有的放矢、以理服人、启发自觉,才能收到应有的教育效果。"[2]由此可见,我国学者当时就已意识到道德说服不仅可能会陷入毛泽东所明确禁止的"决不允许采取命令主义态度和强制手段"的方法论陷阱,而且也已经深知"企图用行政命令的方法,用强制的方法解决思想问题,是非问题,不但没有效力,而且是有害的"。至此,我们也就不难理解,为什么一些孩子在家庭或者学校里会养成一种"师前师后""课上课下""校内校外"各有一副面孔的"双面人格":在一个世界里,儿童像一个脱离现实的傀儡一样从事学习;而在另一个世界里,他们通过某种违背教育的活动来获得

---

[1] 卢梭.爱弥儿:论教育(上卷)[M].李平沤,译.北京:商务印书馆,1978:91-92.
[2] 中国大百科全书总编辑委员会《教育》编辑委员会,中国大百科全书出版社编辑部,编.中国大百科全书·教育[M].北京:中国大百科全书出版社,1985:335.

自我满足。

　　殊不知,"教育是附属于社会的一个体系,它必然反映着那个社会的主要特征。在一个不公平的社会里,希望有合理的、人道的教育,这将是徒劳的。一个官僚主义的、惯常脱离生活的体系会感到难于接受这样的想法,即学校是为儿童而设立的,而不是儿童为学校而生存的。上面发号施令,下面唯命是听,建筑在这样的基础上的政权,不可能发展自由教育。在工作一般处于隔绝状态的社会经济条件下,要想培养学生爱好创造性的工作,这将是困难的"。[1] 总之,在道德教育的过程中,教育者要想确保个体拥有健全理性得以运行的文明社会条件,就必须防止以暴力方式肆意摧毁自我的道德自足性与合理性。这不仅意味着传统的伦理一元论不再具有唯一性,而必然呈现为多样性,而且意味着在个体结合成为各种团体的过程中,必然需要经由一个将多元的规范合理化的道德论辩过程。从这个意义上讲,道德并非一套所谓可有可无的装点门面的漂亮说辞,而是现代人据以摆脱精神迷失和采取可靠行动的价值力量与文明尺度。

---

[1] 联合国教科文组织国际教育发展委员会,编著.学会生存:教育世界的今天和明天[M].华东师范大学比较教育研究所,译.北京:教育科学出版社,1996:89.

第四章

校园集会中的道德教育论辩

思想是要自由的,但却不能囫囵,却不能模棱,对于和自己不同的见解,必要辩驳,或者乃至排斥。辩驳、排斥,不能说是侵人自由,因为他也可以照样的辩驳我,排斥我。[1]

——梁启超

---

[1] 梁启超.戴东原哲学[M]//饮冰室文集点校(第5集).吴松,等,点校.昆明:云南教育出版社,2001:3142.

第四章
校园集会中的道德教育论辩

20世纪初,随着民主思想的引入和各种类型的教育报刊和教育出版物的繁荣,演说和公开辩论开始成为中国街头和学堂里面比较常见的教育活动形式。一时间,演说和辩论成为中国近代教育改革的先锋标志。根据黄炎培回忆,蔡元培早在1901年出任南洋公学特教班总教习时,就着意培养学生的演说能力:"今后学人,领导社会,开发群众,须长于言语。因设小组会,习为演说、辩论。"[1]鉴于当时我国社会尚处于内忧外患和战事频仍的境地,街头演讲和学堂辩论的主要内容,除了一些有关民族文化、学科建制和学术争鸣等主题外,更多的还是以民族救亡、战时动员和政治宣传为主。

第一节

集会演讲在近代学堂的兴起

从历史的情形看,中国大学里的学术演讲,一开始就担负着社会教育的重要使命。例如,在新文化运动时期,蔡元培、张谨、陈宝泉、汤尔和等大学校长,着意通过发起"学术讲演会"来改良当时的世风民俗和学术空气:"同人有鉴于此,特仿外国平民大学之例,发起此会,请国立高等学校各教员以其专门研究之学术,分期讲演,冀以唤起国人研究学

---

[1] 黄炎培.吾师蔡孑民先生哀悼辞[M]//陈平原,郑勇,编.追忆蔡元培.北京:中国广播电视出版社,1997:115.

术之兴趣,而力求进步。"[1]由此,大学学者不仅要针对社会问题发表意见和评论,而且还要努力向公众传播自己所擅长的专业知识。进而,在此后的半个多世纪里,如何有效地"演说学问"也开始受到学界以及社会各界的广泛关注。

一、演说与学堂的关系

按照梁启超的设想,学校、报章和演说三者本来都是传播文明的利器,但是,鉴于当时的中国社会还比较贫困,尚未普及学校教育,虽有报章杂志不计其数,而民众识字问题尚未解决,所以,通俗浅白的演说,最能发挥传播思想和启蒙大众的教育作用。诚如1919年3月8日《北京大学日刊》上有关《北京大学平民教育讲演团征集团员启》所示:"盖闻教育之大别有二:一曰以人就学之教育,学校教育是也;一曰以学就人之教育,露天演讲、刊发出版物是也。共和国家,以平民教育为基础。平民教育,普及教育也,平等教育也。……顾以吾国平民识字者少,能阅印刷品出版物者,只限于少数人,欲期教育之普及与平等,自非从事演讲不为功。"[2]相比传统的学校教育,演讲教育能够以最短时间刷新多数乡民对社会时局的认知。

在《新中国未来记》中,梁启超曾畅想"维新五十周年庆典"时的情景是"处处有演说坛,日日开讲论会",演说者是各国专门名家,听众则是大学生。由此可见,演说在晚清学堂尤其是大学教育活动中占有多么重要的地位。反过来看,正是由于演说取得了大多数学者的认可,它才能够在晚清得到迅速推进。这意味着,演说不仅可以成为学堂教学

---

[1] 陈平原.现代中国的述学文体[M].北京:北京大学出版社,2020:86.
[2] 同上:65.

第四章
校园集会中的道德教育论辩

活动的一种重要补充形式，而且学堂中的教育内容也可以同时覆盖政治主题和学术主题。换言之，当时的演说包括两种形式：一种是大学学者的演说，另一种是街头政治家的演说。相比之下，学者的演说往往注重学理澄清，而政治家的演说则旨在赢得大众。就其教育意义而言，后者虽然往往能够在口头上取得成功，但是，一旦将其转化成文字当成一种学术作品来阅读，就不免让人觉得无学者的演讲表达得准确和有条理。当然，仅就演说本身而言，"演说不同于专业著述，突出的是大思路，需要的是机智、幽默、语出惊人。如果用最简要的语言来描述，'演说'的特点大致是这样的：表达口语化，故倾向于畅快淋漓；说理表演化，故追求语不惊人死不休；追求现场效果，故受制于听众的趣味与能力；蔑视理论体系，需要的是丰富的高等常识；忌讳'掉书袋'，故不能过于深奥，更不能佶屈聱牙。而所有这些，都将影响文坛乃至学界的风气。'演说'一旦入文，酿成了现代中国文章的两大趋势：一是条理日渐清晰，二是情绪趋于极端。原先以典雅源深著称的文章，如今变得直白、浅俗，'卑之无甚高论'，这一点很好理解；更值得关注的是，演说之影响文章，使得表述趋于夸张，或尖刻，或奇崛，全都剑走偏锋"。[1]

从本质上来讲，演说本身并无党派色彩，只是一种互相沟通以及表达思想观念的手段。只不过，在当时体制下，这种在今天民主制度下看似平常的独立思考和自由表达，已经对绝对王权构成巨大挑战。无怪乎，晚清政府一再下令，严禁学生立会演说。如光绪二十九年（1903年）十一月，张百熙等制订《学务纲要》，指斥"近来士习浮嚣，或腾为谬说，妄行干预国政；或纠众出头，抗改本堂规条"，并于《各学堂管理通则》中专列"学堂禁令"；后又有光绪三十三年（1907年）十二月的《学部为遵旨

---
[1] 陈平原.现代中国的述学文体[M].北京：北京大学出版社，2020：83-84.

不许学生干预国家政治、联盟纠众、立会演说等知照大学堂》，其中特别说明："不准干预国家政治及离经叛道，联盟纠众、立会演说等事，均经悬为厉禁。"[1] 当然，我们不能由此就将校园内外的演说，全都与政治抗议联系在一起。事实上，"在政治宣传之外，还有学问的传播；在思想立场之外，还有辩论的技巧；在正义感之外，还有平等心"。[2] 所有这些内在的张力，在五四时期的学校内外都得到了充分的展现。

二、演说与开启民智

从中国经典文化传统上看，近代兴起的演说，与中国古已有之的说书表演艺术形式相仿。但是，说书多以讲故事为主，而晚清出现的演说则多以针对问题说理为主。就其渊源上看，它是近代中国思想家康有为和梁启超从日本引进的舶来品。由于"戊戌变法"的失败，流亡日本的梁启超，曾对于世人不解演说乃"风气骤进"的原动力大发感慨："我中国近年来，于学校、报纸之利益，多有知之者；于演说之利益，则知者极鲜。去年湖南之南学会，京师之保国会，皆西人演说会之意也。湖南风气骤进，实赖此力，惜行之未久而遂废也。今日有志之士，仍当着力于是。"[3] 在他看来，如果能够借助"演说中外大势"的方式，来"激发保教爱国之热心，养成地方自治之气力"，并使之成为晚清志士乃至整个社会的共识，那么，中国的救亡运动就还有希望成功。

在康有为和梁启超等人保教爱国运动的宣传作用下，"以演说代教授"逐渐成为晚清社会的教育共识。一时间，中国社会开启了一场通过

---

[1] 舒新城，编. 中国近代教育史资料（上册）[M]. 北京：人民教育出版社，1961：209.
[2] 陈平原. 现代中国的述学文体[M]. 北京：北京大学出版社，2020：65.
[3] 梁启超. 饮冰室自由书·传播文明三利器[M]//饮冰室合集·专集（第一册）. 上海：中华书局，1936：41.

第四章
校园集会中的道德教育论辩

"遍设白话演说所"来培训演说人才[1]的社会教育运动。为了减少当时思想还比较守旧的社会大众对这个舶来品的反感,宋恕还于1906年专门撰写了一篇《创设宣讲传习所议》来为演说辩解,称此乃"唐以前之常语",并非日本新名词。[2]"今海外民主政体及君主宪政体之国,演说皆极发达,而皆特有演说之学以造就演说之人才。……今节下既热心提倡宣讲一事矣,则必宜远法孔门设言语科,近师外国习演说学之意,创设宣讲传习所以造就宣讲之人才,而后宣讲之事业庶几其可望稍兴也。"[3]1907年,张继与刘师培夫妇在东京成立社会主义讲习会,前后举行过21次专题演讲,每次听众数十到百人不等,主要讲题是无政府主义、社会主义、中国百姓生活状况等。[4] 除了个人的即兴发挥,晚清演说的主要场所,是各种民间社团的集会。张玉法在《清季的立宪团体》一书中,辑录国内各地及海外各埠的民间社团共668个,[5]而桑兵综合李文海、巴斯第德和朱英等人的考证,认定晚清各类社团已达两千有余。[6] 无论国内还是海外,都市还是乡镇,演说都是社团活动的主要形式,而且其主要功用在于"唤起国民思想,开通下流社会"。[7]

诚如近代日本演说活动的发起者福泽谕吉在其《劝学篇·论提倡演说》中所指:"演说一语,英文叫作'speech',就是集合许多人讲话,即席把自己的思想传达给他们听的一种方法。我国自古没有听说有过这

---

[1] 论中国宜遍设白话演说所[N]. 顺天时报,1905-8-25.
[2] "伏查'宣讲'二字之义,即日本之所谓'演说'。今我国顽固士大夫尚多憎闻'演说'二字,彼辈不知'演说'二字见于《南北史》,为唐以前之常语,而谬指为日本之新名词,可谓不学之甚矣。"(宋恕. 创设宣讲传习所议[M]//宋恕集. 北京:中华书局,1993:415.)
[3] 宋恕. 创设宣讲传习所议[M]//宋恕集. 北京:中华书局,1993:415-416.
[4] 王汎森. 反西方的西方主义与反传统的传统主义——刘师培与"社会主义讲习会"[M]//中国近代思想与学术的系谱. 石家庄:河北教育出版社,2001:197-219.
[5] 其中商业类265个,教育类103个,政治类85个,学术类65个,外交类50个,农业类、民俗类各26个,青年类、文艺类各17个,宗教类6个,工业类、慈善类各4个。(参见:张玉法. 清季的立宪团体[M]. 台北:"中研院"近代史研究所,1971:90-144.)
[6] 桑兵. 清末新知识界的社团与活动[M]. 北京:生活·读书·新知三联书店,1995:274.
[7] 练习演说会之发达[N]. 警钟日报,1904-11-9.

种方法,只有寺院里的说法和演说差不多。在西洋各国,演说极为盛行,上自政府的议院、学者的集会、商人的公司、市民的集聚,下至冠婚丧祭、开店开业等琐细的事情,只要有十个人以上集合在一起,就一定有人说明集会的主旨,或发表个人生平的见解,或叙述当时的感想,养成当众发表意见的风气。"就演说的功用而言,主要包括两个方面:一是"口头叙事会让人自然产生兴趣","比如用文章叙述出来不大使人感兴趣的事情,一旦改用语言说出,则不但容易了解,而且感人至深,古今有名的诗歌都属于此类";二是"谈话演说在治学上的重要性","换句话说,就是借观察、研讨、读书等方法搜集知识,借谈话交换知识,并以著书和演说为传播知识的方法"。[1] 只不过,随着新式教育在中国社会的普遍兴起,不管持什么样的政治立场,演讲者在新学堂都只能介绍某一学科的专门知识。

三、以演说为文章

随着演说在近代中国社会的影响日渐扩大,演说与文章(学问)之间的分歧也日渐显现。从表面上看,这是一个有关面对小众抑或大众,追求专深抑或普及的政治问题或传播问题;就其教育意义而言,它则是一个有关学问应该如何表达的学术规范问题。正如蔡元培、张謇、陈宝泉、汤尔和等人所指,近代中国社会的世风日下、民俗日偷的关键就在于学术消沉,这就是他们之所以要在大学里发起"学术讲演会"的教育初衷。由此,它也催生了中国社会的"论辩文章"。梁启超曾明确揭示这种新型文章的写作策略:"同是一句话,对甲说和对乙说不同,对大学生和对中小学生说不同。同一篇演说稿,在东大与北京所生的效力不

---

[1] 福泽谕吉.劝学篇[M]. 群力,译. 北京:商务印书馆,1984:70-71.

同。同是一句话,春秋人说出没有价值,现在欧洲人说出大有价值。做文时先须看自己所做的文,要给何人看。"[1]总之,为了拉近与听众的距离,讲演时必须加上"本地风光",这是所有讲演者都懂的小窍门。章士钊、梁启超、胡适、周作人等人的系列讲演,之所以没有随着时间流逝而被后世遗忘,主要是因为这些讲演全都变成了文章。

比较而言,演讲注重的是思路,文章则必须有理有据。不过,在美国学者麦克洛斯基(Donald Mc Closkey)看来,演讲"作为'说服的艺术'的措辞,除了采用比喻和故事等文辞技巧之外,也引用逻辑和事实等被认为是科学的元素;同样,科学的探索和论说,除了应用逻辑和事实之外,也须采用各种比喻和故事等文辞技巧"。[2]因此,在今天学术界看来,相比宣传革命、启发民众的"政治演说",章太炎等人带有学理性质的"学术讲演"更值得关注。比如,蔡元培在当北大校长期间,主要观点陈述都采用演说的形式,作文反而退居其次。究其原因,著述讲究独创性与系统性,演说则不受这个限制。只要演说者有主见,而且说得恰到好处就行了。不过,"有经验的读者都明白,'口若悬河'与'梦笔生花'不是一回事,适合于演讲的,不见得适合于阅读。一场主宾皆大欢喜的讲演,抽离特定时空,很可能不知所云"。[3]相反,一篇精彩的专业论文或小说散文,即便由高明的演员朗读,也不见得能吸引广大听众。讲演者的姿态以及讲演时的技巧,同样影响到演说的成败。当然,假以长期的锻炼,很多校长都能应付自如。但如何超越日常事务,将诸多演说变成对教育理念的深入探讨,学问很大。正因为如此,不是每个校长都有必要出版演说集,也不是每本"校长演说集"都能流传下去。

---

[1] 梁任公.讲演、中学以上做文教学法[M].卫士生,笔记.上海:中华书局,1925:42-43.
[2] 麦克洛斯基,等.社会科学的措辞[M].许宝强,等,编译.北京:生活·读书·新知三联书店,2000:2.
[3] 陈平原.有声的中国——"演说"与近现代中国文章变革[J].文学评论,2007(3).

第二节

小学晨会演讲中的道德教育论辩

晨会演讲(又称"国旗下演讲")一般是指我国中小学校在每天早晨升旗仪式结束后进行的一种简短(一般2—3分钟)的集体教育活动,涉及教学、安保、通知、宣传和行为规范等多种内容,且通常以道德主题为重。因此,晨会演讲已成为中小学校道德教育的一个重要途径。2016年,有两位小学校长的晨会演讲文集同时出版:其一是公立深圳市滨海小学李唯校长于2008—2016年间发表的《一个校长在国旗下的讲话》(天津教育出版社2016年版),其二是民办上海市金苹果小学贾志敏校长于1992—2004年间发表的《一个校长的演讲》(北京语文出版社2016年版),展现了两所小学晨会演讲的基本样貌,具有重要的教育史料价值。下面通过系统分析这两本演讲文集中有关道德内容及其说理方式,揭示晨会演讲中的道德教育说理特征。

一、道德说理内容及其道德主张

从两本文集的整体面貌看,小学晨会演讲的内容还是比较丰富的,且其内容结构也基本一致。为便于展开更为深入的分析,这里依据其主体内容的性质,将其划分为五种类型:(1)教学分享类;(2)安全保育类;(3)事项通知类;(4)人物宣传类;(5)文明习惯类。其中,前三类属于非道德主题,第五类属于道德主题,第四类既包含非道德主题的内容,也包含道德主题的内容。根据是否针对道德主张进行说理,有关道德主题的人物宣传类又可分作"无论证"与"有论证"。统计发现:其一,在李校长(2008—2016年)的晨会演讲中,道德主题内容约占56%,非道德主题内容约占44%。其中,非道德主题的内容主要集中在"安全保育"和"教学分享"两个类别,分别约占据演讲总数的22%和16%;道德主题的内容主要集中在"文明习惯类",约占据演讲总数的50%。其二,在贾校长(1992—2004年)的晨会演讲中,道德主题约占42%,非道德主题约占58%。其中,非道德主题集中在"人物宣传"和"事项通知"两个类别,分别约占据演讲总数的31%和15%;道德主题的内容主要集中在"文明习惯"和"人物宣传"两个类别,分别约占据演讲总数的29%和13%。此外,从说理意识上看,《一位校长在国旗下的讲话》中,有论证的道德主题内容约占其演讲总数的50%,无论证的道德主题内容约占其演讲总数的6%;《一个校长的演讲》中,有论证的道德主题内容约占其演讲总数的29%,无论证的道德主题内容约占其演讲内容的13%(见表4-1)。由此可见,尽管两个演讲文本在具体内容结构的分布比重上略有差异,[1]但"道德主题"显然都是晨会演讲中占据最大份额的内容。

为了清晰地呈现小学晨会演讲的道德内容,笔者依据教育部2022年颁布的《义务教育道德与法治课程标准(2022年版)》有关学生"道德修养"的分类的四分框架(即个人品德、家庭美德、社会公德和职业道德

---

[1] 需要说明的是,这种数据比重上的差异,或许与贾校长的"演讲文集"中除了绝大部分"晨会演讲"文稿之外还包含一些"课间演讲"文稿有关。不过,鉴于两种演讲稿之间并无性质上的本质区别,且作者在文集中也并未对二者进行区分编目,故此,此处照例对其也不另做区分统计。

表 4-1 两位小学校长晨会演讲文本的内容结构一览表

演讲主题	内容分类	《一位校长在国旗下的讲话》			《一个校长的演讲》		
		篇数	比重		篇数	比重	
非道德主题	教学分享类	36	16%	44%	21	8%	58%
	安全保育类	49	22%		10	4%	
	事项通知类	5	2%		42	15%	
道德主题（且无论证）	人物宣传类	8	4%	56%	86	31%	42%
		12	6%		35	13%	
道德主题（且有论证）	文明习惯类	112	50%		80	29%	
合计		222	100%		274	100%	

四分法）及其细目说明[1]和我国教育学者黄向阳有关道德类型的三分框架及其细目说明[2]对这些道德主题篇目的道德主张加以统计。需要说明的是：其一，根据小学校长晨会演讲所涉德目的实际情况，笔者在"个人品德"类型中增补"尊敬老师"一项；其二，鉴于课程标准中"家庭美德"类型下列的"勤俭节约"实指校园集体生活背景下的公德内容，

---

[1] 在《义务教育道德与法治课程标准（2022年版）》中，学生的"道德修养"分为以下四种类型：(1) 个人品德，践行以爱国奉献、明礼遵规、勤劳善良、宽厚正直、自强自律为主要内容的道德要求，在日常生活中养成诚实守信、团结友爱、热爱劳动等个人美德和优良品行；(2) 家庭美德，践行以尊老爱幼、男女平等、勤劳节俭、邻里互助为主要内容的道德要求，做家庭的好成员；(3) 社会公德，践行以文明礼貌、相互尊重、助人为乐、爱护公物、保护环境、遵纪守法为主要内容的道德要求，做社会的好公民；(4) 职业道德，树立劳动不分贵贱的观念，理解以爱岗敬业、诚实守信、办事公道、热情服务、奉献社会为主要内容的职业道德，做未来的好建设者。

[2] 黄向阳的道德类型划分框架为：(1) 私德，即处理私人领域中"涉及自我定向和他人定向的道德"；(2) 公德，包含社会公德与国民公德两个亚种，前者指向个人与公共生活领域的道德，后者指向个人与国家关系的道德规范；(3) 职业道德，即处理个人职业领域中的道德。参见：黄向阳. 德育内容分类框架——兼析我国公德教育的困境[J]. 全球教育展望，2008(9).

笔者将其调至"社会公德"类型。

以四分框架看,在李唯的演讲中,"社会公德"类型的道德教育内容约占其演讲总数的67%,"个人品德"类型的道德教育内容约占其演讲总数的29.5%,"家庭美德"类型的道德教育内容约占其演讲总数的3.3%,"职业道德"类型的道德教育内容空缺;在贾志敏的演讲中,"社会公德"类型的道德教育内容约占其演讲总数的55.3%,"个人品德"类型的道德教育内容约占其演讲总数的30.1%,"家庭美德"类型的道德教育内容约占其演讲总数的14%,"职业道德"类型的道德教育内容空缺(见表4-2)。

以三分框架看,在李唯的演讲中,"公德"类型的道德教育内容约占其演讲总数的70.9%(其中,社会公德约占70.1%,国民公德约占0.8%),"私德"类型的道德教育内容约占其演讲总数的29%,"职业道德"类型的道德教育内容空缺;在贾志敏的演讲中,"公德"类型的道德教育内容约占其演讲总数的62.7%(其中,社会公德约占60.5%,国民公德约占1.8%),"私德"类型的道德教育内容约占其演讲总数的37.7%,"职业道德"类型的道德教育内容空缺(见表4-3)。比较而言,三分法中的"私德"大致包含了四分法中的"个人品德"和"家庭美德"两种类型,其余类型差别不大;此外,两种类型划分方法的分歧主要集中在"爱国奉献"这一德目的归属上面——四分法中将"爱国奉献"归为"个人品德"(即三分法中的"私德"),而三分法中则将"爱国奉献"归为"公德"(国民公德),这是两种道德类型数据的主要差异所在。

综合来看,无论我们采取道德类型上的四分法还是三分法,都可以清楚地发现,小学晨会演讲中有关道德的内容主要集中在"助人为乐""文明礼貌""遵守规则""诚实守信"和"自强自律"五个方面。在四分法

表 4-2 道德类型四分框架下两位校长晨会演讲中的德目统计一览表

类型	德目	李唯晨会演讲中的德目统计			贾志敏晨会演讲中的德目统计		
		涉及篇目	频数	比重	涉及篇目	频数	比重
个人品德	宽厚正直	L-4-14, L-7-03, L-7-05, L-7-07, L-7-10, L-7-13, L-7-14, L-7-20, L-10-03, L-10-07	10	8.2%	J-3-12, J-8-25	2	1.8%
	诚实守信	L-4-14, L-7-03, L-7-05, L-7-07, L-7-10, L-7-13, L-7-14, L-7-20, L-10-03, L-10-07	10	8.2%	J-2-33, J-2-41, J-3-18, J-4-13, J-5-02, J-5-11, J-5-16, J-5-22, J-8-04	9	7.9%
	自强自律	L-1-08, L-1-22, L-8-01, L-8-12, L-11-01, L-11-02, L-11-09, L-11-16, L-11-20	9	7.4%	J-1-15, J-1-40, J-2-04, J-2-08, J-2-12, J-2-20, J-3-05, J-3-21, J-4-03, J-5-14	10	8.8%
	团结友爱	L-3-18, L-10-09, L-10-11	3	2.5%	J-1-20, J-1-24, J-1-33, J-2-15, J-3-02, J-8-12	6	5.3%
	尊敬老师	L-4-09, L-4-20, L-4-21	3	2.5%	J-1-05, J-1-16, J-1-29, J-3-13, J-4-46, J-5-26	6	5.3%
	爱国奉献	L-2-04	1	0.8%	J-1-17, J-3-04	2	1.8%
				29.5%		35	30.1%

续 表

类型	德目	李唯晨会演讲中的德目统计			贾志敏晨会演讲中的德目统计		
		涉及篇目	频数	比重	涉及篇目	频数	比重
家庭美德	尊老爱幼	L-2-02, L-2-06, L-4-18, L-7-08	4	3.3%	J-1-03, J-1-18, J-1-36, J-1-41, J-2-01, J-2-18, J-2-19, J-2-22, J-3-14, J-4-04, J-4-10, J-4-33, J-4-45, J-5-17, J-6-12, J-7-05	16	14%
社会公德	助人为乐	L-3-04, L-4-01, L-4-02, L-4-04, L-4-05, L-4-06, L-4-07, L-4-15, L-4-16, L-4-17, L-4-22, L-7-19, L-8-08, L-8-13, L-8-14, L-8-24, L-10-02, L-10-05, L-10-06, L-10-10	20	16.4%	J-1-06, J-1-21, J-2-13, J-2-17, J-2-23, J-3-22, J-3-25, J-4-30, J-4-33, J-5-20, J-5-23, J-7-31, J-7-35, J-8-09	14	12.3%
	文明礼貌	L-1-13, L-3-01, L-3-03, L-3-05, L-3-06, L-3-07, L-3-08, L-3-09, L-3-10, L-3-14, L-3-16, L-3-22, L-3-23, L-4-03, L-4-08, L-4-13, L-5-07, L-6-02	18	14.8%	J-1-07, J-1-11, J-2-11, J-2-28, J-2-30, J-4-47, J-5-05, J-5-06, J-5-25, J-6-02, J-6-05, J-7-11, J-7-15, J-8-11, J-8-13, J-8-16	16	14%
						63	55.3%

续 表

类型	德目	李唯晨会演讲中的德目统计			贾志敏晨会演讲中的德目统计		
		涉及篇目	频数	比重	涉及篇目	频数	比重
社会公德	遵守规则	L-1-24,L-3-12,L-3-13,L-4-10,L-5-05,L-6-05,L-6-09,L-6-11,L-6-12,L-7-11,L-7-17,L-8-22,L-11-13,L-11-14,L-11-19	15	12.3%	J-1-02,J-1-04,J-3-10,J-3-15,J-3-23,J-4-35,J-5-03,J-5-29,J-7-06,J-7-25,J-8-07,J-8-20	12	10.5%
	保护环境	L-1-25,L-2-03,L-2-05,L-2-08,L-3-17,L-8-15,L-8-21,L-11-07	8 (82)	6.6% (67%)	J-4-36	1 (63)	0.9% (55.3%)
	互相尊重	L-3-15,L-7-01,L-7-02,L-7-04,L-7-09,L-7-15,L-7-16,L-7-18	8	6.6%	J-1-22,J-1-37,J-4-01,J-4-19,J-4-40	5	4.4%
	责任担当	L-4-11,L-8-02,L-8-04,L-8-19,L-8-16,L-8-23,L-11-04	8	6.6%	J-4-09,J-4-11,J-6-08,J-7-29	4	3.5%

续 表

类型	德目	李唯晨会演讲中的德目统计			贾志敏晨会演讲中的德目统计		
		涉及篇目	频数	比重	涉及篇目	频数	比重
社会公德	爱护公物	L-2-09, L-3-19, L-5-08, L-5-09, L-10-01	5	4.1%	J-1-31, J-2-40, J-3-07, J-4-39, J-5-10	5	4.4%
	爱护动物	—	82	67%	J-2-21, J-2-27, J-7-14, J-8-23	63	55.3%
		—	0	0%		4	3.5%
	勤俭节约	—	0	0%	J-1-23, J-7-38	2	1.7%
职业道德		—	—	—	—	—	—

说明：统计表中所涉篇目的编码，原则上遵照"演讲者—板块—篇目"的结构形式进行编制；其中，演讲者以姓氏拼音的首字母记号（李校长记作 L，贾校长记作 J），板块号和篇目号则直接以数字记号。表 4-3 的记号方式与此相同，不再赘注。

表 4-3 道德类型三分法框架下两位校长晨会演讲中的德目统计一览表

类型	德目	李唯晨会演讲中的德目统计			贾志敏晨会演讲中的德目统计		
		涉及篇目	频数	比重	涉及篇目	频数	比重
私德	宽厚正直	L-4-14,L-7-03,L-7-05,L-7-07,L-7-10,L-7-13,L-7-14,L-7-20,L-10-03,L-10-07	10	8.1%	J-3-12,J-8-25	2	1.8%
	诚实守信	L-4-14,L-7-03,L-7-05,L-7-07,L-7-10,L-7-13,L-7-14,L-7-20,L-10-03,L-10-07	10	8.1%	J-2-33,J-2-41,J-3-18,J-4-13,J-5-02,J-5-11,J-5-16,J-5-22,J-8-04	9	7.9%
	自强自律	L-1-08,L-1-22,L-8-01,L-8-12,L-11-01,L-11-02,L-11-09,L-11-16,L-11-20	9	7.3%	J-1-15,J-1-40,J-2-04,J-2-08,J-2-12,J-2-20,J-3-05,J-3-21,J-4-03,J-5-14	10	8.8%
	尊老爱幼	L-2-02,L-2-06,L-4-18,L-7-38	4	3.2%	J-1-03,J-1-18,J-1-36,J-1-41,J-2-01,J-2-18,J-2-19,J-2-22,J-3-14,J-4-04,J-4-10,J-4-33,J-4-45,J-5-17,J-7-6-12,J-7-05	16	14.0%
	团结友爱	L-3-18,L-10-09,L-10-11	3	2.4%	J-1-20,J-1-24,J-1-33,J-2-15,J-3-02,J-8-12	6	5.3%
				29%		43	37.7%

续 表

类型	德目	李唯晨会演讲中的德目统计			贾志敏晨会演讲中的德目统计		
		涉及篇目	频数	比重	涉及篇目	频数	比重
国民	爱国奉献	L-2-04	1	0.8%	J-1-17,J-3-04	2	1.8%
社会公德	助人为乐	L-3-04,L-4-01,L-4-02,L-4-04,L-4-05,L-4-06,L-4-07,L-4-15,L-4-16,L-4-17,L-4-22,L-7-19,L-8-08,L-8-13,L-8-14,L-8-24,L-10-02,L-10-05,L-10-06,L-10-10	20	16.1%	J-1-06,J-1-21,J-2-13,J-2-17,J-2-23,J-3-22,J-3-25,J-4-30,J-4-33,J-5-20,J-5-23,J-7-31,J-7-35,J-8-09	14	12.3%
	文明礼貌	L-1-13,L-3-01,L-3-03,L-3-05,L-3-06,L-3-07,L-3-08,L-3-09,L-3-10,L-3-14,L-3-16,L-3-22,L-3-23,L-4-03,L-4-08,L-4-13,L-5-07,L-6-02	19	15.3% (87, 70.1%)	J-1-07,J-1-11,J-2-11,J-2-28,J-2-30,J-4-47,J-5-05,J-5-06,J-5-25,J-6-02,J-6-05,J-7-11,J-7-15,J-8-11,J-8-13,J-8-16	16	14.0% (69, 60.5%)
	遵守规则	L-1-24,L-3-12,L-3-13,L-4-10,L-5-05,L-6-05,L-6-09,L-6-11,L-6-12,L-7-11,L-7-17,L-8-22,L-11-13,L-11-14,L-11-19	15	12.1%	J-1-02,J-1-04,J-3-10,J-3-15,J-3-23,J-4-35,J-5-03,J-5-29,J-7-06,J-7-25,J-8-07,J-8-20	12	10.5%

续表

类型	德目	李唯晨会演讲中的德目统计			贾志敏晨会演讲中的德目统计		
		涉及篇目	频数	比重	涉及篇目	频数	比重
社会公德	保护环境	L-1-25,L-2-03,L-2-05,L-2-08,L-3-17,L-8-15,L-3-21,L-11-07	8	6.5%	J-4-36	1	0.9%
	互相尊重	L-3-15,L-7-01,L-7-02,L-7-04,L-7-09,L-7-15,L-7-16,L-7-18	8	6.5%	J-1-22,J-1-37,J-4-01,J-4-19,J-4-40	5	4.4%
	责任担当	L-4-11,L-8-02,L-8-04,L-8-05,L-8-16,L-8-19,L-3-23,L-11-04	8	6.5% 70.1%	J-4-09,J-4-11,J-6-08,J-7-29	4	3.5% 60.5%
	尊敬老师	L-4-09,L-4-12,L-4-20,L-4-21	4	3.2%	J-1-05,J-1-16,J-1-29,J-3-13,J-4-46,J-5-26	6	5.3%
	爱护公物	L-2-09,L-3-19,L-5-08,L-5-09,L-10-01	5	4.0%	J-1-31,J-2-40,J-3-07,J-4-39,J-5-10	5	4.4%
	爱护动物	—	0	0%	J-2-21,J-2-27,J-7-14,J-8-23	4	3.5%
职业道德	勤俭节约	—	0	0%	J-1-23,J-7-38	2	1.8%

看来,这五大道德主张分属"社会公德"(助人为乐、文明礼貌、遵守规则)和"个人品德"(诚实守信、自强自律)两种道德类型,而"家庭美德"相对薄弱;在三分法看来,这五大道德主张则分属"社会公德"(助人为乐、文明礼貌、遵守规则)和"私德"(诚实守信、自强自律)两种道德类型。比较而言,三分法能够凸显"私德"与"公德"上的区分。长期以来,我国道德教育界习惯于"公私不分",也"正因为不做这种区分,才会闹出把关爱家人和乡亲的行为泛化为'关爱社会的义举'的笑话,才会出现长期以私德诠释公德甚至忽视公德教育的局面"。[1] 为此,接下来笔者拟采"私德""公德""职业道德"三分法对这些道德主张的说理方式做进一步的分析。

二、道德说理方式分析

长期以来,我国学校道德教育都比较偏重思考"教什么",而疏于思考"怎么教",德育研究也主要集中在"立什么德",不太关注"如何立德"的问题。因此,相比小学晨会演讲中所包含的具体道德主张,更为重要的是澄清上述各种道德主张的说理方式。

结合道德论辩特有的两种说理方式,统计发现:在针对各种道德主张的说理方式中,使用频次最多的是结果论,约占说理方式总频次的56%(其中,社会功用主义结果论约占34%,利己主义结果论约占22%);其次是道义论,约占说理方式总频次的34%;再次是道义论与社会功用主义结果论的综合说理方式,约占说理方式总频次的7%;使用最少的则是道义论与利己主义结果论的综合说理方式,仅约占说理方式总频次的3%;利己主义结果论和社会功用主义结果论的综合说理方

---

[1] 黄向阳.德育内容分类框架——兼析我国公德教育的困境[J].全球教育展望,2008(9).

式则完全没有出现过。此外,从无论证(亦即对相关德目不做任何论证)的情况看,主要存在"私德"和"社会公德"两种道德类型之中,分别约占据无论证德目总数的50％和47％,这与两种道德类型在道德主题总数中所占比重正相关(见表4-4)。

进一步而言,小学晨会演讲中的道德说理还具有以下几个特征:其一,从社会功用主义结果论和道义论所占比例看,"社会公益"和"责任/义务"乃是小学校长所强调的主导价值观;其二,从社会功用主义与利己主义结果论单独使用的比例看,小学校长对"社会功用"价值的强调,明显甚于"利己"价值;其三,从利己主义结果论和社会功用主义结果论综合说理方式的缺位情况看,小学校长在道德说理上尚未形成对"社会功用"和"利己"两种价值取向的协调统一,这与新版小学语文课程标准中对"公德"和"私德"不做区分的模糊认识情形相符。此外,从无论证的情况看,无论证的道德主张主要集中在"私德"和"社会公德"两种道德类型,这与小学晨会演讲的主要论题类型基本一致。

三、小学晨会演讲中道德说理的优化建议

承前所述,为使演讲中所标举的道德主张具有可接受性,演讲者势必需要对相关道德要求给予合理性的说明或论证。就其教育意义而言,一种成功的道德说理不仅能够赢得学生的信服和青睐,而且有助于学生道德思维能力的提升和发展。相反,一种糟糕的道德说理不仅不能对儿童发挥应有的解惑作用,而且还有可能对儿童道德思维水平的正常发展造成严重的干扰。为此,要想避免在道德教学上给学生带来不必要的误导,教育工作者有必要充分认识和了解道德说理中容易出现的问题。概而言之,小学晨会演讲中需注意以下几个方面的问题。

表4-4 两位小学校长晨会演讲中道德说理方式一览表

类型		道义论			利己主义			社会功用主义			道义论+利己主义			道义论+社会功用主义			合计		无论证		
		李	贾		李	贾		李	贾		李	贾		李	贾		李	贾	李	贾	
私德		11 10%	11 13%	22 11%	13 11%	8 9%	21 10%	5 4%	9 10%	14 7%	3 3%	1 1%	4 2%	0 0%	0 0%	0 0%	32	29	4 40%	14 54%	18 50%
公德	国民	0 0%	0 0%	0	0	0	0	1 1%	1 1%	2 1%	0	0	0	0	0	0	1	1	0 0%	1 4%	1 3%
	社会	31 27%	16 18%	47 23%	16 14%	7 8%	23 11%	24 21%	28 32%	52 26%	0	2 2%	2 1%	10 9%	5 6%	15 7%	81	58	6 60%	11 42%	17 47%
职业		0	0	0	0	0	0	0	0	0	0	0	0	0	0	0	0	0	0	0	0
合计		42 37%	27 31%	69 34%	29 25%	15 17%	44 22%	30 26%	38 43%	68 34%	3 3%	3 3%	6 3%	10 9%	5 6%	15 7%	114	88	10	26	36
比重				34%			22%			34%			3%			7%	100%	100%	100%	100%	100%

道德教育的
论辩逻辑

第一,避免概念外延泛化谬误。在小学晨会演讲中,为使小学生能够明了一些概念的内涵,演讲者常常使用举例子的方式来解释概念。然而,在这种诉诸举例的解释中,又常常生发概念泛化的逻辑问题,反倒干扰了小学生对概念的理解。例如,在题为"爱国,从身边的小事做起"的演讲中,演讲者首先指出"尽心尽职做好自己应该做的事就是最好的爱国",从而将"爱国"与其上位概念"责任"混为一谈,进而演讲者又沿着这一思路将尊敬老师、锻炼身体、努力学习、爱护环境、爱护公物、友爱同学等具体行为统统视为爱国的表现。殊不知,爱国乃是与学生的国民身份(即国民公德)相对应的一种责任,而不应将有关个人品德、社会公德的内容也包含进来,否则就极大地泛化了这一概念的外延,反而容易误导学生对爱国的认知。又如,在题为"自尊的含义"的演讲中,演讲者首先提出"自己尊重自己,不要做有损自身形象、让别人轻视的事情——这种精神就是自尊",进而又解释:"一个人若有强烈自尊,就会严格要求自己。勤奋工作、刻苦学习、乐于助人、刻苦钻研,为的是取得一定成绩,获得别人首肯!"由此,演讲者在解释作为个人品德的"自尊"概念时,也将属于职业道德范畴的"勤奋工作"和属于社会公德范畴的"乐于助人"包含进来,从而也造成了概念外延的泛化。而一旦将原本与自我的内在评价与"自爱""自律""自强"相联系的自尊概念,与"为的是取得一定成绩,获得别人首肯"的外在评价相互混淆,则无异于误导了学生对自我的正确认知。究其原因,小学教育工作者对有关道德概念的泛化解读,或许与我国道德教育领域长期存在的一种道德理想主义的高标倾向有关。毕竟,在日常德育实践中,人们总是认为道德要求越全面,教育效果就越显著。在这种道德理想主义传统的影响下,"'取乎其上'的教育策略,与执行要求'打折扣'的习惯相得益彰,形成了一种独特的教育智慧"。[1]两位演讲者或许也受此影响,习惯于通过提出更多道德要求实现对小学生道德行为上的最高期待。殊不知,这种拔高道德要求的做法,不仅会误导小学生对相关道德概念的理解,而且还将使其彻底丧失其对小学生应有的行为指导作用。

为此,针对概念外延泛化谬误,建议演讲者在晨会演讲的过程中养成一种通过辨析相近概念澄清自己所主张的道德概念内涵边界的说理习惯。对小学生而言,使用直接的概念界定可能过于抽象,但是,诉诸他们在语文学习过程中所常见的"近义词辨析"的方式,则能使他们比较容易把握概念的内涵。显然,这对小学教育工作者而言也并不构成太大的认知挑战,只不过需要在演讲之前打打"腹稿",事先对自己所讲主题的核心概念做一些了解。相反,倘若教育者在演讲中,肆意使用列举或者排比性的措辞借题发挥,就特别容易造成概念外延泛化的问题。

第二,避免滑坡谬误。在逻辑学中,一般把误将可能性转化为必然性以达到某种意欲之结论的做法称作"滑坡谬误"。比如,在题为"尊重别人,做自己的贵人"的演讲中,演讲者通过讲述一位服务生由于尊重他人而改变命运的故事指出:"每一个人就是自己最重要的贵人。"在题为"从'挑选小演员'想到的"的演讲中,演讲者提出"对别人有礼貌,就是提高自己的身份,就是体现自身的价值"。事实上,无论是"尊重别人"还是"对别人有礼貌",都是一个具有普遍性和可逆性的道德原则。倘若放弃这种道德原则内在所包含的普遍性和可逆性特征,转而诉诸偶然事件或者(理想的)可能结果来得出尊重别人(有好处)的结论,那势必就会造成滑坡谬误。进而,学生就很容易诉诸"不想要"或者"不在

---

[1] 黄向阳.高标德育平议[J].教育参考,2017(05).

乎"这种（利己的）"好处"的表态，导致这种道德说理的失效。究其原因，自爱或者利己乃是现代道德观念的起点，尤其是对于前习俗水平的小学生而言，诉诸趋利避害式的利己主义结果论的道德说理方式，容易引发学生的共鸣。但是，演讲者必须注意的一点是，对一些公德范围内的爱国行为或公益行为，仅仅诉诸利己主义结果论的说理方式，十分容易造成道德说理上的滑坡谬误。它容易让小学生误将片面呈现的利己结果当作爱国行为或者公益行为的充分理由，而不再去关照他人或者集体诉求的合理性。

为此，针对道德说理中的滑坡谬误，建议演讲者在演讲的过程中注意区分可能性判断与必然性判断。在日常生活中，为了增强言语的说服力，演讲者往往会故意把一种可能性（可能结果）当作必然性（必然结果或者客观规律），并顺着这个思路推出一种听者不愿接受的结局，进而从结果论上让听者接受自己的观点或主张。殊不知，这种"不愿接受的结局"只是一种可能而已，在很多情况下，它甚至还是一种概率极小或者完全不适用于听者的情况。通俗地讲，其本质就是一种我们常说的"危言耸听"。对此，建议演讲者通过使用正反论证相结合的方法，提升小学生道德推理和批判性思维能力。

第三，避免偷换议题谬误。在形式逻辑中，论证应遵循保证论题的同一规则，防止"跑题"或前后论题不一致。比如，在题为"家长的选择"的演讲中，演讲者分享了来自境外学生家长关于学生骂人、打架等不文明行为的批评，而后提出"大家应该关爱同学，特别是来自境外的学生"，"他们将把这里的校园生活、师生友爱的情况带到国外去宣传"。在这里，演讲者并没有针对骂人、打架为什么是"不文明行为"或者"应该受到批评"的问题进行澄清，而是通过转移论题提出了一个有关"师生友爱"的新命题。抛却其间包藏着的一种抬高自己的不公正说理问题不论,仅就这种偷换议题的手法而言,它也无助于学生对相关论题的认知。

为此,针对偷换论题谬误,建议演讲者在演讲的过程中注意在道德判断形成的过程中把握概念与概念之间的逻辑关联。这是因为,道德说理本质上就是确立两个判断或者两个命题之间的必然联系。倘若演讲者轻易从一个概念讲到另一个概念,就容易产生偷换论题的谬误。就演讲本身而言,它会让听众觉得演讲者的讲话缺乏条理,不知所云;从道德说理的功能上看,它则连作为道德说理之基础的道德判断都没有形成,从而也就无法赢得学生的理解、认同和接受。就其所产生的负面影响而言,它不仅浪费了听众的时间,而且也给学生提供了糟糕的说理示范。

第四,避免混淆道德理想与道德原则和道德底线之间的区别。无论教育者是否自觉地认识到这一点,其道德教育的实践内容都势必涉及道德理想、道德原则和道德底线三个层面。其中,道德理想通常是指人们向往和呼吁的高尚境界,道德原则是在特殊情况下可以变通的一般行为标准,道德底线是具体的行为要求。在学校德育中,每个学段的德育重心各有侧重:"幼儿园和小学的重心在于良好习惯养成的道德规则教育"。[1] 例如,在题为"努力做一个高尚的人"的演讲中,演讲者以富商分财产的故事提出"诚实和救人都是高尚的行为,但是宽容因为难以做到,所以显得更加高尚",进而得出"宽容的人才是高尚的人"的结论。在这里,演讲者混淆了作为道德底线的"诚实"与作为道德原则的"宽容"和作为道德理想的"高尚"之间的差别。

---

[1] 黄向阳.德育的层次与重心[J].思想理论教育,2008(8).

为此,针对混淆道德理想与道德原则和道德底线之间区别的问题,建议演讲者在演讲的过程中按照自低向高的顺序引导学生学会区分三种道德要求的差别。对于小学生而言,演讲者要充分认识和尊重小学生道德认知水平的阶段性特征,尽量避免涉及学生认知水平所不能及的那些较为抽象和高远的道德理想,避免使用一些道德口号,而是要切实从学生的生活实际出发,从道德底线要求切入,引导学生逐步认识和理解这些底线要求的合理性。在时机成熟的情况下,教育者可以通过适当的校园生活案例,揭示这些道德底线要求背后所潜藏的一般性的道德原则,从而推进这种道德教育的实践价值向学生的其他生活领域延伸。

第三节

大学毕业演讲中的道德教育论辩

作为大学生毕业前的"最后一课",在毕业典礼上,大学校长按照惯例都会代表学校向应届毕业生发表演讲。虽然此类演讲未必有明确的标题,但是,道德主题历来都是大学毕业演讲的核心内容。鉴于大学毕业生作为"准社会公民"和"准职场新人"的特殊身份,大学校长的毕业演讲也具有普遍的社会教育价值,因而往往能够引发广泛的社会关注和教育影响。其中,代表中国高等教育最高水平的"双一流"大学的毕业演讲尤其引人关注。不过,民众对这些毕业演讲的关注往往只停留在"标题""口号"或"警句"认知层面,而对演讲者所标举的道德主张及其对这些道德主张所做的合理性说明缺乏关注。事实上,此乃大学毕业演讲发挥社会教育作用的关键。为此,笔者试图通过系统考察 2015—2020 年我国"双一流"大学毕业演讲的文本内容,揭示中国大学毕业演讲中的道德教育的基本主张及其说理方式上的基本特征。

一、道德说理内容及其道德主张

为充分体现和集中反映各地"双一流"大学的代表性和参与度,我们按照以下三个原则选择样本:其一,按照各地"双一流"大学数量比重,等比选择各地大学校长毕业演讲的篇数;其二,在同一地域,优先侧重办学声誉较高的院校;其三,每所学校每年至多选取一篇。由此,我们共计选取全国各地大学校长毕业演讲 160 篇(见表 4-5)。

表 4-5 2015—2020 年中国"双一流"大学校长毕业演讲样本分布一览表

区域	省/市/自治区	大学分布比例	样本比例	样　本　来　源	合计(篇)	
华北	北京	24.3%	25.0%	THU(2015 - 2020),RUC(2015 - 2020),PKU(2015 - 2016、2018 - 2020),BUAA(2015 - 2019),BNU(2015 - 2016、2019 - 2020),BUPT(2016 - 2018),BJUT(2015 - 2016、2018),BIT(2019 - 2020),BFSU(2015、2018),CUPL(2016),CUFE(2016),MUC(2015),CAU(2018)	40	49
	天津	3.6%	5.6%	TJU(2015 - 2020),NKU(2016、2018 - 2019)	9	

续 表

区域	省/市/自治区	大学分布比例	样本比例	样 本 来 源	合计（篇）	
华东	上海	10.0%	10.0%	ECNU（2015－2019），TJU（2016、2018－2020），FDU（2018－2020），SJTU（2017－2018、2020），DHU（2020）	16	40
	江苏	10.7%	7.5%	NJU（2015、2019－2020），SEU（2019－2020），HHU（2018－2019），NJUST（2017、2020），NNU（2019），NUAA（2019），JU（2015）	12	
	浙江	2.1%	3.8%	ZJU（2015－2020）	6	
	山东	2.1%	2.5%	SDU（2015、2017），OUC（2016、2018）	4	
	安徽	2.1%	0.6%	USTC（2018）	1	
	江西	0.7%	0.6%	NCU（2018）	1	
华中	湖北	5.0%	9.4%	WHU（2016－2017、2019－2020），CCNU（2017、2019－2020），HUST（2018－2020），ZUEL（2019－2020），HZAU（2020），WHUT（2020），CUG（2020）	15	22
	湖南	2.9%	3.1%	CSU（2016－2017、2019），HNU（2015－2016）	5	
	河南	1.4%	1.3%	ZZU（2015、2018）	2	
东北	辽宁	2.9%	6.3%	NEU（2015－2020），DLUT（2015－2018）	10	17
	吉林	2.1%	3.1%	JLU（2016－2017、2020），NENU（2017、2020）	5	
	黑龙江	2.9%	1.3%	HIT（2016、2020）	2	

续 表

区域	省/市/自治区	大学分布比例	样本比例	样 本 来 源	合计(篇)	
西南	四川	5.7%	5.0%	SCU(2018-2020),UESTC(2015-2017),SWJTU(2018)	8	15
	重庆	1.4%	2.5%	CQU(2015、2017、2019),SWU(2018)	4	
	贵州	0.7%	0.6%	GZU(2020)	1	
	西藏	0.7%	0.6%	TU(2020)	1	
	云南	0.7%	0.6%	YNU(2016)	1	
西北	陕西	5.7%	3.8%	XJTU(2015-2017、2019-2020),SNNU(2018)	6	9
	甘肃	0.7%	1.9%	LZU(2015-2017)	3	
华南	广东	3.6%	3.8%	SYSU(2015、2017、2020),SCUT(2017、2020),JNU(2020)	6	8
	广西	0.7%	1.3%	GXU(2018-2019)	2	
合计		92.7%	100.0%	—	160	

说明：样本篇目均以编码模式标示。编码方式：毕业演讲所属年份—学校英文简称。如2015、2016—PKU,2015、2016表示所选毕业演讲的年份为2015年与2016年,PKU表示所选毕业演讲由北京大学校长发表。

为澄清160篇校长演讲中所涉及的道德类型,笔者参照2019年《新时代公民道德建设实施纲要》(以下简称《公民道德纲要》)中的道德分类框架(与《义务教育道德与法治课程标准(2022年版)》相同)和我国教育学者黄向阳于2008年提出的道德类型框架,对每篇大学校长演讲中所包含的道德主张(德目)进行统计。需要说明的是：其一,在同一篇演讲中,每个德目计1次(反复提及的同一德目也只计1次);其二,没有明确提及的道德主张(德目),不计频次;其三,对于演讲中所论及的两种道德分类框架都没有提及的道德主张(德目),则做出必要的增补与调整。具体而言,增补的情况有3项:(1)在"社会公德"类型中增补"造福人类"一个德目;(2)在"职业道德"类型中增补"团结合作"一个德目;(3)在"家庭美德"类型中增补"家庭担当"一个德目。此外,另有1项调整:鉴于大学校长毕业演讲中所说的"奉献社会"实际是以社会生活背景来讨论的,笔者将《公民道德纲要》中"职业道德"类型下所列的"奉献社会"调至"社会公德"类型。

结合四分框架看,"个人品德"类型的道德内容约占总体51.2%;"家庭美德"类型的道德内容约占总体2.8%,"社会公德"类型的道德内容约占总体27.6%,"职业道德"类型的道德内容约占总体18.4%。从三分框架的归类分析结果看,"私德"类型的道德内容约占总体的21.2%,"公德"类型的道德内容约占总体的60.4%(其中,国民公德约占32.8%,社会公德约占27.6%),"职业道德"类型的道德内容约占总体的18.4%(见表4-6)。比较而言,三分法中的"私德"大致包含了四分法中的"个人品德"和"家庭美德"两种类型;此外,两种类型划分方法的分歧主要集中在"爱国奉献"这一德目的归属上面——四分法中将"爱国奉献"归为"个人品德"(即三分法中的"私德"),而三分法中则将"爱国奉献"归为"公德"(国民公德)。

总之,无论我们采取道德类型上的四分法还是三分法,都可以清楚地发现,2015—2020年"双一流"大学校长毕业演讲中有关道德要求主要集中在"爱国奉献""爱岗敬业"和"奉献社会"三个方面。在四分法看来,2015—2020年"双一流"大学校长毕业演讲中的三大道德主张分属"个人品德"(爱国奉献)、"职业道德"(爱岗敬业)和"社会公德"(奉献社

表 4-6 2015—2020 年"双一流"大学校长毕业演讲所涉德目统计一览表

类型	德目	频次	比重	类型	德目	频次	比重
个人品德	爱国奉献	161	251	51.2%	私德	宽厚正直	29	104	21.2%
	宽厚正直	29				自强自律	23		
	自强自律	23				勤劳奋斗	21		
	勤劳奋斗	21				诚实守信	17		
	诚实守信	17				家庭担当	9		
家庭美德	家庭担当	9	14	2.8%		孝敬父母	5		
	孝敬父母	5			公德	国民	爱国奉献	161	161	32.8%
社会公德	奉献社会	70	135	27.6%		社会	奉献社会	70	135	27.6%
	善待他人	24					善待他人	24		
	造福人类	21					造福人类	21		
	敬畏自然	10					敬畏自然	10		
	遵纪守法	10					遵纪守法	10		
职业道德	爱岗敬业	74	90	18.4%	职业道德	爱岗敬业	74	90	18.4%
	团结合作	11				团结合作	11		
	诚实守约	5				诚实守约	5		
合计		490	100%	合计		490	100%

会)三种道德类型,而"家庭美德"较少涉及;在三分法看来,2015—2020年"双一流"大学校长毕业演讲中的三大道德主张则分属"(国民)公德"(爱国奉献)、"职业道德"(爱岗敬业)和"(社会)公德"(奉献社会)三种

道德类型,而"私德"则较少涉及。由此可见,"爱国奉献"乃是这些年来"双一流"大学校长毕业演讲中的首要道德主张,而"家庭美德"或"私德"的缺席则是"双一流"大学校长毕业演讲中有关道德主题内容的一个显著特征。此外,值得一提的是,在所选取的160篇大学校长毕业演讲中,有3篇并未涉及任何道德教育的内容:第一篇主要围绕成为"一个有思想的人"展开(2017—THU);第二篇主要围绕成为"一个有硬实力且有趣味的人"展开(2017—UESTC);第三篇主要强调要在复杂多变的世界中打开视野、保持专注、深度思考、简练表达(2020—SCU)。

二、道德说理方式分析

道德说理的方式,影响着道德教育的合理性与可接受性。为此,以每篇大学校长毕业演讲中所包含的一个"说理片段"(即针对一个道德主张所进行的相对完整的论证过程)为单位,对这些毕业演讲中有关道德说理方式进行统计分析,可以将说理方式区分为结果论、道义论及复合式说理三大类别。其中,结果论又分利己主义结果论和社会功用主义结果论两个亚类;复合论证则分道义论与社会功用主义结果论相结合的复合论证和道义论与利己主义结果论相结合的复合论证两个亚类。此外,也包含无论证(即仅出现道德教育内容,却并未对其做出任何说明或者给予证据支持)情况的(见表4-7)。需要说明的是,说理片段若使用复合论证,则直接记一次复合论证,不再重复记于结果论和道义论。

统计发现:在大学毕业演讲中,使用频次最多的道德说理方式是结果论,约占道德说理总频次的42.25%(其中,社会功用主义结果论约占30.82%,利己主义结果论约占11.43%),其次是约占38.57%的道义论,再次是约占10.41%的道义论与社会功用主义结果论的复合说理方

表 4-7 2015—2020年"双一流"大学校长毕业演讲中道德说理方式一览表

类型	德目	道义论	结果论 - 社会功用主义	结果论 - 利己主义	复合说理 - 道义论+社会功用主义	复合说理 - 道义论+利己主义	无论证
私德	宽厚正直	8	3	8	2	2	6
私德	自强自律	6	2	9	0	1	5
私德	勤劳奋斗	3	9	6	0	1	2
私德	诚实守信	4	3	6	1	1	2
私德	家庭担当	0	1	1	4	0	3
私德	孝敬父母	1	0	1	1	0	2
私德（小计）		22	18	31	8	5	20
公德-国民	爱国奉献	80	52	2	23	1	3
公德-社会	奉献社会	33	27	2	8	0	0
公德-社会	善待他人	7	6	2	3	0	6
公德-社会	造福人类	11	6	0	3	0	1

续表

类型	德目	说理方式					
		道义论	结果论		复合说理		无论证
			社会功用主义	利己主义	道义论+社会功用主义	道义论+利己主义	
社会公德	敬畏自然	6	6	0	3	0	1
	遵纪守法	60	44	0	0	0	1
职业道德	爱岗敬业	24	31	13	4	1	1
	团结合作	2	4	4	1	0	0
	诚实守约	1	2	0	0	1	1
合计		189	151	56	51	8	35
比重		38.57%	30.82%	11.43%	10.41%	1.63%	7.14%
			42.25%		12.04%		

244

式,最少的是仅约占1.63%的道义论与利己主义结果论的复合说理方式。倘若我们将两种结果论分开来看,则单独使用频次最多的道德说理方式依次是道义论(38.57%)、社会功用主义结果论(30.82%)、利己主义结果论(11.43%)和道义论与社会功用主义结果论相结合的复合说理方式(10.41%)。倘若我们将单独使用的道义论与综合使用的道义论综合来看,那么2015—2020年"双一流"大学校长毕业演讲中对道义论的说理方式则约占到了50.61%,超过道德说理方式总频次的一半。这充分说明大学校长对于道德领域特有的说理方式的倚重。

总体上看,2015—2020年我国"双一流"大学校长毕业演讲中道德说理方式主要呈现以下几个特点。

其一,道义论说理方式所占比重总体超过一半,反映了大学校长对于道德问题具有较高的认知水平。我国自古以来注重私德,因此在中小学校的公德教育中,常常出现从学生私人的立场出发,以自利作为遵循公德的动机与倾向。然而,在大学校长的演讲中并未出现上述问题,大学校长在进行道德说理时,使用最多的说理方式是道义论,并主要被运用于公德范畴,可见他们准确把握了公德的价值内涵,且再一次凸显了大学校长具有较高水平的理性自觉。

其二,在复合论证中,主要见于道义论与社会功用主义结果论的结合,而道义论与利己主义结果论的结合则极为罕见,这不仅很好地避免了单独使用结果论与道义论所可能存在的论证不充分的弊病,而且合乎道义论在道德教育说理中的优先地位,毕竟道义论的观点通常都是结果论观点的假设前提。

其三,无论证的情况主要出现在私德和社会公德两种道德类型中,且主要集中在有关"宽厚正直""善待他人"和"自强自律"三个道德要求的说理问题上。在演讲者看来,它们对于当代即将步入社会的大学生而言,早已成为不证自明抑或老生常谈的道德常识。

此外,从论证的充分程度(亦即使用说理方式的数量多少)看,比较突出的是以下三种道德主张:居第一位的是属于(国民)公德类型的"爱国奉献",居第二位的是属于(社会)公德类型的"奉献社会";居第三位的是属于职业道德类型的"爱岗敬业"。这个结果与前面我们对道德内容的统计结果虽顺序上略有出入,但内容上则基本一致。或许,它从另一个侧面反映了大学管理者对即将步入社会的新一代青年的价值期待。

三、大学毕业演讲中道德说理的优化建议

对于参与大学毕业演讲的演讲者而言,要想使其标举的道德主张得到学生的认同和接受,除了了解演讲中的道德要求及其说理方式的特点外,对于大学毕业演讲中所存在的道德说理方式上的问题也应该有清晰的认知。概而言之,大学校长的毕业演讲主要需要警惕以下四个方面的问题。

第一,群体偏执谬误。在说理过程中,若过于强调群体身份或仅依据群体身份得出结论,则称为"群体偏执谬误"。它具体表现为:过于强调甚至只强调某校人的身份,仅仅从"某校人"推出"应该怎么做",没有为结论提供充足理由的论证,违反了推理的有效性原则。经统计,在160篇大学校长的毕业演讲中,群体偏执谬误共计出现42次,多见于对"爱国奉献"这一德目的论证中。殊不知,家国情怀和爱国精神是每个公民都应该具有的,刻意地强化学校身份,反而消解了道德要求本身的普适性。诚然,就毕业典礼这一特殊场合而言,大学管理者通过呼吁自己的毕业生"做一个合格的某校人"来突出和放大"学校身份",容易强化"未来校友"对母校的认同感,也是人之常情;从道德领域理论的视野

第四章
校园集会中的道德教育论辩

看,大学演讲者强调毕业生的"某校人"身份,也是重视和发挥"特色大学精神和大学文化"育人作用的体现。倘若只是从学校优良传统的意义上讲讲,倒也无可厚非。但是,倘若在道德说理的过程中,用一种特殊的"学校身份"作为针对即将具备的更为开放的"社会人""国家人"和"全球人"身份的毕业生提出道德要求的充分论据,那么,它无异于是将所宣讲的道德要求作为某校人专属品质,从而夸大了道德的群体性特征(显得视野狭窄、格局太小),而且它实则也经不起道德说理逻辑上的推敲。就其教育效果而言,恐怕最终也只是停留于情绪渲染上的效果而已,既不匹配毕业生即将获得的新身份,也不合乎其所标举的道德要求本身的普适性,最终也恐将因无法内化而难收道德教育的长效。

为此,针对群体偏执谬误,建议演讲者从学生即将履新的社会身份、职业身份审视自己所提道德要求的适切性。因为,无论是从大学毕业生即将发生的身份变化来看,还是从其生活领域即将发生的现实转变和即将面临的生活挑战来看,他们首先是社会人、职业人,其次才是母校的校友。弱化学校身份不仅不会弱化学生对母校的认同感,而且是毕业典礼应当发挥的身份过渡、使命唤醒作用。尤其是对"双一流"大学而言,更应该着眼于"世界一流"的建设目标,更多地从"世界眼光"和"人类视野"出发来审视自己培养的大学毕业生应该具备的人类意识和道德关怀,使其具有一种参与人类文明发展和世界和平事业的使命感和责任感。

第二,混淆道德理想与道德原则和道德底线之间的区别。在这些大学毕业演讲中,演讲者常常将高尚的道德理想行为当作普遍的道德原则或具体的道德规则看待。作为"双一流"大学的毕业生,享受了优越的社会教育资源,社会势必会对其产生更高的期望。但是,"道德实践是一种建立在道德自足(自爱)基础上的价值选择"。[1]奉献作为一种有条件的社会实践,不仅个人要有奉献的主观意愿,而且还要具备身体、物质和家庭等多方面的客观条件的支持。一旦将奉献视为一种无条件的命令,那么它无异于是把一种高标的道德理想,当作普遍化的道德原则或者道德底线进行要求。究其原因,与我国自古便有倡导道德高标的理想主义修身传统有关。以春秋时期孔子的弟子子贡"赎人让金"的故事为例。鲁国为鼓励鲁国人花钱赎救沦为奴隶的同胞而颁布法律规定:凡赎人者可领取国家补偿及奖金。然而,在国外做生意发了财的子贡自以为"高尚"地不仅赎回了一个同胞而且还拒领赎金,却遭到孔子的严肃批评:"你带了一个坏头——由于你间接地抬高了道德标准,将原本合理合法的领取赎金补偿之举衬托为不道德之举,从今往后鲁国人再也不肯为沦为奴隶的同胞赎身了。"由此可见,"道德方面的宣传和教育要承认并尊重道德主体的合理利益",[2]高尚的道德理想并不适合作为普遍的道德原则或道德底线来要求。

为此,针对混淆道德理想与道德原则和道德底线之间区别的问题,建议演讲者在大学毕业演讲的过程中能够基于明确的道德原则,引导大学生认识到超越道德底线和追求道德理想的人生价值。从认识逻辑上看,三者之间存在一种互为条件的递进关系:首先应当具备道德底线,才能有效学习道德原则;其次,只有具备了道德原则,才能进一步追求道德理想。相反,倘若演讲者将道德理想或道德高标作为道德主张的起点或者唯一主张,那么,就很难引发听众普遍的经验共鸣,从而也就无法达到预期的道德教育效果。从人性与道德的关系来看,人性的利己属性是人类作为动物的自然属性,也是人类行动的动力来源。在

---

[1] 王占魁."公平"抑或"美善"——道德教育哲学基础的再思考[J].教育研究,2011(3).
[2] 黄向阳.高标德育平议[J].教育参考,2017(5).

道德教育中,既不能漠视学生合理的选择空间及利己属性,不宜层层加码地将道德理想当作道德原则或者道德底线来做普遍化的要求;相反,演讲者应该从学生的立场出发,以一种宽容的态度承认合理利己在道德领域中的正当性,在保护学生合理利己性的基础上,进一步引导学生发展利他性。

第三,结果论中鲜见消极结果论据的问题。在大学校长的毕业演讲中,结果论往往通过范例的讲述归纳出一定的道德要求或主张。在这种经验归纳的推理方式中,演讲者通过呈现真实事件及具体的情境,使说理内容更鲜活生动、更易理解。但是,仅仅通过例证归纳得出的结论并不具有普遍性。毕竟,归纳法本身只能作为提供证据的方法,而不能作为论证的方法,其所得出的结论不具备逻辑必然性。进一步而言,在道德说理中依赖例证法且不考证范例本身的合理性,容易导向道德相对主义,甚至可能发展为极端道德相对主义。[1] 这是因为,例证法中的范例在充当范例之前并没有首先得到普遍道德原则的鉴别,不同的人有不同的道德认知,不同文化背景下的人群、民族和社会有不同的道德要求。更为突出的情况是,演讲者习惯于从高标上要求毕业生"应当怎么做"而较少从底线上要求毕业生"不得怎么做",而且在对这些道德要求进行说理的过程中,也往往只强调某种道德行为所能产生的"有益结果",而对其潜在的"不利后果"闭口不谈。通过大学校长毕业演讲中正反论据使用频次统计可以发现,积极结果论约占91.7%,消极结果论仅约占8.3%。殊不知,"消极结果(反面论据)在说理中有时可以得到特殊的说服效果"。[2] 究其原因,我们习惯于通过树立具有高尚品德的道德榜样和宣传其先进事迹的方式进行道德教育,以期发挥一种

---

[1] 黄向阳.道德相对主义与学校德育[J].全球教育展望,2001(6).
[2] 黄向阳.德育原理[M].上海:华东师范大学出版社,2000:200.

典型的示范效应或引领作用。诚然，这种榜样示范法的出发点是好的，但是，倘若将"正能量"与"积极引导"作为遴选道德证据的标尺，有意或无意地回避选取消极结果论的范例，那么，它不仅会使得消极结果论所能发挥的"特殊说服效果"无从发挥，也往往因为论据的片面性导致学生忽略社会中真实存在的道德问题，使得德育跌入"过于理想化"的认知陷阱。

为此，针对结果论中鲜有消极结果论据的问题，建议演讲者充分认识消极结果论据与积极结果论据在道德说理中的互补作用。对于具备充分道德认知能力的大学毕业生而言，演讲者不应怀疑他们对于相关消极结果论据的判断力，而应该像对待学术一样，以一种准确、客观的态度，从正反两个方面同时呈现积极结果与消极效果。对于即将走出学校的大学毕业生而言，了解一些真正反映社会现实道德问题的消极结果范例，反而可以对他们起到良好的警示教育作用。

第四，部分道德主张无论证的问题。在大学校长的毕业演讲中，无论证的道德主张往往是以"口号呼吁"的形式提出的，诸如"希望同学们有大爱！""大家一定要学好，要善良，要爱生命、爱万物，要报效国家、忠诚、热爱我们民族、报效你们的父母、宽容待人！"。诚然，呼吁式的道德口号本身具有很强的感染力，有助于培养学生的道德情感。但是，倘若大学毕业演讲的演讲者只停留于呼吁毕业生"要做什么"，而不为其提供必要的论据支持，亦即言明"为什么要这么做"，那么大学毕业生对它的认知恐怕也将始终停留在"被感染"的那一刻，而不会产生付诸行动的可靠意志基础。由此，演讲中的道德口号充其量也只能作为一种仪式性的表演而存在，而断然不会产生任何道德教育的长效作用。究其原因，这不仅与演讲这一口语表达形式所特有的临场性、时限性特点有着紧密关系，而且还与演讲者将一些道德要求看作不证自明的道德常识的认知有关。问题是,一种缺乏理性说理过程的主张,无异于将听众视为一种等待灌输的"收听工具",它不仅无助于学生真正意义上的道德成长,而且可能还将有损大学殿堂和毕业典礼的庄严。

为此,针对部分道德主张无论证的问题,建议演讲者自觉抵制口号性的道德呼吁,自主加强对道德要求的说理意识。从大学毕业生的现实需要出发,他们更需要的是人生的指引、生存的智慧与社交的禁忌,而不是口号式的道德呼吁。因此,大学毕业演讲的演讲者不仅需要切实从大学毕业生的现实需要出发来提出有关道德生活方面的建议和忠告,更要从学术的立场出发,对自己所标举的道德主张首先经过自身的理性检验。从后一个方面看,演讲者势必需要自觉抵制口号式的道德呼吁。这应是"大学人"普遍自觉的理性要求。

第五章

学校教材中的道德教育论辩

如果没有被说出来——在对话中或者有声地,或者无声地说出来——思想就不会发生。[1]

——阿伦特

---

[1] 阿伦特.精神生活思维[M].姜志辉,译.南京:江苏教育出版社,2006:108-109.

第五章
学校教材中的道德教育论辩

在集会演讲中,受教育者虽受身体上的约束,但其思想还是相对自主的。相比之下,教科书则具有比较强的封闭性和强制性。因为教科书不仅仅是教材(一种用以教育的材料),而且还是用以考核的基本依据。不过,从道德教育实践的意义上看,无论教科书是否诉诸封闭的考核标准,其中都潜藏着一种合理性的要求。它意味着,教科书要想赢得教育者和学习者的认同,就必须首先满足道德说理的基本要求。与此同时,它也意味着道德教学并非一个"教材陈述——教师讲解——学生接受"的线性灌输过程;相反,教师需要根据学生实际的认知水平,有效识别和调整德育教材的陈述逻辑。为此,本章着力聚焦《道德与法治》和《语文》这两种教科书中道德教育论辩内容与形式的分析,以期帮助一线教师和学生更好地理解和使用这套教科书。

第一节

《道德与法治》中的道德教育论辩[1]

作为学校直接德育课程化的主要载体和基本依据,义务教育《道德与法治》教科书承担着中小学道德教育"教什么"和"如何教"两大核心任务。教科书中的德育内容和道德说理方式,直接影响学生的道德思维发展及良好道德品质形成的路径与效果。2016 年秋季学期,我国义

---

[1] 本节内容曾发表于《全球教育展望》2022 年第 11 期,题为《新版义务教育阶段〈道德与法治〉教科书中的道德说理:问题分析与教学建议》。

务教育阶段开始正式使用义务教育《道德与法治》教科书。按照2011年教育部颁布的有关中小学德育教材的课程标准,小学段旨在"提高道德判断和行为选择能力,发展学生主动适应社会、积极参与社会的能力";[1]初中段旨在"促进初中学生道德品质、健康心理、法律意识和公民意识的进一步发展,形成乐观向上的生活态度,逐步树立正确的世界观、人生观、价值观"。[2] 2016年以来,这套教科书在全国各地学校广泛使用,然而,对于教科书中围绕上述课程标准展开道德说理的成效普遍疏于考察研究。为此,本节旨在通过系统梳理义务教育《道德与法治》教科书(六年制小学12册和三年制初中6册)[3]中有关道德主题篇目,揭示其中有关德育篇目的道德说理方式、存在的问题及其成因,以便为广大中小学师生更好地使用教科书提出富有针对性的教学建议,从而更好地落实立德树人的根本任务。

一、课程设计思路及其道德主张

我国中小学现行统一使用的《道德与法治》教科书,是根据《义务教育品德与社会课程标准(2011年版)》和《义务教育思想品德课程标准(2011年版)》编写的。从设计思路上看,小学和初中的课程标准都强调以家庭、学校、社区、国家、世界等"学生(逐步扩展)的生活(领域)"为基础,以学生在此成长过程中"需要处理的关系"(即自我与自我关系、自

---

[1] 中华人民共和国教育部. 义务教育品德与社会课程标准[S]. 北京:北京师范大学出版社,2011:1.
[2] 中华人民共和国教育部. 义务教育思想品德课程标准[S]. 北京:北京师范大学出版社,2011:1.
[3] 需要说明的是,这套新版《道德与法治》教科书的推出跨越了约3年时间:一年级上册2016年7月第1版,一年级下册2016年11月第1版,二年级上册2017年7月第1版,二年级下册2017年12月第1版,三年级上册2018年6月第1版,三年级下册2018年12月第1版,四年级上册2019年6月第1版,四年级下册2019年11月第1版,五年级上册2019年6月第1版,五年级下册2019年12月第1版,六年级上册2019年6月第1版,六年级下册2019年12月第1版,七年级上册2016年7月第1版,七年级下册2016年11月第1版,八年级上册2017年7月第1版,八年级下册2017年12月第1版,九年级上册2018年6月第1版,九年级下册2018年12月第1版。

我与他人的关系、自我与集体、自我与社会和自我与国家的关系)为主线,并"有机整合道德、心理健康、法律、国情等方面的内容"。不仅如此,两个学段的课程标准也都特别强调,"道德与法治"课程"旨在培养学生的良好品德","旨在促进中学生正确思想观念和良好道德品质的形成与发展"。此外,在课程基本理念中,课程标准明确强调,为了提高德育的实效性,小学阶段要"选取学生生活中真实可信的生动事例,采用学生乐于和适于接受的生动活泼的方式,帮助他们认识和解决现实生活中的问题",初中阶段要认识到"思想品德的形成与发展,离不开学生的独立思考和积极实践,国家和社会的要求只有通过学生的独立思考与实践才能为学生真正接受"。由此可见,无论是从小学生"认识和解决现实生活中的问题"需要上看,还是从初中生"独立思考与实践"的要求上看,教科书对其道德主张的说理陈述都势必需要经得起合理性的检验,因为它将直接影响学生道德思维的发展和学校直接德育的成效。

《道德与法治》教科书共有207课。其中,小学六年制《道德与法治》154课,初中三年制《道德与法治》53课,总体上都涉及道德、法律、国情和心理健康四个方面的内容。尽管按照课程标准,《道德与法治》教科书有机整合了四个方面的内容,但从学科的意义上看,有关国情、心理健康的内容并非严格意义上的道德范畴,与严格意义上的道德教育无关。据此,我们将教科书中的课文分为"道德主题"和"非道德主题"两类。[1]

非道德主题课文共有55篇,约占《道德与法治》教科书篇目总数的

---

[1] 这里需要说明的是,由于教科书是按照学生的生活逻辑编排的,因而每一课都包含了法治、道德、生命健康、中华优秀传统文化等多种教育内容,而本研究以每一课或每一框的主题中要求学生内化的行为准则为依据判断其教育内容的类型,有一记一,有多个则会作多维统计,也就是说,如果一篇课文中存在多个教育主题,我们会将它们分别归入各自所属的道德类型进行统计。"比如一年级上册第四课'上学路上'就通过'我的上学路'这一生活事件整合了安全教育、礼仪教育和道德教育。"(章乐. 小学《道德与法治》统编教材的整体性解读[J]. 中国德育,2018(21):53-58.)

26.6%,包括校园生活、国情时事、身心健康、安全教育、习惯培养五个类型。其中,主要以"习惯培养"(约占 48%)和"身心健康"(约占 25%)两项内容为主,且主要集中于小学低段(一、二年级)。从学段分布情况看,非道德主题篇目主要集中在小学阶段,占非道德主题篇目总数的 91%,其中,"校园生活""安全教育"和"身心健康"都主要出现在第一学段,反映了新学段在起点教育上的典型内容;"国情时事"仅仅出现在小学六年级,成为第三学段才出现的一项新内容。相比之下,初中的非道德主题篇目极少,仅占义务教育阶段非道德主题篇目总数的 9%,且主要是"身心健康"类内容,集中出现在七年级(见表 5-1)。

表 5-1 《道德与法治》教科书中非道德主题篇目统计一览表

学段	年级	非道德主题篇目类型					合	计
		校园生活	身心健康	国情时事	安全教育	习惯培养		
第一	一	5	4	0	3	7	19	33
	二	0	5	0	1	8	14	
第二	三	0	0	0	2	4	6	11
	四	0	0	0	0	5	5	
第三	五	0	1	0	0	1	2	6
	六	0	1	3	0	0	4	
小学合计		5	11	3	6	25	50	
小学比重		10%	22%	6%	12%	50%	100%	
第四	七	1	3	0	0	1	5	5
	八	0	0	0	0	0	0	
	九	0	0	0	0	0	0	

续表

学段	年级	非道德主题篇目类型					合计
		校园生活	身心健康	国情时事	安全教育	习惯培养	
初中合计		1	3	0	0	1	5
初中比重		20%	60%	0	0	20%	100%
合计		6	14	3	6	26	55
比重		11%	25%	5%	11%	48%	100%

道德主题课文共有185篇，约占《道德与法治》教科书篇目总数的89%，涉及个人品德、家庭美德、社会公德和职业道德四个类型。其中，占据最多份额的是"社会公德"类篇目，共计119篇，占道德主题篇目总数的64%；其次是"个人品德"类篇目，共计40篇，约占道德主题课总数的21.6%；再次是"家庭美德"类篇目，共计18篇，约占道德主题篇目总数的9.7%；最少的是"职业道德"类篇目，共计8篇，约占道德主题篇目总数的4.3%。从学段分布情况看，道德主题篇目的内容结构在小学和初中的分布主要呈现三个方面的特征。第一，"社会公德"在小学和初中两个学段都远超过半数（分别约占据61%和71%），成为非常突出的首要道德类型，且在初中比重大于小学，充分体现了这套教材的编写者在扭转我国传统道德教育"重私德、轻公德困境"[1]上所做的努力。第二，"个人品德"在小学和初中两个学段都居第二比重（分别约占据24%和17%），且在小学比重大于初中，反映了学生道德领域由家庭到学校再到社会逐次展开的自然秩序。第三，小学道德内容中居第三位的是"家庭美德"（约14%），而初中道德内容中居第三位的则是"职业道德"

---

[1] 黄向阳.德育内容分类框架——兼析我国公德教育的困境[J].全球教育展望,2008(9).

（约11%），这也凸显了两个学段道德教育内容上最主要的差别（见表5-2）。总体来看，"社会公德"是初中和小学德育的主要内容，这一特征有效回应了课程标准中"帮助学生过积极健康的生活，做负责任的公民"和"引领学生了解社会、参与公共生活、珍爱生命、感悟人生"等要求。

表5-2 《道德与法治》教科书中道德主题篇目统计一览表

学段	年级	道德主题篇目类型				合计
		个人品德	家庭美德	社会公德	职业道德	
第一	一	7	4	7	0	18
	二	4	1	18	0	23
第二	三	5	6	8	1	20
	四	9	3	11	0	23
第三	五	2	3	16	0	21
	六	2	0	13	0	15
小学合计		29	17	73	1	120
小学比重		24%	14%	61%	1%	100%
第四	七	9	1	13	1	24
	八	2	0	18	3	23
	九	0	0	15	3	18
初中合计		11	1	46	7	65
初中比重		17%	1%	71%	11%	100%
合计		40	18	119	8	185
比重		21.6%	9.7%	64%	4.7%	100%

为了清晰呈现《道德与法治》教科书所包含的具体道德主张,这里参照《义务教育道德与法治课程标准(2022年版)》中的道德类型四分法和我国教育学者黄向阳提出的道德类型三分法的框架,对这些道德主题篇目所反映的道德主张做了整体性的统计。结果发现:从四分框架看,"个人品德"类型的道德内容约占总体38%,"家庭美德"类型的道德内容约占总体9%,"社会公德"类型的道德内容约占总体51%,"职业道德"类型的道德内容约占总体2%(见表5-3);从三分框架看,"私德"类型的道德内容约占总体的42%,"公德"类型的道德内容约占总体的56%,"职业道德"类型的道德内容约占总体的2%(见表5-4)。比较而言,两种类型划分方法的分歧主要集中在"爱国奉献"这一德目的归属上面——四分法中将"爱国奉献"归为"个人品德"(即三分法中的"私德"),而三分法中则将"爱国奉献"归为"公德"(国民公德)。

表5-3 《道德与法治》教科书中德目类型四分法统计一览表

类型	德 目	涉 及 篇 目	频次		比重
个人品德	爱国奉献	2-1-3,2-1-4,5-1-6,5-1-7,5-1-8,5-1-9,5-1-10,5-2-7,5-2-8,5-2-9,5-2-10,5-2-11,5-2-12,6-1-2,6-2-9,6-2-10,8-1-8,8-1-9,8-2-1,8-2-2,8-2-3,8-2-4,8-2-5,8-2-6,8-2-7,8-2-8,9-1-1,9-1-2,9-1-3,9-1-5,9-1-6,9-1-7,9-1-8	33	57	38%
	珍惜生命	2-2-4,3-1-7,7-1-8,7-1-9	4		
	自律自强	3-2-1,5-1-1,7-2-2,7-2-3	4		
	勤俭节约	4-2-4,4-2-5,4-2-6	3		
	承担责任	6-2-6,8-1-6,9-2-5	3		

续 表

类型	德 目	涉 及 篇 目	频 次	比重
个人品德	关心他人	1-2-13,3-2-4,3-2-10	3	
	明理遵规	1-1-10,2-2-6	2	
	宽厚正直	3-2-2,6-2-2	2	57	38%
	诚实守信	3-2-3,4-2-2	2	
	扶助弱小	4-2-1	1	
家庭美德	尊老爱幼	1-2-9,1-2-10,3-1-11,3-1-12,4-2-10,5-2-1,5-2-2,3-1-10,5-2-3,7-1-7	10	14	9%
	邻里互助	1-2-11,1-2-12,3-2-5,3-2-6	4	
社会公德	遵纪守法	1-1-15,2-1-6,2-1-7,2-1-11,3-2-9,3-2-13,4-1-1,4-1-9,5-1-4,5-1-5,5-2-4,5-2-5,8-1-3,9-1-4,4-1-8,6-1-1,6-1-3,6-1-4,6-1-8,6-1-9,7-2-9,7-2-10,8-1-2,8-1-5	24	76	51%
	保护环境	2-1-10,2-2-9,2-2-10,2-2-11,2-2-12,4-1-10,4-1-11,4-1-12,6-2-4,6-2-5,9-2-1,1-2-5,1-2-6,1-2-7,1-2-8	15	
	尊重他人	1-1-3,3-1-5,3-2-12,4-2-3,4-2-8,4-2-9,4-2-11,6-2-1,6-2-7,7-1-4,7-1-5,7-1-6,8-1-4,2-1-12	14	
	团结合作	1-2-16,2-2-7,9-2-2,9-2-3,9-2-4,7-2-6,7-2-7,7-2-8	8	
	热爱集体	2-1-5,2-1-8,2-1-9,3-1-4,3-1-6,4-1-2	6	
	服务社会	5-2-6,6-2-8,8-1-7,8-1-10,9-2-7	5	

续 表

类型	德目	涉及篇目	频次	比重
社会公德	助人为乐	1-2-14,2-2-3,8-1-1	3	76 51%
	爱护公物	3-2-8	1	
职业道德	爱岗敬业	3-2-11,7-1-10,9-2-6	3	3 2%

说明：统计表中所涉篇目的编码，原则上遵照"年级-上/下册-课号"编制：年级和课号直接以数字记号，上册记作1，下册记作2。对于个别课号下面包含多篇文章的情况，我们则在课号下面以括号的形式记号，例如"7-2-6"表示七年级-下册-第六课。表5-4编码方法与此相同，不再赘注。

表5-4 《道德与法治》教科书中德目类型三分法统计一览表

类型	德目	涉及篇目	频次	合计	比重
私德	尊重他人	1-1-3,3-1-5,3-2-12,4-2-3,4-2-8,4-2-9,4-2-11,6-2-1,6-2-7,7-1-4,7-1-5,7-1-6,8-1-4,2-1-12	14	63	42%
	尊老爱幼	1-2-9,1-2-10,3-1-11,3-1-12,4-2-10,5-2-1,5-2-2,3-1-10,5-2-3,7-1-7	10		
	团结合作	1-2-16,2-2-7,9-2-2,9-2-3,9-2-4,7-2-6,7-2-7,7-2-8	8		
	珍惜生命	2-2-4,3-1-7,7-1-8,7-1-9	4		
	邻里互助	1-2-11,1-2-12,3-2-5,3-2-6	4		
	自律自强	3-2-1,5-1-1,7-2-2,7-2-3	4		
	勤俭节约	4-2-4,4-2-5,4-2-6	3		
	助人为乐	1-2-14,2-2-3,8-1-1	3		
	承担责任	6-2-6,8-1-6,9-2-5	3		

续 表

类型	德目	涉及篇目	频次	合计	比重
私德	关心他人	1-2-13,3-2-4,3-2-10	3	63	42%
	明理遵规	1-1-10,2-2-6	2		
	宽厚正直	3-2-2,6-2-2	2		
	诚实守信	3-2-3,4-2-2	2		
	扶助弱小	4-2-1	1		
公德（社会）（国民）	爱国奉献	2-1-3,2-1-4,5-1-6,5-1-7,5-1-8,5-1-9,5-1-10,5-2-7,5-2-8,5-2-9,5-2-10,5-2-11,5-2-12,6-1-2,6-2-9,6-2-10,8-1-8,8-1-9,8-2-1,8-2-2,8-2-3,8-2-4,8-2-5,8-2-6,8-2-7,8-2-8,9-1-1,9-1-2,9-1-3,9-1-5,9-1-6,9-1-7,9-1-8	33	84	56%
	遵纪守法	1-1-15,2-1-6,2-1-7,2-1-11,3-2-9,3-2-13,4-1-1,4-1-9,5-1-4,5-1-5,5-2-4,5-2-5,8-1-3,9-1-4,4-1-8,6-1-1,6-1-3,6-1-4,6-1-8,6-1-9,7-2-9,7-2-10,8-1-2,8-1-5	24		
	保护环境	2-1-10,2-2-9,2-2-10,2-2-11,2-2-12,4-1-10,4-1-11,4-1-12,6-2-4,6-2-5,9-2-1,1-2-5,1-2-6,1-2-7,1-2-8	15		
	热爱集体	2-1-5,2-1-8,2-1-9,3-1-4,3-1-6,4-1-2	6		

续 表

类型		德 目	涉 及 篇 目	频次	合计	比重
公德	社会	服务社会	5-2-6,6-2-8,8-1-7,8-1-10,9-2-7	5	84	56%
		爱护公物	3-2-8	1		
职业道德		爱岗敬业	3-2-11,7-1-10,9-2-6	3	3	2%

总之,两种分类框架都表明,《道德与法治》教科书中有关道德要求主要集中在"爱国奉献""遵纪守法""保护环境""尊重他人""尊老爱幼"五个方面。所不同的是:以四分法来看,《道德与法治》教科书的五大道德主张分属"个人品德"(爱国奉献)、"社会公德"(遵纪守法、保护环境、尊重他人)和"家庭美德"(尊老爱幼)三种道德类型;以三分法来看,《道德与法治》教科书的五大道德主张分属"(国民)公德"(爱国奉献)、"社会公德"(遵纪守法、保护环境)、"私德"(尊重他人、尊老爱幼)三种道德类型。就具体道德主张来看,三分法中的"私德"实际包含了四分法中的"个人品德"和"家庭美德"两种类型。因此,三分法的优点在于凸显了"私德"与"公德"上的区分。为此,在接下来的分析中,笔者拟采黄向阳有关道德类型的三分法展开。

二、道德说理方式分析

要想保证道德教育的实效性,仅仅揭示教科书中的道德说理内容的类型、主题、比例是不够的,因为真正影响学生道德认知的乃是有关道德主题内容的说理方式。所谓说理方式,本质就是论证方式,即运用证据对观点进行论证并得出结论的过程。其中,关键在于人们在证明某个观点成立的过程中所使用的论据的性质。这意味着,相比教科书中所包含的道德主张,更为重要的是其在介绍这些道德主张的过程中所使用的说理方式。为此,这里结合道德说理特有的结果论和道义论(又称"非结果论")两种说理方式,对《道德与法治》教科书中的道德说理方式做了系统统计。[1] 结果发现:这套教材使用频次最多的是社会功用主义结果论,约占道德说理方式使用总数的38%;其次是利己主义结果论,约占道德说理方式使用总数的24%;再次是道义论,约占道德说理方式使用总数的9.3%。倘若将社会功用主义结果论和利己主义结果论综合起来看,那么,结果论的说理方式则约占道德说理使用总数的62%,占据绝对优势地位。此外,值得一提的是,《道德与法治》教科书没有出现"无论证"情况,说明编写者具有较强的道德说理意识(见表5-5)。

表5-5 《道德与法治》教科书中德目及说理方式一览表

类型	德目	说理方式								合计
		结果论			复合说理					
		道义论	利己主义	社会功用主义	道义论+利己主义	道义论+社会功用主义	利己主义+社会功用主义	道义论+利己主义+社会功用主义	无论证	
私德	尊重他人	2	3	2	2	0	3	2	0	14
	尊老爱幼	1	6	2	1	0	0	0	0	10
	团结合作	1	2	2	0	0	2	1	0	8

[1] 需要说明的是,教科书中的道德说理如果是明确指向结果的,我们则将其记作结果论(其中,如果指向公共结果,则记作社会功用主义结果论;如果指向个人结果,则记作利己主义结果论);如果没有明确的结果指向,只是从行为动机出发进行说理,我们则将其记作道义论;对于部分课中同时存在两种或多种说理方式的,则记作复合说理方式。(后文同此,不再赘注。)

续 表

类型	德目	说理方式							合计
		道义论	结果论		复合说理				无论证	
			利己主义	社会功用主义	道义论＋利己主义	道义论＋社会功用主义	利己主义＋社会功用主义	道义论＋利己主义＋社会功用主义		
私德	珍惜生命	0	2	0	2	0	0	0	0	4
	邻里互助	0	2	1	0	0	1	0	0	4
	自律自强	1	3	0	0	0	0	0	0	4
	勤俭节约	0	2	1	0	0	0	0	0	3
	助人为乐	0	2	1	0	0	0	0	0	3
	承担责任	0	0	1	0	1	0	1	0	3
	关心他人	1	1	0	0	0	1	0	0	3
	明理遵规	2	0	0	0	0	0	0	0	2
	宽厚正直	0	1	0	1	0	0	0	0	2
	诚实守信	0	2	0	0	0	0	0	0	2
	扶助弱小	0	1	0	0	0	0	0	0	1
公德	国民 爱国奉献	2	0	20	1	3	3	4	0	33
	社会 遵纪守法	3	5	10	0	4	0	2	0	24
	保护环境	1	1	10	1	1	1	0	0	15
	热爱集体	0	2	3	0	0	1	0	0	6
	服务社会	0	1	3	0	0	1	0	0	5
	爱护公务	0	0	0	0	0	1	0	0	1

续表

类型	德目	说理方式							无论证	合计
		道义论	结果论		复合说理					
			利己主义	社会功用主义	道义论＋利己主义	道义论＋社会功用主义	利己主义＋社会功用主义	道义论＋利己主义＋社会功用主义		
职业道德	爱岗敬业	0	0	1	0	2	0	0	0	3
合计		14	36	57	8	11	14	10	0	150
比重		9.3%	24%	38%	5.3%	7.3%	9.3%	6.8%	100%	
			62%		28.7%					

总体上看，《道德与法治》教科中道德说理方式主要呈现以下几个特点：第一，从结果论在道德说理方式总数中所占比重（约62%）看，诉诸"后果"的威胁或者利诱仍占优势地位；第二，复合说理方式占比突出（约28.7%），且包含道义论的复合说理方式明显多于结果论内部（社会功用主义结果论与利己主义结果论相结合）的复合说理方式，这说明《道德与法治》教科书整体上还是比较注重引导学生多从"道德本身"而非"后果"思考道德问题；第三，设若从说理方式反观道德主张，则会发现：依据论证的充分程度（亦即使用说理方式的数量多少），我们可以看出明显居于优先地位的六种道德主张的价值秩序：第一位的是属于（国民）公德类型的"爱国奉献"、属于社会公德类型的"保护环境"和属于私德类型的"尊重他人"；第二位的是属于社会公德类型的"遵纪守法"和属于私德类型的"团结合作"；第三位的是属于私德类型的"尊老爱幼"。这从另一个侧面反映了教科书编写者对于新一代青少年儿童的价值

期待。

此外,就这些道德说理方式在各年级的分布情况看,呈现如下特征:其一,道义论的说理方式,主要集中在第一学段(一、二年级);其二,利己主义结果论的说理方式,主要集中在第二学段(三、四年级)和第一学段(一、二年级);其三,社会功用主义结果论遍布义务教育阶段各个年级,但在二年级和五年级的使用尤为突出;其四,从复合说理方式的使用情况看,七年级包含了所有复合说理方式,说理最为充分,其次是小学六年级;综合使用道义论与社会功用主义结果论的复合说理方式主要集中在小学六年级;同时使用道义论、社会功用主义结果论和利己主义结果论三种说理方式的则主要集中在八年级(见表5-6)。由此可见,《道德与法治》教科书整体上较好地照顾了小学生和初中生道德认知的发展需要。但是,至少从小学阶段的情况看,无论是从单一说理方式还是从综合说理方式来看,其论证力度随年级递增的趋势并不明显,而是显现出趋势不明的起伏特征。不过,从初中阶段的情况看,大致可以看到社会功用主义结果论递增和利己主义结果论递减的相对和谐一致性特征。

表5-6 《道德与法治》教科书中说理方式年级分布一览表

学段	年级	说理方式							无论证	合计
		道义论	结果论		复合说理					
			利己主义	社会功用主义	道义论+利己主义	道义论+社会功用主义	利己主义+社会功用主义	利己主义+社会功用主义+道义论		
第一	一	4	6	2	1	0	1	0	0	14
	二	5	3	10	0	0	0	0	0	18

续表

学段	年级	说理方式							无论证	合计
		道义论	结果论		复合说理					
			利己主义	社会功用主义	道义论＋利己主义	道义论＋社会功用主义	利己主义＋社会功用主义	利己主义＋社会功用主义＋道义论		
第二	三	1	8	4	0	0	6	0	0	19
	四	2	10	4	0	0	1	0	0	17
第三	五	0	2	15	0	1	0	2	0	20
	六	1	1	6	1	4	0	2	0	15
小学合计		13	30	41	2	5	8	4	0	103
小学比重		12%	29%	40%	2%	5%	8%	4%	0	100%
			69%		19%					
第四	七	1	3	2	5	1	1	1	0	14
	八	0	2	8	1	0	3	4	0	18
	九	0	1	6	0	5	2	1	0	15
初中合计		1	6	16	6	6	6	6	0	47
初中比重		2%	12.8%	34%	12.8%	12.8%	12.8%	12.8%	0	100%
			46.8%		51.2%					
合计		14	36	57	8	11	14	10	0	150
比重		9.3%	24%	38%	5.3%	7.3%	9.3%	6.8%	0	100%
			62%		28.7%					

三、道德说理教学建议

从任课教师的角度看，假如教科书中所呈现的道德主张及其说理方式本身就具有良好的可接受性，那么道德教学的过程就比较容易赢得学生的信服和认同，从而助力学生道德思维能力的发展。如果教师能够有效识别教科书中道德说理上的不足，则能及时有效地发挥教育者在道德说理问题上的指导和矫正作用。为此，对于任课教师而言，要想很好地使用教材而非简单地照本宣科，除了了解教科书中的道德主题篇目的内容、结构及其说理方式的特点外，对教材中在道德说理方式上存在的不足也应该有所了解，以便在道德说理教学中对其做出必要的调整和补充。惟其如此，教师在教学的过程中，才能与学生站在共同的逻辑起点，与学生一道思考道德问题。概而言之，义务教育"道德与法治"课程教师在使用教科书进行道德教育的过程中，需要注意以下几个方面。

第一，避免用利己主义结果论来论证公益行为，使得公益行为成为达到私利目的的手段。一般而言，利己主义结果论注重为个体谋求最大的福利，而社会功用主义强调为大多数人谋取最多的福利。尽管合理的利己主义结果论允许个人在不损害他人正当利益的情况下争取自己的最大利益，但在公德类课文中使用利己主义结果论，不仅无法调节个人之间的利益冲突，而且容易让学生把公益行为纯粹当作实现个人利益的手段。以七年级下册第六课《"我"和"我们"》为例。为了说明"在集体中保持团结"的重要性，课文陈述了诸如"集体生活可以培养我们人际交往的基本态度和能力""集体生活可以培养我们负责任的态度和能力""集体生活可以影响甚至改变一个人"等多个利己主义结果论的论据来强调行动者个人的利益。诚然，建立在学生自身利益基础上的道德说理容易引发学生的共鸣与认同,但在无形中也容易强化学生仅仅将集体视为谋取个人更大利益的手段,从而与其论题"集体生活"所包含的公共价值取向相矛盾。由此可见,在道德说理中,如果贸然用利己主义结果论去论证公益性内容,则容易出现一个问题,即"把私利当作公利的目的,把公利当作私利的手段。这不但不会强化学生的功利主义信仰,反而会让功利主义沦为利己主义的奴隶,也会让公德教育名存实亡"。[1]

究其原因,《道德与法治》教科书注重德育教材内容与学生生活实际的联系,特别倡导以"回归生活"的方式来淡化知识点的灌输和讲授。从教科书选取的相关道德案例看,除了一些名人事迹以外,确实包含有很多贴近学生现实生活的例子。诚如《道德与法治》教科书的总主编所言,这套教科书明确以学生个体的生活经验为起点,以社会主义核心价值观为导向,以个体经验的表达、分析、交流、碰撞、扩展等为线索。[2]例如,在七年级《亲情之爱》一课,教科书就编辑了诸如"妈妈打电话叫女儿起床""母亲给孩子做早餐""下雨天母亲拿伞接孩子放学"等贴近学生日常生活的例子,以此阐明亲人之间应该互相关爱的道理。显然,这些贴近学生个人经验的例子,十分有助于学生理解和认识教科书中所欲阐明和传扬的道德观。然而,无论是私德还是公德,课文中选用的贴近学生日常生活的例子,多是趋向于利己的,以至于在论证兼顾团体利益的公益行为时,也采取利己主义结果论的说理方式。长此以往,就会使得学生的"道德行为不是他们对道德规范内化基础上的自然流露,而是建立在他们对道德行为与自身利益进行对比权衡基础上的'理智

---

[1] 张建英,罗承选,胡耀忠.公德与私德概念的辨析与厘定[J].伦理学研究,2010(1).
[2] 钟晓琳,朱小蔓.主流价值通达学生主体生命:初中《道德与法治》教科书的设计理路[J].中国教育学刊,2018(4).

皎洁'"。[1]

  为此,建议教师在义务教育中高学段有关公益行为的教学过程中补充社会功用主义结果论和道义论的说理方式。承上所述,倘若在论证公益行为一类的内容时,用利己主义结果论进行道德说理,易让学生养成一种为了满足自身利益而非出于对道德价值本身的认同而做出道德行为的习惯。事实上,无论单独使用结果论或道义论哪种说理方式,其说服力都不够充足,真正理想的是将二者有机结合起来,综合考察行为的动机和结果,说服学生接受某种道德观念或行为方式。为此,教师可以在义务教育中高学段有关公益行为的教学过程中,适当补充社会功用主义结果论和道义论,从行为是否满足群体利益或者是否出于善的动机出发进行说理,建立学生对个人、社会和国家之间的同理心,从而更好地弘扬"己所不欲,勿施于人"或"利己不损人"的恕道原则。

  第二,避免强烈的结果论倾向并且为片面强调积极引导而明显缺乏消极结果论。承上所述,无论是在小学阶段还是在初中阶段,结果论都是《道德与法治》教材中主导的说理方式。然而,从道德推理的意义上讲,"不考虑行为动机,直接把行为后果与品行善恶等同起来,是荒谬的"。[2] 在学生道德认知形成的小学阶段,结果论容易导致学生根据行为后果对道德行为进行简单粗暴的道德判断,甚至产生一些结果论主导的行为。例如,学生为了考出好成绩而诉诸各种作弊手段,为了得到父母老师的认可而编造各种谎言,等等。诚然,小学低段和中段的学生处于道德认知的"前习俗水平"(惩罚与定向服从阶段),这使得他们

---

[1] 刘磊.教育生活中的伦理利己主义及其批判[J].中国教育学刊,2015(4).
[2] 黄向阳.德育原理[M].上海:华东师范大学出版社,2000:161-162.

容易以行为后果对自己产生的利益来判断行为的好坏,认为避免惩罚和无条件地屈从力量本身就是价值,而不是尊重为惩罚和权威所支持的那种基本的道德秩序。进一步而言,在《道德与法治》教科书中所使用的结果论说理方式中,积极结果多达 47 例,占比 74%,而消极结果仅有 15 例,占比 26%。事实上,任何道德说理几乎都可以找到支持和反对它的论据,支持某个论点的论据是正面论据,反对某个论点的论据被称为反面论据。然而,"在结果论说理中,教师习惯于用积极结果(正面论据)说服学生,其实,消极结果(反面论据)在说理中有时可以得到特殊的说服效果"。[1] 尤其是对初中学生而言,处于青春叛逆期的他们很容易对积极结果持有怀疑态度。在这种情况下,倘若教师在道德说理过程中能够诉诸消极结果论,即适当呈现反面论据,反而会令学生感到公正,比单纯使用积极结果或正面论据更加认同德育观点。以七年级下册第八课《美好集体有我在》为例,课文为倡导"承担责任"这一观点使用了如下积极结果:"承担责任有助于我们学会正确地做事,提高能力,获得他人的认可与尊重,扩大自我成长的空间……勇于担责可以为自己赢得信任,进而可以拥有更多发展机会。"[2] 显而易见,课文在这里向初中学生呈现了利己的积极结果,却没有呈现"承担责任"的消极结果。事实上,这种片面的道德说理,既不能有效回应学生内心对于"承担责任"的现实顾虑,也不能有效回应学生内心对现实社会普遍存在的"甩锅"现象可能存在的困惑。这种道德说理的德育成效,即便是学生不走出课堂,也是我们完全可以想见的。

究其原因,《道德与法治》教科书为了"强调积极正向的生命基调","教科书编写者希望更为积极地看待学生存在的问题,不拘泥于问题解

---

[1] 黄向阳.德育原理[M].上海:华东师范大学出版社,2000:200.
[2] 朱小蔓,总主编.道德与法治·七年级·下册[M].北京:人民教育出版社,2016:82.

决本身,而是发掘其对于生命成长的积极意义"。[1]诚然,更多地关注学生精神和行为的正向发展的出发点是好的,但是,将这种目标直接当作遴选手段的尺度来使用,为呈现积极论据而刻意削减、淡化消极论据,则难免失之片面。事实上,无论是从社会生活实践的意义看,还是从道德认知的完整性来看,正面经验与负面经验都具有同等重要的价值。为呈现积极结果而遮蔽消极结果,不仅无法让学生全面认识和理解教科书所传递的道德价值观的实际意义,而且还会让学生因为总是面对"部分事实"而弱化了道德判断力。

对此,建议教师在教学过程中适当补充反面论据,并加强对结果论和道义论的综合使用。从道德认识发展的理论视角看,无论是提供单面论据,还是提供双面论据,都需要根据学生的理解能力和态度,以及德育任务的特点来确定。"在理解能力方面,对低年级学生只需呈现正面结果,而对高年级学生,则可以提供正面和反面两种结果。在学生态度方面,如果学生对正面结果没有相反意见,则不必提出反面结果,反之,则需要同时呈现正反两种结果。在德育任务的特点方面,如果任务紧急,则提供正面结果,反之,则提供两种结果才会有利于学生长期稳定态度的养成。"[2]这意味着,教师在使用教科书进行道德说理的过程中需要特别关注两个方面的问题。一是要根据学生道德发展水平决定是否补充消极结果论。对于道德认知处于"前习俗水平"的(一至三年级)的学生而言,教师在道德说理过程中可以只呈现积极结果;而对于道德认知处于"习俗水平"的(四至九年级)的学生而言,教师在道德说理中可以考虑同时呈现积极和消极两种结果,让学生辩证看待教科书

---

[1] 钟晓琳,朱小蔓.主流价值通达学生主体生命:初中《道德与法治》教科书的设计理路[J].中国教育学刊,2018(4).
[2] 黄向阳.德育原理[M].上海:华东师范大学出版社,2000:167.

中的德育观点。二是要根据学生对教科书中的积极结果论是否有疑义而决定。当学生对教科书中的积极结果论持有相反意见时,教师可以适当补充消极结果。这样才可以使学生体会到教师的公正,从而真正认同并内化德育观点。特别是对处于"叛逆期"的初中生而言,合理呈现积极和消极两种结果,并对消极结果进行合理和有效的引导,客观分析消极论据,则更容易让学生认同教科书所提倡的道德观点。总之,同时呈现有利结果和不利结果,不仅有助于学生全面理解道德观念和道德行为,而且有助于学生将外部的行为规则真正内化为自身的行为需求,增强道德行为的自觉性、主动性和坚定性。

第三,避免滑坡谬误。在推理的过程中,对于那种将想象中的"可能性"转化为"必然性",进而从一连串的夸大推理中得出结论的做法,称为"滑坡谬误"。例如八年级上册第四课有关"诚实守信"的陈述:"如果弄虚作假、口是心非,就会处处碰壁,甚至无法立身处世。"[1]显然,从现实的生活实际看,无论是"弄虚作假"还是"口是心非",都不必然会导致"处处碰壁"或"无法立身处世"的情况。因此,这种以偏概全地要求学生固守诚信反而会在社会实践中产生认知失调。殊不知,当学生与坏人发生正面抵抗的情况下,如果不能保证抵御危险,那么学生就可以适当撒谎以自保;如果学生在任何情况下都诚实守信,就会因为对坏人诚信而错失自救的机会,甚至因此付出生命的代价。

究其原因,很大程度上源自道德教育中的"吓阻"传统。按照人类趋利避害的天性,通过唤起受教育者恐惧心理就能够自然而然地迫使其接受或者放弃某种行为方式。显然,这也是利己主义结果论的哲学

---

[1] 朱小蔓,总主编.道德与法治·八年级·上册[M].北京:人民教育出版社,2017:42.

第五章 学校教材中的道德教育论辩

基础。不过,按照这一传统,我们在道德说理的过程中,更应该充分说明消极理由,而不是通过削减消极证据的方式来避免不利结果的发生。当然,诉诸恐惧心理的关键在于合理地唤起恐惧心理或者给予正当的警告。这意味着,克服"滑坡谬误"的关键在于诉诸具有客观必然性的消极结果或负面证据,而不应通过将可能性直接当作必然性来"欺哄"学生。殊不知,试图通过呈现片面事实来使人诚信的做法本身,就是违背诚信原则的一种表现。

对此,建议补充道义论的说理方式。教科书在将可能性当作必然性的恐惧后果进行"吓阻"的过程中,也使自身陷入了道德悖论。为了改变这种情况,教师不仅需要承认和直面某种行为可能带来不良后果的客观事实,而且需要充分说明某种行为可能造成的多种结果。惟其如此,才能真正赢得学生的认可和接受,从根本上避免传统德育"欺哄式说教"被当场挑战乃至揭穿的尴尬。当然,最理想的说理方式还是在说理教学过程中综合使用结果论与道义论。具体而言,教师需要首先使用道义论进行说理教育,以此引导学生理解和接受道德教育内容本身的正当性,进而再引导学生去考虑相反行为可能产生的"不良后果"。惟其如此,学生才能基于内心的道德判断自然而然地产生相应的道德行为,而不是养成一种依据"后果算法"进行道德推理的思维习惯。

第四,避免诉诸权威谬误。在说理或论辩的过程中,"引经据典"是一种常见现象。问题是,一个观点并不因为一位权威如此说就自动成为正确的。在逻辑学上,通常将这种利用一般人畏惧或崇拜权威的心理,借助权威人物或机构的声望来代替论证的做法叫作"诉诸权威谬误"。众所周知,很少人能够独立思想和判断。于是,为寻求认识论上的"靠山",他们往往习惯于直接将权威言论当作"真理的替身"。以七年级下册第三课《青春的证明》为例，课文在倡导"行己有耻"时讲到："孔子说：'行己有耻。'意思是说一个人行事，凡自己认为可耻的就不去做"；"'行己有耻'要求我们树立底线意识，触碰道德底线的事情不要做，违反法律的事情坚决不做。'行己有耻'更需要我们磨炼意志，拒绝不良诱惑，不断增强自控力"；"朱熹说：'人有耻，则能有所不为。'我们要知廉耻，懂荣辱；有所为，有所不为"；"孟子说：'羞恶之心，义之端也。''羞恶之心'引导我们判断是非善恶，明确行为选择的理由"。从说理方式上看，这里似乎是在诉诸一种道义论的说理方式。然而，就其论证实质而言，则是把孔子的言论（"行己有耻"）当作一种道德观点加以论证，并以卢梭、孟子和朱熹的言论作为论据，即它实际诉诸的是一种"以言证言"的说理方式，而没有就"行己有耻"本身的合理性展开分析与论证。

究其原因，为体现民族特色，教科书运用了许多经典文献，面对这些经典文献，强烈的民族情感往往会导致师生双方在道德教学过程中诉诸一种"只论立场，不问是非"式的教学方式。诚然，为了赓续和弘扬经典文献的价值，《道德与法治》教科书应当增加有关中国古贤的经典言论，而且，从修辞学的角度来看，引用名人名言来佐证有关道德观点的确能够增强说服力，但是，从前述课程标准所呈现的教育理念看，教科书不仅需要对名人观点本身的合理性加以解释，而且在将其作为道德说理的前提或论据使用的过程中，需要考证其作为道德原则的普适性与真理性。否则，对于正值青春叛逆期的初中生而言，一旦产生诸如"名人说的就是对的吗？名人的要求，我就必须遵从吗？"之类的质疑，恐怕教师就会因为无法正面回应而同时丧失教材和师者的双重信任。具体而言，诉诸权威之所以会成为一种谬误，乃是因为论证的前提和结论之间缺乏逻辑关系而产生推论失效。

对此，建议任课教师适当补充相关研究领域的前沿成果作为教学案例或研讨素材。古往今来，多数人的思想都受到传说、习俗、禁忌、宣传、口号、标语等力量的影响，而且这些力量常常是以"真理"的形式出现。对于《道德与法治》的教学而言，这不利于道德理性和道德判断力的养成与提高，甚至会有负面作用，因为不知者往往将其当作真理对待，甚至不惜粉身碎骨来维护或求其实现。显然，这与我们的课程理念是背道而驰的。因此，为加强学生对教科书中所引名人名言作为说理素材的认同感，一条便捷而高效的途径就是，教师需要搜集学界与这些言论主题有关的前沿成果作为教学案例或者研讨素材，成为教科书的有益补充。与此同时，教师还需要警惕和提醒学生注意：不仅当权威主张不在其合法领域内发表时不具有可靠性，而且，即便权威主张发表在其合法领域内，其正确与否最终也应该取决于该主张是否证据充分，而不取决于该主张提出者的身份、职位与头衔。简言之，要证明一个观点，只是摘录别人的观点是不够的，至少要知道所提到的权威为什么有那样的观点，因为权威人物或机构也是会犯错误的。

第二节

小学《语文》中的道德教育论辩

秉承"文以载道"和"文以明道"的文化传统，小学语文学科不仅承担着有关字、词、句、篇等语言教学的认知任务,而且肩负着道德教育的价值使命。事实上,早在1993年3月颁布的《小学道德纲要》中就已经明确提出了这样的要求,语文教学要贯彻文道统一的原则,将语言文字的训练、句段篇章的学习与思想品德教育统一于教学过程之中,利用课文内容中丰富的思想品德教育因素,充分发挥感染、陶冶作用,使学生受到教育。作为2016年版小学教科书编写的指导性文件,教育部于2011年12月印发的《义务教育语文课程标准(2011年版)》也强调:语文课程还应通过优秀文化的熏陶感染,促进学生和谐发展,使他们提高思想道德修养和审美情趣,逐步形成良好的个性和健全的人格。新版小学《语文》教科书的总主编也表示:这套《语文》教科书的编写,要处处考虑尽可能服务立德树人的目标。[1]小学语文学科的道德教育内容,集中体现在其所使用的教科书中所包含的道德主题篇目里面,尤其是其中所具体包含的道德主张及其说理方式。

一、道德主题篇目及其道德主张

作为儿童语言和文学学习的起始阶段,小学《语文》教科书的编写主要侧重对语言学习中的字、词、句、篇的认知。但是,随着儿童年龄的增长和年级的升高,小学《语文》教科书逐渐呈现了一些故事型的课文篇目,并着力通过叙事的方式对儿童进行道德启蒙。从教科书编写所依据的《义务教育语文课程标准(2011年版)》的要求看:其一,在价值观教育层面,"教科书应体现时代特点和现代意识,关注现实,关注人类,关注自然,理解和尊重多样文化,有助于学生树立正确的世界观、人生观、价值观";其二,在民族文化传统层面,"教科书要注重继承与弘扬

---

[1] 温儒敏."部编本"语文教材的编写理念、特色与使用建议[J].课程·教材·教法,2016(11):4.

中华民族优秀文化和革命传统,有助于增强学生的民族自尊心和爱国主义感情";其三,在教育实践对象的特殊性层面,"教科书应符合学生的身心发展特点,适应学生的认知水平,密切联系学生的经验世界和想象世界,有助于激发学生的学习兴趣和创新精神"。其中,前两方面主要指向道德教育的内容层面,而第三方面则指向有关道德主张的说理方式,它在很大程度上决定着道德教育的实效性。

梳理教科书篇目,这套小学《语文》教科书[1]共有课文326篇,大体可以分两种类型。其一是非道德主题的课文,共计287篇,约占课文篇目总数的88%,主要涉及拼音识字、自然科普、儿童故事、日常生活和文言文几个类型。其中,自然科普和儿童故事两种类型的课文篇目最多,分别约占据非道德主题课文总数的34.5%和20.1%,且儿童故事主要以历史故事和童话故事为主,集中反映了小学生的认知特征和兴趣需要。就其年级分布来看,拼音汉字类篇目全都集中于小学低段,充分体现了拼音教学的基础性价值;自然科普类篇目遍布小学各个学段,在一至五年级分布大致均衡,至六年级呈锐减趋势;文言文类篇目最早出现于三年级,且主要集中在四、五两个年级,六年级呈下降趋势;古代诗歌类篇目整体呈现递增趋势,现代诗歌类篇目则主要集中在二、三、四、六4个年级;儿童故事类篇目主要集中在二、三、五3个年级;日常生活类篇目主要集中在二至六年级,且分布比较均衡。就各年级课文篇数看,各年级课文篇数随着年级升高整体呈递减趋势(见表5-7)。

---

[1] 需要说明的是,这套小学《语文》教科书是2016—2019年完成的,具体情况是:一年级下册2016年11月第1版,二年级上册2017年7月第1版,二年级下册2017年12月第1版,三年级上册2018年6月第1版,三年级下册2018年12月第1版,四年级上册2019年6月第1版,四年级下册2019年12月第1版,五年级上册2019年6月第1版,五年级下册2019年12月第1版,六年级上册2019年5月第1版,六年级下册2019年12月第1版。

表 5-7 小学《语文》教科书中非道德主题的篇目类型统计一览表

年级	拼音识字	自然科普	文言文	诗歌		儿童故事					日常生活		合计
				古代	现代	历史	童话	寓言	神话	民间	风俗	日常	
一	31	20	0	2	1	0	4	1	0	0	1	2	62
二	8	14	0	4	4	5	6	3	1	1	0	7	53
三	0	19	1	4	3	4	7	1	0	2	0	8	49
四	0	21	3	4	6	2	2	0	3	0	0	5	46
五	0	16	3	4	1	7	0	0	1	2	0	8	42
六	0	9	2	5	3	5	1	0	0	0	4	6	35
合计	39	99	9	23	18	23	20	5	5	5	5	36	287
比重	13.6%	34.5%	3.1%	8%	6.3%	8%	7%	1.7%	1.7%	1.7%	1.7%	12.5%	100%
				14.3%		20.1%					14.2%		

其二是道德主题的课文,共计 39 篇,约占课文篇目总数的 13.6%,主要包含历史故事、日常生活、童话故事、寓言故事、民间故事五种类型。其中,历史故事和日常生活两种类型的课文篇目最多,分别约占据道德主题课文总数的 38.5% 和 33.3%;其次是童话故事类型题材课文,约占据道德主题课文总数的 15.4%;再次是寓言故事和民间故事两种类型的课文篇目,分别约占据道德主题课文总数的 7.7% 和 5.1%。比较而言,历史故事和日常生活主要集中在小学中高段(四至六年级),而童话故事则主要集中在小学低段(一、二年级和四年级),寓言故事主要集中在中低段(三年级和二年级),民间故事则富有跳跃性地分布在低段和高段(二年级和五年级)。总体来看,合计约占据道德主题篇目总数 71.8% 的历史故事、日常生活乃是小学《语文》教科书进行道德教

育的首要文本类型,体现了其在充分重视"民族文化"和"贴近儿童生活经验"两个方面所做的努力;合计约占据道德主题篇目总数28.2%的童话故事、寓言故事和民间故事则反映了其在照顾小学生道德认知发展阶段特征方面所做的努力,同时也符合小学《语文》教科书主要是以故事叙事的形式潜移默化地进行道德教育的学科特征(见表5-8)。

表5-8 小学《语文》教科书中道德主题的篇目类型统计一览表

学段	年级	道德主题的篇目类型					合计
		历史故事	童话故事	民间故事	寓言故事	日常生活	
低段	一	1	2	0	0	1	4
	二	0	2	1	1	0	4
中段	三	1	0	0	2	3	6
	四	4	2	0	0	2	8
高段	五	4	0	1	0	3	8
	六	5	0	0	0	4	9
合计		15	6	2	3	13	39
比重		38.5%	15.4%	5.1%	7.7%	33.3%	100%

为厘清小学《语文》教科书究竟提出了哪些道德教育主张,笔者参照2022年教育部颁布的《义务教育道德与法治课程标准(2022年版)》中的四分框架和我国教育学者黄向阳有关道德类型的三分框架做了统计。结果发现:从四分框架看,"个人品德"类型的道德内容约占总体59%,"社会公德"类型的道德内容约占总体15.3%,"职业道德"类型的道德内容约占总体18%;"家庭美德"类型的道德内容约占总体7.7%

(见表 5-9)。从三分框架看,"私德"类型的道德内容约占总体的 53.8%,"公德"类型的道德内容约占总体的 28.2%,"职业道德"类型的道德内容约占总体的 18%(见表 5-10)。

表 5-9 小学《语文》教科书所涉道德类型及德目四分法框架统计一览表

类型	德目	涉及篇目	频次		比重
个人品德	爱国奉献	4-1-22,4-1-23,4-2-19,4-2-24,6-1-06,6-1-08,6-2-11,6-2-12	8	23	59%
	团结友爱	1-2-05,1-2-06,1-2-07,2-1-22,2-1-23,4-2-27	6		
	诚实守信	2-1-21,3-2-21	2		
	正直善良	4-2-21,4-2-28	2		
	自律自强	3-2-05	1		
	诚实善良	3-1-26	1		
	学会感恩	1-2-01	1		
	坚强勇敢	5-2-11	1		
	善良宽厚	6-1-13	1		
家庭美德	尊老爱幼	5-1-18,5-1-19,5-1-20	3	3	7.7%
社会公德	保护环境	6-1-18,6-1-20	2	6	15.3%
	扶助弱小	3-1-25	1		
	尊重他人	3-2-06	1		
	服务社会	5-1-09	1		
	助人为乐	2-1-24	1		

续 表

类型	德目	涉及篇目	频次	比重
职业道德	爱岗敬业	3-1-27,4-2-23,5-1-15,6-1-12,6-2-13	5	
	办事公道	5-2-10	1	7	18%
	廉洁奉公	5-2-12	1		

说明：统计表中所涉篇目的编码，原则上遵照"年级-上/下册-课号"编制：年级和课号直接以数字记号，上册记作1，下册记作2，表5-10同此。

表5-10 小学《语文》教科书所涉道德类型及德目
三分法框架统计一览表

类型	德目	涉及篇目	频次	比重
私德	团结友爱	1-2-05,1-2-06,1-2-07,2-1-22,2-1-23,4-2-27	6	
	尊老爱幼	5-1-18,5-1-19,5-1-20	3	
	诚实守信	2-1-21,3-2-21	2	
	正直善良	4-2-21,4-2-28	2	
	自律自强	3-2-05	1	
	学会感恩	1-2-01	1	21	53.8%
	坚强勇敢	5-2-11	1	
	善良宽厚	6-1-13	1	
	诚实善良	3-1-26	1	
	助人为乐	2-1-24	1	
	扶助弱小	3-1-25	1	
	尊重他人	3-2-06	1	

续 表

类型	德 目	涉 及 篇 目	频次		比重
公德	国民 爱国奉献	4-1-22,4-1-23,4-2-19,4-2-24, 6-1-06,6-1-08,6-2-11,6-2-12	8	11	28.2%
	社会 保护环境	6-1-18,6-1-20	2		
	服务社会	5-1-09	1		
职业道德	爱岗敬业	3-1-27,4-2-23,5-1-15,6-1-12, 6-2-13	5	7	18%
	办事公道	5-2-10	1		
	廉洁奉公	5-2-12	1		

综合来看，两种道德类型划分方式都表明，小学《语文》教科书中有关道德要求主要集中在爱国奉献、团结友爱、爱岗敬业和尊老爱幼四个方面。所不同的是，以四分法来看，这四大道德主张分属个人品德（爱国奉献、团结友爱）、职业道德和家庭美德三种道德类型，而社会公德相对薄弱；以三分法来看，它们则恰好分属（国民）公德（爱国奉献）、私德（团结友爱、尊老爱幼）、职业道德（爱岗敬业）三种道德类型。可见，三分法中的"私德"实质包含了四分法中的"个人品德"和"家庭美德"两种类型。因此，三分法的优点在于凸显了"私德"与"公德"上的区分。鉴于我国道德教育界"公私不分"的道德类型划分方式，时常给社会道德舆论造成某种道德领域上的混淆，接下来拟采"私德""公德""职业道德"三分法对这些道德主张的说理方式做进一步的分析。

二、道德说理方式分析

结合道德领域特有的两种说理方式，对这些道德主张的说理方式做进一步的统计。发现：这套教材使用频次最多的是结果论（约占76.9%，社会功用主义结果论约占48.7%，利己主义结果论约占28.2%），其次是道义论（约占12.8%），再次是道义论与社会功用主义结果论的综合说理方式（约占7.7%），使用最少的则是道义论与利己主义结果论的综合说理方式（约仅占2.6%），而利己主义结果论和社会功用主义结果论的综合说理方式则完全没有出现过。倘若我们将单独使用的道义论与综合使用的道义论综合在一起看，那么这套教科书中对道义论的使用合计约占到了23.1%。这在相当程度上说明，编写者还是比较看重道德领域特有的说理方式的（见表5-11）。

表5-11 小学《语文》教科书中的道德主张及说理方式统计一览表

类型	德 目	说 理 方 式						合计
		道义论	结果论		复合说理			
			利己主义	社会功用主义	道义论+利己主义	道义论+社会功用主义	利己主义+社会功用主义	
私德	团结友爱	0	6	0	0	0	0	6
	尊老爱幼	1	1	0	1	0	0	3
	诚实守信	0	1	0	0	1	0	2
	正直善良	1	0	1	0	0	0	2
	自律自强	0	1	0	0	0	0	1
	学会感恩	0	1	0	0	0	0	1
	坚强勇敢	0	0	1	0	0	0	1
	善良宽厚	1	0	0	0	0	0	1

续表

类型		德目	说理方式						合计
			道义论	结果论		复合说理			
				利己主义	社会功用主义	道义论＋利己主义	道义论＋社会功用主义	利己主义＋社会功用主义	
私德		诚实善良	0	0	1	0	0	0	1
		助人为乐	0	0	1	0	0	0	1
		扶助弱小	0	0	1	0	0	0	1
		尊重他人	0	1	0	0	0	0	1
公德	国民	爱国奉献	1	0	7	0	0	0	8
	社会	保护环境	0	0	2	0	0	0	2
		服务社会	0	0	1	0	0	0	1
职业道德		爱岗敬业	1	0	4	0	0	0	5
		办事公道	0	0	0	0	1	0	1
		廉洁奉公	0	0	0	0	1	0	1
合计			5	11	19	1	3	0	39
比重			12.8%	28.2%	48.7%	2.6%	7.7%	0	100%

小学《语文》教科书中的道德说理还具有以下几个特征：其一，从结果论在说理方式总数中所占比重看，诉诸后果的威胁或者利诱，在道德说理中占据绝对主导地位；其二，从社会功用主义与利己主义结果论各自的比例看，对"社会功用"价值的强调，都明显甚于"利己"价值；其三，从利己主义结果论和社会功用主义结果论综合

说理方式的缺位情况看,或许尚未形成对"社会功用"和"利己"两种价值取向的协调统一,这与课程标准对公德和私德不做区分的模糊认识情形相符。此外,从说理方式反观道德主张,获得最充分论证(使用最多样的说理方式)的道德主张主要集中在五个方面——按照其论证方式的多样性由多到少排列,它们依次是尊老爱幼、诚实守信、正直善良、爱国奉献和爱岗敬业。其中,前三者都属于私德范畴,后面两个分别属于(国民)公德和职业道德范畴。而且,值得一提的是,小学《语文》教科书对尊老爱幼这一道德主张的论证,明显多于其他四种。这在一定程度上反映了教科书编写者尤其重视中华民族传统美德。

  此外,就这些道德说理方式在各年级的分布情况看,小学《语文》教科书在道德说理方式上具有以下特征(见表 5-12):其一,道义论的说理方式虽然并不占据主导地位,但是,它在小学低段没有出现,在小学中段的三年级开始出现,四年级最多,五六年级减少。除了五六年级道义论说理方式的减少有些偏离增长趋势外,这种安排至少在低段和中段呈现出明显的进步取向。其二,利己主义结果论的说理方式,在低段最多,随着年级的升高呈现明显的下降趋势,并最终在小学六年级彻底消失。显然,这不仅合乎儿童道德认识的起点需要,而且有助于儿童公德意识的逐渐觉醒。其三,社会功用主义结果论,在小学一年级没有出现,从小学二年级开始,虽然在五年级有所减弱,但整体上随着年级的升高呈现明显的上升趋势。应该说,这种安排有助于逐步强化小学生的社会关怀和公德意识的培养。其四,复合说理方式主要集中在小学五年级,其中,道义论与利己主义结果论相结合的复合论证出现过 1 次,道义论与社会功用主义相结合的复合论证出现过 2 次。这在整体上也满足了小学高段儿童道德认知发展的进步要求。但是,六年

表 5‑12　小学《语文》教科书中道德说理方式年级分布一览表

学段	年级	道义论	说理方式				合计
			结果论		复合说理		
			利己主义	社会功用主义	道义论＋利己主义	道义论＋社会功用主义	
低段	一	0	4	0	0	0	4
	二	0	3	1	0	0	4
中段	三	1	2	2	0	1	6
	四	2	1	5	0	0	8
高段	五	1	1	3	1	2	8
	六	1	0	8	0	0	9
合计		5	11	19	1	3	39
比重		12.8%	28.2%	48.7%	2.68%	7.7%	100%

级复合说理方式的缺位却又显得多少有些失常。整体上看,这套小学《语文》教科书还是较好地照顾了小学儿童道德认知的阶段性特征和发展需要。

三、道德说理教学建议

整体来看,小学《语文》教科书主要是通过讲故事的形式来完成其道德教育使命的。相比专门的道德教育而言,这种潜移默化的说理方式带有突出的暗示性特征。从小学生在学龄初期相对模糊的道德意识情况看,这种叙事的方式能够发挥较强的"道德渗透"作用。一般而言,我们甚至将它视为儿童道德学习的一种特色。不过,对于使用教科书的任课教师而言,却不能对其中所包含的道德说理方式知之寥寥。这是因为,无论以怎样隐性的方式进行道德教育,儿童的道德认知过程都潜在着一种说理要求,即教师必须设法让教科书中呈现的道德主张变得具有可接受性。否则,一旦诉诸不当的说理方式,则有可能误导乃至阻碍小学生道德思维能力的发展。为此,教师运用小学《语文》教科书进行道德说理教学时,需要注意以下几个方面的问题。

第一,避免道德内容结构失衡的问题。整体而言,小学《语文》教科书中,公德约占据道德主题的56.8%,私德约占43.2%,呈现出公德多于私德的倾向。其中,公德内容主要包括社会公德和国民公德两种,而且小学高年级段的公德教育主要是着力从历史事件中提炼热爱祖国、忠于党、为革命献身的国民公德,只有"保护环境"这一主题呈现了社会公德;私德教育的内容则比较全面充分,涉及感恩、与人相处、勤劳、助人等多个德目。小学低段和中段的学生处于"前习俗水平",这一阶段的学生更多关注的仍是自己的需求,故而这个阶段更多采取以私德为主的道德说理也是理所当然的事情。小学高年级段的学生业已发展到了习俗性道德认知水平,容易将家长、班级、学校或国家的道德要求看作是一种本身就有价值的道德规范,而不管它所产生的直接的和明显的后果。因此,小学低年级段和中年级段安排较多私德内容,高年级段出现较多公德内容,总体上是符合小学生的道德认知发展水平的。

问题是,在小学阶段六年时间,我们能让一个不谙世事的儿童成为一名关心国家大事的小学生吗?姑且问问身边的孩子一个简单的问题:"你会怎样去热爱祖国?"恐怕绝大多数孩子还是会对此感到茫然而不知所措。也就是说,高年级段的国民公德教育过重,对学生而言往往只能沦为教条式的说教。事实上,高年级段学生也有自己生活的社会圈子,然而诸如爱护公物、遵守公共秩序、团结协助等社会公德的教育内容在教科书中却少有体现。显然,这与适应小学生年龄特征的道德学习要求是不相称的。或许正是这个缘故,在我国学校的道德教育实践中,不仅班主任在校总是额外强调学校生活规则,而且当这些学生走入社会也总是容易出现缺乏社会公德的行为。对此,在教学过程中,教师应适当补充社会公德方面的儿童经验材料,以此作为小学生理解和认知国民公德的经验基础,从而为其更好地适应学校集体生活和离开校园之后的社会公共生活提供必要的认知训练。

第二,避免道德理想与道德原则和道德规则相混淆的问题。就道德教育规范的类型而言,大致可以由低到高划分为三个层次:(1)对学生行为的具体要求是道德规则,(2)各种规则的一般概括而成的道德原则,(3)对各种原则的高度概括而成的道德理想。其中,道德理想起激励作用,道德原则起指导作用,道德规则起指导或约束作用。[1] 例如,小学低段的童话故事,首先给学生展现的是一个精彩的故事,其次才留给学生一定的道德判断:主人公这样做是不对的,或者主人公那样做是对的。整体上看,小学低段的课文中只呈现道德规则,而没有呈现道德原则和道德理想,这是因为学生在内心形成道德原则乃至道德理想是需要长时间沉淀和磨炼的,而学科教学在有限的时间内总是倾向于优先呈现更为具体和操作性较强的道德规则,至于道德原则和理想则需要学生在课后慢慢内化。但是,倘若小学生对道德的理解仅仅局限于教科书中所列举的这些特定的人物和事件,他们的道德认识将停留于具有约束作用的道德规则的认识层面,而无法触及真正能够支撑起他们自主的道德判断和自由的道德行动的道德原则。然而,到了小学高

---

[1] 黄向阳.德育原理[M].上海:华东师范大学出版社,2000:101.

段,随着历史题材的大量出现,随着社会功用主义结果论的大量出现,道德理想教育反而明显增加。例如,五年级上册的"爱国情怀"单元中,把爱国作为一种理想、一种追求,而并没有提供实际可行的规则,从而也没有解决"该如何行动"的问题。学了此类课文,学生也不明白自己在当今社会如何爱国。

对此,小学语文教师应着力把握道德理想激励作用的限度,强化基本道德原则对于具体道德规则要求的指导作用。在道德理想的激发下,明白道德原则,建立起道德规则。从学生道德判断发展水平来看,尽管小学高学段已经有了"好男孩、好女孩"的概念,但它主要还局限于周围关系密切的人的认可,对于国家、人类等概念还是模糊的,道德只停留在遥远的理想中。因此,不少课文出现为了爱国、爱岗敬业而牺牲生命,对小学生而言属于道德高标。殊不知,"在教化民众、移风易俗上,大儒并不妄言圣贤之道,不奢谈道德高标"。[1] 教师教学这类课文时,不妨使用平凡的身边事例,把握好道德理想激励作用的限度,使道德理想能真切地落实到学生认知中,让学生明白当今社会存在怎样的道德规则,有怎样的道德原则。只有明晰了道德原则及规则,道德理想才不会成为空中楼阁。这些都需要突破教科书一例一论证,使道德说理在三个层次同时作用,惟其如此,才能产生长久的道德教育效果。

第三,避免诉诸情感谬误。众所周知,以情动人是文学写作的惯用手段。然而,诉诸情感不仅不能作为道德推理的依据,而且还容易陷入一种道德教育的悖论。以五年级上册第 18 课课文《慈母情深》为例,课文的道德教育目的是让学生感受到文中母亲对孩子的爱,其中有一段经典文字:"背直起来了,我的母亲。转过身来了,我的母亲。褐色的口

---

[1] 黄向阳.高标德育平议[J].教育参考,2017(5).

罩上方,一对眼神疲惫的眼睛吃惊地望着我,我的母亲的眼睛……"[1]其中,"背直起来了""褐色的口罩""疲惫的眼神"刻画出一个普通劳作者的形象。作者通过重复的句式,突出表现了孩子对母亲的感激之情。这样的文字能在短时间打动学生的情感,但是,由于课文缺乏对母亲为孩子辛苦付出的直接描写,使得学生对母爱的理性认识因素缺乏,久而久之,随着感情触动的作用衰退,对母爱的认识和感激之情也会越来越淡。就道德说理而言,过多情感因素的说理,道德教育效果只停留在感动的那一刻,一旦情感淡化,道德教育的痕迹也将随之消失。诚然,小学生的年纪较小,理解能力不够,诉诸情感有助于学生理解文章的道德观点,但是,倘若在树立道德观点的过程中仅仅采取诉诸情感的方法,以情感代替道理,那么势必就会陷入诉诸情感谬误。

对此,教师在小学中高段教学过程中应适当借助道义论和结果论的说理方式加以矫正。从逻辑学上看,诉诸情感谬误是指借由操纵人们的情感(而非有效的推理)来赢得争论的论证方式。诚然,对于小学低段学生的语文学习而言,当他们无法理解课文当中的某些脱离他们道德认识水平的道德观点时,教师可以适当诉诸情感来提升学生的道德认知,但是,教师必须时刻保持由此陷入诉诸情感谬误的警惕性。尤其是对于小学中高段的学生而言,教师可以通过适当的方式澄清道德篇目中的诉诸情感谬误,从而促进学生道德认知水平的提升。高段应培养学生的道德敏感性,使其具备一些道德标准或观念,此时的课文可以逐渐抛开感情因素,而诉诸公认的道德标准。比如在教授《慈母情深》一文时,很多教师习惯于让学生有感情朗读,殊不知,即使那一刻学生体会了情感,也可能稍纵即逝;相反,如果让学生进一步去进行道义

---

[1] 温儒敏,总主编.语文·五年级·上册[M].北京:人民教育出版社,2019:73.

论的推理,母亲认为做母亲的应该为儿子付出,这也是一种令人感动的出于义务之爱。如此,便能拓展学生的认知。

第四,避免滑坡谬误。在语文作文教学中,教师常常运用细小的题材来反映宏观的、重大的主题的"以小见大"手法,从而塑造更深远的艺术境界。然而,从道德说理的角度看,过于狭窄的论据终究无法支撑起宏大的论题,从而容易因为缺乏充分的论据支持而导致论题不能成立,亦即逻辑学上通常所谓"滑坡谬误"或"论据不足谬误"。例如,五年级下册《清贫》一课,文章的论点是主人公"舍己为公"的道德品质,但是课文既没有叙述主人公如何为公而舍掉属于自己的利益,也没有写出为公家做出什么贡献,反而以主人公的清贫生活为论据。因此,全文虽然写出了主人公清贫、简朴的生活情况,却并不能证明主人公"舍己为公"。在那个战争动乱年代,生活清贫是绝大多数人的正常生活状态,而文中却从主人公清贫、简朴的生活这一事例中归纳出主人公"舍己为公"的品质,这显然是一种"轻率的归纳"。殊不知,如果论据不充分,观点就立不住脚,就没有力量,结果只能是空谈道德教育,只能成为教科书单向度的道德说教。

对此,教师在教学过程中应引导学生适当区分可能性与必然性对道德判断和道德推理不同的支撑作用。具体而言,教师可以根据学生的已有经验补足或纠偏论据,建立起合理的逻辑思维过程,使论据的指向性更加明确。教材中日常生活的题材只约占15%,而历史题材的文章比例较大。众所周知,不同的时代人们对道德认识不一样。在封闭而稳定的社会,教师可以把价值标准和道德观点作为知识传授给学生,就一篇文章的道德观点可以直接明了地告知学生,学生亦能接受。而在如今的价值多元社会,对道德的认知各不相同,只能在道德相对主义中做好学校道德教育,提高学生道德判断力,增加道德敏感性,培养道德行动力。比如献身行为,多属于历史事件,革命时期特有的爱国主义道德,或者特别时刻所体现出的爱岗敬业。面对这种材料,教师与其勉为其难告知学生对与错,不如让学生自己进行道德判断。学生认可这种道德行为自然不用多教育,如果学生否认,通过教师的进一步追问交谈,也许更能触发学生的道德敏感性。要知道,只有经历如此真实客观的关于牺牲的教育后,学生才能深入认识到:火灾当前,消防员不顾自身安危;疫情肆虐,医务人员逆行守护等也同样是献身行为所体现的职业道德。学生需要明白的是不论牺牲还是不牺牲,都可以表达对祖国的忠诚或对自己工作的热爱与尽责。

第三节

初中《语文》中的道德教育论辩

进入初中阶段,抽象逻辑思维开始在各科教学中占据主导地位。《义务教育语文课程标准(2011年版)》明确指出,在发展语言能力的同时,发展思维能力。初中学段课标的具体要求是:在阅读方面,(能)"区分观点与材料(道理、事实、数据、图表等),发现观点与材料之间的联系,并通过自己的思考,做出判断";在写作方面,(能)"写简单的议论性文章,做到观点明确,有理有据"。为响应这方面的要求,新版初中《语文》教科书在编排专门的议论文阅读篇目之外,还在八年级和九年级专门设置了"演讲""辩论"和"议论文写作"三个"综合性学习"栏目。从

"文道统一"的视野看,初中《语文》教科书不仅承担着初中语文知识教学的任务,同时也肩负着促进初中生道德认知发展的使命。具体而言,《语文》教科书中道德教育的内容,主要体现为有关道德主题篇目的道德主张及其说理方式。这不仅关乎初中生道德学习的内容,而且还将深刻影响到初中生道德思维的发展水平和学习成效。

一、道德主题篇目及其道德主张

与"道德与法治"课程不同的是,"语文"课程的道德教育主要是在传授知识的过程中,以"渗透"的方式进行的。作为新版初中《语文》教科书的编写依据,《义务教育语文课程标准(2011年版)》指出,初中语文学科主要担负着以下三项德育使命:其一,在价值观教育层面,要帮助学生"树立正确的世界观、人生观、价值观";其二,在民族文化传统层面,要"继承与弘扬中华民族优秀文化和革命传统,有助于增强学生的民族自尊心和爱国主义感情";其三,在教育实践对象的特殊性层面,要"符合学生的身心发展特点,适应学生的认知水平,密切联系学生的经验世界和想象世界,有助于激发学生的学习兴趣和创新精神"。其中,前两方面主要指向了道德教育的内容层面,而第三方面则指向了有关道德主张的说理方式,说理方式在很大程度上决定着道德教育的实效性。

通过对这套初中《语文》教科书[1]篇目的梳理,我们发现:共有课文130篇,大体可以分为两种类型,其一是非道德主题的课文,共计60篇,约占课文篇目总数46%,主要涉及学习生活、自然风光、科学故事、

---

[1] 需要说明的是,这套初中《语文》教科书是2016—2018年完成的,具体情况是:七年级上册2016年7月第一版,七年级下册2016年11月第一版,八年级上册2017年7月第一版,八年级下册2017年12月第一版,九年级上册2018年6月第一版,九年级下册2018年12月第一版。

社会文化几个主题。其中,自然风光和社会文化两种类型的课文篇目最多,分别约占据非道德主题课文总数的48.3%和33.3%,突出反映了初中生"认识自然"和"了解社会"两个面向的学习需要;其次是学习生活主题,约占据非道德主题篇目总数的15%,较大程度上满足了初中生对学习方法指导上的需要;最少的是科学故事,仅占非道德主题篇目总数的3%。就其年级分布来看,自然风光类篇目主要集中在八年级;社会文化类篇目主要集中在八年级和九年级;学习生活类篇目则主要集中在九年级;科学故事类篇目则仅仅在八年级出现。从各年级课文篇数看,各年级课文篇数随着年级升高整体呈递增趋势(见5-13)。

表5-13 初中《语文》教科书中非道德主题篇目类型一览表

年级	学习生活	自然风光	科学故事	社会文化	合计
七	2	8	0	2	12
八	1	13	2	8	24
九	6	8	0	10	24
合计	9	29	2	20	60
比重	15%	48.3%	3%	33.3%	100%

其二是道德主题的课文,共计70篇,约占课文篇目总数的54%,主要包含记叙文、说明文、议论文、应用文和诗歌五个大类。其中,数量最多的是记叙文(约占60%)。在记叙文大类中,又以散文类型为首(约占23%),其次是诗歌类型(约占17%),再次是小说类型(约占16%),最后是各约占11%的传记文学和议论文类型(见表5-14)。此外,应用文和童话故事、寓言故事、回忆录与戏剧比重较小,明显居于补充地位。

表 5‑14 初中《语文》教科书中道德主题篇目类型一览表

年级	诗歌	记叙文							说明文	议论文	应用文			合计
		散文	小说	传记	戏剧	回忆	童话	寓言			新闻	通讯	演讲	
七	3	11	6	3	0	2	1	1	1	2	0	1	0	31
八	3	5	0	3	0	0	0	0	0	1	2	1	2	17
九	6	1	5	2	2	0	0	0	0	5	0	1	0	22
合计	12	17	11	8	2	2	1	1	1	8	2	3	2	70
比重	17%	23%	16%	11%	3%	3%	2%	2%	2%	11%	3%	4%	3%	100%
		60%									10%			

其中,回忆录、童话故事和寓言故事三种类型篇目则仅仅出现在七年级,反映了学生从小学到中学过渡期的特殊需要;戏剧只出现在九年级,属于拓展性的内容;应用文则主要集中在八年级。总体来看,合计占据道德主题篇目总数的60%的记叙文乃是首要文本类型,其中包含的丰富内容,不仅凸显了语文学科自身的特色,而且集中体现了该教科书在充分重视"民族文化"和"贴近儿童生活经验"两个方面所做的努力;议论文单类约占据11%的分量,则反映了在满足初中道德思维发展需要方面所做的努力。

为了清晰地呈现初中《语文》教科书所承载的道德教育的实际内容,笔者参照教育部2022年颁布的《义务教育道德与法治课程标准(2022年版)》的道德类型四分框架和我国教育学者黄向阳有关道德类型的三分框架,对这些道德主张做进一步的统计分析。从四分框架看,个人品德类型的道德内容约占总体65%,家庭美德类型的道德内容约占总体10%,社会公德类型的道德内容约占总体10%,职业道德类型的道德内容约占总体15%(见表5-15)。从三分框架看,私德类型的道德内容约占总体的57%,公德类型的道德内容约占总体的27%,职业道德类型的道德内容约占总体的16%(见表5-16)。

表5-15 初中《语文》教科书所涉道德类型四分框架统计一览表

类型	德目	涉及篇目	频次		比重
个人品德	爱国奉献	7-2-7,7-2-8,8-1-1,8-1-3,8-1-4,8-1-13,8-1-26,8-2-4,8-2-13,9-1-3,9-1-4,9-1-11,9-1-17,9-2-1,9-2-10,9-2-12,9-2-17,9-2-24,8-2-24	19	45	65%
	坚强勇敢	7-1-14,7-1-18,7-2-5,7-2-9,7-2-12,7-2-17,7-2-23,8-1-15,9-2-4,9-2-7	10		
	诚实守信	7-1-8,7-1-11,7-1-19,8-1-22	4		
	宽厚正直	7-1-9,7-2-14,8-1-23	3		
	勤劳善良	7-2-11,7-2-13,8-2-15	3		
	关心他人	9-1-10,9-2-5	2		
	平等待人	8-1-8,9-1-8	2		
	承担责任	7-2-16	1		
	自强自律	7-1-10	1		
家庭美德	尊老爱幼	7-1-05,7-1-06,7-1-07,8-1-7,8-1-14,9-1-16,9-2-19	7	7	10%
社会公德	助人为乐	7-2-15,9-2-8	2	7	10%
	无私奉献	7-2-24,7-1-13	2		
	舍己为人	7-1-12	1		

续表

类型	德目	涉及篇目	频次	比重
社会公德	同情弱小	7-1-16	1	
	相互尊重	9-1-9	1	
职业道德	爱岗敬业	8-1-9,8-1-25,9-1-7,9-2-23,7-2-2,7-2-3,7-1-17	7	11	15%
	奉献社会	7-2-1,7-2-22	2	
	诚实不欺	9-2-6,9-2-20	2	

表 5-16 初中《语文》教科书所涉道德类型三分框架统计一览表

类型	德目	涉及篇目	频次	比重
私德	坚强勇敢	7-1-14,7-1-18,7-2-5,7-2-9,7-2-12,7-2-17,7-2-23,8-1-15,9-2-4,9-2-7	10	40	57%
	尊老爱幼	7-1-05,7-1-06,7-1-07,8-1-7,8-1-14,9-1-16,9-2-19	7	
	诚实守信	7-1-8,7-1-11,7-1-19,8-1-22	4	
	宽厚正直	7-1-9,7-2-14,8-1-23	3	
	勤劳善良	7-2-11,7-2-13,8-2-15	3	
	关心他人	9-1-10,9-2-5	2	
	平等待人	8-1-8,9-1-8	2	
	助人为乐	7-2-15,9-2-8	2	
	无私奉献	7-1-13,7-2-24	2	
	承担责任	7-2-16	1	

续表

类型	德目	涉及篇目	频次	比重
私德	自强自律	7-1-10	1	
	舍己为人	7-1-12	1	40	57%
	同情弱小	7-1-16	1	
	相互尊重	9-1-9	1	
公德	国民 爱国奉献	7-2-7,7-2-8,8-1-1,8-1-3,8-1-4,8-1-13,8-1-26,8-2-4,8-2-13,9-1-3,9-1-4,9-1-11,9-1-17,9-2-1,9-2-10,9-2-12,9-2-17,9-2-24,8-2-24	19	19	27%
	社会	—	—	0	
职业道德	爱岗敬业	8-1-9,8-1-25,9-1-7,9-2-23,7-2-2,7-2-3,7-1-17	7	11	16%
	奉献社会	7-2-1,7-2-22	2	
	诚实不欺	9-2-6,9-2-20	2	

整体来看,两种道德类型分析框架都表明,初中《语文》教科书中有关道德要求主要集中在爱国奉献、坚强勇敢、尊老爱幼和爱岗敬业四个方面。不同的是,四分法将此四大道德主张分别归属个人品德(爱国奉献、坚强勇敢)、家庭美德(尊老爱幼)和职业道德(爱岗敬业)三种道德类型,而社会公德相对薄弱;三分法则将其分别归属(国民)公德(爱国奉献)、私德(坚强勇敢、尊老爱幼)、职业道德(爱岗敬业)三种道德类型。由此可见,爱国奉献乃是新版初中《语文》教科书中的首要道德主张;社会公德的缺席也是一个显著特征。究其原因,长期以来,由于中

国古代社会公共生活贫乏,导致道德教育以私德内容为主,而"随着我国现代市民社会的形成,国际竞争的日益加剧,以及两次世界大战的爆发,我国人民的国家意识与国民精神得到不断提升和强化,国民公德逐渐成为国家主导的各级各类学校系统的一项重要的德育内容"。[1]除了七年级上册没有以爱国为主题的德育篇目以外,其他五册全部包含以爱国为主题的篇目,七年级下册还专门为家国情怀设置了一个单元(第二单元),突出反映了课程标准有关"弘扬以爱国主义为核心的民族精神"的要求。

从具体道德主张来看,三分法中的私德实质包含了四分法中的个人品德和家庭美德两种类型。因此,三分法的优点在于凸显了私德与公德上的区分。鉴于中国教育学界"公私不分"的道德类型划分方式常常给社会道德舆论造成道德认识上的混淆,接下来笔者拟采私德、公德、职业道德三分法对这些道德主张的说理方式做进一步分析。

二、道德说理方式分析

众所周知,我国学校道德教育长期因"成效欠佳"而备受责难。从教育学的视角看,这主要是因为学界一直围绕道德教育内容进行改革,而疏于探讨道德教育方法的问题,而在有关道德教育方法的问题上,又过多关注"可接受性"的问题,较少思考论证意义上的"合理性"问题。为此,笔者拟采伦理学特有的说理方式即结果论和道义论对前面梳理所得的各种道德主张的说理方式做进一步的统计分析。

初中《语文》教科书中,使用频次最多的是结果论,约占道德说理总频次的 51.4%(社会功用主义结果论约占 34.3%,利己主义结果论约

---

[1] 黄向阳.德育内容分类框架——兼析我国公德教育的困境[J].全球教育展望,2008(9).

占 17.1%);其次是道义论,约占道德说理总频次的 27%;再次是道义论与利己主义结果论的复合说理方式,约占道德说理总频次的 1.4%,而其他两种复合说理方式(道义论与利己主义结果论的复合说理方式,利己主义结果论与社会功用主义结果论的复合说理方式)则完全没有出现过。倘若将单独使用的道义论与综合使用的道义论合在一起,则道义论的使用合计约占到了 28.4%。它充分说明,这套新版教科书的编写者还是比较看重道德领域特有的说理方式的(见表 5-17)。

表 5-17 初中《语文》教科书中道德主张及说理方式一览表

类型	德目	说理方式						无论证	合计
		道义论	结果论		复合说理				
			利己主义	社会功用主义	道义论+利己主义	道义论+社会功用主义	利己主义+社会功用主义		
私德	坚强勇敢	2	1	1	0	0	0	6	10
	尊老爱幼	4	3	0	0	0	0	0	7
	诚实守信	0	3	1	0	0	0	0	4
	宽厚正直	0	1	1	0	0	0	1	3
	勤劳善良	0	0	1	0	0	0	2	3
	关心他人	1	1	0	0	0	0	0	2
	平等待人	0	0	1	0	0	0	1	2
	助人为乐	1	0	1	0	0	0	0	2
	无私奉献	0	0	1	0	0	0	1	2
	承担责任	0	1	0	0	0	0	0	1

续 表

类型		德目	说理方式						无论证	合计
			道义论	结果论		复合说理				
				利己主义	社会功用主义	道义论+利己主义	道义论+社会功用主义	利己主义+社会功用主义		
私德		自强自律	0	1	0	0	0	0	0	1
		舍己为人	1	0	0	0	0	0	0	1
		同情弱小	0	0	0	0	0	0	1	1
		相互尊重	1	0	0	0	0	0	0	1
公德	国民	爱国奉献	8	0	9	0	0	0	2	10
	社会	—	0	0	0	0	0	0	0	0
职业道德		爱岗敬业	1	1	4	1	0	0	0	7
		奉献社会	0	0	2	0	0	0	0	2
		诚实不欺	0	0	2	0	0	0	0	2
合计			19	12	24	1	0	0	14	70
比重			27%	17.1%	34.3%	1.4%	0	0	100%	20%
				51.4%		1.4%				

总体上看,初中《语文》教科书中道德说理方式主要呈现以下几个特点:其一,道义论说理方式所占比重超过三分之一,反映了教科书对初中生道德认知水平和发展需要的考虑;其二,结果论说理方式明显多于道义论说理方式,说明诉诸后果的威胁或者利诱仍占优势地位;其

三,复合说理方式比重微乎其微(仅约占道德说理方式总数的1.4%)。从说理论证的充分程度(亦即使用说理方式的数量多少)反观居于优先地位的八种道德主张依次是:第一序列的是职业道德类型的爱岗敬业;第二序列的是私德类型的坚强勇敢;第三序列的是国民公德类型的爱国奉献和私德类型的尊老爱幼、诚实守信、宽厚正直、勤劳善良和助人为乐。这从另一个侧面反映了教科书编写者对于即将结束义务教育阶段学习生活的新一代青少年的价值期待。

此外,就这些道德说理方式在各年级的分布情况看(见表5-18),初中《语文》教科书在道德说理方式上主要具有以下几个方面的特征:其一,道义论说理方式主要集中在九年级,且整体上随年级升高呈递增趋势,充分体现了对儿童道德成长需要的考虑;其二,利己主义结果论和社会功用主义结果论说理方式主要都集中在七年级,且整体上随年级升高都呈递减趋势,二者走势上的一致与道义论说理方式的上升趋

表5-18 初中《语文》教科书中说理方式年级分布一览表

年级	说理方式						无论证	合计
	道义论	结果论		复合说理				
		利己主义	社会功用主义	道义论+利己主义	道义论+社会功用主义	利己主义+社会功用主义		
七	2	10	12	0	0	0	7	31
八	6	0	7	0	0	0	4	17
九	11	2	5	1	0	0	3	22
合计	19	12	24	1	0	0	14	20
比重	34%	21%	43%	2%	0%	0%	100%	25%

势相协调;其三,复合说理方式仅在九年级出现过1次,既体现了教科书在道德说理方式上对高年级的重视,同时也反映了这些道德篇目在道德说理上的整体表现还相对薄弱;其四,无论证的情况总体呈下降趋势,从一个侧面反映了随着年级的升高,这些道德篇目论证意识得到了逐步加强。

三、道德说理教学建议

从道德教学实践的情形看,初中语文教师在涉及道德内容的教学过程中,势必需要对课文中所包含的说理方式做出必要的澄清、诠释和回应,以便使道德观点变得具有可接受性。此外,面对学生对有关道德观点和说理方式的质疑,教师要具备相应的识别和判断相关说理方式成效的能力。这意味着,对于初中语文教师而言,要想发挥语文学科德育的理想效果,除了了解教科书中道德主题篇目的内容、结构及其说理方式的特点外,对于教材在道德说理方式上的不足也应该有清晰的认知。惟其如此,在教学的过程中,教师才能与学生站在共同的逻辑起点,有效传递课文中的德育元素,达到良好的道德说理效果。概而言之,初中语文教师需要注意四个方面的问题。

第一,避免自然主义谬误。在伦理学上,一般将事实判断(是/实然)与价值判断(应该/应然)直接关联起来的推理方式叫作"自然主义谬误"。例如,在八年级下册第23篇(韩愈的《马说》)中,课文首先抛出"世有伯乐,然后有千里马"的论点,业已隐含"伯乐在先,千里马在后"的条件假设。然而,此后课文却抛出了"千里马常有,而伯乐不常有"的判断。搁置前面的预设不论,"千里马常有,而伯乐不常有"或许是一种符合人们生活经验的事实判断。但是,倘若将其与前面的预设放在一起,则明显犯了自然主义谬误。这是因为,按照"先有伯乐,再有千里马"的前提假设,一切"千里马的产生"都势必要以"有伯乐发现它"作为前提条件。由此来看,"千里马常有,而伯乐不常有"无异于说"即使没有伯乐发现,千里马也是存在的",殊不知,没有"伯乐发现"作为前提条件,世上存在的一切的马,我们都无法做出它究竟是不是"千里马"的价值判断。不过,从后句"故虽有名马,只辱于奴隶人之手,骈死于槽枥之间,不以千里称也"来看,作者不过是想强调世界上存在着很多有潜质的"未被发现的千里马"这一事实而已。因此,当作者绕开"世有伯乐,然后有千里马"的前提假设,直接从世间存有很多"(未被发现的)千里马"的事实判断,推出"千里马(应该)常有,而伯乐(应该)不常有"的价值判断时,也就犯了自然主义的谬误。究其原因,诸多具备成为千里马潜质的好马都被不懂养育它的人埋没了。作者写作的重点不过是想要揭示这一事实罢了,因而,在后面有关这一主题的阐述中,相对忽视了这些事实与开篇论点之间的逻辑关系。

对此,建议教师在教学过程中注意把握课文陈述中的事实判断与价值判断之间的区别与联系。鉴于课文的叙事特性,教师可以通过将课文的相关判断转变成包含"是"或"应当"的语句重新表述,来区分课文陈述中的事实判断与价值判断。在此基础之上,进一步澄清不同判断之间论据与论点之间的逻辑关系。由此,我们就能判断课文作者是否不顾课文陈述中的价值前提,而直接将某种或者某些经验上的事实作为推出价值判断上的可靠论据。要知道,对自然主义谬误的有效识别,不仅是初中语文通过教科书进行有效的道德教育的必要条件,也是初中《语文》教科书九年级上册写作栏目"论证要合理"的基本要求:"写议论文,不管是立论还是驳论,都要摆事实、讲道理,使人信服你的观点,也就是要进行论证(驳论也是一种论证,只不过是论证对方论点不正确)。合理的论证,要求选择恰切的论据,运用恰当的论证方法,准确阐发论据与观点间的逻辑关联。"[1]

第二,避免单因谬误。在逻辑学中,一般把由多种原因引起的特定结果中的一个原因,作为对该结果产生的唯一原因的推理形式叫作"单因谬误"。例如七年级上册的课文《植树的牧羊人》,作者赞扬主人公"慷慨无私,不图回报,为山区人民植树造林"的公益行为。然而,从故事背景来看,主人公普菲尔并不仅仅是为了给生活在附近的其他人带来好处,他种树的最初原因是想缓解妻儿离世后内心的孤独与失落,在主人公看来,每种一棵树世间就多了一位亲人。由此可见,主人公种树并非仅仅是为山区居民改造荒地(公利原因),更是为了寄托对已逝妻儿的思念(私利原因),总之,他种树的原因是利己和公利并存的。但是,作者仅仅因为看到了牧羊人种树带来的公利性结果,就将其目的完全归结于公利性原因,而没有提及主人公正当合理的利己原因,这就是单因谬误。单因谬误的存在,看似很好地将私情升华为公利,实质是模糊了公德和私德的界限。用公共的利益来抑制个人利益,不仅不会培养出完美的道德品质,反而容易使学生养成装腔作势的虚伪陋习。

对此,建议教师在教学过程中充分考虑导致某一结果的原因的多种可能性。在这里,怀疑与实验的精神显得十分重要。诚如八年级下册第14课(丁肇中所写的《应有格物致知精神》)所述:中国"传统教育的目的并不是寻求新知识,而是适应一个固定的社会制度",殊不知,"真正的格物致知精神,不但研究学术不可缺少,而且对应付今天的世界环境也是不可少的。我们需要培养实验的精神,就是说,不论是研究自然科学,研究人文科学,还是在个人行动上,我们都要保留一个怀疑

---

[1] 温儒敏,总主编.语文·九年级·上册[M].北京:人民教育出版社,2018:105.

求真的态度,……我们不能盲目地接受过去认定的真理,也不能等待'学术权威'的指示。我们要自己有判断力"。[1]然而,中国自古以来公益至上的价值取向,很容易通过社会功用主义结果论把原本私利的行为包装成公益行为,把原本公德不足的事例当作正面事例来宣传和学习。因此,当课文因只呈现一种原因而遗漏其他原因导致推理无效时,教师可以引导学生首先澄清课文没有提及的其他原因,将利己原因和公利原因都呈现给学生,让学生对导致某一结果或事实的原因有一个更为全面合理的认识。

第三,避免滑坡谬误。在逻辑学中,一般将把概率性的可能判断当作必然判断的推理形式称作"滑坡谬误"。例如七年级下册的课文《最苦与最乐》中提到:"人生最苦的事,莫苦于身上背着一种未来的责任。"[2]为了论证这一观点,作者给出的理由是:由承诺未办、欠钱未还、恩惠未报答、得罪人未赔礼等情况而生的痛苦,就是因为不敢与当事人见面,梦里有对方的影子缠着自己。这是一种消极结果论,但需要明确的是,"没有尽责"与"是否会过痛苦日子"并没有必然的因果关系。"没有尽责就会过痛苦日子"得分具体情况讨论。对于道德感强的人而言,没有尽责的确是一种煎熬和痛苦,实际上,这类人往往会及时尽责,除非有难言之隐。然而,对于道德意识不强的人而言,即便不尽责,他们也不会感到痛苦。因此,"没有尽责"并不必然导致"过痛苦日子",二者只是相关关系,而并非必然的因果联系。在读到这篇课文时,那些已经具有相应逻辑思维能力的学生想必会一头雾水,进而拒绝接受作者的结论;那些逻辑思维能力欠佳的学生似乎又并不是这篇文章道德教育的主要目标。于是,这篇文章就处在了这么一个尴尬境地:它只能对

---

[1] 温儒敏,总主编.语文·八年级·下册[M].北京:人民教育出版社,2018:82-84.
[2] 温儒敏,总主编.语文·七年级·上册[M].北京:人民教育出版社,2018:74.

着自己并不想说理的人说理，其道德教育的说理效果显然会削弱。究其原因，这或许与语文学科自身特点有关，亦即除了专门的议论文之外，语文课文通常都是以文学性而非逻辑性的表达见长，通过塑造形象而非道德说理来落实道德教育。

对此，建议教师在教学过程中引导学生学会区分可能性判断与必然性判断。结合日常生活经验看，为增强言语的说服力或者为尽快推出一个荒谬的结论出来，说话者往往不惜把可能情况当作必然情况对待，由此就可以很方便地得出一个明显荒谬的结论来。不过，只要仔细辨别支撑这个结论的前项论据就会发现，这不过只是"一种可能"而已，甚至它都不是"最大可能"，但它却诱使听者把一种可能性判断直接当作必然性判断对待。因此，教师可以通过引入一些历史上或生活中的常见案例，帮助学生识别这种谬误，从而提升学生的道德认识和道德推理水平。

第四，避免混淆道德理想与道德原则和道德规则之间的区别。道德理想、道德原则和道德规则对学生意味着迥然不同的道德要求：道德理想是人们向往和追求的高尚境界，却不是现实情况下人人可行的基本行为准则；道德原则是一般情况下必须遵守而在特殊情况下可以变通的普遍性的道德要求；道德规则则是人人必须遵守的最起码的具体行为要求。对于道德认知水平相对成熟的初中生而言，德育课文应当以道德原则类课文为主。然而，新版初中《语文》教科书中的道德理想类课文呈现的都是道德境界极高的个人化道德选择。究其原因，这与我国一贯倡导的道德理想主义的修身传统有关，亦即"推崇道德上近乎完美的圣贤、伟人和英雄，引为全民学习榜样，竭力倡导道德高标，弘扬高尚道德。这使人们坚信，高标准、严要求可以最大限度地激发人的潜能和善性，从而倾向于对学生、晚辈、部下立极高的标准，提极严的要求。即便明知对方力不能及,也依然坚持高标准、严要求"。[1]

对此,建议初中语文教师在教学过程中注意引导学生通过反思讨论的方式识别三者之间的区别和各自的适用情况。在这里,教师尤其须要警惕的是,切忌将高尚的道德理想直接当作道德原则乃至道德规则来教。因为学生看得很清楚,这根本就不符合现实情况,也最容易引发学生的反感情绪。与此同时,教师也很难通过举证个别英雄案例证成它,学生一个反问就足以让老师无言以对。因此,在这种情况下,教师不妨诉诸开放性的课堂讨论,或者借助影视中的相关场景,引导学生理解道德理想或高标道德在特殊历史条件下的合理性。总之,教师要明确意识到:"道德发展是一个渐进而漫长的过程,需要教育者的耐心和智慧,引导学生在养成良好的行为习惯、坚守住做人的道德底线的基础上,循序渐进地追求更高层次的道德目标。"[2]

第四节

高中《语文》中的道德教育论辩

从人的认知方式和思维特点看,高中阶段是理性精神和逻辑判断力形成与成熟的关键期。相比小学或初中阶段注重道德知识内容的学习而言,高中道德教育更加强调道德思维能力的发展。一方面,这意味

---

[1] 黄向阳.高标德育平议[J].教育参考,2017(05).
[2] 黄向阳.德育的层次与重心[J].思想理论教育,2008(08).

着高中生对于道德主张的充分论证抱有较高的认知期待和理性要求；另一方面，这也意味着高中《语文》教科书中有关道德主张的陈述方式需要充分回应高中生在道德理解方面的特殊要求。对此，《普通高中语文课程标准（2017年版2020年修订）》也再三强调"发展逻辑思维，提升思维品质"，具体而言，即要求"学生在语文学习过程中，通过语言运用，获得直觉思维、形象思维、逻辑思维、辩证思维和创造思维的发展，促进深刻性、敏捷性、灵活性、批判性和独创性等思维品质的提升"。众所周知，语文学科的道德教育内容，不仅关系到学生道德学习的内容，而且影响到学生道德思维的发展水平和学习成效。这里旨在通过考察这套教科书中的道德主张及其说理方式，为广大高中语文教师更好使用这套教科书提供资鉴。

一、道德主题篇目及其道德主张

作为基础教育的最后阶段，高中《语文》教科书的编写侧重文化知识教学的同时，也十分注重通过道德主题篇目渗透道德教育的内容。总体上看，这套高中《语文》教科书（以下简称高中《语文》）[1]共有课文117篇。其中，非道德主题篇目有73篇，约占篇目总数的62%。具体而言，非道德主题篇目主要涉及人生感悟、学习之道、人与自然、科学精神、社会生活和历史事实六种类型，其中，人生感悟和社会生活两种类型的课文篇目最多，分别约占据非道德主题篇目总数的32%和19%，适应了即将作为"成年人"走向社会的高中生的特殊学习需要；其次是历史事实和学习之道，分别约占据非道德主题篇目总数的15%和

---

[1] 需要说明的是：这套高中《语文》教科书由教育部组织编写，北京大学温儒敏教授担任总主编，经国家教材委员会审核通过，2017年9月开始使用。分为必修2册、选择性必修3册。具体情况：必修上册2019年8月第1版；必修下册2019年12月第1版；选择性必修上册2020年3月第1版；选择性必修中册2020年6月第1版；选择性必修下册2020年6月第1版。

12%,适应了传承民族文化和大多数即将结束学校生活的高中生终身学习的需要;再次是人与自然和科学精神,均约占非道德主题篇目总数的11%,反映了教科书编者对作为时代主题的生态意识及学生日后进行自主探究的关注。从年级的分布情况看,非道德主题篇目主要集中在高中一年级,共计39篇,占据高中非道德主题篇目总数的53%,之后,非道德篇目随着年级的升高总体呈递减趋势(见表5-19)。

表5-19 高中《语文》教科书中非道德主题的篇目类型一览表

年级	非道德主题篇目类型						合计
	人生感悟	学习之道	人与自然	科学精神	社会生活	历史事实	
高一	14	6	4	3	7	5	39
高二	6	3	0	2	3	5	19
高三	3	0	4	3	4	1	15
合计	23	9	8	8	14	11	73
比重	32%	12%	11%	11%	19%	15%	100%

道德主题篇目44篇,约占篇目总数的38%,主要涉及文学、议论文和应用文三个大类。其中,文学约占道德主题篇目总数的61%,议论文约占道德主题篇目总数的21%,应用文约占道德主题篇目总数的18%。就各类篇目下面的子类分布情况而言,数量最多的是文学类中的小说和散文,各约占道德主题篇目总数的20%;其次是文学类中的诗歌和议论文类中的中国说理文,各约占道德主题篇目总数的16%;再次是应用文中的新闻通讯和文学类中的剧本,各约占道德主题篇目总数

的5%。从年级的分布情况看,道德主题篇目主要集中在高一和高二两个年级,各有18篇,各约占据高中道德主题篇目总数的41%,之后,道德篇目在高三锐减到8篇,仅约占高中道德主题篇目总数的18%(见表5‐20)。总体而言,道德主题的说理文可谓高中《语文》中的一大亮点,它不仅在道德主题篇目中占据份额合计超过1/5,而且,其中除了包含约占据道德主题篇目总数16%的中国说理文外,还包含约占据道德主题篇目总数5%的两篇西方说理文。这不仅反映了高中《语文》对语言逻辑训练的重视,回应了课程标准的要求,而且其对西方说理文的包容,同时体现了民族特色与国际视野。

表5‐20 高中《语文》教科书中道德主题的篇目类型一览表

年级	道德主题篇目类型								合计
	议论类		文学类				应用类		
	中国说理文	西方说理文	诗歌	小说	剧本	散文	演讲书信	新闻通讯	
高一	3	0	3	2	1	2	2	5	18
高二	4	2	0	6	0	5	0	1	18
高三	0	0	4	1	1	2	0	0	8
合计	7	2	7	9	2	9	2	6	44
比重	16%	5%	16%	20%	5%	20%	5%	13%	100%
	21%		61%				18%		

为了清晰呈现高中《语文》中道德教育的实际内容,这里参照教育部2022年颁布的《义务教育道德与法治课程标准(2022年版)》的四分框架和我国教育学者黄向阳的三分框架,对这些道德主题篇目所反映

的道德主张做进一步统计分析。从四分框架看,个人品德类型的道德内容约占总体的 59%,家庭美德类型的道德内容约占总体的 16%,职业道德类型的道德内容约占总体的 14%,社会公德类型的道德内容约占总体的 11%(见表 5-21)。从三分框架看,私德类型的道德内容约占总体的 45%,公德类型的道德内容约占总体的 41%,职业道德类型的道德内容约占总体的 14%(见表 5-22)。

表 5-21　高中《语文》教科书中所涉道德类型四分框架统计一览表

类型	德　目	涉　及　篇　目	频次	合计	比重
个人品德	爱国奉献	1-1-01,1-1-02(2),1-2-02(1),1-2-11(2),1-2-15(2),2-2-06(1),2-2-06(2),2-2-08(1),2-2-08(3),2-2-06,2-2-07,3-1-01(2)	12	26	59%
	自我完善	2-1-04(1),2-1-02(2),2-1-08	3		
	善良仁爱	2-1-02(3),2-1-06,2-2-04(2)	3		
	自尊朴实	1-1-03(2),3-1-05(2)	2		
	仁德爱民	1-2-01(2),1-2-15(1)	2		
	奉献牺牲	1-2-10(2),3-1-06(1)	2		
	谦逊礼让	1-2-01(1)	1		
	自强不息	2-1-09	1		
家庭美德	孝亲敬老	1-1-06(2),3-1-09(1),3-1-09(2)	3	7	16%
	平等互爱	1-2-05,2-2-09,3-1-01(1),3-1-02	4		
社会公德	维护正义	2-2-05,3-1-08	2	5	11%
	奉献社会	1-2-10(2)	1		

续 表

类型	德目	涉及篇目	频次	合计	比重
社会公德	人道主义	2-1-02(2)	1	5	11%
	助人为乐	2-1-07	1		
职业道德	爱岗敬业	1-1-04(1),1-1-05,1-2-07(1)	3	6	14%
	奉献牺牲	1-1-04(3),2-1-03(2)	2		
	热情服务	1-1-04(2)	1		

说明：统计表中所涉及篇目的编码，原则上遵照"年级-上/下册-课号"编制：年级和课号直接以数字记号，上册记作1,下册记作2。对于个别课号下面包含多篇文章的情况，我们则在课号下面以括号的形式记号，例如"2-1-03(2)"就表示"高二年级-上册-第三课第二篇"，以此类推，表5-22同此。

表5-22 高中《语文》教科书中所涉道德类型三分框架统计一览表

类型	德目	涉及篇目	频次	合计	比重
私德	平等互爱	1-2-05,2-2-09,3-1-01(1),3-1-02	4	20	45%
	孝亲敬老	1-1-06(2),3-1-09(1),3-1-09(2)	3		
	自我完善	2-1-04(1),2-1-02(2),2-1-08	3		
	善良仁爱	2-1-02(3),2-1-06,2-2-04(2)	3		
	自尊朴实	1-1-03(2),3-1-05(2)	2		
	奉献牺牲	1-2-10(2),3-1-06(1)	2		
	谦逊礼让	1-2-01(1)	1		
	自强不息	2-1-09	1		
	助人为乐	2-1-07	1		

续 表

类型		德 目	涉 及 篇 目	频次	合计	比重
公德	国民	爱国奉献	1-1-01,1-1-02(2),1-2-02(1),1-2-11(2),1-2-15(2),2-2-06(1),2-2-06(2),2-2-08(1),2-2-08(3),2-2-06,2-2-07,3-1-01(2)	12	18	41%
		仁德爱民	1-2-01(2),1-2-15(1)	2		
	社会	维护正义	2-2-05,3-1-08	2		
		奉献社会	1-2-10(2)	1		
		人道主义	2-1-02(2)	1		
职业道德		爱岗敬业	1-1-04(1),1-1-05,1-2-07(1)	3	6	14%
		奉献牺牲	1-1-04(3),2-1-03(2)	2		
		热情服务	1-1-04(2)	1		

总之,无论采取道德类型上的四分法还是三分法,高中《语文》中有关道德要求主要集中在爱国奉献、平等互爱、爱岗敬业和孝亲敬老、自我完善、善良仁爱六个方面。在四分法看来,高中《语文》的六大道德主张分属个人品德(爱国奉献、自我完善、善良仁爱)、家庭美德(平等互爱、孝亲敬老)和职业道德(爱岗敬业)三种道德类型,而社会公德则相对薄弱;在三分法看来,六大道德主张则恰好分属(国民)公德(爱国奉献)、私德(平等互爱、孝亲敬老、自我完善、善良仁爱)、职业道德(爱岗敬业)三种道德类型。当然,作为子类的社会公德仍显薄弱。从具体道德主张来看,三分法中的私德实质包含了四分法中的个人品德和家庭美德两种类型。总之,三分法的优点在于凸显了私德与公德上的区分。鉴于我国道德教育界"公私不分"给学校广大师生在道德教育过程中造

成认知上的困难,接下来拟采三分法对道德说理方式进行进一步分析。

二、道德说理方式分析

与小学和初中的学生相比,高中生具备较为成熟的高阶思维能力。这意味着,教科书中所呈现的道德说理要有充足的论据和合乎逻辑的推理。惟其如此,才能够有效地落实道德教育,让学生学习解决道德问题的方法,找到理性思考道德问题的途径。同时也能够促进学生的思维发展与提升。为此,有必要考察高中《语文》中针对上述道德主张的说理方式。

根据伦理学特有的结果论和道义论两种说理方式对高中《语文》中各种道德主张(德目)进行统计发现:使用频次最多的是约占34.6%的结果论(其中,社会功用主义结果论约占21%,利己主义结果论约占13.6%;倘若将复合说理方式中所包含的结果论也算在内,则结果论的说理方式将达到64%),其次是约占29.4%的复合说理方式,再次是仅约占9%的道义论(倘若将复合说理方式中所包含的道义论也算在内,则道义论的说理方式将达到22.5%)。此外,高中《语文》中道德主张的无论证情况也比较突出,约占说理方式总频次的27%(见表5-23)。

总体上看,高中《语文》中道德说理方式主要呈现以下几个特点:其一,无论从结果论的单独使用份额来看,还是从结果论的复合说理方式所占份额看(利己主义与社会功用主义相结合的复合说理所占的15.9%,明显多于道义论与结果论相结合的复合说理所占的13.5%),这说明诉诸后果的威胁或者利诱在高中语文教科书的道德说理中仍占优势地位;其二,占近三成份额的复合说理方式成为高中《语文》中说理方式的一大亮点,其中,社会功用主义结果论明显多于利己主义结果

表 5-23 高中《语文》教科书中所涉道德类型、德目与说理方式一览表

道德类型	德目	说理方式							无论证	合计
		道义论	结果论		复合说理					
			利己主义	社会功用主义	道义论＋利己主义	道义论＋社会功用主义	道义论＋利己主义＋社会功用主义	利己主义＋社会功用主义		
私德	平等互爱	0	2	0	0	0	0	0	2	4
	孝亲敬老	0	1	0	0	0	0	0	2	3
	自我完善	0	1	0	1	0	0	1	0	3
	善良仁爱	0	0	0	0	0	2	1	0	3
	自尊朴实	1	0	0	0	0	0	0	1	2
	奉献牺牲	0	0	1	0	0	0	0	1	2
	谦逊礼让	0	0	0	0	0	0	1	0	1
	自强不息	0	0	0	0	0	0	0	1	1
	助人为乐	1	0	0	0	0	0	0	0	1
公德 国民社会	爱国奉献	0	2	3	0	1	0	1	5	12
	仁德爱民	0	0	0	0	0	0	2	0	2
	维护正义	1	0	0	1	0	0	0	0	2
	奉献社会	0	0	1	0	0	0	0	0	1
	人道主义	1	0	0	0	0	0	0	0	1
职业道德	爱岗敬业	0	0	2	0	0	0	1	0	3
	奉献牺牲	0	0	1	0	1	0	0	0	2
	热情服务	0	0	1	0	0	0	0	0	1

续 表

道德类型	德目	说理方式								合计
		道义论	结果论		复合说理				无论证	
			利己主义	社会功用主义	道义论＋利己主义	道义论＋社会功用主义	道义论＋利己主义＋社会功用主义	利己主义＋社会功用主义		
合计		4	6	9	2	2	2	7	12	44
比重		9%	13.6%	21%	4.5%	4.5%	4.5%	15.9%	27%	100%
			34.6%		29.4%					

论,这说明在有关后果的考虑上,教科书注重引导高中生多从社会而非个人的利益思考道德问题;其三,道义论说理方式所占的份额偏少(单独使用合计9%,复合使用合计22.5%)和无论证情况所占份额偏多(27%),与高中生业已成熟的道德认知水平和发展需要不太相称。此外,从说理论证的充分程度(亦即使用说理方式的数量多少)反观道德主张,高中《语文》中主要强调六种道德主张:第一是属于(国民)公德类的爱国奉献,第二是属于私德类型的自我完善;第三是属于职业道德类型的爱岗敬业、奉献牺牲和属于(社会)公德类型的维护正义以及属于私德类型的善良仁爱。这从另一个侧面反映了教科书编者对于大多数即将结束校园生活,走向社会的新一代国民和社会成员的价值期待。

此外,从这些道德说理方式在各年级的分布情况看,高中《语文》在道德说理方式上呈现以下几个特征:其一,道义论的说理方式并不占据主导地位,且主要集中在高二年级;其二,利己主义结果论的说理方式也主要集中在高二年级,且在三个学年中呈现先增后减趋势;其三,社会功用主义结果论总体呈递减趋势,主要集中在高一年级,在高二锐减,在高三彻底消失;其四,从复合说理方式的使用情况看,高二年级包含了所有复合说理方式,说理最为充分,其次是高一年级,主要使用了利己主义和社会功用主义与道义论和社会功用主义两种,最弱的是高三年级,没有使用任何一种复合说理方式;其五,无论证的情况总体呈上升趋势,且主要集中在高三年级(见表5-24)。由此可见,高中《语文》在高一和高二年级还是较好地照顾了高中生道德认知的发展需要,但在高三年级,说理方式则出现较为明显的弱化趋势。

表5-24 高中《语文》教科书中道德说理方式年级分布一览表

年级	道义论	结果论		复合说理				无论证	合计
		利己主义	社会功用主义	道义论+利己主义	道义论+社会功用主义	道义论+利己主义+社会功用主义	利己主义+社会功用主义		
高一	1	2	7	0	1	0	4	3	18
高二	2	3	2	2	1	2	3	3	18
高三	1	1	0	0	0	0	0	6	8
合计	4	6	9	2	2	2	7	12	44
比重	9%	13.6%	21%	4.5%	4.5%	4.5%	15.9%	27%	100%

三、道德说理教学建议

从课堂教学实践的情形看,尽管课文陈述本身展现了一种说理结构,也已经在努力展现道德主张的可接受性。但是,如果教师就此满足于照本宣科,那势必会极大地削弱乃至彻底消解教师课堂存在的必要性和价值。这意味着教师不仅要能够通过自己的解读活化教科书中的直观内容,而且还要具备识别教材当中所潜藏着的逻辑漏洞或认知陷阱的能力。这一点对于道德认知已经成熟的高中生而言尤为重要。面对他们,高中语文教师了解教科书在道德说理方面存在的主要问题,或许要比掌握基本道德说理方式更为重要。概而言之,高中语文教师需要注意以下几个方面的问题。

其一,避免诉诸情感谬误。"以情动人"是文学写作的常用方法。然而,从道德教育过程内在的说理要求看,诉诸情感不仅不能作为道德推理的依据,而且还容易陷入一种道德教育的悖论。在逻辑学中,人们一般将那种通过调动人们的感情(打动人们的同情、怜悯,抑或激发人们的热情、勇气等情绪)来诱使人们相信其论断的论证方法称为"诉诸情感谬误"。从现实情况看,即使在中国传统说理文中,"重主张而轻论证"的情况也十分突出。换言之,在我们的写作传统中,往往把核心放在传递某一道德观念,且所主张的观点往往具有绝对性和排他性,或是表现为完全没有论证过程,只给出结论,或者表现为以修辞、人格、感情等来弥补逻辑推理的缺陷,甚至还会出现以结论作前提的逻辑谬误。例如,在《齐桓晋文之事》一文中,孟子主张推行王道,劝齐宣王:"老吾老,以及人之老;幼吾幼,以及人之幼:天下可运于掌。《诗》云:'刑于寡妻,至于兄弟,以御于家邦。'言举斯心加诸彼而已。故推恩足以保四海,不推恩无以保妻子。古之人所以大过人者,无他焉,善推其所为而已矣!"在这一说理过程中,对话的目标是要劝说对方接受"推恩足以保四海"这一主张,按照"谁主张谁举证"的原则,接下来则是要为这一主张提供充足的理由。但实际上,孟子的论证却是将要证明的结论"故推恩足以保四海"包含在了论证的前提中——"老吾老,以及人之老;幼吾幼,以及人之幼:天下可运于掌。"因此,该论证并没有提供充足"理由",

违反了论辩说理对话原则中的数量准则(提供当前对话目标所需的一切信息)。与此同时,这段说理主张具有强烈的绝对性和排他性,推恩和不推恩,非此即彼,否定了其他的可能。

再如,在《谏太宗十思疏》一文中,魏徵劝谏唐太宗要"积德义",文章开篇写道:"求木之长者,必固其根本;欲流之远者,必浚其泉源;思国之安者,必积其德义。源不深而望流之远,根不固而求木之长,德不厚而思国之安,臣虽下愚,知其不可,而况于明哲乎?"这段说理历来为人所称道的便是修辞的作用,为了使"积德义"这一抽象的道德具体形象便于对方接受,魏徵便以"木固其根""水浚其源"作比,来论述说明人君安国当积德义,又通过排比句使得文章一开篇便气势不凡。此外,"下愚"与"明哲"对举,恳切委婉与严肃劝谏并出,又让劝谏说理富有了情感色彩,同时也增强了这一主张的绝对性。但从道德说理的逻辑性上来看,这段话只是以比喻的方式提出了主张,并无论证的过程。上述重主张轻论证的现象实则是中国从古到今说理文的一贯传统,在诸如《答司马谏议书》《人皆有不忍人之心》《大学之道》《兼爱》等文中均有体现。这一传统不仅影响了说理文的写作,也影响了教科书的编写、教师的教与学生的学。但它极有可能导致两种结果:一是盲从迷信权威;二是知行不能统一或仅仅是表面上假装相信某些道德价值。究其原因,语文学科承担着文化熏陶的重任,它旨在让学生提高听、说、读、写能力,深入了解优秀文化的价值。无怪乎道德教育不以说理逻辑为重,而多诉诸文学性表达,诉诸情感渲染了。

对此,建议教师在有关道德主题的教学过程中,加强有关道德主题说理逻辑的验证与矫正。比如,借助《逻辑的力量》这一单元有关逻辑学知识的学习,引导学生去分析推理过程,见识有效的推理,进而充分利用教科书中像《人应当坚持正义》这种具有典范意义的道德说理文,或者选取道德主题篇目中较为典型的演绎推理的片段,考察其依据是事实还是双方共同持有的价值判断,再通过检验其大前提和小前提,考察其推理过程,从而验证其结论是否为真。在古代道德说理文教学中,则既要注重评估说理的有效性,也要辩证看待借助形象、修辞说理在青少年道德教育过程中的作用。尽管教师用书中对于古代说理文都有"论证有说服力""逻辑严密"等论断,但事实上,从形式逻辑的角度去评估,大多数古文中的道德说理的有效性都有待商榷。不过这并不妨碍文本作为发展学生逻辑思维促进道德学习载体的功能。教师依旧可以在教学中通过分析推理方式、挖掘隐含前提、还原论证过程、考察论据等方法,引导学生评估说理的有效性,把学生从道德思考的惰性中激活。而对于古代道德说理中常采用的类比推理或者强调说理中的修辞等现象,教师既要引导学生认识到这些推理方式的推理强度弱、说服力不强也要充分利用说理的形象性和语言的感染力,使得说理通俗易懂。有时生动形象(事例)会比严密的演绎推理更容易起到教育效果,理念也更易获得认同。尽管这样所形成的价值判断不稳定,但在对青少年的道德教育方面却有一定的适用性。这意味着,教师也要关注道德教育中形象说理的作用,注意形象感染与逻辑论证的结合,通过形象帮助学生理解说理的内容,通过分析说理过程来发展学生的逻辑思维。

其二,避免混淆道德理想和道德原则、道德规则之间的区别。道德理想、道德原则和道德规则是道德教育的三个基本层次。"在学校德育中,道德理想是学校提倡、希望学生去追求的最高的道德境界,道德规则是学校强制执行的学生必须遵守的道德要求,道德原则是在一般情况下必须遵守、特殊情况下可以变通的道德要求。"[1]三个层次尽管形

---

[1] 黄向阳.德育原理[M].上海:华东师范大学出版社,2000:101.

式不同,功能各异,但它们存在着内在的联系。"道德理想通过道德原则和道德规则得以体现,道德原则通过各种道德规则得以落实;一定的道德规则包含一定的道德原则。一定的道德原则包含一定的道德理想。"[1]从个体道德发展的渐进性来看,德育的重点也是有年龄差异的。一般而言,高中生德育的重心应是引导学生理解和体验道德规则背后的道德原则,这也是与高中生大多处于道德认知的习俗水平相适应的。任课教师在使用教科书时应留意以下两种表现:

第一,以道德理想教育为核心取代了道德原则和道德规则教育。以国民公德主题为例,有12篇文章倡导爱国奉献。无论是在古代还是在现代,这种强调奉献牺牲的爱国精神都属于道德理想而非道德原则。当然,对于即将走入社会的高中生进行道德理想教育是有其必要性的,可以在激发学生高尚动机和情操方面发挥重要作用。但若将其作为高中生道德教育的核心,将境界极高的个人化道德选择作为对高中生普遍性的倡导和激励,而非指导学生认识和实践个人与国家关系中的道德原则,那么这种理想教育将极易沦为空洞无力的说教。尽管与这些篇目相应的"学习提示"中多用"认识、理解、体会、感悟"等词,并未强力提倡和推行,但这些本就空泛的要求落实在具体的道德学习实践中也往往是无效的,最终会使得这些课文所展现出的理想的、先进的道德因为缺乏道德原则和规则支撑而成为空中楼阁。

第二,将道德原则和道德规则刻意拔高。在《烛之武退秦师》中,秦晋围郑,危难之际郑文公派烛之武去见秦穆公,烛之武推辞,郑文公一句"然郑亡,子亦有不利焉"说服了烛之武,这里隐含着个体与国家的互利及义务、尽责等道德原则,但传统教育历来都将烛之武"夜缒而出"说

---

[1] 黄向阳.德育的层次与重心[J].思想理论教育,2008(08):40-44.

秦穆公视为忠于君、忠于国,将道德原则刻意拔高为道德理想。不可否认,烛之武在兵临城下之际冒生命危险去劝说秦穆公是有牺牲精神的,对此"教学指导"中有这样的表述:"烛之武以国家利益为重,不计个人恩怨的心胸和爱国精神。"[1]但就烛之武先辞后许的行为和原因来看,更突显的是个人与国家的义务与责任的原则。又如在《〈论语〉十二章》中,子贡问曰:"有一言而可以终身行之者乎?"子曰:"其恕乎!己所不欲,勿施于人。"《古代汉语词典》对"恕"的解释是"仁爱,推己及人",这属于处理人与他人关系的道德原则,但"己所不欲,勿施于人"则是一种"不损人"的道德底线要求,与前面的"恕"并非一个层次。有的课文之所以呈现出道德层次混淆的问题,是与中国道德教育的传统相承的,"中国传统伦理文化倡导的是一种神圣的、理想的、先进的道德教育,它希冀造就出一批人格高尚、安贫乐道、能够在艰苦的社会条件下战胜困难、完成民族振兴与发展使命的人"。[2]即便这种道德理想高不可及,但教育者坚信高标准、严要求可以最大限度地激发人追求高尚的潜能,正所谓"高山仰止,景行行止。虽不能至,然心向往之"。

对此,建议教师把握道德原则在道德说理中的指导作用。首先,它要求教师要转变道德教育的理念,在"倡导道德高标的理想主义修身传统之外,承认并尊重道德主体的合理利益,不能无条件地要求人们放弃自身的合理利益,尤其是要维护人的生命、健康、尊严都是终极价值"。[3]我国道德教育的传统一向是坚持"见贤思齐"的高标准、严要求的理想层次的要求,但这种道德高标取向的教育,却往往因为难以企及而成了空谈,或者因其有悖于"以人为本"的理念,而成了"牺牲"的代

---

[1] 人民教育出版社课程教材研究所中学语文课程教材研究开发中心,编著.普通高中教科书教师教学用书(必修下册)[M].北京:人民教育出版社,2019:9.
[2] 于建东,杨笑沛.当前我国社会公德教育的问题与对策[J].中国德育,2019(07):24-29.
[3] 黄向阳.德育的层次与重心[J].思想理论教育,2008(08):40-44.

名词,如果课堂教学仅仅停留于教材主题和内容,照本宣科甚至刻意拔高地讲解爱国主义精神、奉献社会的牺牲精神,则很容易使道德教育变得无效甚至演变成为"道德绑架"。其次,对于以"理想性道德教育"为目标的私德主题或者是国民公德主题的课文,教学时可引导学生由道德理想回归到道德原则,或者利用课文中所出现的道德原则的冲突,引导学生将其诉诸更高层次的道德理想。以"诚信"这条原则性的道德要求为例,在《玩偶之家》中,娜拉为了筹款给丈夫治病而伪造签名,其动机是道德的,但行为却又违反了诚信的原则。与此相类的,在《哦,香雪》中,香雪用四十个鸡蛋与女学生换了一个铅笔盒,尽管女学生一定要把铅笔盒送给她,但她不愿意白拿别人的东西,坚持用鸡蛋交换。但后来却犹豫着想要骗娘这个交换是值得的,"这是一个宝盒子,谁用上它,就能一切顺心如意,就能上大学、坐上火车到处跑"。这些选择不仅仅是读者理解人物行为和内心的关键,同时也是学生在现实生活中常感困惑的道德选择难题,在课堂上激发学生对此进行思考讨论,可以更好地帮助他们理解道德原则和其所包含的道德理想。值得注意的是,教师在使用教材的过程中既不能把一些高尚的个人道德抉择普遍化为对所有人的道德要求加以提倡和推广,当然也不能摒弃道德理想教育,消解崇高,而是要利用教材及补充的相关资料,引导学生理解道德原则,进而激励学生有更高的道德追求。

其三,避免以私德和国民公德替代社会公德。对于高中生而言,引导他们关注社会问题,参与社会公共生活,正确处理个人与他人、国家、环境的关系,是语文教学的重要内容。然而,在44篇道德主题文章中,涉及社会公德的课文有4篇,相较于私德(20篇)、国民公德(14篇)的课文数量,养成社会公德规范,引导学生以公益公平的原则思考社会问题、维护社会公共秩序、遵纪守法等社会公德教育内容的课文数量明显过少。当然，就具体德目所适用的领域而言，涉及社会公德的德目确实并不仅局限在相应的主题课文中，私德中的平等互爱、善良仁爱，国民公德中的奉献等也是处理人与他人关系的原则，适用于社会公共生活领域。但归根结底，这些道德主张还是建立在道德人格完善的基础之上，由己而外推，呈现出了以更高层次的国民公德教育和以自我完善的理想人格来替代社会公德教育的倾向，这也恰好印证了前述以道德理想教育为核心取代了道德原则和道德规则教育的问题。例如，《与妻书》中维护社会正义的社会公德包含在了"为天下人谋永福"的道德理想中；《人皆有不忍人之心》中与他人关系的友善互爱则被纳入到了个体道德完善的"四端"之内。孟子基于"修身齐家治国平天下"的基本原则认为，一个人只要有良好的私德，就自然能够处理好与他人、群体、国家的关系。殊不知，社会公德教育的不足也与中国乡土社会的"差序格局"有很大的关系，因为在此格局中根本不可能存在一种超乎私人关系的道德观念。无怪乎中国传统社会缺失公共生活、公共领域等概念，相应的可供教材选择的、能体现社会公德主题的经典文本就非常有限。

  对此，建议教师在教学过程中结合现实生活情境帮助学生把握三者之间的区别。比如，教师可以充分利用教材，重视培养高中生尊重他人、有责任心、礼貌待人、乐于助人等"他人定向"的道德品质，将道德理想教育与道德原则教育相结合，培养学生社会公德的德性与规范。例如，《兼爱》一文所倡导的"天下兼相爱则治"虽是一种理想性的先进的道德要求，但这一道德理想是通过社会公共生活中平等尊重、互利互惠之类的道德原则来体现的。因此，在教学过程中，教师除了要让学生深入了解墨家的思想价值和内涵之外，更要结合现实生活，引导学生体验"兼爱"所概括的私德和公德的原则。此外，教师还可利用各种主题的课文引导学生了解和理解多样的价值观，从而承认和尊重价值的多样性及其在特定文化背景下的合理性，为形成社会共同生活的准则做好准备。鉴于语文教材所提供的社会公德教育课文数量有限，建议可尝试基于学科融合的任务式学习，通过与政治、历史学科的跨学科教学实践，来引导学生树立社会公共领域意识，增强公民道德自治能力。

其四，避免过于偏重结果论的说理方式。在44篇道德主题的课文中，呈现道义论说理方式的课文有10篇（含复合说理方式的课文），呈现结果论说理方式的课文有28篇（含复合说理方式的课文）。这固然符合不同道德主题的特性，但这也容易使学生把道德行为纯粹当作实现个人利益的手段而非目的。整体上占比达64％的结果论说理和个人品德主题课文中重利己主义结果论的事实，都反映出了道德说理方面的明显不足。究其原因，一方面，它与前文所提及的教材选文的原则及学科本体性特征相关，教材编写者既要围绕着单元人文主题和学习任务群选文，又要在兼顾文体多样性的同时继承中华优秀文化传统、强化红色基因，确实很难再关注到具体的说理方式；而教材中所选的道德主题文章中又有很大一部分是文化史上已有定评的经典文章，这些文章深受古代道德教育传统的影响，更多地强调从行为的后果去判断行为的善恶、道德与不道德。另一方面，长期以来语文教学中较为普遍提及的或者说是作为知识教授给学生的论证说理方式既非伦理学的结果论和道义论，也非形式逻辑中常见的演绎推理、归纳推理，而是举例论证、对比论证（说理）、比喻论证（说理）等（这一点可以从教师教学用书中对课文的解读分析得到充分印证）。这或许能够解释，何以不是从伦理学的结果论和道义论的角度来分析说理并在选文中有所考量和兼顾了。

对此，建议教师在教学过程中借助道德两难问题引导学生加强对道义论说理方式的运用。长期以来，尽管广大师生都已经习惯于通过行为产生的后果来评判行为的道德性，但是，要使高中生真正树立"道德之所以是道德"的内在依据,我们就势必需要强化高中生对道义论说理方式的认识和应用。根据柯尔伯格的理论,针对高中生道德判断力发展滞后于抽象思维发展的特点,可以把教科书中道德教育的内容同现实社会生活中不同道德价值观的冲突、社会道德中的困惑问题相结合起来,设置情境,引起学生道德思维发生冲突。柯尔伯格强调,让学生注意自己思维中的混乱,找出他自己在推理或判断中的前后矛盾和不恰当之外,发现解决这种困境的办法,考虑解决这种冲突的理由是否充分等,可以帮助学生在道德分析和判断中受到启发,使得道德学习变成学生自我探索、自我获得的过程。例如,在《人应当坚持正义》一文的教学过程中,可以引导学生思考苏格拉底所面临的两难情境,在他对好友的"劝说"中理解他的坚守正义的道德选择。教学时可在课前设置相类似的生活中的两难情境,让学生做选择,阐述理由并进行辩论,然后再对照着文章学习道德推理的方式。这样既有利于学生理解文章中的道德观点和说理逻辑,同时也有利于学生独立解决现实生活中的道德困惑。

第六章

课堂教学中的道德教育论辩

不称职的教师强迫学生接受真知,一个优秀的教师则教学生去主动寻求真理。[1]

——[德]第斯多惠

---

[1] 第斯多惠.德国教师培养指南[M].袁一安,译.北京:人民教育出版社,1990:129.

第六章
课堂教学中的道德教育论辩

相比集会演讲的开放性,课堂教学由于其相对固定的教育内容而具有显著的封闭性特征。相比教科书文本的静态性,课堂教学则又表现出明显的互动特征。从现代教育实践的意义上看,教师要想找寻到自己在课堂教学中的存在价值或必要性,就势必需要摆脱照本宣科的"教书匠"形象,转而以一个积极的教材"解读者"形象出场。惟其如此,他才能将自身所从事的教学工作与学生自主就能完成的学习活动区分开来。

第一节

只信不疑与师生对话的论辩假象[1]

曾在微博上看到这样一件事。上海某小学一年级语文试题为:蜜蜂、小鸟、兔子和熊猫四种动物,请从中找出一种跟其他三种不同的动物。标准答案是熊猫,理由是它是唯一需要由动物园饲养的动物。然而,记者随机就这道题问了其他一些学生和成人,答案五花八门:有小学生回答"蜜蜂",理由是"蜜蜂的屁股上有针";有网友回答"兔子",理由是它是唯一进入十二生肖的;更多人认为选熊猫的理由是它是国宝。有点学校教育经验的人都不难想象,倘若教师在考试评卷过程中严格遵照既定的标准答案对学生的判断力或者认知水平进行考评,那些虽

---

[1] 本节内容曾发表于《中国教育学刊》2013年第1期,原题《新世纪我国教育实践方法论的价值转换——从"只信不疑"到"疑而后信"》。

然与标准答案相左但依然言之成理的学生势必成绩不良。于是,此后他们能够选择的恐怕只有统一将自己的思维尽可能地向标准答案或者出题者靠拢。长此以往,它势必会给学生的思维造成一种无形的禁锢,进而导致学生想象力的萎缩。因此,我们有必要从方法论层面对这种在诸多类似标准答案的权威说法面前"只信不疑"的教育传统进行反思。在我国教育学者叶澜看来,这种方法论探讨的主要任务在于揭示某一领域方法体系的理论基础、核心构成以及其中所存在的方法与对象之间的矛盾,从而有利于构建解决这一矛盾的新理论,继而提高人类的认识水平和推动社会实践的发展。[1] 显然,在这里,揭示问题是解决问题的前提。与此相应,要扭转学生厌学和课改理念难以在日常教学中扎根的尴尬局面,首先要做的是澄清这一尴尬局面的表现形式、形成原因和核心问题,进而才能把握矛盾解决的肯綮。

一、传统教育实践方法论的历史成因

长久以来,在我们所接受的教育当中,"听话"恐怕是出现频率最高的词汇。在家里,父母往往将"乖不乖"或"听话不听话"作为评价"好孩子"的标准;在学校,教师也常常以"听话不听话"或"捣蛋不捣蛋"作为衡量"好学生"的尺度;到职场,老板也习惯于以是否"听话"或者"服从安排"作为自己寻找"好员工"的重要指标……由此,"听话"俨然成了我国学生在学校教育教学实践和国人在社会生活实践中生存、立足以及获得肯定的一种"法度"。比较而言,在家庭教育情境中,碍于亲情的关系,父母对于孩子的"听话"要求多少会因为"于心不忍"或者"政出多门"做得不够理想;而学校在"听话"方面所取得的成效要好得多,办法

---

[1] 叶澜.教育研究方法论初探[M].上海:上海教育出版社,1999:2.

也更为多样。但是,学校在群体教育中一贯关注学生执行才能的同时,也埋没了那些原本真正具有自由思想、独立人格的创造性人才。

或许,在长期以知识教学为目标的教师职业生涯中,许多教师早已习惯使用让学生"听话"的诸多有效手段来维护其在课堂上的主导地位。首先,许多教师向来都是以"我们要学什么"开讲。其次,在教学过程中,许多教师习惯于照搬或复述教材上的某一节内容或者单纯依靠完成"习题"(而缺乏对教例的文化适应性和知识前后关联的整体考虑)作为完成每次上课任务的方式。最后,迫于来自教育行政部门考试评比的要求,教师勒令学生努力向标准答案看齐。此外,鉴于巨大的人口压力和有限的优质资源的竞争,学生的记忆力在无形之中就成为衡量其学习能力和个人素质的标准。加之学生的考试分数(而非教师是否采用了新课改的理念)通常又与教师的职称评定和奖金福利紧密挂钩,广大教师普遍还只是将新课改作为偶尔在"公开课"上的一种临时表演,而在日常教学过程中则会在"分数第一"的现实利益面前选择为学生寻找和识记标准答案竭尽所能。

由此,一种"只信不疑"的教学传统得以形成并有了稳固的价值结构。从学校成员的功利得失上看,在激烈的考试竞争压力面前,没有谁敢跟多数学生的前途命运和主导教师的声名利禄过不去——与其在有限的时间内讨论问题,不如选择把这样的时间成本用在记住更多的知识上;从教育者的情感成本上看,向教师所宣布的标准答案提问、讨教或者质疑,无异于是在向"教师权威的合法性"宣战或是故意在给教师"找麻烦"——倘若有人真要在课堂上跟教师过不去,提了一些看似不着边际或者无关痛痒的"傻问题",甚或向教师提一些"富有挑战性的问题",其不仅不会被看作"勤学好问"或者"颇有天分",恐怕还会被斥为"捣乱"。如此一来,正如我们在许多公开课上所看到的那样,提问的权利往往只属于教师在他自认为适当的时候来使用,而回答的权利也只属于那些早已为此做好准备的"有能力"的学生,免得"耽误时间""坏了兴致"或者"砸了场子"。所以,在更多情况下,多数学生总是"聪明地"选择在课堂上老老实实地"听话",或者在教师强调考试重点时悄无声息地记住了事,因为这样更容易博得教师的"封赏"和"优待"。

所以,在盲目服从精神指导下教育出来的学生除了"听上面的话"以外,无力分辨清楚"上面"的是非对错,更不能自觉地以正当的价值理念指导自己的生活,进而无法将外部教育的价值力量有效地转化为自我完善的内在动力和自我教育的精神人格。相反,学生在这种传统教育模式中所养成的是一种"信徒式"的人格。具体而言,它与灌输和宣讲这两种教学方式紧密关联在灌输式教学方式下,教师直接告诉学生某些知识,且教师只想让学生记住这些知识,能够应付考试就可以了;相比之下,宣讲式教学虽然也常常鼓励学生为了理解教师所教的知识而大胆提问,但其重心与灌输式教学一样在于让学生"记住",只不过是有意将"听话"(只有乖乖听从的份)做成"认话"(努力表示认同)的样子罢了。所以,学生即便是已经读到了大学,他们依然还是习惯性地把"上课"称作"听课",在他们看来这似乎就是两个完全等价的概念。因为他们早已习惯这种学校生活:教师站在讲台上演讲,学生坐在下面听写,整个过程若非教师提问,在广大学生当中没有谁会主动要求发言或者提质疑式的问题,他们要做的只是"认真听",至少"不要乱说话"就好。

二、传统教育实践方法论的当下困境

进入 21 世纪以来,随着我国在全球多元价值冲突、民族创新人才竞争和未来公民培养等一系列时代课题面前遭遇的挑战,学校在培养学生独立思考、学术创新和价值判断等方面的能力匮乏问题也日渐凸显出来。然而，当教师习惯于用"乖""听话"和"服从"等标准去审视学生时，学生的自由天性就会在诸如"出格""捣蛋"或"叛逆"等负面的评价之中遭到扼杀。问题是，当学生的头脑中充满了这些从教师那里生搬硬挪过来的"死知识"时，他便极易在整日忙着应付考试的压力之下丧失运用自己头脑的机会，并会丧失从自身生活经验当中提炼智慧的能力，从而使这些学生在社会上成为名副其实的"书呆子"或者"知识的收纳箱"。或许，在巨大的人口压力和优质教育资源缺乏而依据考试成绩进行竞争的现实面前，家长、学生和教师也别无选择。至此，我们便不难理解为什么越来越多的孩子在经过学校教育之后，不仅没能保持和加强原有的好奇心和求知欲，反而丧失了学习的兴趣乃至开始厌恶学习和学校。这种教学实践方式是不能培养出我国教育改革所呼吁的那种追求真理、持守正义和勇于创造的国民人格的。

问题并不仅限于校园，在学校之外的各种媒体中也充斥着社会教育对这些未来公民价值判断力的严峻考验。以效益可观的广告业为例，作为成人，或许我们凭借一些经验教训能够看出媒体为这些产品量身打造的诸多"美言"中所包含的"言过其实"的成分。然而，对于学生而言，他们或许更喜欢选择接受商家专门为他们设计的这种花言巧语。一方面，商家为确保人们有足够的购买欲，专拣好的方面说（不好的方面一句也不讲，不管它是否存在危害或者危害有多大）；另一方面，学生专拣这些好听的记。问题是，当学生不知不觉地认为这些明星或者名人可以在社会上光明正大地用美遮蔽了丑的"拽词"建立起人们对产品的信赖时，他们恐怕也会学着商家的样子在学校生活中越来越多地采取"打擦边球"的方式对其他同学极尽暗示、诱惑之能事，甚至在确保没有责任风险的情况下百无禁忌、口无遮拦。那么，最终究竟该由谁来为这些广告的社会教育影响力负责呢？

从代际教育的意义上讲，我们的孩子是无辜的，因为他们不能选择自己所在的由成人所主导的生活世界和教育世界——从幼年的吃饭、穿衣到童年的读书、写字，再到成年的工作、交友，他们一直都处在对成人的模仿之中。然而，成人却始终喜欢把他们当成"长不大的孩子"一样进行"圈养"：他们是生活在学校围墙之内的一群人，他们只要管好自己的学习就可以什么都别管，他们只需要拼命地在记忆力上下功夫，他们的荣誉和尊严来自复制教材之后的分数……一句话，成人没有把孩子当成与自己一样有思想、有尊严、有独立人格的人。所以，所有的成人都必须明白：其言行向下一代示范的绝不只是一个动作，而是一种生活方式、一种人格品质、一种价值信仰。倘若我们将这种"圈养"的教育方式一代一代地继续下去，让我们的孩子始终被隔离在社会之外成长，我们又如何培养起他们对于社会的责任呢？因此，我们必须允许孩子"讲话"并鼓励其与我们"对话"，这不仅关涉他们的教养方式，也关乎成人自身的教养品质。进一步而言，这也意味着一切作为成人的教育者首先要善于作出对自身生活方式的检讨、反省和自律，进而才能以人格影响人格。

三、新世纪教育实践方法论的价值诉求

进入21世纪以来，顺应信息时代、全球化和现代民主理念的要求，学校教育实践中已经越来越多地采用自由讨论和平等对话的学习方式，因为对于身处这个时代的教师而言，无论其多么博学，似乎都无法满足众多学生对其学问方面的要求。在这个过程中，教师更多地采取一种提问的方式与学生进行面对面的双向交流，由此它需要参与教学过程的师生双方都一样主动，并力图将教学过程变成一个对话的过程。换言之，它之所以比宣讲式更好，是因为它要求学生在学习时积极思考，试着质疑，开口发问。诚如哈维·西格尔（Harvey Siegel）所言："批

第六章
课堂教学中的道德教育论辩

判的交流看上去更像是对立观点的一场对话,而不是一系列原子式的批评或偏好。它是'全局的',而不是原子的,因为它将引发人们对问题进行丰富的思考,而绝非一种原子式的对待问题的方法。无论是在其要求批判思想者'认识自己'方面还是在其要求批判思想者主动地寻找并质疑其内心深处的信念和抱负方面,抑或在其要求批判思想者努力挑战其所不信的信念与诉求等方面,它都是苏格拉底式的。"[1]

乍看起来,古希腊哲学家苏格拉底教导弟子的方法——"产婆术"和同样重在理解的讨论型学习或提问式教学是一回事：在教学方式上它也是不断提问,在学习方式上它又确实是在讨论问题。其实不然。在这种"产婆术"中,它要求每个参与讨论的人既是教师又是学生。在这里,教师并不给学生的心灵"制造知识",而是帮助学生的心灵发现知识,即给学生的知识"催生"——帮助他人理解其心中的观念。苏格拉底曾坦言,他的任务就是去帮助一个人从自己心灵中产出真理,所以,教育者所"关心的不是处于分娩剧痛中的身体,而是灵魂"。[2] 事实上,质疑精神是内在地蕴含在人们思维之中的,质疑为创造提供方法并为创造铺平道路,质疑和问题贯穿着人类思维活动的全过程。没有疑问,人们就谈不上真正的思考；不进行思考,学习就将沦为死记硬背。若有些家长或者学生真的认为学习只是阅读或听讲,那就错了,那将使课堂教学成为一个过场,教师的讲稿未经任何人的脑子就成了学生的笔记。正是从这个意义上讲,教学实质上是一个"我让你学"(而非"我教你学")的过程——除非我们自己做出起码的努力,否则没有人能够帮助我们学习,哪怕是最好的教师也无法帮助我们学习。进一步而言,作为一种"唤醒灵魂的力量",教师首先要做的不是树立权威,而是营造

---

[1] Siegel, H., Educating Reason[M]. New York：Routledge,1988：13.
[2] 柏拉图.泰阿泰德篇[M]//柏拉图全集：第二卷.王晓朝,译.北京：人民出版社,2003：662.

一种宽松的对话乃至论辩的民主氛围。倘若师生之间的民主关系是由教师来操控的,学生便只能在"被允许"的情况下才有可能对教师进行提问,那种师生之间和生生之间可以进行相互提问、发表评论并可以进行自主反驳的对话理想很难实现。在此情形下,我们会发现,由疑问引导的学习是富有效率和成就感的,而没有疑问引导的学习则是低效和枯燥的。更为重要的是,有质疑精神和批判能力的学习者,往往能够重新审视和建构知识,进而富有创造性地理解和解答问题。所以,"产婆术"所蕴含的自由质疑和民主批判的精神,满足了人们作为平等公民参与学习活动的内在价值诉求。

德国哲学家卡西尔(Ernst Cassirer, 1874—1945)曾言,与其他动物相比,人类是一种"不断探究他自身的存在物——一个在他生存的每时每刻都必须查问和审视他的生存状况的存在物。人类生活的真正价值恰恰就在于这种审视中,存在于这种对人类生活的批判态度中"。[1]那么,我们如何去认识这些问题?从什么样的视角或者遵从什么样的立场去认识,才能形成一种"共处"的信念?

笔者认为,要培养具有创新能力的人,教育首先要使学生具有一种独立思考和自由思想的人格品质,要使他们习惯性地喜欢发问和探索,对事物的认知仰赖于理性的分析并怀有开放的态度,能够坦然面对自己的主观偏见。在这里,它至少意味着教育领域中相关要素的转变。其一,实现师生关系的角色转变——师生双方在教育教学过程中最重要的角色是"知识的探讨者"。其二,一切知识都不必然是正确的,人们在知识面前首先要做的是怀疑和批判,而非不假思索地相信或者进行直接记忆。在波普尔(Karl Popper, 1902—1994)看来,"我们的一切知

---

[1] 卡西尔.人论[M].甘阳,译.上海:上海译文出版社,1985:8.

识都只能通过纠正我们的错误而增长",[1]换言之,知识的增长不是因为被证实,而是因为被证伪。由此可见,"疑而后信"比"只信不疑"更符合人类掌握知识的一般规律,也更有利于学生日后对于知识的创造性应用。为此,教育者在教育教学和教学研讨的过程中应当为学习者提供充分的质疑和讨论空间。

显然,任何有关价值内核的变迁,都意味着一种外在结构性的整体变革。教育实践方法论的价值转换也就意味着我们首先需要在有关升学主义传统、巨大的人口压力、功利主义倾向以及对教育绩效的评价体系等问题上进行价值转换。此外,一个社会整体创造力的发挥,还需要设法让社会上的人们普遍拥有真正的身体与思想的自由和闲暇,进而我们或许还需要社会提供一种宽松、良好的制度设计以及鼓励、接纳、包容的环境氛围和体制因素。不过,就目前情况来看,这个系统性的价值转换恐怕还有一段较长的路要走。

第二节

回归观念与意识形态教育的重建[2]

自英国哲学家斯宾塞(Herbert Spencer,1820—1903)1859 年发表《什么知识最有价值?》一文以来,有关知识价值的讨论成为教育活动不

---

[1] 波普尔.猜想与反驳:科学知识的增长[M].傅季重,等,译.上海:上海译文出版社,1986:4.
[2] 本节内容曾发表于《全球教育展望》2017 年第 4 期,原题《回归观念:意识形态教育的重建》。

得不面对的基本问题。自美国批判教育学家阿普尔(Michael W. Apple)1990年在《意识形态与课程》第二版的前言中明确提出"谁的知识最有价值?"的问题以来,教育学界对有关知识价值的讨论的中心议题也开始从"知识的学科身份"转向"知识的社会身份"。由此,也进一步凸显了学校教育过程正当性问题的尖锐性和深刻性。不过,与其说这种问题表现形式的转变意在凸显有关知识政治或文化政治讨论的政治本质,不如说这原本就是一个重要的有关公共知识合法性的公民教育伦理问题。借助意识形态批判的线索,我们或许能够更为清晰地把握这一教育学术传统在整个西方马克思主义哲学研究中的历史地位及其与公民教育有关"共同价值"议题之间的逻辑关联。与此同时,对这一问题的探讨,还有助于我们更好地反思和解答当前大中小学思政课程教育效果问题。

一、作为观念之学的意识形态

从词源学的意义上讲,"意识形态"一词来自法语idéologie,起初是由法国思想家特雷西(Antoine Louis Claude Destuttde Tracy,1754—1836)于1796年在《意识形态的要素》(Eléments D'idéologie)一书中首次提出的概念。当时,受英国思想家约翰·洛克(John Locke,1632—1704)经验论知识观(即知识来自经验而非来自上帝)的启发,特雷西将"意识形态"定位为一种"研究观念的科学"(science des idées),希望它能够帮助人们通过对思想的要素及其来源的分析,摆脱当时封建神学的思想桎梏,进而使人们的思想达到理性层面,并将情感和意志置于理性的制约之下,为一切观念的产生提供一个真正科学的哲学基础。[1]

---

[1] Raymond, W. Keywords: A Vocabulary of Culture and Society[M]. Oxford: Oxford University Press,1976: 126-127.

不过，在这里需要注意的是，虽然特雷西的"观念"与柏拉图的"理念"用的都是同一词汇(idea)，但二者还是有差别：柏拉图的"理念"是指那些必须经由理性直观才能加以把握的实体(而感觉经验恰恰有碍于这种真知的获得)，而特拉西的"观念"却没有所谓的最终实体，或者说，所有的观念都可以追溯至某种最初的感官印象。所以，显而易见，在特雷西那里，或者说，"意识形态"起初本是一个中性概念，正如当前学术界通常都将其翻译为"观念之学""观念科学""观念形态""思想体系""思想意识""思想政治"等。

众所周知，"意识形态"随后却发展演变成为反映某个特殊阶级利益而以特殊偏见来扭曲社会真相的"错误意识"。正如马克思和恩格斯在《德意志意识形态》中所说："迄今为止人们总是为自己造出关于自己本身、关于自己是何物或应当成为何物的种种虚假观念。他们按照自己关于神、关于标准人等等观念来建立自己的关系。他们头脑的产物不受他们支配。他们这些创造者屈从于自己的创造物。他们在幻象、观念、教条和臆想的存在物的枷锁下日渐萎靡消沉，我们要把他们从中解放出来。我们要起来反抗这种思想的统治。一个人说，我们要教会他们用符合人的本质的思想来代替这些臆想，另一个人说，我们要教会他们批判地对待这些臆想，还有个人说，我们要教会他们从头脑里抛掉这些臆想。"[1]只不过，"从施特劳斯到施蒂纳的整个德国哲学批判都局限于对宗教观念的批判。他们的出发点是现实的宗教和真正的神学。……总而言之，'人'，则被宣布为宗教的人。宗教的统治被当成了前提。一切占统治地位的关系逐渐地都被宣布为宗教的关系，继而被转化为迷信——对法的迷信，对国家的迷信等等。到处涉及的都只是

---

[1] 马克思．恩格斯．德意志意识形态(节选本)[M]．中共中央马克思恩格斯列宁斯大林著作编译局，编译．北京：人民出版社，2018：3.

教义和对教义的信仰".[1]事实上,"统治阶级的思想在每一时代都是占统治地位的思想。这就是说,一个阶级是社会上占统治地位的物质力量,同时也是社会上占统治地位的精神力量。支配着物质生产资料的阶级,同时也支配着精神生产资料,因此,那些没有精神生产资料的人的思想,一般地是隶属于这个阶级的。占统治地位的思想不过是占统治地位的物质关系在观念上的表现,不过是以思想的形式表现出来的占统治地位的物质关系;因而,这就是那些使某一个阶级成为统治阶级的关系在观念上的表现,因而这也就是这个阶级的统治的思想。"[2]

不过,从思想史的角度看,这种有关"意识形态"的"消极理解"起于拿破仑(Napoleon Bonaparte,1769—1821)。1798 年,拿破仑远征埃及,次年又乘胜解散国会以图称帝,遂不惜与那些提倡理性、自由、平等,代表启蒙精神的"意识形态研究者"(ideologue)决裂,因为后者的思想主张对其复辟计划构成了巨大威胁。为此,他痛斥这种"观念之学"(ideology)乃是一种脱离现实的纯粹理论的形上思辨,而意识形态的研究者不过是徒有社会改革热忱的空想家而已。自此,"意识形态"一词便开始具有了双重含义,有时它被用来表达一种启蒙的理性澄清的观念(如特拉西),有时它则被用来表达一种脱离社会现实的错误意识(如拿破仑)。显而易见,马克思袭取"意识形态"的消极含义,并最终实现了意识形态批判的主题从主体批判和知识批判向社会批判的重心转移。在马克思看来,任何阶级都想把自身利益推广并强加给别人,使社会所有成员将其误以为普遍的共同利益,所以,从被统治阶级的立场来看,意识形态也就成了统治阶级所强加给被统治阶级的"错误意识"(false consciousness)。

---

[1] 马克思,恩格斯.德意志意识形态(节选本)[M].中共中央马克思恩格斯列宁斯大林著作编译局,编译.北京:人民出版社,2018:8-9.
[2] 同上:44.

它旨在实现统治阶级宰制地位的合法化;与此同时,意识形态批判也就意味着对潜藏于这种宰制观念背后的不合理的社会关系的揭露,以达到社会正义的恢复与真正实现。

事实上,从哲学的立场看,广大学者所进行的意识形态批判并不必然就是一种破坏性的力量,或者是想要将意识形态推翻、颠覆或者打倒。相反,作为整个社会人群普遍据以实现行为合法化的理由,意识形态也常常主导着人们在整个社会生活中的兴趣与秩序;其次,从现实性的角度看,意识形态之中也确实存在真实性的成分;此外,人类的生活世界(包括教育过程)也不可能完全摆脱意识形态的支配与影响。总之,意识形态不仅是理论层面研究的课题,同时也是日常生活中不能逃避的事实。教育作为一种研究工作和实践的活动,也都与它有密切的关系。不过如果教育过程中只允许一种特定的意识形态的存在,而且其合法性只是反映少数人的利益,那么教育必然会成为此一不合理的宰制意识形态的"制造工厂"或者"观念枷锁"。所以,教育研究必须勇敢地面对它,而不是逃避它;与此同时,教育研究中的意识形态批判也并非意识形态的全然剔除或者彻底清洗,而是通过对其中真假成分的理性地、开放地、辩证地分析与讨论,使教育研究及教育过程摆脱虚假意识的支配,发挥真正的理性启蒙作用。故此,这里所说的"意识形态"概念,并非沿袭拿破仑所谓的"错误意识",而是使其回归特雷西所谓"观念之学"的哲学属性。

二、作为共同价值的意识形态

在马克思和恩格斯之后,西方许多学者都试图从回归"观念之学"的意义上来进行意识形态的批判研究。比如,德国社会学家曼海姆(Karl Mannheim,1893—1947)首先从全面的角度来探究意识形态产生的社会文化条件。在他看来,马克思将意识形态视为统治阶级用来合理化被扭曲的社会实体的观念或价值体系或"错误意识"的说法是片面的,因为从意识形态所受社会存在条件的影响看,意识形态乃是一种普遍的社会现象,而不仅仅是"错误意识"。在曼海姆以后,国际许多学者又进一步沿着"文化马克思主义"(即西方所谓"新马克思主义",中国学界所谓"西方马克思主义")的道路对意识形态展开更为深入的研究。

比如,法国的阿尔都塞(Louis Althusser,1918—1990)在《意识形态与意识形态国家机器》(*Ideology and Ideological State Apparatuses*,1971)一文中也挑战马克思主义有关经济基础决定上层建筑的观点,强调上层建筑的相对自主性。在他看来,作为个人对自己与生存真实状况之间的想象性关系,意识形态并非马克思和恩格斯所谓的"虚假意识",而是现实性地构建了人们的日常生活经验。在这里,学校已经成为意识形态的制造工厂,学生到学校接受教育,就是在塑造成为某一意识形态的承载者,并强化认同既有政治现实的合法性。与此同时,法国思想家迈克尔·福柯(Michel Foucault,1926—1984)和皮埃尔·布迪厄(Pierre Bourdieu,1930—2002)等人则从"话语权力""符号资本""文化资本"的视角指出,意识形态存在于各种制度或事物活动的表征系统之中,而文化则是透过语言或符号的结构而产生意义的。社会成员不论是解释生活的实际状况,还是从经验中汲取意义,都需要借助语言符号,而且,唯有通过这些媒体架构,生活的意义才能得到有效地分类、辨认和呈现。因此,从本质上讲,特定社会的文化资本家与特定政治权力结构之间存在密切关联。换言之,社会文化资本的分配也具有社会阶级性,而且它与政治权力、经济条件有着密切而对应的关系。所以,符号或语言不仅反映了现实,同时也包含了社会的利益与霸权。因此,唯有语言的解放才能引导整个社会文化的解放。

第六章
课堂教学中的道德教育论辩

此外,意大利共产党人安东尼奥·葛兰西(Antonio Gramsci, 1891—1937)又创造性地提出"霸权"(hegemony,又译"领导权")的概念,用以说明某种阶级价值观念是如何取得自身在社会舆论中的主导地位的。显然,与马克思所谓"错误意识"的意识形态理解不同,葛兰西所谓的"霸权"或者"领导权"并非从其作为一种完成时态的"结果"意义上直接将其视作统治阶级意志的反映,而是着眼于"过程"——亦即统治阶级的意识是如何获得赞同并成为人们认识世界的"共识"的。在这里,葛兰西没有从阶级矛盾的立场出发,而是从"霸权实现过程"的意义上直接消除了人们对意识形态作为某种结果"强迫人们接受"的刻板印象,转而使它变成了设法争取民众的"赞同"与"支持"的一种观念,其言下之意是,民众的赞同并不是简单的、毫无疑问的达成一致,而是必须经过不断的协商和重建并最终实现的。由此,葛兰西已经向着"意识形态的观念回归"和聚焦"意识形态教育的过程"迈出了关键性的一步。

秉承这种意识形态批判的文化进路,美国批判教育家阿普尔结合美国民主教育的实际情形明确指出:"学校知识的选择和组织是一个意识形态的过程,它是为特定的阶级和社会群体的利益服务的。然而,……'文化融合的过程是动态的,它既反映了宰制文化的延续与矛盾,也反映了文化合理性系统的再造与再合法化。'……它们通常是激烈的冲突、谈判的结果,而且宰制群体往往试图通过将弱势的观点和知识实际地整合到他们话语之中来重建他们的霸权控制。"与此同时,也正是看到霸权实现的非强迫的"赢得赞同"过程,阿普尔才特别强调:"对我而言,这是一个双重的权力概念,既包含理论的层面(我们如何思考合法知识与权力之间的关系),也包含实践的层面(文本实际上是如何体现这种关系的)。对于我们理解这些关系而言,权力概念的消极和积极的方面都是必不可少的。"[1]但是,"如果我们自己不去掌握这些传统,不去重新学习它们,我们就会忽略这样一个事实:控制我们的各种制度和文化上的安排,既然是我们自己建立的,那么,我们同样也可以重建它"。[2]

进一步而言,葛兰西所谓作为结果性的"文化霸权"的意识形态又与一般意义上的作为"观念之学"的意识形态有着几个方面的重要差别。首先,作为"观念之学"的意识形态相对复杂,而作为结果性的"文化霸权"的意识形态相对简单——也就是说,在这种"文化"或者"话语方式"取得霸权或者宰制地位的时候,它通常不仅具有引领主流舆论的导向作用,而且往往会在一些引发重要争论的场合发挥明确区分"是"与"非"、"对"与"错"的判准效用——在这种情况下,人们所要做和所能做的往往只是且只能是:相信它,并依照它的指示采取行动。因此,单纯从结果的意义上讲,霸权意识形态本身的独断性和排他性,已经决定其作为一种"观念"与人进行"讨论"的可能性,进而这种霸权意识形态的独断性和排他性也就取消了其在过程意义上"争取认同"、"赢得赞同"、"获得支持"、对人进行"教育"的可能性;在这种情况下,意识形态教育也无法使受教育者达成亚里士多德所谓"表达着逻各斯(理性),表达着人作为一个整体的性质(品质)"的"实践"目的。[3]相反,它最终也只能沦为一种取消了主体认同和主体行动自觉前提的被动的形式意义上的"坚决执行"或者"贯彻落实"。其次,作为"观念之学"的意识形态通常并不需要诉诸广泛的舆论或者媒体宣传,而作为结果性的"文化霸权"的意识形态为了巩固其宰制地位则通常会以各种方式

---

[1] Apple, Michael W., Official Knowledge: Democratic Education in a Conservative Age [M]. 2nd ed. New York: Routledge, 2000: 53,50.
[2] Apple, Michael W., Ideology and Curriculum [M]. 3rd ed. New York: Routledge,2004: 11.
[3] 亚里士多德. 尼各马可伦理学[M].廖申白,译. 北京:商务印书馆,2003: 3.

不断将广大社会人群（而非个体）作为自己制造舆论、宣传和动员力量的诉求对象。最后，作为"观念之学"的意识形态往往倾向于引发个体的自觉、自省、辩护与商讨，而作为结果性的"文化霸权"的意识形态则通常倾向于鼓动人们在放弃对它进行深入剖析的前提下诉诸行动。正因为如此，笔者认为，真正的意识形态教育过程势必需要首先让意识形态回归其作为"人之观念"的原点，进而诉诸葛兰西所谓实现霸权或者赢得霸权的主体努力"说服"或者努力赢得"赞同"的教育过程。惟其如此，意识形态教育才能拥有走入并落实为个体自觉的生活实践的可能——而这恰恰是一切意识形态教育的出发点和落脚点。

三、作为官方知识的意识形态

按照现代公共教育系统的制度设计，由国家举办国民教育或公民教育的目的正是为了避免文化霸权的垄断，确保文化资本在运作时实现教育机会均等，进而让每一个国民或者社会成员享有平等的知识累积过程，而不致因为种族、信仰、性别或其他社会条件的不同而有所不同。然而，作为霸权意识形态施展这种"争取认同""赢得赞同""谋求支持"的重要场所，学校和传媒机构的作用就在于，通过思想控制使大众认为这样的统治秩序全都是合乎他们自身利益的安排，进而固化统治阶级的意识形态和实现现行社会秩序的合法化。从这个意义上讲，学校及媒体在某种观念、意识和信仰上的宣传倾向，在极大的程度上发挥着重建社会秩序的作用。所以，在西方批判教育学者看来，意识形态的研究不仅有助于"教师以批判的方式评价自己的实践，与此同时，它也能使教师更好地认识到统治阶级的文化是如何嵌入到那种导致学生沉默寡言的隐性课程之中的，以及如何结构性地再生产了那种阻碍民主教育的统治阶级的文化观念与实践"。[1]正如葛兰西所说:"事实上,我们必须将国家想象成为一个'教育者',因为它和教育者一样,都旨在创建一种新的文明样式或者文明化程度。……在这个领域,国家也是一个迅速提升民众'理性化'和规范化水平的手段。"[2]毕竟,民主是由人民自己做主,让人民成为"精神自治"的主体。

诚然,学校乃是一个以知识学习为主的场所。但是,在"新马克思主义"教育学者看来,作为广大社会成员对现行社会秩序进行辩护或者将其合理化而建构与怀抱的某种思想框架,它与知识并非决然对立的关系,而是存在着一种相互联系和相互渗透的关系。以波普尔的否证论(falsification)观点来分析,知识的真实性只是包含较多可能被否证的变量,而意识形态则是缺乏可以被批判或否证的知识。但是,如果知识的成长不断地被证明(justification),它可能逐渐沉淀为意识形态。相反,如果意识形态不断地被批判、反省,它也可能转化为知识。所以,二者并非截然对立。然而,随着知识社会学对知识形成的内在逻辑结构和外在影响因素的揭示,知识的正确性也随之成为一种暂时性和相对性的存在。因此,假如过度强调某一知识体系或者理论形态的确定性和真理性,而不能接受批判和修订,那么这种知识体系或者理论形态本身也就会逐渐变成"霸权意识形态"。更为重要的是,在知识的选择、传递、分配和评价的过程中,在文化社会权力结构的影响下,这种被当作知识教授的意识形态还具有将既得利益者的价值观和需要转化成各种社会规范的倾向,因此,这种由某一特殊阶级利益所控制的认知学习,也会成为一种意识形态教育。毋庸置疑,这将极大削弱乃至彻底消

---

[1] Darder, A., Baltodano, M., Torres, R. D. (eds.) The Critical Pedagogy Reader[M]. New York: Routledge Falmer, 2003: 1-2.
[2] Antonio, G. Selections from the Prison Notebooks[M]. edited and translated by Quintin Hoare and Geoffrey Nowell Smith. London: Lawrence and Wishart, 1971: 247.

解意识形态教育的公共性与合法性。

　　不过,按照英国教育学者理查德·斯坦利·彼得斯(Richard Stanley Peters,1919—2011)的观点,真正的教育应当合乎如下三项道德准则:其一,教育暗含把有价值的东西传递给那些将受到这些价值约束的人;其二,教育必须包含适当的知识、理解和认知方式;其三,教育至少要避免使用一些导致学习者丧失学习意愿与主动性的教育方式。[1]用我国教育学者黄向阳的话来讲,即"教育必须包含善良的意图或道德的目的","教育必须包含有价值的内容或产生有益的影响","教育必须采取合乎道德的方式或在道德上可以接受的方式"。[2]以此来看,霸权意识形态成为合法教育内容(学校知识)的关键问题就在于其是否能够满足这几项教育原则的要求,其中,第一项道德准则意味着其作为善良意图或道德目的的价值性或意义性,而第二和第三项道德原则意味着其能够产生有益影响和诉诸合乎道德或道德上可以接受的方式上的道德性或正当性。换言之,是否满足这三项正当性原则,已经不是区分所谓"好教育"与"差教育"的问题,而是区分"真教育"与"伪教育"的问题。

　　正因为如此,美国教育学者约翰·杜威(John Dewey,1859—1952)再三强调:"只有理智的自由才是唯一的永远具有重要性的自由,这就是说,理智的自由就是对于有真正内在价值的目的,能够做出观察和判断的自由。……增加外部活动自由的措施只是一种手段,而不是一种目的。外部活动的自由固然增加了,而教育上的问题并未解决。就对教育有关的问题而言,任何事情都依赖运用这种增加的自由去做什么,它为了什么目的去做,它将带来什么后果。让我们首先来说明增加外

---

[1] Peters, Richard, S. Ethics and Education[M]. London: George Allen & Unwin Ltd. ,1970:45.
[2] 黄向阳.德育原理[M].上海:华东师范大学出版社,2000:31.

部自由可能具有的利益。第一,对教师来说,若是没有外部的自由,要想得到与他有关的一些个人的知识,实际上,那是不可能的。由强迫而造成的宁静和顺从,可使学生掩盖他们的真正的品质。这种宁静和服从将会形成虚假的一致性。它们注重表面形式,认为形式在实质之先。他们鼓励保持注意、礼节和服从的外部的表面形式。每个熟悉盛行这种制度的学校的人都十分了解,在这种表面现象的背后,有着各种思想、想象、欲望和狡猾活动的种种不可阻止的举动。只有当有些倔强的行为露出马脚时,教师才能觉察出这些事情的真相。……增加外部自由的另一个重要益处表现在学习过程本身的性质上。如前所述,比较陈旧的方法注重被动性和接受性。要以这些特性为诱因,极大地鼓励身体的宁静。在标准化的学校中,只有不正常的或者反抗的活动才能摆脱这种情况。在实验室或车间里不可能是完全安静的。传统学校把宁静标榜为一种首要的美德,这个事实表明了传统学校的非社会的性质。……然而,把这种自由本身当作一种目的,乃是最大的错误。这样,就有一种倾向,即可能要破坏作为正常秩序源泉的共同参与的合作活动。"[1]

四、意识形态的观念回归及其教育过程的重建

回顾意识形态的形成过程,我们会发现,它最初确实只是某个重要人物或者群体领袖头脑中的一种"个人观念"。可是,鉴于其身份、地位和社会影响,当这种观念在特定的重要场合或者以某种正式的形式得到明确表述的情况下,它就会迅速成为其所在群体成员中发挥重要影响并引发广泛讨论的一种"价值理念"。进而,它又会迅速成为某些出于身份义务或者人格崇拜的群体成员的"价值信念"或"行动指南",并

---

[1] 杜威.我们怎样思维·经验与教育[M].姜文闵,译.北京:人民教育出版社,2005:275-277.

由此初具规模地实现其在这些成员思想中的"意识形态霸权"地位。如果这些成员再以某种强有力的方式对其他成员或者更广泛的社会群体宣传这种"理念",那么,它则有可能成为赢得更多人的认同,能够影响更多人的信念,从而实现其在更大范围内的"意识形态霸权"地位。事实上,为了最大程度、最广泛和最有效地发挥这种"理念"的社会指导作用,这种"理念"往往还会转变成为某种政策、制度乃至法规,进而成为整个社会必须遵行的"共同规范"或"一致意见"。

倘若我们撇开彼得斯所界定的教育之道德原则上的要求,那么,这个从个人隐性经验到显性观念,再到他人价值信念与行为规范的演变过程,在形式上与教育的个体化成就方式似乎是完全一致的;然而,就其实质而言,二者却又迥然不同:从主体身份上讲,前者是"自上而下"的,后者是"自下而上"的;从转化方式上看,前者是"由外而内"的,后者是"由内而外"的。总之,前者意在"推行",而后者重在"修行"。换言之,在前者那里,"赞同"只是一种理想状态,而在后者那里,"赞同"却是基础条件。正因为如此,当这种"教义"不是作为一种个人主张,而是作为某种"绝对律令"或者"既定事实"要求人们务必接受的时候,也就难免会让学习者在面对它进行具身思考的过程中感到一种莫名的思想压力,致使那种真正展现教育魅力的对话、质询与讨论等学习形式演变成一种僵化的灌输、宣讲形式。显而易见,这既不合乎学生的认知规律,也有悖于教育的道德原则。

进一步而言,这种教条式的意识形态教学,最终还将导致学生在学习过程中的"知行分离"。事实上,学生在认知和行为上的两面性问题并非来自学生的行为本身,而是来自其行动的认识前提——对行为能否达成所欲达之目的的价值信念。这就要求学生必须首先成为自身实践意义上的认识主体,然后才能成为由这种认识主体导向的行为主体。

否则,倘若按照"自上而下"的灌输或者宣讲方式进行,学生往往就会陷入一种在被剥夺了认识主体的情况下仅仅被勒令成为行为主体的压制感,进而,在其自主行为的过程中,也就难免出现"认知主体复位"的现象。换言之,这种"替代性的认知主体"情况意味着,学生的学习目的(而非教育者的教学目的)都是事先就被他人决定了的,留在他们心中的唯一重要的问题就是"如何去掌握它"。所以,对教育者而言,他们所要的只是"行为上的一致性"(即合乎教育者之教学目的的期待),而不会在意学习者"认知上的一致性"(即取得学习者之学习目的的赞同),然而后者恰恰是区分"真教育"与"伪教育"的前提。没有这个前提,教育往往就会沦为一种与压制、胁迫、威逼、利诱无异的结果主义(为求结果而不择手段)。从短期效应看,那些放逐自身学习目的的个体能够取得所谓"有效教学"或者"高效学习"的效果;从长期效应看,这些放逐自身学习目的的个体在通过"考评"的一刻,就是丢弃这种替代性或外在性的"伪目的"和恢复那种源于自我或发自内心的"真目的"去进行一种自身真正认同意义上的"实践"(而不同于对他人目的的"执行")。问题是,即便如此,这些"顺利过关"的"合格学生"也已经迫不得已做了一回"双面人"。在这种情况下,学生的另类选择则会是致命性的:一旦他在学习的过程中,一开始就放弃这个外在性的"伪目的",而要完全追求源于自我的"真目的",那么,在得不到教育者及时指导的情况下,学生就会因为认识上的障碍而出现"成绩不良"的结果,进而又会因为成绩而获得"人格不良"的评价,进而又会在学校生活中获得与之相应的"交际不良"的对待,并最终落得一个"生活不良"的下场。

简言之,这种意识形态教育效果不佳的问题症结在于:教育者与学习者之间尚未找到一个可以令双方都满意而合理的共同目的(价值一致),而解答这一问题的关键在于,如何借着主体的主动性行动,使这种

第六章
课堂教学中的道德教育论辩

共同的目的在主体的行动中自动呈现出来，促使主体认为其行动正在迈向主体本身。所以，在具体的意识形态教育实践中，我们首先要让意识形态回归到观念形态，进而才有可能对其展开适当的批判讨论，使其真正成为一种教育过程。它意味着，我们所要批判的不是某种"主义"，而是某个人在某种情况下的"观念"，当然，伴随着这种观念的还原，对于观念主体的人格化的还原——亦即德国社会学家马克斯·韦伯所谓的"去魅"（de-enchanted）或"去神圣化"——也必不可少，总之，我们首先要让这种观念成为一个活生生的、具体的人（而不是一个高高在上的神圣人格）的想法、看法。惟其如此，我们才能取得讨论这种观念的可能性与空间感；惟其如此，我们才有可能将其个人观点、主张与其所属（被人为划分归属）的派别、阵营区分开来加以讨论。前者是开放的、学术性的文化交流，后者则是路线的、政治性的权力斗争。从这个意义上讲，毋宁说意识形态的观念回归就是意识形态的哲学化。笔者认为，学校不同于军队、政府部门、公司的重要一点就在于：它既不主张通过胁迫逼学生就范，也不诉诸利益诱惑收买学生服从；它是通过平等开放的价值商讨、主体对话等形式展开，并最终期待学生实现基于赞同的行为上的自律和自主。换言之，这种自律和自主乃是建立在学生自己的经验基础之上的，其内在乃是一个"说服自我"或者如何通过公平地"与自己讲道理"的过程，惟其如此，教育作为一种时刻伴随着"学"与"问"的"学问"，才能最终实现学生人格意义上的成长。眼下，我们在社会生活中时常看到一些人在表达个人观点的过程中经常采取了一种"自穿黄马褂"（直接将某个权威人物的观点作为自己发表言论的合法性依据）的言说方式，给人造成一种"不容冒犯"的权势压力，其实，这种说理方式既不利于推进双方对问题本身的认识，也不利于我们与人展开真诚的对话交流和最终达成真正的意见共识。

总之,透过对意识形态的批判,我们必须认识到:意识形态教育要想告别和摆脱其灌输和宣讲的传统方式,成为一种名副其实的教育活动,它就必须容许学生质疑探究,经得起学生批判论证。惟其如此,它才能真正成为一个帮助受教育者在自主的生活经验和理性实践活动中找寻和确证其作为道德公民抑或法治公民的人格品质并获得相应人生价值的学习过程。为此,在学校教育的过程中,让意识形态回归其观念本义,亦即将意识形态从一种完成时态的结果性定论转变为一种在特定现实情境中产生的个人看法,不仅能够充分再现意识形态的生命活力,有效调动学习者的学习欲望,而且,更为重要的是,这还将为学生通过个人经验和理性思考来重新领会与验证意识形态的说服力提供可能空间,让意识形态教育成为一种名副其实的教育过程,并最终实现其作为共同价值在最广泛社会群体中的价值导向作用。

第三节

批判思维与道德教学的论证转向

近些年来,在全球化和多元文化的冲击下,批判思维(critical thinking)日渐成为国际教育的新动向。一时间,"论证"(arguments)也随之被推到一种"显学"的位置:不仅整个知识界把论证能力作为学术训练的根本,而且大中小学也都把基于论证的识别、建构与驳斥的学术阅读与写作训练当作目前教育的重中之重。由此,它事实上也已经成为现代民主社会中每个公民能否有效地参与公共说理的核心素养。

一、批判思维与道德教学的开放性

从词源上看,英文中的 critical 源于希腊文 kriticos(提问、理解某物的意义和有能力分析,即"辨明或判断的能力")和 kriterion(标准)。整体来看,它大致指一种基于适当评估标准的辨识力或判断力。简言之,所谓批判也就是一种有充分根据的判断。借用胡塞尔(Edmund Husserl,1859—1938)的观点来看,这里涉及两种思维态度:其一是催生自然科学的自然的思维态度,其二是催生哲学科学的哲学的思维态度。其中,自然的思维态度"尚不关心认识批判",而只是"直观地和思维地朝向实事(sachen)",即"那些由直接经验提供给我们的东西";[1]而哲学"认识论的任务或理论理性批判的任务首先是一项批判性的任务。认识论或理论理性批判必须严厉谴责对认识、认识意义和认识客体之间关系的自然反思几乎不可避免要陷入的那种谬误……正是通过这些任务的完成,认识论才有能力进行认识批判,更明确地说,有能力对所有自然科学中的自然认识进行批判"。[2]

对于 critical thinking,中国学界有两种翻译:一是用名词性的"批判(性)思维",二是用动词性的"批判性思考"。两种翻译都指向人们为形成一种合理信念或可行方案而进行的反省过程,主要是指一种深思、慎思、再思、反思,是"关于思维的思维"或者"对思考的思考",具有方法论的性质。与此相应,在最初的中文语境中,"批判"也主要是指"批阅"和"判断"的意思。总之,"批判思维"所"批判"(批阅和判断)的,并非

---

[1] 胡塞尔.现象学的观念[M].倪梁康,译.北京:人民出版社,2007:16.
[2] 同上:21.

"人",而是某一个观点或结论背后的思考或说理过程的可靠性。"从大的方面看,这是源于人类作为'肉身凡胎'(mortals)的有限性和可错性(fallibility);从小的方面看,则是因为说理之人固有的'局限性'看法往往(尤其是在面对复杂或争议性大的问题时)只有在对话语境下(借助于共同体)方能得以检验和改进。"[1]为此,我们有必要首先回到"批判本身"来审视一下哲学批判的方法论原则,以便我们能够在接受批判之"辩证否定"的同时,也能够正视其开放性和建设性。[2]

然而,长期以来,在人类的道德教育实践中,人们每每囿于宗教信仰和文化习俗的限制而陷入一种封闭性的绝对化思维,既不质疑种种道德要求背后的合理性,也不诉诸公开的理性探讨。究其根本,这种批判思维的缺失,与漫长的皇权(君主)专制统治有关。众所周知,在大一统的集权时代,质疑与思考是要掉脑袋的,史不绝书的文字狱就是明证。而在现代文明社会,建立在理性基础上的批判思维则是任何一位现代公民的必备素养。

就教学实践的情形看,这种道德教育领域的"论辩式教学"最早可以追溯到苏格拉底那里。在柏拉图看来,"只有论辩方法才会沿着(把已经达成的同意变成知识)这个方向前进,它摧毁假设,以便让基本原理本身得以成立。当任何灵魂的眼睛真正深陷野蛮的淤泥时,论辩方法便成为他们的帮手和助手,使用我们所描述的技术温和地拉他们,并引导到(洞穴)上面去。由于习惯使然,我们经常称这些技术为知识,但是它们需要其他名字,因为它们比意见更可见,却比知识更朦胧。它就是思想"。[3]就其在人的灵魂中的状态而言:"第一部分是知识,第二

---

[1] 张留华.说理的学问[M].北京:人民出版社,2022:90.
[2] 王占魁.批判教育的使命与教育批判的方法论[J].教育学报,2013(1).
[3] 柏拉图.理想国[M].何祥迪,译.昆明:云南出版社,2021:328.

部分是思想,第三部分是信念,第四部分是想象。后面这两部分组成意见,前面两部分则组成领悟;意见涉及生成(物),而领悟则涉及'所是'。因此,所是对应生成(物),而领悟对应意见;领悟对应意见,而知识对应信念,亦即思想对应想象。……除非一个人能用论证把那个善的相从所有其他事物中抽离出来以界定它,而且就像在战争中那样战胜所有反驳,要根据'所是'而不是意见去反驳,并且在进行所有这些论证时都屹立不倒,否则你就会说他不知道那个善本身,也不知道其他的善。如果他借助什么把握到某个幻影,你就会说他是借助意见而不是知识来把握;而且他此生都在做梦和睡觉,他尚未在此岸醒过来。"[1]

借助苏格拉底之口,柏拉图使后来的人们意识到:哲学以及从哲学分离出去的各门科学,都需要通过论证来追求真理。在笔者看来,"除非一个人进入到真正的困惑状态中,否则他不仅什么也教不了,而且他什么也学不了——因为他缺乏一个内发的理由,即由于他缺乏一个自发性的'为什么',导致他根本就不会产生'我要学'(即'我要觉')的冲动"。[2] 与文化传统所要求的"要我好"相比,道德教育所追求的人的意志的自由与自律,本质上也就是要实现一种"我要好"的自觉。或许正是出于这种考虑,美国哲学家马修斯(Gareth B. Matthews,1929—2011)对于哲学"爱智慧"(希腊语 philosophia)的理解,不是更加倾向于"智慧"一词,而是更加强调"爱"这个前提,亦即将追寻智慧、探索困惑的过程本身视为哲学的本质。与此相应,在教学过程中,教师应当首先打开这个教学方式和意义阐释的空间,而不是一开始就想着"尽快"把学生"固定"在某个一元的"标准答案"上。惟其如此,学生才会在多元的对话中仔细地倾听其他人说了什么;惟其如此,学生也才真

---

[1] 柏拉图. 理想国[M]. 何祥迪,译. 昆明:云南出版社,2021:329-330.
[2] 王占魁."爱智"抑或"爱人"——论中国儿童哲学课程的价值与未来[J]. 教育发展研究,2020(22).

正能够获得审查他们的阐释是否合理的机会。事实上,"每个社会都需要一位赤足的苏格拉底,像孩子一般提出简单的(以及困难的)问题,迫使社会中的每一个成员去重新检视他们想都不想却认为理所当然的事情"。[1]

二、推理素养与道德教学的切己性

承接马修斯的思考,美国学者李普曼(Matthew Lipman,1923—2010)在《教室里的哲学》一书中为教师提出彼此关联的两项使命:"在教学中既要强调思考自我,也要强调儿童获得更具普遍性的推理技巧的重要性,二者不可偏废。"[2]换言之,这两项使命是一体性的关系。在笔者看来,所谓学会思考,而首要的思考就是"思考自我"("我是谁")。比如,面对学生在课堂上的提问,相比哲学家的面对"提问",教育家更要面对的是"提问者",亦即追问提问者为何有此一问,而不是想当然地把"别人的问题"直接当作"自己的问题"来看待。从根本上讲,追问"提问者"的教育目的就在于激活他的自我。如果不把这个"提问者"连同"提问者的问题"一起发掘出来,那么,教师很可能就会把这个原本属于"提问者的问题"当作一个与"提问者之自我"无关的、似乎"任何人"都能提出的"一般问题"。殊不知,剥离了"提问者之自我"的思考,也就中止了"提问者之自我"在这个问题中的存在方式——连同"我"势必从这种存在方式中收获的成就感也一同被剥夺了。相反,如果教师能够尝试性地关照他的思考(可能的合理性),那么他也将由此在这节课上成为一个真正的"思想者",或许从此他就燃起对课堂教学的热望与钟情,而这恰恰也是李普曼所谓教师在课堂教学中承担的第

---

[1] 马修斯.哲学与幼童[M].陈国容,译.北京:生活·读书·新知三联书店,2015:136.
[2] 李普曼.教室里的哲学[M].张爱琳,张爱维,编译.太原:山西教育出版社,1997:49.

第六章
课堂教学中的道德教育论辩

二个使命所要达到的目标。[1]

结合这两个方面看,追问问题的发出者为何有此疑问,对于问题的发出者应该有所成就,这本身就是教育的使命,而不是哲学所能考虑的——哲学一般不考虑这些问题,也正是因为不考虑问题的发出者所以才更在乎问题本身,而不是问题的提出者。但是,教育必须在乎,必须追踪问题的提出者,发现并成就他,教师所成就的那个"他",很可能不只是这"一个人",而是见证这一讨论过程并参与思考这个问题的"一众人";与此同时,教师肯定了"他"思考的价值,也就肯定了同类学生的课堂存在方式,肯定一些也有类似疑问但尚且不敢或者没有来得及问的同学,所以,这种肯定也会让他们真切地感受到这个课堂是"可以自由思考"并"可以说话"的地方。毕竟,敢于挑战、敢于否定、敢于发问,就是批判思维,正是这种批判思维挑战了我们满足于既往结论的怠惰,深化了我们的逻辑思考。于是,在这个课堂里,他就学会了思考;于是,教师也便成就了一堂真正的儿童哲学课。事实上,也只有在这样的课堂上,包括教师在内的所有人才能同时受到精神的洗礼和人格的放大,为此,所有人也都应该感激这样一个发问者。[2]

问题是,在通常的情况下,身处课堂教学过程中的儿童的"思考自我",往往非但不会得到应有的鼓励和肯定,反而会因课堂效率的考虑遭到敷衍对待乃至无理否定。这种情形,恰如美国杜威研究协会前主席瓦克斯(Leonard J. Waks)所言:"当老师滔滔不绝、学生被动静听时,老师和学生们都在忍受无聊、精疲力竭以及疏离感。……这种填鸭式教育在过去 150 多年间虽备受批判,而今在学校里却依旧大

---

[1][2] 王占魁.''爱智''抑或''爱人''——论中国儿童哲学课程的价值与未来[J].教育发展研究,2020(22).

行其道。"[1]从既往教学改革从讲授型到研讨型的主流趋向看,学界一般都将传统教学的弊病归诸讲授。不过,在笔者看来,问题的症结在"不讲理"。[2]或者说,正因为它是一种"不讲理的讲授"才令人真正感到厌恶和憎恨;更为糟糕的是,这种不讲理的教育者自己不讲理也就罢了,还不允许他或她的学生讲理。于是,这种既"不讲理"也"不准讲理"的教育,无论对教育者而言还是对学习者而言,事实上都是一种"精神枷锁"。不过,其对教师和学生所造成的影响却迥然不同:对于教师而言,不讲理或许只是生活或者工作上的一部分而已,无非(在课堂上或者在学校里)郁闷一时一地;对于学生而言,一旦不讲理变成了一种标准,它则无异于是其整个精神世界的灭顶之灾!因为它可能意味着自己必须不由分说地命令自己接受某个业已被其证明是极端荒谬的观点。可是,面对教师的脸色或者考试的威胁,一切偏离教师"主导路线"的思考和超出教师"预定目标"的追问,都终将是"不受待见"的。这或许从一个侧面可以解释,为什么在学龄前嘴上整日还充满了"为什么"的孩子,在上了学之后便日渐变得木讷、不敢提问和不爱思考了。[3]

为此,李普曼与夏普等人在开发一系列哲学小说的同时,也以教师手册的形式推行"探究团体教学法"(the pedagogy of a community of inquiry)——毕竟,如果有了教材,教师们仍然照本宣科,那么儿童哲学就会沦为一般的知识性课程,无法启发思考、培养智慧。因此,教师的首要任务就是将传统课堂转化成一个探究团体,让孩子在团体中学会"主动为自己思考"(thinking for oneself),而非被动地接受灌输。众所

---

[1] Waks, L. J. Listening to Teach: Beyond Didactic Pedagogy[M]. New York: State University of New York Press, 2015: 1.
[2] 王占魁. "爱智"抑或"爱人"——论中国儿童哲学课程的价值与未来[J]. 教育发展研究, 2020(22).
[3] 李普曼. 教室里的哲学[M]. 张爱琳, 张爱维, 编译. 太原: 山西教育出版社, 1997: 152.

周知,"教育绝不能按人为控制的计划加以实行。教育计划的范围是很狭窄的,如果超越了这些界限,那接踵而来的或者是训练,或者是杂乱无章的知识堆集,而这些恰好与人受教育的初衷背道而驰"。[1]美国联邦教育资助委员会的大学学习评估(CLA)项目曾罗列如下批判思维技能,值得中小学阶段的师生在教学过程中参考:判断信息是否恰当;区分理性的断言与情感的断言;区别事实与观点;识别证据的不足;洞察他人论证的陷阱和漏洞;独立分析数据或信息;识别论证的逻辑错误;发现信息及其来源之间的联系;处理矛盾的、不充分的、模糊的信息;基于数据而不是观点建立令人信服的论证;选择支持力强的数据;避免言过其实的结论;识别证据的漏洞并建议收集其他信息;知道问题往往没有明确答案或唯一解决办法;提出替代方案并在决策时予以考虑;采取行动时考虑所有利益相关的主体;清楚地表达论证及其语境;精准地运用证据为论证辩护;符合逻辑地组织复杂的论证;展开论证时避免无关因素;有序地呈现增强说服力的证据。[2]

三、交往理性与论证式教学

从教育实践的情形看,道德教学本质上就是一个共同思考的过程。其间,充满了来自不同社会生活背景的个体之间的对话交往,既包含个人对生活世界的认识层面的内容,也包含个人基于生活经验形成的价值层面的内容。就交往主体的交往结构而言,它既包括师生之间的对话交往,也包括生生之间的对话交往。作为这种交往的开端,总是先由某个人产生或者提出一个想法或者观点,另一个人赞同或者反驳这种想法,进而在这种有关反驳的对话中又有其他人来对这一想法或者观

---

[1] 雅斯贝尔斯.什么是教育[M].邹进,译.北京:生活·读书·新知三联书店,1991:24.
[2] 艾瑞克.反洗脑Ⅱ[M].北京:北京联合出版公司,2016:209-210.

点进行矫正、完善或者补充。在这里,特别需要警惕的是一种教师作为知识权威的身份感。要知道,倘若教师只是为自己的想法或者观点辩护,那么,整个班集体就无法做到共同思考;同样,倘若教师总是试图劝告或者说服学生来接受自己的想法,那么,整个班集体也无法做到共同思考。

按照哈贝马斯的观点,共识并非抹杀多元性的内涵,而是在多元性的价值领域对论证或批判(对话讨论)之形式规则的共识,并在这一前提下的合理交往。通过交往合理性,我们可以重构启蒙运动以来的普遍主义、认知主义及道义论的伦理学和价值论,而不陷入相对主义、怀疑主义和对古代亚里士多德主义的思乡病。从本质上看,教育生活中的交往理性(交往合理性)以"语言交往"为中心,以"相互理解"为目标,它是在话语规则、行为规则的共享以及语境共享的前提下进行的。相反,"当你把自己与自己的看法、意见或观念视为一体时,别人所质疑的本来只是你的意见,但你却觉得别人似乎是在质疑你本人,所以你要奋起为自己辩护。在这个时候,原本不过只是你的一己之见,于是就被你奉作了'真理'(truth)。但事实上,所谓你的意见或看法,其实不过是你自己的思维假定,仅仅出自你自身的经历而已"。[1] 因此,教育者要想在教育的过程中传播可靠的知识,就势必需要自己首先学会分辨什么是可靠的结论,什么是谬误的论证。

当然,这也就意味着"教"(师)比"学"(生)更难。其实,作为一种社会职业,"教师按照教案执行任务是天经地义的……不过,近来越来越多的教师开始意识到,长期坚持课堂的秩序与训导会让教学变得僵硬,而且还会破坏课堂上所诞生的自发性",[2] 而一旦"我们的教育如果不

---

[1] 戴维·伯姆. 论对话[M]. 王松涛,译. 北京:教育科学出版社,2004:9.
[2] Lipman, M. Thinking in Education[M]. Cambridge: Cambridge University Press,2003:14.

能教会孩子思考,那么这种教育从根本上来说就是失败的"。[1] 所以,"为什么教比学更难呢？并不是因为教师应具有更多的知识积累,在任何时候都做了准备;教比学更难,乃是因为教意味着：让人去学。甚至,真正的教师让人学习的也无非是——学会如何学习。所以,他的行为往往也唤起一种印象,即我们在他那里其实什么也学不到——只要我们现在不经意间把'学习'仅仅理解为获取有用的知识。教师唯一先行于其弟子的地方在于,他必须比其弟子多学一样东西——即他必须学习如何让人学习。教师必须有能力变得比其弟子更可教"。[2] 在笔者看来,与其说教师的本领就是让其弟子变得"更可教",不如说是教师的本领就是让其自己变得"更好学"。[3] 这是因为,"如果教育应该以思维为核心,那么又有什么学科把思维作为研究对象呢？……在我看来,哲学的目的正是培养思维,尤其是关于我们的言行的思维,并使之达到炉火纯青的境界。思维可能是拙劣的,拙劣的思维往往是肤浅、偏执、片面、逻辑混乱、人云亦云。我们需要的是优良的思维,这种思维有坚实的理论基础,有一定的标准来衡量。它是批判的,合理的,同时也是新颖独到的"。只不过,"我们的主张不是说为了更有效地进行思考,应该让儿童学习逻辑理论。儿童是在学习语言和说话的过程中获得了语言规则,同样也获得了逻辑规则"。[4] 或者说,之所以"教比学更难"与"教师要比学生更爱学",乃是因为"教育不仅是对我们已经知道的或已经存在的事物的复制,也是对新的开始和新人进入这个世界方式的真正的关注"。[5] 所以,哲学意义上的批判思维,不仅给儿童的"心灵解

---

[1] Lipman, M. Thinking in Education[M]. Cambridge: Cambridge University Press,2003：20.
[2] 海德格尔.海德格尔文集·什么叫思想？[M].孙周兴,王庆节,主编.北京：商务印书馆,2017：22.
[3] 王占魁."爱智"抑或"爱人"——论中国儿童哲学课程的价值与未来[J].教育发展研究,2020(22).
[4] 李普曼.李莎[M].周庆行,编译.太原：山西教育出版社,1997：2,16.
[5] 格特·比斯塔.教育的美丽风险[M].赵康,译.北京：北京师范大学出版社,2018：12.

放"或者"思想解放"带来了前所未有的"机遇",也给习惯了传统灌输式教学的教师提出了前所未有的"挑战"。

表6-1 传统课堂的灌输式教学与思维课堂的论证式教学比较表

	传统课堂的灌输式教学	思维课堂的论证式教学
价值指向	满足社会制度的统一要求	满足个人潜能发挥的需要
教学目标	具体行为表现的整齐划一	个人观念的论证式表达
教学方法	居高临下地说教训话	富有启发的平等对话
教学评价	强调课程标准,教师控制学习结果	强调学习过程,教师开放学习结果
教师作用	是非的裁夺者	问题的商讨者

从课堂教学的实际情形看,与传统课堂的灌输式教学相比:在价值指向上,儿童哲学的课堂教学要实现从"满足社会制度的统一要求"到"满足个人潜能发挥的需要"的转变;在教学目标上,儿童哲学要实现从"具体行为表现的整齐划一"到"个人观念的论证式表达"的转变;在教学方法上,儿童哲学要实现从"居高临下地说教训话"到"富有启发的平等对话"的转变;在教学评价上,儿童哲学要实现从"从强调课程标准,教师控制学习结果"到"强调学习过程和教师开放学习结果"的转变。与此相应,教师的作用也要实现从"是非的裁夺者"到"问题的商讨者"的角色转变(见表6-1)。[1] 这意味着当老师就是"当学生",当老师就是"装白痴"(其实每个人都势必需要首先进入"无知"状态才能真正走向"新知")。只有这样才能走入儿童的世界,只有这样才能体察儿童的快乐、兴奋、欢呼、热切,只有这样教师才能在课堂教学的过程中收获自

---

[1] 王占魁."爱智"抑或"爱人"——论中国儿童哲学课程的价值与未来[J].教育发展研究,2020(22).

身工作上的成就感和人格上的成长感。

苏格拉底声称,未经反省的人生是不值得过的。同样,就道德教学的情形看,一个未经检验的价值观也不值得相信和持有,因为它可能完全就是别人的偏见。对这些未经学习者检验的价值观进行反思,意味着教育者要帮助学习者澄清这些观念的立论基础。作为一种教学形式或者教学过程,最好的方式莫过于通过相反的观点或者信息之间的论辩,来检测这种观念的可靠性。通常的情形是,参与论辩的每个人(包括教师)都会对自己先前抱持的价值观念做出必要的修正,并由此将这些外来的观念转化为每个人值得持有的道理。相信,随着学习者在论证式教学的过程中逐渐学会对生活世界价值观的分辨和验证,他们最终也将能够从根本上扭转先前盲目追随、轻率概括的认知态度,克服人类先天在理性思考上的惰性。

对于教师而言,其职业尊严首先来自其在学生学习困惑上的解答能力。而今,常见的情形是,教师将大量作业布置给学生带回家完成,从而在将释疑解惑工作转交父母或校外辅导机构的同时,也丧失了自身专业成长的良机。进一步而言,教学工作的魅力在于教师能够把学生可能存疑的诸多合情不合情、合理不合理的问题解释清楚。从某种程度上讲,这是教学蕴含的学术性要求。所谓"学术",无非就是讲求结论要尊重可靠的根据、严密的推理,追求事实、逻辑与情理的一致。这种学术理性(学理性),既是学科知识的内在要求,也是学科教学工作的职业尊严。用胡适的话说,就是不预设立场和结论,"有几分证据说几分话""大胆假设,小心求证""没有证据,只可悬而不断;证据不够,只可假设,不可武断;必须等到证实之后,方才奉为定论"。显然,这与传统那种靠感觉、想当然、武断的教学方式迥异,是非经精心培育无法养成的。

结论　以讲理的方式培养讲理的人

> 辞让之节得矣,长少之理顺矣;忌讳不称,袄辞不出;以仁心说,以学心听,以公心辨;不动乎众人之非誉,不治观者之耳目,不赂贵者之权势,不利传辟者之辞;故能处道而不贰,吐而不夺,利而不流,贵公正而贱鄙争,是士君子之辨说也。
>
> ——《荀子·正名》

20世纪初,梁启超在《新民说》中即已指出中国教育在德育和智育间的失衡问题:"呜呼!泰西之民,其智与德之进步为正比例,泰东之民,其智与德之进步为反比例。今日中国之现象,其月晕础润之几既动矣,若是乎则智育将为德育之蠹。而名德育而实智育者,益且为德育之障也。以智育蠹德育,而天下将病智育,以'智痛的德育'障德育,而天下将并病德育。此宁细故耶?有志救世者,于德育之界说,不可不深长思矣。"[1]自新文化运动以来,中国社会上下洋溢着一种"开明"或者"启蒙"(enlightenment)的思想空气。与此相伴的人文主义思潮,在反对宗教信仰、传统信仰乃至一切信仰的过程中,一直十分注重理智的怀疑,并出此开启了20世纪中国新教育的历史征程。此后,几经战争风云的淬炼与洗礼,这颗"世纪理性"的种子生机未灭,并在改革开放的春风中迎来了中国素质教育发展的繁荣景象。

然而,中国上千年的皇权(君主)专制政治统治在人民思想深处打

---

[1] 梁启超.新民说[M].北京:商务印书馆,2016:46.

下的深刻烙印,也给这种社会理性的繁荣增添了许多不确定性因素,致使中国道德教育时常陷入摇摆和两难。乍看起来,道德认知与道德行动之间好像存在着一个不可逾越的鸿沟。不过,笔者认为,公开论辩或许能够成为关联这一鸿沟的"中间地带"。所谓"公开论辩"就是将"内隐的说理"公开化,将"直觉的判断"形式化,将"公共价值的确立过程"程序化,并以此充分弘扬理性在道德行为决策过程中的论证支撑作用。简言之,秉持既要"知其然"也要"知其所以然"的致知精神,让学生在接受道德规范或道德准则之前,可以对其理由(亦即支撑它的价值原则)进行有效的逻辑检验。尽管它未必能使所有受教者都达到"知行合一"的道德境界,但它至少可以为知行合一提供认知前提。由此,它或许也能够"倒逼"教育者放弃一些盲目的道德灌输和拙劣的道德说教。

就当下的情形看,中国教育学界在逻辑领域有所觉醒,但尚未得到系统的反思和批判总结。由此,也导致中国道德教育实践中权威主义和独断论(个人迷信代替民主讨论,引证语录代替逻辑论证)久盛不衰。从根本上讲,二者的共同之处就是拒斥逻辑检验。诚如冯契先生所指:改革开放至今,虽然我们在经济上取得了较快发展,但就思维方式和价值观念来说,盲目性仍然很大。[1]究其原因,国人可以向暴力屈服,却拙于以理性探索见长的制度创新。[2]在现代中国学人中,以"五四之子"自视的殷海光倡言"逻辑乃天下之公器",强调把逻辑工具作为"跟反理性主义、蒙昧主义、偏狭思想、独断教条作毫无保留奋战"的利器。[3]在罗素看来,西方的逻辑传统"实质上是一种启蒙和解放的运动,其目标是使心灵摆脱愚昧无知的束缚。它将世界展现为可由理性

---

[1] 冯契.智慧的探索[M].上海:华东师范大学出版社,1994.623-625.
[2] 马立诚.历史的拐点:中国历朝改革变法实录[M].杭州:浙江人民出版社,2008.
[3] 张建军.简论殷海光的逻辑观[J].哲学研究,1999(11).

来把握的东西,从而消除了对不可知的恐惧。它的工具是逻各斯,它的意愿是在'善'的形式下对知识的追求。利害无挂于心的探索本身就是伦理的善"。[1]为此,在21世纪的发展征程中,中国公民所接受的应该是理性与说服力的教育,而不是暴力的引导。在这里,所谓"理性",本质上所指的也就是建立在人的推理与论证能力的基础之上的逻辑理性。历史一再表明,一个文明开放、自由民主、和谐稳定的社会,必然是一个尊重理性和崇尚理性的"理性化社会"。

  概而言之,理性(reason)之所以会成为现代人的精神向往,主要是因为它意味着心智健全(sanity)。就其日常含义而言,说一个人"理智"(rationality)也就意指他具有"健全的判断力"(soundness of judgement),或者能够运用理性做出适当的行为,与此相对,说一个人"缺乏理智"也就等于说他"愚蠢"(folishness)。[2]从教育发生的实践机制上讲,只有教育者首先提供一种"讲理的教育"(reasoning education),受教育者才能享有一种"合理的教育"(reasonable education)。从本质上说,二者乃是同一种教育。因为讲理具有内在性,讲理者在面对他人讲理的过程中,首先需要接受自身理性的检验。其中,教育者提供的这种"讲理的教育"又包含着三个层面:其一是作为学习者的教师与教材进行讲理的备课过程,他反映了教师将自身的理性与教材陈述所蕴含的合理性之间的互动关系;其二是作为学习者的学生与教材进行讲理的预习过程,它反映了学生通过自己的理性与教材陈述所蕴含的合理性之间的互动关系;其三是业已经过与教材陈述所蕴含的合理性互动(备课过程)的教师,和业已经过与教材陈述所蕴含的合理性互动(预习过程)的学生,在

---

[1] 罗素.西方的智慧[M].马家驹,贺霖,译.北京:世界知识出版社,1992:155-156.
[2] Hasan, R. Rationality in Everyday Talk: From Process to System[M]// in Werner Winter (ed.), Trends in Linguistics: Studies and Monographs 65. Berlin and New York: Mouton de Gruyter, 1992: 63.

课堂上针对同一问题展开的论辩过程（教学过程）。

就既往的情形看，由于人们普遍忽视前两个过程，致使人们觉得在教学过程中没有"论辩的必要"。其实不然。人们之所以看不到这种"论辩的必要"，本质上乃是由于缺乏前面两个"主客关系"的讲理过程，在第三个讲理过程中根本就不存在这种"论辩的可能"。在那种情形下，教师由于不曾进入过一个"独立的备课过程"而无法在课前正式进入一种"预备的讲理状态"，学生由于不曾进入过一个"独立的预习过程"，也就无法在课前正式进入一种"预备的讲理状态"，故而，即使到了相对于他们各自独立预备的"第二现场"，他们也仍旧处于"预备的讲理状态"之外。于是，论辩也就同时丧失了可能的物质前提和认知前提。简言之，既往道德教育效果不佳的根本症结在于教师根本就没有"说服"学生，抑或从根本上缺乏这种"说理"的训练、意识与能力。

两百多年前，卢梭在其《爱弥儿：论教育》中曾经描绘过这样一个师生对话的情景：

> 老师：<u>不应该</u>做那件事情。
>
> 孩子：为什么不该做那件事情？
>
> 老师：因为<u>那样做是很不好的</u>。
>
> 孩子：不好！有什么不好！
>
> 老师：因为<u>别人不许你那样做</u>。
>
> 孩子：不许我做的事情我做了，有什么不好？
>
> 老师：<u>你不听话，别人就要处罚你</u>。
>
> 孩子：我会做得不让人家知道。
>
> 老师：别人要暗暗注意你的。
>
> 孩子：我藏起来做。

老师：别人要问你的。

孩子：我就撒谎。

老师：不应该撒谎。

孩子：为什么不应该撒谎？

老师：因为撒谎是很不好的，等等。[1]

当时，卢梭曾用它来质疑和反驳洛克所谓"用理性来教育"的主张。在他看来，不仅"天职的道理"不应该教给学生，而且这种周而复始的道德说教，犯了一种"把目的当作手段"的本末倒置的错误。此外，他还抛给后世教育学人一个颇有挑战意味的教育难题："我非常好奇，很想知道别人能够用什么东西来代替这套对话？"[2]如今，当读到这段对白的时候，我们可能不会感到十分陌生，甚至会觉得它仿佛就是当下的教育情形。从这个意义上看，卢梭提出的那个富有挑战性的问题依然具有现实意义：究竟可以用什么方式来代替这套对话？从个体的情形看，以什么方式对受教育者讲理本是教育者个人的事情。但是，无论从教育的道德性要求看，还是从道德教育的伦理性要求看，今天的教育工作者都势必需要正视和直面这个"卢梭问题"。

从伦理学的说理方式看，卢梭举证的理由主要是诉诸结果论，而尚未出现道义论的说理方式，这或许与那个时代的理论状况有关。但是，可以肯定的是，这样的道德说理是不充分的，而理想的说理方式是将二者有机地结合起来，综合考察行为的动机和结果，以说服学生接受某种正当的观念或行为方式。[3]不过，在澳大利亚学者鲁凯亚·哈桑（Ruqaiya Hasan）看来，日常生活中的说理情况远比这个更为复杂。根

---

[1][2] 卢梭.爱弥儿：论教育（上卷）[M].李平沤，译.北京：商务印书馆，1978：90-91.

[3] 黄向阳.德育原理[M].上海：华东师范大学出版社，2000：163.

据讲理所依据的理论基础,她将人们日常生活中的讲理区分为"与逻辑基础相关的讲理"(reasoning with logical grounding)和"与社会基础相关的讲理"(reasoning with social grounding)两种类型。其中,与社会基础相关的讲理又可区分为两个亚类:其一,按照理由的性质和来源,可以区分为"习俗"(包括地方习俗和集体习俗)和"制度"两种;其二,按照对话双方的人际关系,可以区分为"合作性理由"与"胁迫性理由"(包括威胁、贿赂和绑架)(见表7-1)[1]。

表7-1 哈桑区分的日常生活中的说理类型谱系[2]

理由(reason)					
		同义反复的重言式理由(tautological)			
	有立论基础的理由(grounded)	社会基础(social)	理由性质	习俗(conventional)	地方(local)
					集体(communal)
				制度(institutional)	
			人际关系	合作(cooperative)	
				胁迫(coercive)	威胁(threat)
					贿赂(bribe)
					绑架(blackmail)
		逻辑基础(logical)			

事实上,在现实的道德教育论辩过程中,教育主体双方也确实拥有类似哈桑所指的多种选择方案。只不过,通常为人们所忽视的是,这些说理方式存在自身的合理性及其教育成效问题。结合第一章有关道德

---

[1] Hasan, R. Rationality in Everyday Talk: From Process to System[M]// in Werner Winter (ed.), Trends in Linguistics: Studies and Monographs 65. Berlin and New York: Mouton de Gruyter, 1992: 291.
[2] 同上: 293.

教育论辩理论范式的探讨,有两个问题需要教育工作者特别注意。其一,从道义论的要求看,道德说理中所述理由的普适性或普遍性,乃是制约道德说理有效性及其能量等级的首要标准。这里又可分为三个层次:(1)倘若教育者总是习惯于从法律或者权威机构的立场出发,诉诸一种法定的道德规范要求,那么,受过这种教育的人很可能就是一个恪守道德底线的守法公民;(2)倘若教育者总是习惯于从民主平等的立场出发,诉诸一种道义论的说理方式,那么,受过这种教育的人就能够成为一个适应各种文化境遇的世界公民;(3)倘若教育者总是习惯于从科学或自然规律的立场出发,诉诸一种自然后果的道德说理,那么,受过这种教育的人很可能就能成为真正的道德自律者。其二,从领域论的视野看,诸如宗教、民族、家庭、班级等群体法则本质乃是不具普遍性的习俗领域,而非道德领域,需要教育者特别谨慎对待。倘若教育者对此不加留意,总是习惯于从大群体(宗教或者民族)的要求出发,诉诸一种习俗的或者亚习俗的道德要求,那么,受过这种教育的人则既可能成为有限范围内的道德人,也可能成为超越这个范围之外的"不道德人"。其三,从结果论的限度看,剥离"最大多数人的最大利益"这个伦理前提,一旦泛化就容易跌入"个人利害"的陷阱。倘若教育者对此不加留意,总是习惯于从个人或者小群体(家庭或者班集体)的利益出发,诉诸纯粹功利主义的后果论,那么,受过这种教育的人可能就是"精致的利己主义者"。当然,这里问题的关键并不在于伦理学意义上具有普遍性的"利己主义",而在于"精致"从根本上排除了"利他"的可能(见表7-2)。总之,无论是从现代道德教育的人格期待看,还是从道德教育实践的远景成效看,"公域"都是道德说理的首要前提,"公域"内的"习俗领域"却每每存在显著的不道德风险,唯有具有普适性的道理才能最大程度上满足道德教育内蕴中稳定而持久的自主性要求。

表 7-2 道德教育论辩的实践模型

立论基础 (理论来源)		实践法则 (行为准则)		能量等级 (普适性)		教育结果 (预设人格)	领域 (界限)	
逻辑	逻辑型法则 (科学)	因果推理或自然法则(必然性)	道理	+++	后常规	道德自律者	道德领域	公域
社会	平等型法则 (民主)	人与人之间的平等关系(普遍性)		++		世界公民		
	权威型法则 (权力)	权威机构制定的法律(地域性)	规定	+	常规	守法公民		
	大群体法则 (习俗)	某宗教或民族的习俗(族群性)	风尚	+-		宗族主义者	习俗领域	
	小群体法则 (亚习俗)	家庭或班级内的规定(集体性)		-	前常规	小团体主义者		
	胁迫型法则 (私欲)	某个人的威胁、贿赂或绑架(个人性)		---		精致的利己主义者	私域	

由表 7-2 可知，道德教育涉及一个层次多元的价值领域，其中既有道德领域的内容，也有习俗领域的内容，既关系到公域，也牵涉到私域。但是，应当明确的是，法律作为道德领域的底线尺度，具有显著的时空局限性，尚不具备理想道德所应有的超越时空限制的普遍性。这是既往中国德育与法治教育容易混淆的一个重要问题。概括来讲，道德教育实践中的论辩包含以下四个层次：其一是具有普遍性的讲道理，其二是具有公共性的讲规则，其三是具有规定性的讲规矩，其四是具有后果性的讲利害。其教育性也随着普遍性的降低呈下降趋势。从这个意义上看，"讲道理"之所以在日常生活和各个领域中被人们广泛使用，是因为其所谓的"讲理"乃是讲出"合道之理"，即具有普遍适用性的道理。

值得一提的是,在日常生活中,"大道理"之所以令人感到厌恶,并不是由于其"道理大",而是由于讲话者的"头衔大"——因为他们往往习惯于按照行政思维或者军事思维以言代法、以权压法、仗势欺人,而非按照教育思维或者学术思维以理服人。究其实质,这些所谓的"大道理"无非是一些团体性的"风俗""禁忌""纪律"或者"规定",并非具有必然性的逻辑型法则或者具有普遍性的平等型法则(惟其如此,才配称"道理");相反,它们往往是"只有一头的棍子"(执法者"那一头"是被排除在此项约束之外的)。所以,对于道德说理而言,首要的问题是要识别和澄清人们所讲的"理"究竟是何种性质或者在多大范围内适用。教育工作者要知道,并非所有的"讲理"(有根据)都叫"讲道理"(具有必然性和普遍性);教育工作者更要知道,遵从不同性质的理则,所培养出来的道德人格迥然有别(见表7-2)。从教育结果反观道德教育的实践法则,我们会发现:一个社会之所以充斥着"精致的利己主义者",乃是因为其道德教育实践习惯于诉诸"胁迫型法则";一个社会之所以缺乏"道德自律者"和"世界公民",就是因为其道德教育实践鲜有诉诸"逻辑型法则"和"平等型法则";一个社会之所以充斥着"小团体主义者"和"宗族主义者",乃是因为其道德教育实践多诉诸习俗性质的"群体法则";而一个社会之所以会出现"野蛮执法",多半是因为这些执法者的道德认知局限于常规水平的"权威型法则",而对人类共同遵循的后常规水平的自然法则和人道原则缺乏了解。

在领域理论看来,最重要的是道德领域和习俗领域的区分,与习俗性的规定、礼节或法律相比,道德义务的判断更具普遍性,较少具有时空上的变化性和模糊性,因而不可能被其他非道德的要求或个人爱好或观点取代。因此,共识并不能成为判定道德善恶的理由和基础。退一步来讲,无论教育者诉诸何种讲理方式,其讲理本身不仅反映着个人

结论
以讲理的方式培养讲理的人

精神世界的价值观,而且对于显在和潜在的受教育者具有一种广泛的社会示范效应。从个体视角看,它是一种为个人道德信念进行自主论证的辩护过程;从社会的视角看,它是一种辩驳异己道德观的说理过程。正如美国教育学者谢弗勒(Israel Scheffler,1923—2014)所说:"教一个人某某是真的,并不是只要他相信而已。教学包含更多,我们要让学生相信某事是根据他理解力所能及的理由,而这些理由也是我们的理由。这样的教学,需向他们说明我们的理由,同时需要接受他的评价与批评。"[1]

从更为广泛的社会生活情境来看,在一种文明社会条件下,当一个人时时受到一种讲理的对待时,它便容易养成一种理性的交往和生活习惯,进而也会习惯以一种讲理的方式自处。相反,当一个人处处遭遇不讲理的对待时,它便容易养成一种非理性的交往和生活习惯,进而也容易导致一种自欺欺人的人格。前一种情形是教育的最佳生态,后一种情形是教育的最差生态。当然,现实的情形是两种情况交织在一起的,差别不过是何种情形多一些或者少一些罢了。但是,只要一个社会还想进步,还想追求理想的社会形态,人们就势必需要以讲理的方式对待他人、对待自己,尤其需要以讲理的方式对待自己的下一代。毕竟,他们才是未来理想社会的主人。循此推演,我们不妨设想:当老师消失了,讲理的传统留了下来,被学生继承下去,学生也就变成了老师。当老师和学生的身份都消失了,假如每个人都能以讲理的方式打理个人生活、参与公共生活,那么,儒家"道之所存,师之所存"的师道原则也就变成了一种现代意义上生活化、生态化(而不只是常态化)的育人机制。它意味着,在教育和日常生活中,广大国人不仅普遍地表现理性

---

[1] I. Scheffler. The Language of Education[M]. Springfield: Charles C. Thomas publisher, 1960: 57-58.

(rational),而且能够合理地(reasonably)运用理性。显然,无论对于现代个体公民的健全人格的形成而言,还是对于现代国民的文明教养而言,这都至关重要,但也皆非易事。这一文明生态的重建,需要教育领域内外所有人的心灵觉醒和理智自律作保障。

References

主要参考文献

(一) 中文文献

边沁.道德与立法原理导论[M].时殷弘,译.北京：商务印书馆,2000.

柏拉图.理想国[M].郭斌和,张竹明,译.北京：商务印书馆,2010.

克里夫·贝克.优化学校教育——种价值的观念[M].戚万学,等,译.上海：华东师范大学出版社,2003.

波普尔.猜想与反驳：科学知识的增长[M].傅季重,等,译.上海：上海译文出版社,1986.

波伊曼,菲泽.给善恶一个答案：身边的伦理学[M].王江伟,译.北京：中信出版社,2017.

高平叔,编.蔡元培哲学论著[M].石家庄：河北人民出版社,1985.

沈善洪,主编.蔡元培选集[M].杭州：浙江教育出版社,1993.

陈淳.北溪字义[M].北京：中华书局,1983.

陈鼓应.《老子》注译及评介[M].北京：中华书局,1984.

陈嘉映.走出唯一真理观[M].上海：上海文艺出版社,2020.

陈献章集[M].北京：中华书局,1987.

陈寅恪集·金明馆丛稿初编[M].北京：生活·读书·新知三联书店,2015.

池田知久.问道：《老子》思想细读[M].桂林：广西师范大学出版社,2019.

陈平原.现代中国的述学文体[M].北京：北京大学出版社,2020.

段玉裁.说文解字注[M].北京：中华书局,2013.

戴维·伯姆.论对话[M].王松涛,译.北京：教育科学出版社,2004.

笛卡尔.第一哲学沉思集：反驳和答辩[M].庞景仁,译.北京：商务印书馆,1986.

第斯多惠.德国教师培养指南[M].袁一安,译.北京：人民教育出版社,1990.

杜威.民主主义与教育[M].王承绪,译.北京:人民教育出版社,2001.

杜威.学校与社会·明日之学校[M].赵祥麟,等,译.北京:人民教育出版社,2005.

杜威.我们怎样思维·经验与教育[M].姜文闵,译.北京:人民教育出版社,2005.

杜威.哲学的改造[M].许崇清,译.北京:商务印书馆,1958.

杜威.中国心灵的转化——杜威论中国[M].顾红亮,编.上海:华东师范大学出版社,2017.

杜威全集·晚期著作(1925—1953)[M].马迅,薛平,译.上海:华东师范大学出版社,2015.

法兰克福.论扯淡[M].南方朔,译.南京:译林出版社,2008.

法兰克福.论真实[M].孙涤,郑荣清,译.南京:译林出版社,2009.

冯契.智慧的探索[M].上海:华东师范大学出版社,1994.

弗兰克纳.善的求索——道德哲学导论[M].黄伟合,等,译.沈阳:辽宁人民出版社,1987.

保罗·弗莱雷.被压迫者教育学[M].顾建新,等,译.上海:华东师范大学出版社,2001.

弗罗姆.寻找自我[M].陈学明,译.北京:工人出版社,1988.

弗罗姆.自为的人——伦理学的心理学探究[M].万俊人,译.北京:国际文化出版公司,1988.

福柯.规训与惩罚:监狱的诞生[M].刘北成,杨远婴,译.北京:生活·读书·新知三联书店,1999.

弗朗西斯·福山.信仟——社会美德与创造经济繁荣[M].彭志华,译.海口:海南出版社,2001.

福泽谕吉.劝学篇[M].群力,译.北京:商务印书馆,1984.

高德胜.知性德育及其超越——现代德育困境研究[M].北京:教育科学出版社,2003.

古德莱德.学校的职能[M].沈剑平,译.台北:桂冠图书股份有限公司,1999.

哈耶克.法律、立法与自由(第一卷)[M].邓正来,张守东,李静冰,译.北京:中国大百科全书出版社,2001.

赫尔巴特.普通教育学·教育学讲授纲要[M].李其龙,译.杭州:浙江教育出版社,2002.

何怀宏.生生大德[M].北京:北京大学出版社,2011.

何怀宏.良心论[M].北京:生活·读书·新知三联书店,1994.

黑格尔.法哲学讲演录[M].贺麟,王太庆,译.北京:商务印书馆,1997.

胡塞尔.现象学的观念[M].倪梁康,译.北京:人民出版社,2007.

黄向阳.德育原理[M].上海:华东师范大学出版社,2000.

霍布斯.利维坦[M].黎思复,黎廷弼,译.北京:商务印书馆,1985.

霍布斯.论公民[M].应星,冯克利,译.贵阳:贵州人民出版社,2003.

姜琦.训育与心理[M].上海:正中书局,1946.

蒋拙诚.道德教育论[M].上海:商务印书馆,1920.

康德.道德形而上学原理[M].苗力田,译.上海:上海人民出版社,2012.

康德.历史理性批判文集[M].何兆武,译.北京:商务印书馆,1990.

康德.论教育学[M].赵鹏,何兆武,译.上海:上海世纪人民出版社,2005.

康德.实践理性批判[M].邓晓芒,译.北京:人民出版社,2003.

克尔凯郭尔.论反讽概念——以苏格拉底为主线[M].汤晨溪,译.北京:中国社会科学出版社,2005.

柯尔伯格.道德教育的哲学[M].魏贤超,柯森,等,译.杭州:浙江教育出版社,2000.

科尔伯格.道德发展心理学[M].郭本禹,等,译.上海:华东师范大学出版社,2004.

孔颖达.礼记正义[M].上海:上海古籍出版社,2008.

李普曼.教室里的哲学[M].张爱琳,张爱维,编译.太原:山西教育出版社,1997.

卢曼.信任:一个社会复杂性的简化机制[M].瞿铁鹏,李强,译.上海:上海人民出版社,2005.

卢梭.社会契约论[M].何兆武,译.北京:商务印书馆,1980.

卢梭.爱弥儿:论教育[M].李平沤,译.北京:商务印书馆,1978.

陆有铨.教育的哲思与审视[M].北京:人民教育出版社,2016.

罗尔斯.正义论[M].何怀宏,何包钢,廖申白,译.北京:中国社会科学出版社,
　　1988.

罗尔斯.政治自由主义[M].万俊人,译.南京:译林出版社,2002.

罗素.教育论[M].靳建国,译.北京:东方出版社,1990.

罗素.西方的智慧[M].马家驹、贺霖,译.北京:世界知识出版社,1992.

鲁洁.当代德育基本理论探讨[M].南京:江苏教育出版社,2003.

拉思斯.价值与教学[M].谭颂贤,译.杭州:浙江教育出版社,2003.

联合国教科文组织国际教育发展委员会,编著.学会生存:教育世界的今天和明天
　　[M].华东师范大学比较教育研究所,译.北京:教育科学出版社,1996.

中共中央马克思恩格斯列宁斯大林著作编译局,编译.马克思恩格斯文集(第九卷)
　　[M].北京:人民出版社,2009.

马克思,恩格斯.德意志意识形态(节选本)[M].中共中央马克思恩格斯列宁斯大
　　林著作编译局,编译.北京:人民出版社,2018.

孟宪承,编.中国古代教育文选[M].北京:人民教育出版社,1985.

约翰·密尔.功利主义[M].徐大建,译.上海:上海人民出版社,2008.

约翰·密尔.论自由[M].许宝骙,译.北京:商务印书馆,1959.

摩尔.伦理学原理[M].长河,译.上海:上海人民出版社,2003.

莫尔根.理解功利主义[M].谭志福,译.济南:山东人民出版社,2012.

马尔库塞.单向度的人[M].刘继,译.上海:上海译文出版社,2008.

马修斯.哲学与幼童[M].陈国容,译.北京:生活·读书·新知三联书店,2015.

茅于轼.中国人的道德前景[M].广州:暨南大学出版社,1997.

毛泽东选集(第一卷)[M].北京:人民出版社,1991.

麦克洛斯基,等.社会科学的措辞[M].许宝强,等,编译.北京:生活·读书·新知

三联书店,2000.

纳希.道德领域中的教育[M].刘春琼,解光夫,译.哈尔滨:黑龙江人民出版社,2003.

皮亚杰.教育科学与儿童心理学[M].傅统先,译.北京:文化教育出版社,1981.

皮亚杰.生物学与认识——论器官调节与认知过程的关系[M].尚新建,等,译.北京:生活·读书·新知三联书店,1989.

皮亚杰.儿童的道德判断[M].傅统先,陆有铨,译.济南:山东教育出版社,1984.

戚万学.活动道德教育论[M].天津:南开大学出版社,1994.

钱穆.文化与教育[M].北京:九州出版社,2011.

桑德尔.公正:该如何是好?[M].朱慧玲,译.北京:中信出版社,2012.

斯特赖克,索尔蒂斯.教学伦理[M].5版.黄向阳,余秀兰,王丽佳,译.上海:华东师范大学出版社,2017.

孙中山.孙中山选集.北京:人民出版社,2011.

檀传宝.德育美学观[M].太原:山西教育出版社,1996.

檀传宝.信仰教育与道德教育[M].北京:教育科学出版社,1999.

汤姆·R.泰勒,里克·特林克纳.孩子为什么遵守规则:法律社会化与合法性发展[M].雷槟硕,译.上海:上海三联书店,2020.

童世骏.论规则[M].上海:上海人民出版社,2015.

涂尔干.道德教育[M].陈光金,译.上海:上海人民出版社,2002.

图尔敏.论证的使用[M].谢小庆,王丽,译.北京:北京语言大学出版社,2016.

万俊人.寻求普世伦理[M].北京:商务印书馆,2001.

王申.法官的道德理性论[M].北京:法律出版社,2017.

威尔逊.道德教育新论[M].蒋一之,译.杭州:浙江教育出版社,2003.

马克斯·韦伯.儒教与道教[M].洪天富,译.南京:江苏人民出版社,1995.

沃尔夫.道德哲学[M].李鹏程,译.北京:中信出版集团,2019.

休谟.道德原则研究[M].曾晓平,译.北京:商务印书馆,2001.

徐贲. 知识分子和公共政治[M]. 北京：中央编译出版社,2016.

余英时. 士与中国文化[M]. 上海：上海人民出版社,1987.

雅斯贝尔斯. 什么是教育[M]. 邹进,译. 北京：生活・读书・新知三联书店,1991.

亚里士多德. 尼各马可伦理学[M]. 廖申白,译. 北京：商务印书馆,2003.

亚里士多德. 政治学[M]. 吴寿彭,译. 北京：商务印书馆,1995.

饮冰室文集点校[M]. 吴松,等,点校. 昆明：云南教育出版社,2001.

邹川宁. 司法理念是具体的[M]. 北京：人民法院出版社,2012.

张东荪. 知识与文化[M]. 上海：商务印书馆,1946.

张东荪. 理性与民主[M]. 长沙：岳麓书社,2010.

张汝伦. 历史与实践[M]. 上海：上海人民出版社,1995.

（二）英文文献

Bakhtin, M. M. Speech Genre and Other Late Essays[M]. Austin: University of Press of Texas Press, 1986.

Boss, J. A. Ethics for Life: An Interdisciplinary and Multi—cultural Introduction [M]. CA: Mayfield Publishing Co. ,1998.

Frankena, W. Ethics[M]. Englewood Cliffs, N. J. : Prentice—Hall Inc. , 1963.

Hersh, R. H. (et al.). Models of Moral Education: An Appraisal[M]. New York: Longman, 1980.

Kant. Religion within the Limits of Reason Alone[M]. Translated by Theodore M. Greene and Holt H. Hudson. New York: Harper Torchbooks, 1960.

Lipman, M. Thinking in Education[M]. Cambridge: Cambridge University Press, 2003.

Matthews G. B. Socratic Perplexity and the Nature of Philosophy[M]. London: Oxford University Press,1999.

Melton, J. V. H. Absolutism and the eighteenth—century origins of compulsory schooling in Prussia and Austria[M]. Cambridge: Cambridge University Press,1988.

Peters, R. S. Ethics and Education[M]. London: George Allen & UnwinLtd. , 1970.

Raths, L. E. , et. Values and Teaching [M]. 2nd ed. Ohio: Merrill, 1978.

Raymond, W. Keywords: A Vocabulary of Culture and Society[M]. Oxford: Oxford University Press, 1976.

Russell, B. The Problems of Philosophy[M]. Oxford: Oxford University Press, 1917.

Scheffler, I. The Language of Education[M]. Springfield: Charles C. Thomas publisher, 1960.

Siegel H. Educating Reason: Rationality, Critical Thinking, and Education[M]. London: Routledge, 1988.

Sizer, N. F. & Sizer, T. R. (eds.) Moral Education[M]. Cambridge: Harvard University Press, 1970.

Thomas Nagel. The Possibility of Altruism[M]. Princeton: Princeton University Press,1978.

Waks,L. J. Listening to Teach: Beyond Didactic Pedagogy[M]. New York: State University of New York Press,2015.

(三) 工具书

顾明远,主编. 中国教育大百科全书[M]. 上海:上海教育出版社,2012.

德·朗特里. 西方教育词典[M]. 陈建平,杨立义,等,译. 上海:上海译文出版社,1988.

中国大百科全书总编辑委员会《教育》编辑委员会,中国大百科全书出版社编辑部,编. 中国大百科全书·教育[M]. 北京:中国大百科全书出版社,1985.

中国社会科学院语言研究所词典编辑室,编. 现代汉语词典(汉英双语)[M]. 北京: 外语教学与研究出版社,2002.

Hey, L. & Holloway, S. (eds.). Oxford Advanced Learner's Dictionary[M]. 9th ed. London: Oxford University Press, 2015.

Afterword

后记

一

本书是在我主持的2019年度上海市哲学社会科学规划一般项目"道德教育中的论辩逻辑研究"结题成果的基础上修订而成的。它所包含的内容，实则反映了我近十年来有关道德教育问题的系统思考。回想起来，当初申报这项课题的灵感来自2017年两篇学术论文的启发：其一是黄向阳老师在《上海教育科研》第3期上发表的《苏格拉底法批判》一文；其二是石中英老师在《清华大学教育研究》第5期上发表的《作为教育哲学研究方法的"论辩"》一文。这两篇文章分别揭示了"论辩"在教学实践和学术研究中的方法论作用，为我从两个面向同时思考道德教育中的论辩问题提供了思想指南。

一开始，我的注意力主要集中在道德教育中的实践指向上。具体而言，我主要探讨了小学晨会演讲中的道德教育论辩、大学毕业演讲中的道德教育论辩、义务教育《道德与法治》教科书中的道德教育论辩、小学《语文》教科书中的道德教育论辩、初中《语文》教科书中的道德教育论辩和高中《语文》教科书中的道德教育论辩六个专题。鉴于高中《思想政治》教科书中的内容多为经济和政治常识，因而并不适合放在这一研究主题中以专题形式呈现。

随着研究的深入，我逐渐意识到，在"道德教育中的论辩逻辑"这个主题之下，还潜藏着"道德教育的论辩逻辑"这个更为根本的论题。从研究的进程上讲，我对这一理论命题的思考是从"道德教育的理由建构模式"到"论辩在道德教育中的本体地位"，再到"道德哲学诞生的论辩基因"，并最终确定以"道德教育的论辩逻辑"作为书名。从本书的写作程序上看，我是通过对道德哲学诞生的论辩基因、论辩在道德教育中的本体地位、道德教育的理由建构模式以及与论辩相关概念辨析四项内容的探讨，来揭示"道德教育的论辩逻辑"这一论题的形成思路。

如果说前三章的理论探讨还显得比较抽象的话，那么后三章的实践考察则旨在将前面的理论问题具体化，亦即旨在通过一种情景化的放置，使得前述理论得到检验。具体而言，这种检验包括三个道德教育的实践层面：其一是校园集会演讲中的道德教育论辩实践；其二是教科书中的道德教育论辩实践；其三是课堂教学中的道德教育论辩实践。它们不仅系统揭示了不同道德教育实践层面道德说理的基本特征，也针对其中存在的主要问题提出了建设性的意见，可供学校道德教育工作者参考。

二

在课题研究的过程中，我深切体会到实践研究与理论研究的密切互动关系。理论的阅读时常能够推动我不断调整实践研究的设计方案，实践研究的心得也经常启发我不断更新理论研究的表述方式。当然，在二者同时遇到瓶颈的情况下，研究也会陷入停滞。不过，借助不断深入阅读，似乎可以首先从理论上取得突破。简言之，我在本书的前

三章中着力进行以下三个方面的理论建构:

在本书第一章,我将道德教育论辩领域的主要理论概括为四种理论范式,即伦理学中的道义论和结果论、教育学领域的阶段论和领域论。为弥补这种简约定名的不足,我依据它们各自的理论旨趣,分别为其标注了"普遍主义""功利主义""发展主义"和"多元主义"的认知标签。在该章最后,我尝试将上述四种理论范式所包含的价值内容做一种整体性的呈现,建构了一个"道德教育论辩的价值结构图",并尝试通过与教育发展的阶段性相联系,将其转换成一个"道德教育论辩的价值阶段图",希望它们可以成为一线道德教育工作者直观地了解道德教育论辩所涉"价值疆域"的认知地图。

本书第二章着力对"道德教育论辩的文化基础"做出诊断,主要包括"传道与儒家理学的现代转化""说谎与诚实守信的内在张力""欺凌与社会正义的实践法则"和"美善与道德人格的动态结构"四个专题。其中,除了第四节"美善与道德人格的动态结构"是2011年发表的论文外,其余三节都是近年来新发表的课题研究成果。

本书第三章着力对既往道德教育的反论辩性的理论基础进行发掘、澄清、概括,具体将其概括为三种,即"行为主义结果论的训育传统""教条主义知识论的灌输传统"和"庸俗社会进化论的动员传统"。与此同时,我也对学界对三种理论传统的反驳做出了必要的考察和理论上的回应。

相比之下,前三章主要侧重"理论澄清"和"文化诊断",后三章则较为侧重"课程考察"与"教学重建"。由此,这六章从理论到实践,形成了一个相对完整的研究体系。它们分别从理论和实践两个层面解答和回应了"道德教育的论辩逻辑"和"道德教育中的论辩逻辑"两个命题。其中,"道德教育的论辩逻辑"乃是根本性的命题,而"道德教育中的论辩逻辑"既可以看作是对这一根本命题研究的实践延伸,也可以视为对这一根本的理论命题的实践检验。最后,我在结论部分建构的"道德教育论辩的实践模型",权作未来中国道德教育的生态改良之镜鉴。

三

任何事情的完成都需要具备一定的社会条件,本书的形成也不例外。在这里,首先要感谢教育学系的黄向阳、鞠玉翠、程亮和课程与教学系的高德胜、肖思汉等几位老师在开题会上给予的有关课题方案的修改建议。尤其是他们有关暂缓原课题设计中课堂实验的建议,使得我能够集中精力对相关理论进行比较深入的研究。与此同时,特别感谢黄向阳老师能够作为课题组的特邀专家加盟课题前期的集体研讨。黄老师的参与和经验分享,不仅让我和所有参与这项研究的老师和同学们时常豁然开朗,也让我们着实感受到他对这项研究成果的不懈鼓励与殷殷期许。

在我就第四章和第五章搭建写作框架和执笔成文的过程中,曾得到课题组内外许多老师和同学的帮助。感谢上海市杨浦高级中学的张璇老师、重庆市学院路小学吕凤武老师和我指导的研究生张雪悦,在高中《语文》、小学《语文》、初中《语文》和中小学《道德与法治》教科书的数据统计方面所给予的帮助!感谢我指导的研究生何灶、刘倩男、谈佳蕾和田娇娇在大学毕业演讲和小学晨会演讲的材料收集和数据统计工作方面给予的帮助!后续数据分析和撰稿成文则一应由我执笔完成,其中的错讹与不当之处也理当由我负责。此外,也要感谢曾经参与课题研讨的各位老师和各位同学!自课题立项三年多来,我与他们以线下或线上、集体或个人、书面或口头等各种方式进行了不计其数的讨论。

这本书稿的修订大致自 2022 年 1 月持续到 2022 年 8 月中旬。其间,我也经历了上海有史以来最严峻的疫情时期。难得的是,学生的课程、答辩和面试都能够通过网络以在线的方式如期进行,家里的饮食也能在政府和邻里帮衬下得到基本保证。在此期间,我的爱人和女儿给予了我很大的支持,使我获得了最大限度的自主时间,能够有较为充足的时间撰写本书。在此,也要向长期给予我莫大理解、包容与支持的父母和姐姐致以深深的感谢和敬意!在写作过程中,我常因一时的灵感迸发而心生欢喜,也常因无法给予家人许多陪伴而心怀歉疚!最后,感谢上海教育出版社对本书出版给予的大力支持,尤其感谢董洪编辑对书稿出版给予的专业指导与帮助!

王占魁

2022 年 8 月 15 日